教育部人文社会科学研究专项任务项目（工程科技人才培养研究）（18JKGCD36）资助项目
中国高等教育学会"高校竞赛评估与管理体系研究"资助项目

U0600879

The Analysis Report of Competitions
of National University Students
(2020)

全国普通高校
大学生竞赛分析报告
（2020版）

中国高等教育学会"高校竞赛评估与管理体系研究"专家工作组 编

ZHEJIANG UNIVERSITY PRESS
浙江大学出版社

图书在版编目（CIP）数据

全国普通高校大学生竞赛分析报告 ： 2020版 / 中国
高等教育学会"高校竞赛评估与管理体系研究"专家工作
组编. — 杭州 ： 浙江大学出版社，2020.10
 ISBN 978-7-308-20679-2

 Ⅰ．①全… Ⅱ．①中… Ⅲ．①高等学校－竞赛－研究
报告－中国－2020 Ⅳ．①G642.3

 中国版本图书馆CIP数据核字（2020）第203807号

全国普通高校大学生竞赛分析报告（2020版）
中国高等教育学会"高校竞赛评估与管理体系研究"专家工作组　编

责任编辑	吴昌雷	
责任校对	王　波	
封面设计	北京春天	
出版发行	浙江大学出版社	
	（杭州市天目山路148号　　邮政编码　310007）	
	（网址：http://www.zjupress.com）	
排　　版	杭州林智广告有限公司	
印　　刷	杭州钱江彩色印务有限公司	
开　　本	787mm×1092mm　1/16	
印　　张	27	
字　　数	508千	
版 印 次	2020年10月第1版　2020年10月第1次印刷	
书　　号	ISBN 978-7-308-20679-2	
定　　价	78.00元	

全国普通高校大学生竞赛分析报告2020版

中国高等教育学会"高校竞赛评估与管理体系研究"专家工作组

序

中国高等教育学会"高校竞赛评估与管理体系研究"专家工作组编写的《全国普通高校大学生竞赛分析报告（2020版）》正式出版面世了，值得庆贺。该报告与前两年出版的《全国普通高校大学生竞赛白皮书》一脉相承，是2019年专家组在全国高校支持下取得的重要研究成果。

习近平总书记在全国教育大会上强调，教育要积极投身实施创新驱动发展战略，着重培养创新型、复合型、应用型人才。大学生竞赛作为培养学生创新精神、创造能力和团队合作意识的有效途径和重要载体，在创新人才培养中发挥着越来越重要的作用。中国高等教育学会深入贯彻落实全国教育大会精神，以优化高校大学生竞赛治理体系，提升治理能力，切实发挥大学生竞赛的育人功能为己任，连续四年发布全国普通高校学科竞赛排行榜，制定《高校竞赛排行榜评估项目遴选办法》，并对竞赛排行榜内的竞赛项目进行动态调整，好中选优、优胜劣汰。目前，排行榜已成为各高校衡量自身教育创新和人才培养水平的重要参考指标，也已成为各竞赛项目实施的重要质量标杆，充分发挥了规范竞赛、引导竞赛、创优竞赛的重要作用。

本次出版的《全国普通高校大学生竞赛分析报告（2020版）》，充分体现出传承与优化两个要素，继承了前两版一贯的写作风格，公布了2019年排行榜研发过程中调整的规则，继续推出本科和高职竞赛发展的整体分析和前20名的学校画像，介绍新纳入榜单的竞赛等。同时，为更好地服务地方高校竞赛治理，在地方竞赛管理部门的大力支持下，"分析报告"设计了若干专门章节，以此推动高校竞赛研究分析从宏观走向中观：一是新增了浙江省、吉林省和广西壮族自治区的省域竞赛发展生态分析；二是在本科竞赛状态数据中将农林类和医药类院校分类呈现，使得竞赛状态数据的类型更加丰富；三是新增了新建本科院校的子榜单；四是在高职竞赛状态数据中新增了示范性高职、骨干高职、一般高职、高水平高职、民办高职和东部、中部、西部、东北四个区域的高校竞赛状态数据子榜单；五是新增了广西壮族自治区省份状态数据。

全国普通高校学科竞赛排行榜已经跨越了"摸着石头过河"的初创阶段，正在不断走向成熟。我坚信，这项富有开创意义的研究成果，将持续提升水平、扩大影响，为高校开展学科竞赛提供重要参考，助力创新人才培养高质量发展。

2020年9月于北京

目　录

8 2015—2019年全国普通高校学科竞赛排行榜（本科）前20名学校获奖情况

9 **2015—2019年全国普通高校学科竞赛排行榜（高职）前20名学校获奖情况**

1

绪论

2020年2月22日，中国高等教育学会"高校竞赛评估与管理体系研究"专家工作组（以下简称"专家工作组"）以网络形式发布2015—2019年全国普通高校学科竞赛排行榜和2019年全国普通高校学科竞赛排行榜。这是中国高等教育学会自2017年以来第四次正式发布大学生竞赛评估结果，共计本科院校榜单12个、高职院校榜单11个，省份榜单2个（详见表1-1）。

表1-1　2020年发布的全国普通高校学科竞赛结果榜单名称

类型	序号	名称	发布数量
本科	1-1	2015—2019年全国普通高校学科竞赛排行榜（本科）	前300
	1-2	2019年全国普通高校学科竞赛排行榜（本科）	前100
	1-3	2015—2019年全国"双一流"建设高校学科竞赛排行榜	全部
	1-4	2015—2019年全国地方本科院校学科竞赛排行榜	前100
	1-5	2015—2019年全国综合类本科院校学科竞赛排行榜	前20
	1-6	2015—2019年全国理工类本科院校学科竞赛排行榜	前20
	1-7	2015—2019年全国人文社科类本科院校学科竞赛排行榜	前20
	1-8	2015—2019年全国农林类本科院校学科竞赛排行榜	前20
	1-9	2015—2019年全国医药类本科院校学科竞赛排行榜	前20
	1-10	2015—2019年全国师范类本科院校学科竞赛排行榜	前20
	1-11	2015—2019年全国"民办及独立学院"学科竞赛排行榜	前20
	1-12	2015—2019年全国新建本科院校学科竞赛排行榜	前20
高职	2-1	2015—2019年全国普通高校学科竞赛排行榜（高职）	前300
	2-2	2019年全国普通高校学科竞赛排行榜（高职）	前100
	2-3	2015—2019年全国示范类高职院校学科竞赛排行榜	前20
	2-4	2015—2019年全国骨干类高职院校学科竞赛排行榜	前20
	2-5	2015—2019年全国一般高职院校学科竞赛排行榜	前100
	2-6	2015—2019年全国"高水平"高职院校学科竞赛排行榜	前20
	2-7	2015—2019年东北地区高职院校学科竞赛排行榜	前20
	2-8	2015—2019年东部地区高职院校学科竞赛排行榜	前20
	2-9	2015—2019年中部地区高职院校学科竞赛排行榜	前20
	2-10	2015—2019年西部地区高职院校学科竞赛排行榜	前20
	2-11	2015—2019年全国民办高职院校学科竞赛排行榜	前20

续表

类型	序号	名称	发布数量
省份	3-1	2015—2019年全国普通高校学科竞赛排行榜（省份）	前15
	3-2	2019年全国普通高校学科竞赛排行榜（省份）	前10

中国高等教育学会自2017年2月以来启动全国普通高校大学生竞赛治理的理论与实践探索，并每年发布全国普通高校大学生竞赛的五年评估结果和当年评估结果，三年来取得了一些显著成效（每年发布时间和地点见表1-2）。

表1-2 近四轮全国普通高校评估结果发布时间地点

发布时间	发布地点	发布内容
2017年12月14日	杭州	2012—2016年全国普通高校学科竞赛评估结果 2014年全国普通高校学科竞赛评估结果 2015年全国普通高校学科竞赛评估结果 2016年全国普通高校学科竞赛评估结果
2018年2月22日	北京	2013—2017年全国普通高校学科竞赛评估结果 2017年全国普通高校学科竞赛评估结果
2019年2月22日	杭州（浙江理工大学）	2014—2018年全国普通高校学科竞赛评估结果 2018年全国普通高校学科竞赛评估结果
2020年2月22日	网络发布	2015—2019年全国普通高校学科竞赛评估结果 2019年全国普通高校学科竞赛评估结果

本章主要为读者呈现2019年以来，全国普通高校大学生竞赛治理的系列措施、大学生竞赛评估的政策优化要点以及未来发展设计。

1.1 2019年全国普通高校大学生竞赛排行榜研发历程回顾

2019年2月22日，在杭州，中国高等教育学会"高校竞赛评估与管理体系研究"专家工作组正式发布2014—2018年中国高校创新人才培养暨学科竞赛评估结果。中国高等教育学会副会长、教育部高等教育司原司长张大良，中国高等教育学会工程教育专业委员会副理事长、教育部高等教育教学评估中心副主任周爱军，浙江理工大学校长、党委副书记陈文兴，国家督学、沈阳化工大学原校长李志义，浙江大学机器人研究院常务副院长、"高校竞赛排行榜"专家委员会秘书长陆国栋，吉林省教育厅高等教育处处长宋辉，浙江理工大学副校长许慧霞，中国高等教育学会事业发展部主任、"高校竞赛评估排行榜"专家委员会秘书长吴英策，专家工作组成员，以及来自近300所高校的约30位校级领导、600余名教师参会。会议分别由中国高等教育学会副秘书长王小梅和中国高等教育学会事业发展部主任吴英策主持。

2019年3月8日，专家工作组借助有问平台进行网络发布，解读了全国普通高校大学生竞赛评估工作的初衷、原则、规则等，并邀请浙江大学本科生院院长张光新教授、上海交通大学学生创新中心主任陈江平教授、厦门大学嘉庚学院校长助理兼学工部部长姚祖婵教授、金华职业技术学院教务处副处长谭春霞老师、上海师范大学初等教育系系主任王健教授，以及来自浙江大学、上海交通大学、厦门大学嘉庚学院和金华职业技术学院的参赛学生在"有问云上论坛"一起来探讨中国高校近年刮起的"学科竞赛"风，以及创新人才该如何培养的问题。云上论坛得到多家媒体关注，中国网、中国青年网、环球网、新浪网、中国发展网、钱江晚报、中国经济信息网等10多家媒体进行了报道，同时也有多家媒体进行了转载。

2019年5月14日，在山西，由太原理工大学举行300多人参与的学术交流会上，专家工作组分别从学生竞赛、教师竞赛、竞赛治理等多个角度跟与会者分享竞赛排行榜研发与数据分析结果。

2019年5月27日，在福建福州召开的2019年春季高等教育博览会上，专家组组织了"教学发展与竞赛活动"专题论坛，在专题论坛中，中国高等教育学会副秘书长王小梅女士代表专家组发布《全国普通高校大学生竞赛白皮书（2014—2018）》。

2019年6月14日，在吉林，由长春理工大学承办的"吉林省高校教师教学发展与大学生竞赛活动研讨会"上，专家工作组介绍了全国以及吉林省的大学生竞赛发展生态和教师教学发展情况，吉林省各高校相关负责领导、教师300多人参会。

2019年7月20日，在太原，由中北大学承办举行"中部省份高校教学发展与大学生竞赛活动研讨会"上，中部六省竞赛发展较好的高校进行经验交流与分享，现场100多人参会。

2019年8月17日，在兰州理工大学举办的建校100周年"新工科与创新人才培养论坛"上，专家工作组分别从竞赛排行榜的总体工作、西部地区高校学生竞赛发展、西部地区高校教师竞赛发展等方面做了专题报告。

2019年9月27日，中国高等教育学会发布《关于申报列入2019年高校竞赛排行榜评估项目的通知》（高学会〔2019〕131号）和《关于征集全国高校教师教学竞赛项目的通知》（高学会〔2019〕132号），启动排行榜2019年动态调整工作。

2019年11月1日，在南京，2019秋季高等教育博览会"教师教学发展与创新人才培养论坛"上，专家工作组成员分享了我国高校学科竞赛40年回顾和基于大数据分析的高校竞赛画像等研究成果，来自不同类型高校、不同类型竞赛相关的专家学者、教师超500人参与论坛。会议讨论并修订了《高校竞赛排行榜评估项目遴选办法》。

2020年1月3日，在杭州，由中国计量大学承办的"高校竞赛评估排行榜专家委员会2019年会议"正式召开，确定了2015—2019年以及2019年普通高校学科竞赛排行榜纳入的竞赛项目名单和2012—2019年普通高校教师教学竞赛状态数据覆盖的教师教学竞赛项目名单。

2020年2月22日，第四轮全国普通高校学科竞赛排行榜正式以网络形式发布。高校大学生竞赛排行榜工作持续引发各方关注。

1.2　2015—2019年排行榜研发规则及其优化

1.2.1　排行榜研发思路

2019年高校竞赛排行榜研发遵循与前三轮相同的评估原则。高校学科竞赛项目类型多样、特征多变，对高校学科竞赛成效进行评估必须遵循一定的原则才能保证评估的科学性、公平性和有效性。从学科竞赛自身特点出发，专家工作组梳理并持续遵循以下评估原则：

（1）公平、公正、公开原则：公平、公正是学科竞赛评价的灵魂和基础，公开是保证公平、公正的手段。评价过程中做到数据公开、模型公开、计算方法公开，以保证评价的公平、公正。

（2）引导性原则：学科竞赛评价的目的不仅仅是分出等级，更重要的是引导高校学科竞赛工作的良性开展，提高学科竞赛的育人成效。

（3）可操作性原则：确保被选择的指标简单、实用、可重复验证。评价操作尽量简单方便，保证数据易于获取，计算方法简单可行，且不能失真。在保证评价结果的客观性和全面性的前提下评价指标要与时俱进。

（4）分类原则：我国高校类型多样，不同类型高校有不同的使命和特征，需要按照不同类型高校分别排行，以更好地反映高校的不同类型特征，使得平行性比较成为可能，同时也是保证公平公正的必要途径。

（5）成果导向原则：评价指标必须导向各类竞赛成果，如竞赛获奖结果、竞赛组织贡献、教学成果、公开发表论文等，一般不考虑软性的主观指标。

1.2.2 排行榜研发对象

根据2019年6月15日教育部公布的全国高等学校名单，我国共有2688所普通高校（不含成人高校），其中本科1265所、高职1423所。考虑到2019年最新升格为职业大学的15所院校仍然保持了职业教育的特性，将15所本科层次的职业大学仍然划入高等职业院校类别。因此，2015—2019年全国普通高校大学生竞赛排行榜研发对象为除去15所职业大学的1250所普通本科院校和1438所高等职业院校，其区域分布如表1-3所示。

表1-3 2015—2019年全国普通高校大学生竞赛排行榜研发对象区域分布

区域	本科院校数	高职院校数（含职业大学）	总计
东北	140	118	258
东部	511	509	1020
西部	302	409	711
中部	297	402	699
总计	1250	1438	2688

1.2.3 排行榜研发模型优化

秉着"质量为本、谨慎推进、持续优化"的思路，2015—2019年全国普通高校学科竞赛排行榜研发从以下几个方面进行了优化：

（1）首次将研究贡献纳入排行榜计分。2019年大学生竞赛排行榜计分中首次纳入研究贡献数据，内容包括与学生竞赛相关的高等教育国家级教学成果奖和与学生竞赛相关的核心及以上的教学研究论文，分三类纳入排行，分别为：与竞赛相关的高等教育国家级教学成果奖，命名为"教学成果奖"，按照特等奖、一等奖、二等奖与学生竞赛项目等值赋分，竞赛项目权重映射与中国"互联网＋"大学生创新创业大赛相同；全国普通高校教师教学发展指数"6+1"中的与竞赛相关的教学论文，命名为"研究贡献论文A"，赋分等值于学生竞赛的三等奖，竞赛项目权重映射与一系列教育部赛事相同；其他核心及以上期刊的与大学生竞赛相关的研究论文，命名为"研究贡献论文B"，赋分等值于学生竞赛三等奖，竞赛项目权重映射与一系列高等学校教学指导委员会或高等教育学会主办的竞赛相同。在竞赛项目形式、竞赛项目历史两个维度的得分中取所有分区的最高值。

1.3 2015—2019年排行榜项目遴选过程及结果

2012—2016年、2013—2017年以及2012—2017年单年排行榜的竞赛项目，以教育部2007年、2008年和2010年发布的大学生竞赛资助项目为主要依据，增加"互联网+"1项，"挑战杯"竞赛2项，以及影响力广泛且具有国际性的ACM-ICPC国际大学生程序设计竞赛，同时，考虑到人文社科类竞赛数量不多和国际化要素，增加"外研社杯"全国英语演讲大赛。共筛选了18个本科竞赛项目纳入排行。

2018年9月至2019年1月，进行排行榜项目首次动态调整，新增12项本科竞赛。

2019年9月，发布《关于申报列入2019年高校竞赛排行榜评估项目的通知》（高学会〔2019〕131号），共收到63项全国大学生竞赛申报，其中2019年新申报44项，2018年已经申报且2019年继续申报竞赛19项。考虑到部分竞赛内容相近且由同一个秘书处单位进行竞赛主办，将含有子赛的系列赛认定为1项竞赛。2019年新申请的系列赛子赛及总赛归属见表1-4。

表1-4 2019年新申请的系列赛子赛及总赛归属

序号	系列赛名称	子赛名称	子赛届数	主办单位
1	中国大学生机械工程创新创意大赛	全国大学生过程装备实践与创新大赛	第10届	中国机械工程学会、教育部高等学校机械学科教学指导委员会、教育部高等学校机械材料类专业教学指导委员会、教育部高等学校工业工程类专业教学指导委员会
		铸造工艺设计大赛	第10届	
		材料热处理创新创业大赛	第5届	
		起重机创意大赛	第4届	
2	中国高校计算机大赛	程序设计天梯赛	第4届	教育部高等学校计算机类专业教学指导委员会、教育部高等学校软件工程专业教学指导委员会、教育部高等学校大学计算机课程教学指导委员会、全国高等学校计算机教育研究会
		移动应用创新赛	第4届	
		网络技术挑战赛	第3届	
3	全国大学生机器人大赛（CURC）	ROBOCON	第18届	共青团中央、中华全国学生联合会

续表

序号	系列赛名称	子赛名称	子赛届数	主办单位
4	外研社全国大学生英语系列赛	英语辩论赛	第22届	外语教学与研究出版社
		英语阅读赛	第5届	
5	中国大学生方程式系列赛事	中国大学生电动方程式大赛	第7届	中国汽车工程学会
		中国大学生方程式汽车大赛	第10届	
		中国大学生无人驾驶方程式大赛	第3届	
		巴哈大赛	第5届	

收到全国大学生竞赛申请书后，秘书处进行了第一轮形式审查。按照是否完整提交数据、是否满三届、是否覆盖15个及以上的省（区、市）以及是否覆盖200所及以上高校（专业赛另计），最终有28项竞赛进入网络评审。

根据回避原则、多元原则和学科均衡原则邀请竞赛项目评价专家，共邀请专家24人，分别来自本科院校、高职院校、专业类教学指导委员会、竞赛主办方或秘书处以及高等教育管理部门。将24位专家按照均衡原则分成两个组分别评审14个竞赛项目。

2019年12月21日向专家发送邀请函，并提供相关数据，包括评审表、竞赛主办方提交的申请表、项目的原始信息和各竞赛在竞赛覆盖面、高水平高校参赛、获奖难度三个方面9项指标的计算情况。请专家根据自己的理解分三档做出判断，其中，A类为强烈推荐纳入新一轮评估；B类为一般推荐；C类为不推荐。2019年12月26日回收评审表24份，回收率为100%，有效率100%。

2020年1月3日，在杭州召开的高校竞赛评估专家委员会第三次会议上，经无记名投票方式，通过新纳入排行榜的"12"项竞赛项目，退出2项。至此，2015—2019年全国普通高校学科竞赛排行榜中的竞赛项目扩展为44项（具体见表1-5）。

表1-5　2015—2019年全国普通高校学科竞赛排行榜内竞赛名单

序号	竞赛名称	简称	纳入排行榜时间
1	中国"互联网+"大学生创新创业大赛	"互联网+"大赛	2012—2016、2013—2017排行榜纳入

序号	竞赛名称	简称	纳入排行榜时间
2	"挑战杯"全国大学生课外学术科技作品竞赛	大挑	2012—2016、2013—2017排行榜纳入
3	"挑战杯"中国大学生创业计划大赛	小挑	2012—2016、2013—2017排行榜纳入
4	ACM-ICPC国际大学生程序设计竞赛	ACM	2012—2016、2013—2017排行榜纳入
5	全国大学生数学建模竞赛	数学建模竞赛	2012—2016、2013—2017排行榜纳入
6	全国大学生电子设计竞赛	电子设计竞赛	2012—2016、2013—2017排行榜纳入
7	全国大学生化学实验邀请赛	化学实验竞赛	2012—2016、2013—2017排行榜纳入
8	全国高等医学院校大学生临床技能竞赛	临床技能竞赛	2012—2016、2013—2017排行榜纳入
9	全国大学生机械创新设计大赛	机械设计大赛	2012—2016、2013—2017排行榜纳入
10	全国大学生结构设计竞赛	结构设计竞赛	2012—2016、2013—2017排行榜纳入
11	全国大学生广告艺术大赛	大广赛	2012—2016、2013—2017排行榜纳入
12	全国大学生智能汽车竞赛	智能汽车竞赛	2012—2016、2013—2017排行榜纳入
13	全国大学生交通科技大赛	交通科技大赛	2012—2016、2013—2017排行榜纳入
14	全国大学生电子商务"创新、创意及创业"挑战赛	三创赛	2012—2016、2013—2017排行榜纳入
15	全国大学生节能减排社会实践与科技竞赛	节能减排竞赛	2012—2016、2013—2017排行榜纳入
16	全国大学生工程训练综合能力竞赛	工程训练竞赛	2012—2016、2013—2017排行榜纳入
17	全国大学生物流设计大赛	物流设计大赛	2012—2016、2013—2017排行榜纳入

续表

序号	竞赛名称	简称	纳入排行榜时间
18	外研社全国大学生英语系列赛——英语演讲、英语辩论、英语写作、英语阅读	总赛简称：英语系列赛	英语演讲于2012—2016、2013—2017排行榜纳入；英语辩论、英语写作和英语阅读于2015—2019排行榜新增
		子赛分别简称：英语演讲、英语辩论、英语写作、英语阅读	
19	全国职业院校技能大赛	职业院校技能大赛	2012—2016、2013—2017排行榜纳入；只纳入高职排行
20	全国大学生创新创业训练计划年会展示	大创年会	2014—2018排行榜新增
21	全国大学生机器人大赛－RoboMaster、RoboCon、RoboTac	总赛简称：大学生机器人大赛	RoboMaster、RoboTac于2014—2018排行榜新增；RoboCon于2015—2019排行榜新增；其中，RoboTac只纳入高职排行
		子赛分别简称：RoboMaster、RoboCon、RoboTac	
22	"西门子杯"中国智能制造挑战赛	中智赛	2014—2018排行榜新增
23	全国大学生化工设计竞赛	化工设计竞赛	2014—2018排行榜新增
24	全国大学生先进成图技术与产品信息建模创新大赛	成图大赛	2014—2018排行榜新增
25	中国大学生计算机设计大赛	计算机设计大赛	2014—2018排行榜新增
26	全国大学生市场调查与分析大赛	市调分析大赛	2014—2018排行榜新增
27	中国大学生服务外包创新创业大赛	服务外包大赛	2014—2018排行榜新增
28	两岸新锐设计竞赛"华灿奖"	"华灿奖"	2014—2018排行榜新增
29	中国高校计算机大赛——大数据挑战赛、团体程序设计天梯赛、移动应用创新赛、网络技术挑战赛	总赛简称：高校计算机大赛	大数据挑战赛于2014—2018排行榜新增；团体程序设计天梯赛、移动应用创新赛、网络技术挑战赛于2015—2019排行榜新增
		子赛分别简称：大数据挑战赛、团体程序设计天梯赛、移动应用创新赛、网络技术挑战赛	

序号	竞赛名称	简称	纳入排行榜时间
30	世界技能大赛	世界技能大赛	2014—2018排行榜新增；只纳入高职排行
31	世界技能大赛中国选拔赛	世赛选拔赛	2014—2018排行榜新增；只纳入高职排行
32	中国机器人大赛暨RoboCup机器人世界杯中国赛	RoboCup	2015—2019排行榜新增
33	全国大学生信息安全竞赛	信息安全竞赛	2015—2019排行榜新增
34	全国周培源大学生力学竞赛	"周培源"力学竞赛	2015—2019排行榜新增
35	中国大学生机械工程创新创意大赛——过程装备实践与创新赛、铸造工艺设计赛、材料热处理创新创业赛、起重机创意赛	总赛简称：机械工程创新创意大赛 子赛分别简称：过程装备实践与创新赛、铸造工艺设计赛、材料热处理创新创业赛、起重机创意赛	2015—2019排行榜新增
36	蓝桥杯全国软件和信息技术专业人才大赛	蓝桥杯	2015—2019排行榜新增
37	全国大学生金相技能大赛	金相技能大赛	2015—2019排行榜新增
38	"中国软件杯"大学生软件设计大赛	"中国软件杯"	2015—2019排行榜新增
39	全国大学生光电设计竞赛	光电设计竞赛	2015—2019排行榜新增
40	全国高校数字艺术设计大赛	数字艺术设计大赛	2015—2019排行榜新增
41	中美青年创客大赛	中美青年创客大赛	2015—2019排行榜新增
42	全国大学生地质技能竞赛	地质技能竞赛	2015—2019排行榜新增
43	米兰设计周——中国高校设计学科师生优秀作品展	米兰设计周	2015—2019排行榜新增
44	全国大学生集成电路创新创业大赛	集成电路大赛	2015—2019排行榜新增
45	全国三维数字化创新设计大赛（大学生组）	三维数字化大赛	2014—2018排行榜新增；2015—2019排行榜退出

续表

序号	竞赛名称	简称	纳入排行榜时间
46	长江钢琴·全国高校钢琴大赛	长江钢琴	2014—2018排行榜新增； 2015—2019排行榜退出

1.4 全国高校学生竞赛与教师教学发展数据平台简介

为更好地支持全国普通高校大学生竞赛排行榜研发和运行，并激发排行榜数据的更多活力，更好地服务于高校大学生竞赛发展，以杭州简学科技有限公司为主开发的全国高校学生竞赛与教师发展数据平台（以下简称"数据平台"）于2019年11月1日在高等教育博览会正式启动。数据平台以全国和各省市高校学生竞赛大数据和高校教师教学发展大数据为支撑，一方面将动态呈现学生竞赛和教师教学发展各类变化，另一方面还将为国家、各省（区、市）和各高校提供教师教学发展和学生竞赛数据支持服务。截至2020年6月30日，平台汇聚了学生竞赛数据1969312条，包括高校参赛数据、获奖数据；学生竞赛数据、教师竞赛数据；国内竞赛数据、国际竞赛数据；高校教师教学发展相关数据452728条。两批数据年份从1989年至今，横跨31年。整体而言，平台内容可以概括为：一个平台——学生竞赛与教师发展数据平台；两类指数——全国学科竞赛排行榜、全国教师教学发展指数；三级体系——国赛、省赛、校赛数据联通。平台示意图如图1–1所示。

数据平台主要在以下四个方面发挥作用：①全国竞赛排行、教师发展指数的情况动态展示及信息查询、信息采集；②相关竞赛与教发的新闻、通知；③会议及培

图1–1 全国学生竞赛与教师发展数据平台内容构成

训信息发布及参加；④国、省、校各级竞赛数据大屏及竞赛数据统计与数据查询。完全可以实现对目前普通高等学校学生竞赛和教师教学发展相关数据的整合管理。

通过对数据平台的数据管理和运营，目前数据平台可以实现以下服务：为各高校提供竞赛分析报告和教师发展分析报告；帮助高校实现竞赛官网部署服务、高校竞赛统一信息管理服务、高校数据迁移及留存服务、高校数据平台对接及定制开发服务、高校数据管理平台报表和手册制订服务、高校平台培训与客服支持以及校内赛事执行、培训与支持服务。

各校竞赛管理部门提交本校竞赛清单到平台联系人：白老师，电话15381072855（微信同号）。

平台方会开通全校竞赛账号并分发，同时平台会定期组织钉钉群直播培训及跟进服务。更多信息请关注微信公众号：摩课云[1]。

1.5　未来发展

四轮大学生竞赛评估结果发布之后，引发了社会各方的高度关注。在提升竞赛的办赛和组织质量，提升学校参赛选择质量等方面发挥了积极作用。在中国高等教育学会的指导下，专家工作组将不断吸取来自各方的意见和建议，加强研讨、持续改进。

在接下来的一年中，专家工作组将会在以下几个方面继续推动全国大学生竞赛评估工作：

（1）继续发布"2016—2020年普通高校大学生竞赛评估结果"。

（2）继续发布2020年普通高校大学生竞赛评估结果。

（3）完善全国大学生竞赛数据平台，继续为全国普通高校免费提供本校竞赛原始数据查询服务。

（4）进一步完善和丰富大学生竞赛排行榜网站。

（5）召开大学生竞赛质量提升相关研讨会，关注竞赛办赛质量及育人质量的证据采集及评价。

---

[1]　摩课云竞赛是杭州简学科技有限公司（moocollege.com）旗下专注创新人才发展的学科竞赛在线服务平台，为大学生学科竞赛各级主办单位、参与高校和教育行政管理部门提供学科竞赛执行服务、管理服务与赛事运营服务。其致力于打造学科竞赛生态，提升学科竞赛质量水准，推动"以赛促教、以赛促学、以赛促创"的高水平创新人才培养与大学生创新创业的发展，集中体现全国高校创新人才培养成果和学科竞赛转化成果。

2

2015—2019年本科院校大学生竞赛状态分析

2020年2月22日，中国高等教育学会"高校竞赛评估与管理体系研究"专家工作组发布了第四轮普通高校学科竞赛排行榜。本次评估的时间范围是2015—2019年。评估对象为教育部公布的全国高等学校名单中的普通高等学校。在2015—2019年本科高校学科竞赛状态数据中，共有1172所高校进入了排行榜。全书呈现本科院校榜单12个、高职院校榜单11个，省份榜单3个。其中与本科相关的具体榜单名称为：

2015—2019年大学生竞赛状态数据（本科）；

2019年大学生竞赛状态数据（本科）；

2015—2019年"双一流"建设高校大学生竞赛状态数据；

2015—2019年地方本科院校大学生竞赛状态数据；

2015—2019年综合类本科院校大学生竞赛状态数据；

2015—2019年理工类本科院校大学生竞赛状态数据；

2015—2019年人文社科类本科院校大学生竞赛状态数据；

2015—2019年农林类本科院校大学生竞赛状态数据；

2015—2019年医药类本科院校大学生竞赛状态数据；

2015—2019年师范类本科院校大学生竞赛状态数据；

2015—2019年民办及独立学院大学生竞赛状态数据；

2015—2019年新建本科院校大学生竞赛状态数据。

学科竞赛是大学生创新实践能力的载体，竞赛成果是检验高校创新人才培养质量的重要标准之一。大学生竞赛排行榜运用客观数据为高校人才培养质量提供参考信息。大学生竞赛结果分析主要关注省级层面、校级层面，本章从公办院校与民办院校、重点院校与非重点院校、不同学科类型院校等维度较为宏观地分析2015—2019年本科院校大学生竞赛评估结果，从而为省域高等教育主管部门和高校准确把握大学生竞赛发展现状、科学规划未来提供参考。

2.1 省级层面

2.1.1 区域差异

分别对2015—2019年单年的本科院校学科竞赛得分按照区域进行统计，结果显示，连续5年东部地区获奖得分均值位居第一，中部地区自2016年开始连续4次位居第二，西部和东北地区分列第三、第四，整体而言差异不明显。2015—2019年五年中，排行榜内竞赛的总奖项数量分别为8833项、9638项、7621项、16236项和80288项，各区域按年份分布的获奖数量见图2-1。五年来，四大区域大学生竞赛获奖数量呈逐步递增的趋势，各地区2019年的获奖数量是2015年的8.33至9.59倍，中部地区倍增速度最为显著，其次是东部。前3年奖项数量波动不大，2018年、2019年因竞赛项目扩容，故有相对较大幅度的变动。

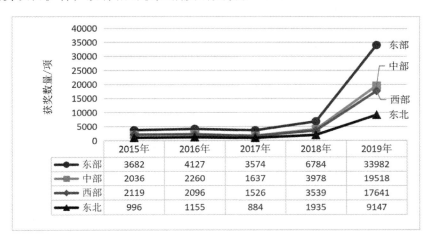

	2015年	2016年	2017年	2018年	2019年
东部	3682	4127	3574	6784	33982
中部	2036	2260	1637	3978	19518
西部	2119	2096	1526	3539	17641
东北	996	1155	884	1935	9147

图2-1　2015—2019年单年各区域本科院校学科竞赛获奖数量

根据2015—2019年普通高校学科竞赛状态数据（本科），计算东部、中部、西部、东北四大区域所有高校的获奖总分，发现东部＞中部＞西部＞东北。进一步梳理不同区域得分在总体得分中的贡献,东部地区得分占47.61%，中部地区占21.75%，西部地区占20.24%，东北地区占10.40%，东部地区基本上占了半壁江山。如图2-2所示。

2.1.2　省际差异

在区域内部，计算每个省份的得分占该区域的比例能够帮助我们了解区域内高校在省际层面的均衡性。东部地区10个省份中，除海南省由于高校数量较少，占比较低之外，其他各省份的贡献占比在4.68%至16.70%之间（见图2-3）；中部地区6个省份贡献占比在8.67%至29.31%之间（见图2-4）；东北地区3个省份贡献比依次是辽宁省44.18%，黑龙江省31.33%，吉林省24.49%，辽宁省占比远大于其他两省，也从另一个侧面折射出东北地区高校大学生竞赛的不均衡性（见图2-5）；西部地区12个省份贡献占比差异较大，最高的达到24.73%，最低的只有0.83%。西部地区贡献比在10%以下的省份有8个，排前三的四川省、陕西省、重庆市贡献比之和达61.36%，超过一半（见图2-6）。由此可见，西部地区各省竞赛结果的"不均衡"态

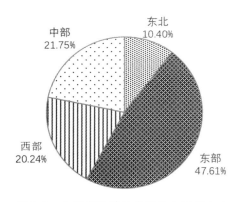

图2-2　本科高校学科竞赛总分区域占比

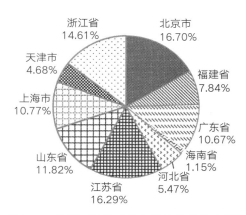

图2-3　东部地区各省份本科院校学科竞赛总分占比

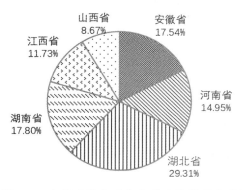

图2-4　中部地区各省份本科院校学科竞赛总分占比

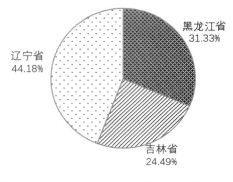

图2-5　东北地区各省份本科院校学科竞赛总分占比

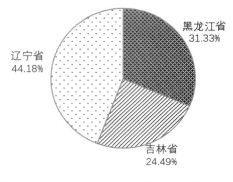

图2-6　西部地区各省份本科院校学科竞赛总分占比

势仍然显著。

计算东部、中部、西部、东北四大区域内所有入榜高校的校均获奖得分，东部为42.98分，中部为41.37分，西部为40.31分，东北为40.44分（见表2-1），得出东部＞中部＞东北＞西部。东部地区校均获奖得分仍为最高，但其他三个区域的校均获奖得分排序与区域获奖总分排序相比，均发生了变化。

表2-1　2015—2019年本科院校竞赛状态数据区域获奖情况

区域	获奖总分	校均获奖得分
东部	20716.84	42.98
中部	11542.6	41.37
西部	11287.33	40.31
东北	5298.08	40.44

比较各个省份进入评估结果前300和前100的学校数量和学校数量占比，**能够**在一定程度上反映各省学科竞赛实力。2015—2019年普通高校学科竞赛评估结果（本科），从进入前300的情况来看，进入高校数量最多的3个省份分别为江苏省（24所）、北京市（22所）、山东省（20所），进入学校数量占比最高的3个省份分别为青海省（50.00%）、重庆市（36.00%）和上海市（35.90%）（见图2-7）。

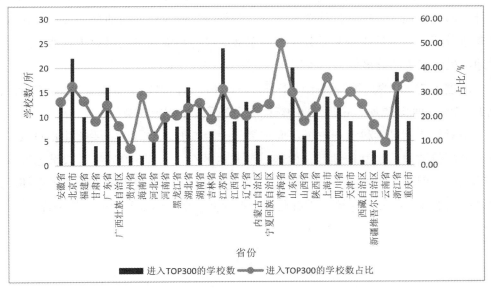

图2-7　2015—2019各省份进入TOP300高校数量和占比情况（本科）

从进入前100榜单的情况来看，进入高校数量最多的3个省份分别为江苏省（10所）、北京市（9所）、山东省（8所），进入学校数量占比最高的3个省份则为上海市（15.38%）、海南省（14.29%）、北京市（13.24%）（见图2-8）。

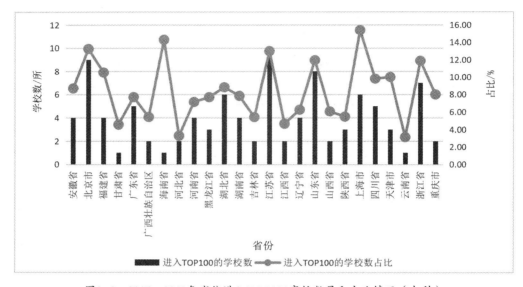

图2-8　2015—2019各省份进入TOP100高校数量和占比情况（本科）

2.1.3　小结

从2015—2019年全国本科院校大学生竞赛状态数据来看，区域获奖总分：东部＞中部＞西部＞东北。区域校均获奖得分：东部＞中部＞东北＞西部。无论是从区域获奖总分还是区域校均获奖得分来看，东部地区的总体水平明显高于其他地区。东北地区虽然获奖总分最低，但校均获奖得分位居第三位。

从进入前300的高校所属区域来看，东部143所，占比47.67%；中部67所，占比22.33%；西部62所，占比20.67%；东北28所，占比9.33%。

绝对数是衡量学科竞赛省级层面结果的一个方面，同时也需要关注相对数。尽管东部高校数量远超其他地区，西部、东北地区在进入前300的绝对数量远远少于东部地区，但因其本身高校分布数量不多，在进入前300的比例上要高于东部。这也说明东部地区高校人才培养质量在一定程度上呈现其内部发展的不均衡性。

2.2 校级层面

在2015—2019年全国本科院校大学生竞赛状态数据中，共有1172所高校进入了排行榜，入榜率为93.76%。除去军事院校外，38所原"985"工程院校全部进入榜单前300，其中前11名均为原"985"工程高校；前100共34所，4所未入。112所原"211"工程院校有100所进入前300，其中，61所进入前100，21所介于101至200名，18所介于201至300名，12所院校未能进入前300。未进入前300的原"211"工程院校大部分为专业特色性较强的院校，可能受到可参加赛事不多等因素的影响。

实际计算的41所一流大学建设高校全部进入前300，其中，35所进入前100(约占所有一流大学建设高校的85.36%)，4所位于100至200名(占比9.76%)，2所位于200至300名(占比4.88%)。实际纳入排行榜的一流学科建设高校有96所，其中有68所进入前300，31所进入前100(约占所有一流学科建设高校的32.29%)，18所位于100至200名(占比18.75%)，19所位于200至300名(占比19.79%)，28所未进入榜单前300（占比29.17%）。

2.2.1 重点本科院校VS非重点本科院校

分别对一流大学建设高校、一流学科建设高校、原"985"工程院校、原"211"工程院校的大学生竞赛获奖得分进行统计，发现以上四种类型院校数量占比不足所有纳入高校的10%，但其获奖数量占比在15.39%至31.18%之间；获奖总分占比在20.64%至43.44%之间；校均获奖数量值在149.94至325.26之间，远高于纳入排行榜所有院校的校均获奖数量值68.51；校均获奖得分值在58.98至84.31之间，其最高值为所有院校的校均获奖得分（41.68）的2倍以上（见表2-2）。

表2-2 不同分类的重点院校获奖占比情况

序号	学校类型	获奖数量占比	院校数量	校均获奖数量	获奖总分占比	校均获奖得分
1	一流大学建设高校	16.10%	41	315.27	25.44%	83.10
	其他院校	83.90%	1131	59.56	24.56%	40.17
2	一流学科建设高校	17.93%	96	149.94	20.64%	58.98
	其他院校	82.07%	1076	61.24	79.36%	40.13

续表

序号	学校类型	获奖数量占比	院校数量	校均获奖数量	获奖总分占比	校均获奖得分
3	原"985"工程院校	15.39%	38	325.26	24.67%	84.31
	其他院校	84.61%	1134	59.90	75.33%	40.25
4	原"211"工程院校	31.18%	112	223.49	43.44%	70.70
	其他院校	68.82%	1060	52.13	56.56%	38.61

在2015—2019年进入状态数据的1172所本科高校中，公办高校794所，民办高校373所[1]。从获奖数量看来，公办院校的奖项数量是民办院校的8.29倍；从获奖数量校均值来看，公办高校约为民办高校的3.89倍。计算两者得分均值的标准差，发现民办院校得分标准差远远低于公办院校，说明民办院校整体尚处于一种相对"低质均衡"状态（见表2-3）。

表2-3 公办院校和民办院校大学生竞赛得分情况

院校类型	学校数量	奖项数量	校均获奖得分	标准差
公办	794	71609	47.60	17.76
民办	373	8642	29.26	10.97

2.2.2 不同类型高校情况

项目组秉承"分类评价"原则，在2015—2019年全国本科院校大学生竞赛状态数据中，继续公布学科竞赛院校分类排行结果。本科类榜单在原有的基础上，新增了"双一流"建设高校、地方本科院校和新建本科院校3个子清单，单列了农林、医药类本科院校2个子清单。在各类学校类型中，理工类高校表现最抢眼，有64所理工类高校进入前100，149所理工类高校进入前300；其次是综合类高校，有26所进入前100，78所进入前300；师范类、农林类居中，师范类有7所进入前100、35所进入前300，农林类有3所进入前100、18所进入前300；人文社科类和医药类都没有高校进入前100，仅有18所人文社科类院校和2所医药类院校进入前300。1059所地方院校中有220所进入前300，其中48所进入前100。674所新建本科院校有606所进入榜单，进榜率89.91%。

---

[1] 合作办学5所。

表2-4显示了相应类型高校进榜数量、进榜率、校均获奖数、校均得分值等数据。6类院校的平均入榜率为92.76%，校均获奖数为57.38，校均得分值为40.33，平均标准差为15.32。师范类学校进榜率最高，医药类学校进榜率最低，仅为77.78%。无论是奖项数量还是获奖总分，理工类院校均居第一，其校均获奖数、校均得分值分别是人文社科类的3.37倍、1.51倍。

表2-4　不同学科类型院校大学生竞赛获奖情况

学校类型	进榜数量	学校总数	进榜率	校均获奖数	校均得分值	总分标准差
综合类	284	294	96.27%	70.57	41.73	18.85
理工类	367	382	96.07%	105.60	48.84	20.12
人文社科类	217	241	90.04%	31.37	32.44	12.91
农林类	54	55	98.18%	62.00	43.67	15.36
医药类	84	108	77.78%	13.14	34.52	10.52
师范类	166	169	98.22%	61.62	40.79	14.13

在教育部发文的419所民办及独立学院中，入选竞赛排行榜的院校数量为373所，进榜率约为89.02%。其中，综合类占比约为32.17%，理工类占比约为38.34%，人文社科类占比约为21.98%，农林类占比约为3.22%，医药类占比约为2.14%，师范类占比约为2.14%。民办及独立学院校均获奖数为23.17，总分校均值为29.26，各类型平均标准差为9.78。另外，民办院校进入榜单情况呈现区域分布不均衡性，在进入榜单的373所民办院校中，东部156所，中部102所，西部76所，东北39所，东部院校数量约为中部的1.53倍，西部的2.05倍，东北的4倍，这也从侧面显示民办院校大学生竞赛发展的区域不平衡性。

表2-5　不同学科类型民办及独立学院大学生竞赛获奖情况

学校类型	进榜数量	奖项数量	校均获奖数	获奖总分	校均获奖得分	总分标准差
综合类	120	2603	21.69	3459.06	28.83	11.30
理工类	143	4123	28.83	4621.59	32.32	10.81
人文社科类	82	1652	20.15	2215.23	27.02	9.63
农林类	12	113	9.41	277.33	23.11	10.63
医药类	8	36	4.50	170.36	21.30	6.46
师范类	8	115	14.38	169.65	21.21	9.84

2.2.3 小结

（1）民办院校学科竞赛整体水平不高。近年来，民办院校蓬勃发展，它是我国高等教育的重要组成，对平衡区域教育资源布局有着重要作用。本轮竞赛状态数据结果分析显示，公办院校得分明显高于民办院校，且形成压倒性优势。进入前300高校中，民办院校仅有6所，民办院校竞赛结果整体排名靠后，排名第一的厦门大学嘉庚学院位于第164名。这从一个侧面反映民办院校在创新人才培养竞争中处于弱势，各地方的经费投入及重视程度不够，实力有待进一步提升。

（2）非重点院校学科竞赛质量有待提高。伴随高等教育大众化、多元化发展，我国非重点院校数量多，分布广，是发展应用型本科教育的重要基地。从奖项数量来说，非重点院校总量不少，竞赛覆盖面大，参与度高，且有一定的成绩。但从校均值来看，明显低于重点院校，而且差距较大。从获奖层次来看，一般院校缺乏高层次奖项。建议非重点院校在正确引导师生积极参与学科竞赛的同时，要有计划地培育高层次奖项，以进一步提高竞赛的质量。

（3）前20强高校排名变化相对稳定。本轮评估的20强高校名单（东部11所，中部3所，西部3所，东北3所）和2014—2018年（东部10所，中部3所，西部5所，东北2所）基本一致，但学校排名略有变化，如哈尔滨工业大学排名升至第一位。重庆大学（上升11位）、同济大学（上升7位）、西安电子科技大学（上升7位）进入本轮前20，复旦大学、吉林大学、厦门大学跌出前20。这一结果表明，尽管前20高校整体水平保持相对稳定，但其竞争也较为激烈。

（4）"同层分类，同类比较"能更好地体现高校大学生竞赛发展特质。根据学校类型特征公布竞赛结果分类榜单，打破了排行榜学科竞赛项目本身因学科专业分布不均衡可能所致的壁垒，这种平行性比较使评估数据更具客观性，同时也是保证竞赛公平公正的必要途径。当然，不同的学科门类未来应该更多地根据自己的学科特点来进行竞赛模式设计。

3

2015—2019年高职院校大学生竞赛状态分析

在2015—2019年全国高职院校大学生竞赛状态数据中，共有1039所高校进入了榜单。本轮发布高职相关的状态数据包括2015—2019年大学生竞赛状态数据（高职）、2019年大学生竞赛状态数据（高职），高职类榜单中新增了8个榜单，新增了示范类、骨干类、一般类和"高水平"4个子清单，按照所在区域，新增了东部、中部、西部、东北4个子清单。本章从高职院校的公办与民办、重点与一般、高职生参赛情况等维度较为宏观地分析了2015—2019年高职院校大学生竞赛状态数据。

3.1 省级层面

3.1.1 区域差异

分别对2015—2019年单年的高职院校学科竞赛得分按照区域进行统计，结果显示，连续5年东部、中部地区获奖得分均值分别稳居第一、二位，西部地区获奖数量多于东北地区。2015—2019年，各年份的总奖项数量分别为4305项、4421项、5217项、6511项、31510项，各区域按年份分布的获奖数量见图3-1。五年来，四大区域竞赛获奖数量呈逐步递增的趋势，各地区2019年的获奖数量是2015年的5.40至8.06倍，西部地区倍增趋势最为显著，东北地区获奖数量相对较少，增幅相对缓慢。2018年、2019年因竞赛项目扩容，故略有一定的波动。

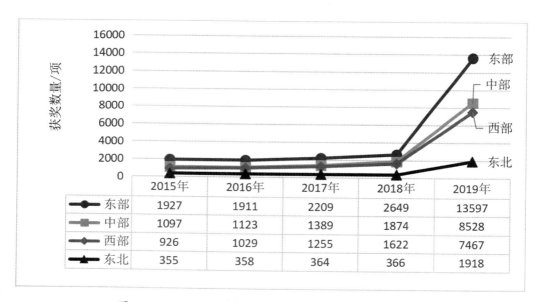

	2015年	2016年	2017年	2018年	2019年
东部	1927	1911	2209	2649	13597
中部	1097	1123	1389	1874	8528
西部	926	1029	1255	1622	7467
东北	355	358	364	366	1918

图3-1 2015—2019单年各区域高职院校学科竞赛获奖数量

与本科院校竞赛评估在省份层面的差异类似，高职院校2015—2019年学科竞赛排行榜数据也呈现区域不平衡，各地区得分占比情况依次是东部地区占47.55%，中部地区占27.36%，西部地区占19.97%，东北地区占5.12%，基本与本科得分分布类似（见图3-2）。在东部地区各省份中，除海南省占比为1.94%外，其他各省份的贡献占比在3.38%到20.19%之间（见图3-3）；中部地区各省份贡献占比在8.53%到26.92%之间，省份之间的差距较东部各省份之间有所拉大（见图3-4）；东北地区各省份贡献占比，辽宁省最高，吉林省、黑龙江省次之，分别为45.69%、28.46%和25.85%，辽宁省的优势较为明显（见图3-5）；西部地区各省份贡献占比差异较大，6个省的贡献率在5%以下，最低的只有0.65%，4个省贡献率在15%以上，最高的达到25.22%（见图3-6）。

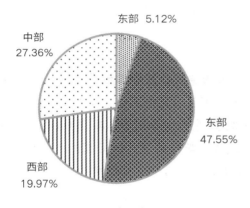

图3-2 高职院校学科竞赛总分区域占比

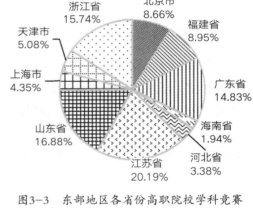

图3-3 东部地区各省份高职院校学科竞赛总分占比

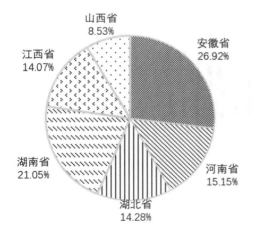

图3-4 中部地区各省份高职院校学科竞赛总分占比

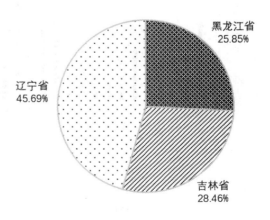

图3-5 东北地区各省份高职院校学科竞赛总分占比

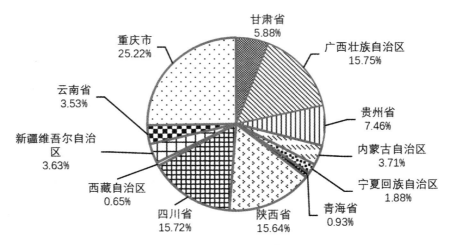

图3-6 西部地区各省份高职院校学科竞赛总分占比

3.1.2. 省际差异

比较各个省份进入评估结果前300和前100的学校数量和学校数量占比能够在一定程度上反映各省学科竞赛实力。2015—2019年普通高校学科竞赛排行榜（高职），从进入前300的情况来看，进入高校数量最多的3个省份分别为江苏省（33所）、山东省（25所）和浙江省（23所）（见图3-7），进入学校数量占比最高的3个省份分别为浙江省（46.94%）、北京市（44.00%）和江苏省（36.67%）。

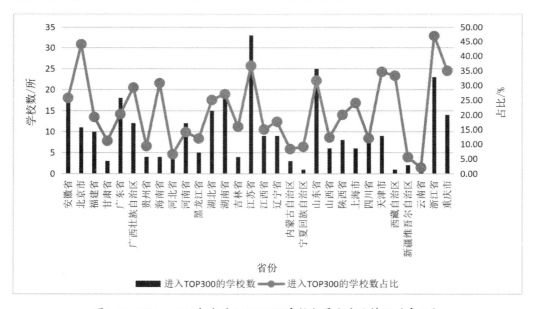

图3-7 2015—2019各省进入TOP300高校数量和占比情况（高职）

　　从进入前100榜单的情况来看，进入高校数量最多的3个省份分别为江苏省（13所）、山东省（10所）、广东省与安徽省并列（各9所），进入学校数量占比最高的3个省份（直辖市）为重庆市（17.5%）、浙江省（16.33%）和北京市（16.00%）（见图3-8）。

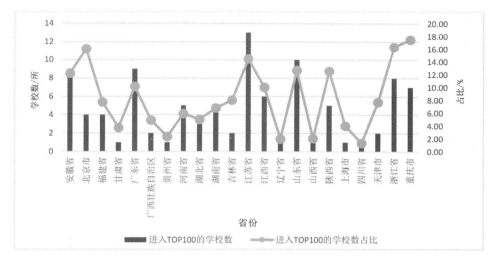

图3-8　2015—2019各省份进入TOP100高校数量和占比情况（高职）

3.1.3　小结

　　从2015—2019年全国高职院校大学生竞赛状态数据来看，无论是从区域获奖总分还是区域校均获奖得分均显示：东部＞中部＞西部＞东北。东部地区的总体水平都明显高于其他地区，东北地区相对较弱。

　　从进入前300的高校所属区域来看，东部143所，占比47.67%；中部81所，占比27.00%；西部58所，占比19.33%；东北18所，占比6.00%。较之本科院校前300的区域分布，东部及西部地区前300的高职院校区域分布变化不大，中部地区高职院校分布比例略高，东北地区高职院校占比有所下降。

　　2015—2019年全国高职院校大学生竞赛榜单前100区域分布显示，进入高校数量最多的省份有3个属于东部，1个属于中部。进入学校数量占比最高的3个省份，中东部有2个、西部1个。同样，榜单前300的进入高校数量最多及进入学校数量占比最高的3个省份均属东部。由此可见，东部地区高职院校实力比较雄厚，优质高职资源主要集中在东部地区。高职院校区域之间的差距也比较明显，反映出我国高职院校人才培养质量总体上存在较大的区域差异。建议中部、西部、东北地区应进一步加大区域内示范高职院校、骨干高职院校的投入力度与建设步伐。

3.2 校级层面

在2015—2019年普通高校学科竞赛评估结果（高职）中，共有1039所高校进入了排行榜，入榜率为72.25%。示范高职院校95所，约占示范院校总数（98所）的96.94%。其中74所进入前300，占示范院校总数的75.51%；43所进入前100，约占示范院校总数的43.87%。骨干院校98所，约占骨干院校总数（99所）的98.99%。其中62所进入前300，占比达到62.62%；23所进入前100，占比达到23.23%。

3.2.1 公办高职院校VS民办高职院校

根据2019年教育部公布的全国高等学校名单及2019年省级人民政府审批设置实施专科教育高等学校备案名单(去掉更名、合并)，共有高职院校1438所，其中公办高职1098所，民办高职337所，中外合作办学3所。在纳入2015—2019年高职院校排行的1039所高职院校中，民办高职院校156所，约占所有纳入排行的高职院校的15.01%；公办高职院校881所，约占所有公办高职院校的84.79%;中外合作办学高职院校2所。公办院校获奖数量是民办院校的17.03倍，公办高职院校竞赛获奖比例占94.45%。各院校类型的获奖数量情况见表3-1。

表3-1 公办高职院校和民办高职院校竞赛获奖数量情况

院校类型	院校数量	获奖数量	校均获奖值
公办	881	29760	29.39
民办	156	1747	9.38
中外合作办学	2	3	2

3.2.2 重点高职院校VS一般高职院校

将示范高职院校和骨干高职院校称为重点高职院校，其他为一般高职院校，在纳入排行的1039所高职院校中，重点高职院校193所（示范高职96所，骨干高职97所），一般高职院校846所。重点高职院校总数占所有入榜高职院校的18.58%，但竞赛获奖比例高达45.50%，校均获奖值是一般高职院校的3.51倍（详见表3-2）。

表3-2 重点高职院校和一般高职院校竞赛获奖数量情况

院校类型	院校数量	获奖数量	校均获奖值
重点高职院校	193	14022	72.65

续表

院校类型	院校数量	获奖数量	校均获奖值
一般高职院校	846	17488	20.67

表3-3、表3-4从区域的维度来分别观测重点高职院校和一般高职院校的竞赛评估情况。关于重点高职院校，从进入榜单的学校数量来看，东部院校数量约为东北的4.56倍，中部的2倍，西部的1.58倍。从奖项数量看，东部获奖数量占比为45.51%，中部占比为23.55%，西部占比为23.72%，东北为占比7.22%。东部的获奖数量分别是中部、西部地区的1.9倍之多，东北地区的6.31倍。从校均获奖值看，东部、中部地区都高于均值69.64，西部和东北地区低于均值，但西部地区高于东北地区。

表3-3　不同地区重点高职院校学科竞赛评估情况

区域	院校数量	获奖数量	校均获奖值
东部	82	6382	77.83
中部	41	3302	80.54
西部	52	3326	63.96
东北	18	1012	56.22

关于一般高职院校，从学校数量来看，东部院校数量约为东北的5.49倍，中部的1.31倍，西部的1.50倍。从奖项数量看，东部获奖数量占比为41.26%，中部占比为29.88%，西部占比为23.68%，东北占比为5.18%。东部的获奖数量是其他地区的1.38至7.96倍。从校均获奖值看，东部、中部地区都高于均值19.49，西部和东北地区低于均值，但西部地区高于东北地区。侧面提示东北地区一般高职院校的大学生竞赛发展可能是该区域的"短板"。

表3-4　不同地区一般高职院校学科竞赛评估情况

区域	院校数量	获奖数量	校均获奖值
东部	324	7215	22.27
中部	247	5226	20.67
西部	216	4141	19.17

续表

区域	院校数量	获奖数量	校均获奖值
东北	59	906	15.36

3.2.3　小结

（1）随着我国高等教育进入新的发展阶段，职业教育的重要地位和作用越来越凸显，学科竞赛的类别越来越丰富，学生参赛面越来越广。在本轮大学生竞赛状态数据中，发布了11个高职类排行榜，且高职类排行榜中所涵盖的竞赛项目主要包含了三大类，一是针对高职院校的竞赛项目，二是高职学生参与本科类竞赛项目，三是面向高职的世界技能类大赛。然而，结果显示仍有近30%的院校未进入榜单，产生这一现象的主要原因是由于高职类竞赛目前主要以教育部推进为主，或可适度地进行多样发展，正确引导高职院校积极组织和参与各级各类学科竞赛，提高参赛质量，以赛促学，以赛促教，提升学生的实践动手能力和创新能力。

（2）不同类别和区域的高职院校学科竞赛结果均呈现不均衡性。一方面，同一区域，无论是奖项数量还是获奖总分重点高职院校都显著高于一般高职院校。另一方面，是受不同省份及地域经济发展的影响较大，浙江、江苏、广东、北京的高职院校在本轮竞赛评估中相对比较领先，无论是重点高职院校还是一般高职院校，学科竞赛结果都呈现出东部优势显著，其他地区相对较弱。

（3）前20高校排名变化相对稳定。本轮评估的20强高校名单（东部10所，中部6所，西部3所，东北1所）和2014—2018年（东部10所，中部5所，西部4所，东北1所）基本一致。从变化幅度看，前三名中，金华职业技术学院继续保持第一位，本轮位列第二、三名的山东商业职业技术学院、北京工业职业技术学院与上一轮位次发生交替；芜湖职业技术学院上升8位，由上轮的第14名进入本轮第6名；安徽工商职业学院浮动最大，下降8位，但仍在前20之列。安徽机电职业技术学院跌出前20，深圳职业技术学院进入前20。

4

浙江省本科院校大学生竞赛发展情况

4.1 浙江省本科院校大学生竞赛发展概况

浙江省在2015—2019年全国普通高校学科竞赛评估结果中，共有58所本科院校被覆盖，占浙江省本科院校总数的98.31%。其中前100的有7所，100至200之间有4所，200至300之间有8所，300名以外有39所。2015—2019年全国学科竞赛排行榜省份排行中，浙江省本科院校奖项数4427项，总分（归一得分）为96.62，位居全国第3位，校均分（归一得分）95.98，同样位居全国第3位。浙江省本科院校大学生竞赛的归一得分与排名见图4-1。

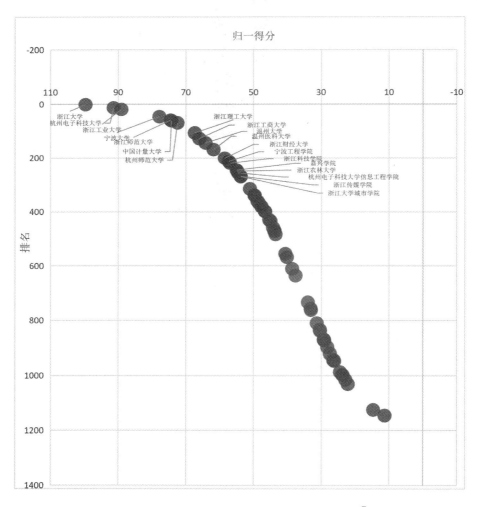

图4-1　浙江省本科院校归一得分与排名示意图①

---

① 为了保持图形的清晰度，此处只显示前20名学校名称，下同。

4.1.1　浙江省本科院校学生竞赛高段排名情况

以最近一轮本科院校大学生竞赛状态数据为例，以进入前300和前100的情况来分析各省高校大学生竞赛高段排名情况。进入前100名的本科院校共覆盖25个省（区、市），进入本科院校数量较多的省份分别为江苏省（10所）、北京市（9所）和山东省（8所），占比前3为上海市（15.38%）、海南省（14.29%）和北京市（13.24%），浙江省以11.86%的占比位居第6位。

以四象限分类法分析浙江省本科院校在大学生竞赛方面进入前100的绝对数和相对数（见图4-2），可见，浙江省位于第一象限。说明无论是进入前100的绝对数还是相对比例，浙江省相对于其他省份优势明显，位于均值相对靠前的位置。

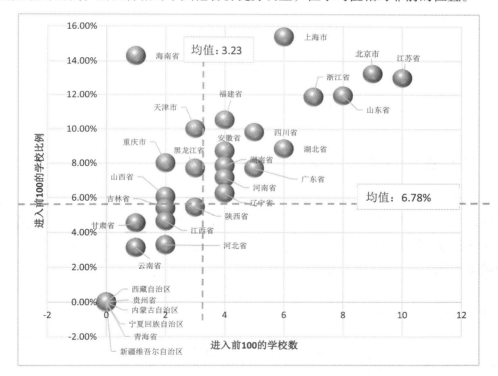

图4-2　各省（区、市）进入前100名本科院校数量与占比

进入前300名的本科院校覆盖了31个省（区、市），进入本科院校数量较多的省市分别为江苏省（24所）、北京市（22所）和山东（20所），而本科院校数量占比较高的为青海省（50%）、重庆市（36.00%）和上海市（35.90%），浙江省以32.20%的占比位居第5位。进入前300的绝对位置和相对位置中，浙江省落在第一象限（见图4-3）。

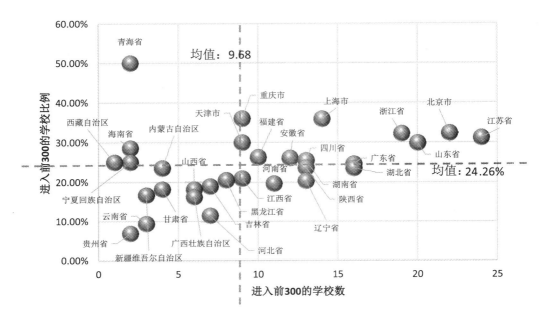

图4-3　大学生竞赛进入前300的本科院校绝对数和相对数比较

4.1.2　民办及独立学院排名情况

2015—2019年全国本科院校大学生竞赛评估状态数据共覆盖373所民办及独立学院，浙江省共有25所被覆盖（见表4-1）。在排名中，共有12所院校进入民办及独立学院排名的前100，杭州电子科技大学信息工程学院、浙江大学城市学院进入全国民办及独立学院子榜单的前10名。

表4-1　浙江省民办及独立学院排名情况

全国序	类型内序	学校名称	奖项总数	总分
256	3	杭州电子科技大学信息工程学院	51	54.6
270	5	浙江大学城市学院	87	53.78
360	15	浙江大学宁波理工学院	85	48.85
367	18	浙江师范大学行知学院	20	48.48
400	23	浙江工业大学之江学院	85	46.58
430	25	宁波财经学院	101	45.39
435	27	中国计量大学现代科技学院	27	45.02

续表

全国序	类型内序	学校名称	奖项总数	总分
459	31	宁波大学科学技术学院	30	44.25
472	34	绍兴文理学院元培学院	35	43.82
568	61	浙江树人学院	20	40.16
611	80	杭州师范大学钱江学院	13	38.61
636	86	温州商学院	42	37.6
733	122	浙江理工大学科技与艺术学院	31	33.94
762	134	温州大学瓯江学院	17	33.01
810	155	湖州师范学院求真学院	10	31.26
834	166	嘉兴学院南湖学院	33	30.37
838	169	浙江农林大学暨阳学院	14	30.3
897	201	浙江中医药大学滨江学院	6	28.17
920	217	浙江财经大学东方学院	26	27.4
943	232	上海财经大学浙江学院	3	26.38
946	233	浙江工商大学杭州商学院	15	26.14
987	258	同济大学浙江学院	8	24.41
1015	272	浙江越秀外国语学院	13	22.85
1031	280	温州医科大学仁济学院	2	22.12
1146	352	浙江海洋大学东海科学技术学院	2	11.22

4.2 浙江省高职院校大学生竞赛发展概况

浙江省在2015—2019年全国普通高校学科竞赛评估结果（高职）中，共有44所高职院校被覆盖，占浙江省高职院校总数的89.80%，4所未被覆盖，覆盖率相对于本科院校而言略低。

在高段排名中，浙江省有8所高职院校进入全国前100，100至200之间有12所，200至300之间有3所，300名以外有21所。从排名分布来看，浙江省高职院校在高校学科竞赛评估中的排名相对较为靠前，金华职业技术学院在浙江省高职院校中优势明显，远超其他院校，处于浙江省高职院校学生竞赛的绝对引领位置，同时也连续四次蝉联全国普通高职院校大学生竞赛排行榜榜首。如何发挥金华职业技术学院的"领头羊"作用，突出该校在学生竞赛内部治理方面的经验辐射，带动第二梯队进步或通过结对帮扶、经验输出的方式实现强校对弱校的"精准帮扶"是值得尝试的治理举措之一。各高职院校大学生竞赛具体归一得分与排名情况见图4-4。

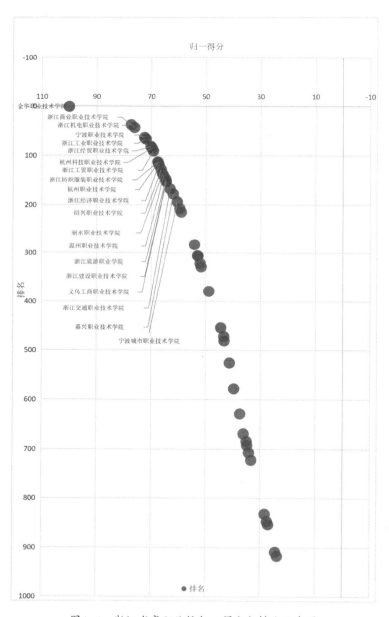

图4-4　浙江省高职院校归一得分与排名示意图

4.2.1　浙江省高职院校学生竞赛高段排名情况

以最近一轮高职院校大学生竞赛状态数据为例，以进入前300和前100的情况来分析各省高校大学生竞赛高段排名情况。进入前100名的高职院校共覆盖22个省（区、市），进入高职院校数量较多的省分别为江苏省（13所）和山东省（10所），占比前3为重庆市（17.95%）、浙江省（16.33%）和北京市（16.00%）。

以四象限分类法分析浙江省高职院校在大学生竞赛方面进入前100的绝对数和相对数（见图4-5），浙江省位于第一象限，整体实力强大。

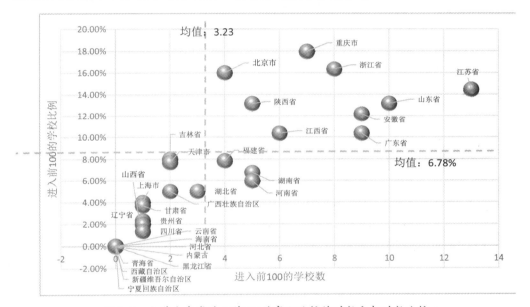

图4-5　大学生竞赛进入前100的高职院校绝对数和相对数比较

进入前300名的高职院校覆盖了30个省（区、市），进入高职院校数量较多的省市分别为江苏省（33所）、山东省（25所）和浙江省（23所），而高职院校数量占比较高的为浙江省（46.94%）、北京市（44.00%）和江苏省（36.67%），广西壮族自治区以30.00%的占比位居第9位。进入前300的绝对位置和相对位置中（见图4-6），广西壮族自治区落在第二象限，整体实力较强。

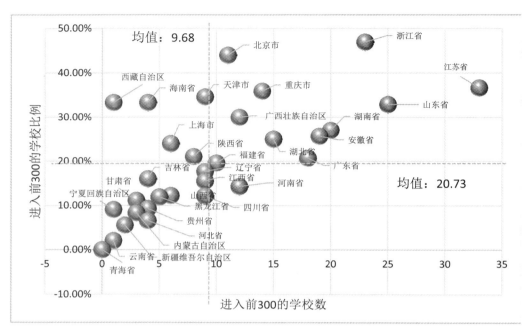

图4-6 大学生竞赛（高职）进入前300的高职院校绝对数和相对数比较

4.2.2 民办高职院校排名情况

2015—2019年全国高职院校大学生竞赛评估状态数据共覆盖156所民办高职院校，浙江省7所民办高职院校被覆盖（见表4-2）。

表4-2 浙江省民办高职院校排名情况

全国序	类型内序	学校名称	奖项数量	总分
129	2	绍兴职业技术学院	54	66.37
379	15	浙江育英职业技术学院	21	48.88
472	30	浙江横店影视职业学院	20	43.33
526	38	浙江广厦建设职业技术学院	18	41.3
629	57	杭州万向职业技术学院	9	37.44
847	94	嘉兴南洋职业技术学院	3	27.39
853	96	浙江东方职业技术学院	7	26.97

4.3　浙江省高校省级学科竞赛概况

浙江省从1996年开始组建浙江省科技竞赛委员会，每年组织省级A类竞赛遴选和调整。2019年3月8日，浙江省科技竞赛委员会年度会议在浙江农林大学召开，会议中，所有浙江省A类竞赛就2018年赛事组织和开展情况进行汇报，并讨论和通过了6项新的赛事进入A类竞赛目录。根据《关于公布2019年浙江省大学生科技竞赛赛项的通知》（浙科竞〔2019〕14号），浙江省遴选的42项大学生科技竞赛名称以及秘书处单位或承办单位详见表4-3：

表4-3　2019年浙江省A类竞赛名单

序号	赛项名称	秘书处单位或承办单位
1	浙江省"互联网+"大学生创新创业大赛	杭州师范大学
2	浙江省"挑战杯"大学生课外学术科技作品竞赛	浙江理工大学
3	浙江省大学生职业生涯规划大赛	浙江理工大学
4	全国大学生数学建模竞赛浙江赛区	浙江大学
5	浙江省大学生结构设计竞赛	浙江大学
6	浙江省大学生程序设计竞赛	浙江大学
7	浙江省大学生化工设计竞赛	浙江大学
8	浙江省大学生英语演讲与写作竞赛	浙江大学
9	浙江省大学生工程训练综合能力竞赛	浙江大学
10	浙江省大学生机械设计竞赛	浙江工业大学
11	浙江省大学生服务外包创新应用竞赛	浙江工业大学
12	浙江省大学生多媒体作品设计竞赛	浙江师范大学
13	浙江省大学生师范生教学技能竞赛	浙江师范大学
14	浙江省大学生电子设计竞赛	杭州电子科技大学
15	浙江省大学生智能汽车竞赛	杭州电子科技大学
16	浙江省大学生统计调查方案设计竞赛	浙江工商大学
17	浙江省大学生电子商务竞赛	浙江工商大学
18	浙江省大学生工业设计竞赛	浙江理工大学
19	浙江省大学生生命科学竞赛	浙江中医药大学

续表

序号	赛项名称	秘书处单位或承办单位
20	浙江省大学生财会信息化竞赛	浙江财经大学
21	浙江省大学生医学竞赛	温州医科大学
22	浙江省大学生力学竞赛	宁波大学
23	浙江省大学生摄影竞赛	浙江传媒学院
24	浙江省大学生中华经典诵读竞赛	绍兴文理学院
25	浙江省大学生法律职业能力竞赛	浙江工商大学
26	浙江省大学生机器人竞赛	浙江大学
27	浙江省大学生化学竞赛	浙江工业大学
28	浙江省大学生护理竞赛	浙江中医药大学
29	浙江省大学生经济管理案例竞赛	杭州电子科技大学
30	浙江省大学生证券投资竞赛	浙江财经大学
31	浙江省大学生物理科技创新竞赛	浙江工业大学
32	浙江省大学生企业经营沙盘模拟竞赛	嘉兴学院
33	浙江省大学生广告创意设计竞赛	浙江大学
34	浙江省大学生网络与信息安全竞赛	杭州电子科技大学
35	"卡尔·马克思杯"浙江省大学生理论知识竞赛	浙江工商大学
36	浙江省大学生智能机器人创意竞赛	浙江大学
37	浙江省大学生环境生态科技创新大赛	浙江农林大学
38	浙江省大学生服装服饰创意设计大赛	浙江理工大学
39	浙江省大学生乡村振兴创意大赛	浙江财经大学
40	浙江省会展策划创意大赛	浙江外国语学院
41	浙江省大学生金融创新大赛	浙江工商大学
42	全国职业院校技能大赛浙江赛区	有关高职院校

从2019年浙江省省级学科竞赛获奖数据来看，竞赛奖项设置数量前3的赛项分别是全国大学生数学建模竞赛浙江赛区、浙江省"挑战杯"大学生课外学术科技作

品竞赛和浙江省大学生电子设计竞赛。竞赛奖项设置数量最少的3个赛项分别是浙江省大学生医学竞赛、浙江省大学生金融创新大赛和"卡尔·马克思杯"浙江省大学生理论知识竞赛（见图4-7）。

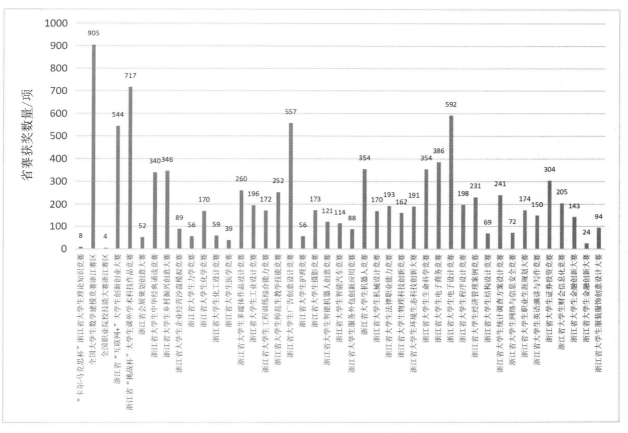

图4-7　2019年浙江省省级竞赛获奖统计

　　浙江省大学生中华经典诵读竞赛、浙江省大学生经济管理案例竞赛、大广赛等赛项设置了优秀指导教师，浙江省大学生服装服饰创意设计大赛、浙江省大学生工程训练综合能力竞赛分别设置了优秀组织奖、最佳组织奖。

　　按教育部公布的最新高校名单，浙江省共有高校109所，其中本科院校59所，高职院校50所。从2019年浙江省省级学科竞赛报名数据来看，省内共有58所高校报名参赛，报名参赛的院校都有获奖。

　　从竞赛获奖覆盖面来看，浙江省省赛平均覆盖高校约35所，其中浙江省大学生中华经典诵读竞赛、全国职业院校技能大赛浙江赛区、浙江省"互联网+"大学生创新创业大赛覆盖高校数列前3，浙江省大学生师范生教学技能竞赛、浙江省大学生服装服饰创意设计大赛、"卡尔·马克思杯"浙江省大学生理论知识竞赛等3项竞赛覆盖高校数最少（见图4-8）。

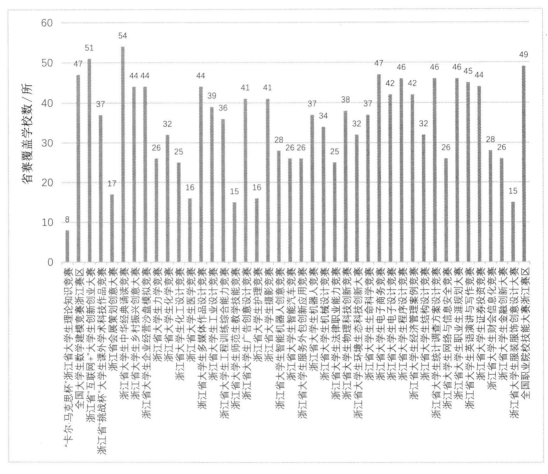

图4-8 2019年浙江省省级竞赛获奖面覆盖高校

5

吉林省本科院校大学生竞赛发展情况

5.1 吉林省本科院校大学生竞赛发展概况

吉林省在2015—2019年全国普通高校学科竞赛评估结果中，共有37所本科院校被覆盖，占吉林省本科院校总数的100%。其中前100的有2所，100至200之间有3所，200至300之间有2所，300名以外有30所。2015—2019年全国学科竞赛排行榜省份排行中，吉林省本科院校奖项数2300个，位居全国第19位，校均得分为40.68，位居全国第19位。吉林省总得分占东北地区省份总得分的31.85%，高于黑龙江省（22.31%），低于辽宁省（45.84%），在全国处于中等水平，且校排名与总分均分持平，说明省内高校之间差异发展方向较一致，总体差异较小。

从省内各高校排序来看，400至800名之间的高校分布相对均衡和紧凑，学校之间得分的差距很小，排名前面和后面部分高校数量较少且分布松散。吉林省本科院校大学生竞赛的归一得分与排名见图5-1。

5.1.1 吉林省本科院校学生竞赛高段排名情况

在2015—2019年全国普通高校大学生竞赛状态数据中，前100强高校共覆盖22个省（区、市）（见图2-8），吉林省有2所本科院校进入前200，以占比5.41%位于全国第20位，可以说，前100高校中，吉林省优势不是很明显。但是相对而言，进入前100的比例并不算太糟糕，基本处于全国平均水平，跟吉林本身所布局的本科院校数量相对较少有一定关系。

在2015—2019年全国普通高校大学生竞赛状态数据中，前300强高校共覆盖31个省（区、市）（见图2-7），吉林省共有7所本科院校进入前300，以18.92%的占比位居第24位。

5.1.2 民办及独立学院排名情况

2015—2019年全国普通本科院校大学生竞赛评估状态数据共覆盖373所民办及独立学院，吉林共有12所被覆盖（见表5-1）。在排名中，共有3所院校进入民办及独立学院排名的前100，长春财经学院位列43位，吉林动画学院位列51位，吉林外国语大学位列第60位。

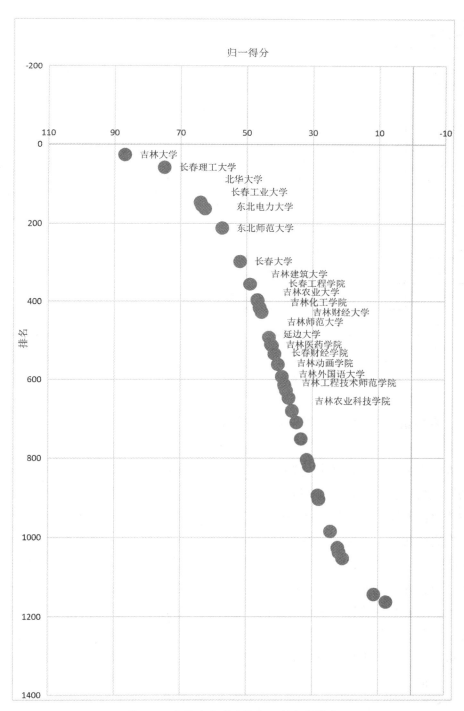

图 5-1　吉林省本科院校归一得分与排名

表5-1　吉林省民办及独立学院排名情况

全国序	类型内序	学校名称	奖项数量	总分
514	43	长春财经学院	17	42.25
535	52	吉林动画学院	51	41.49
562	60	吉林外国语大学	19	40.44
680	104	长春建筑学院	22	36.15
709	114	东北师范大学人文学院	39	34.78
804	153	长春理工大学光电信息学院	11	31.61
809	154	长春光华学院	35	31.41
820	159	吉林建筑科技学院	52	30.99
894	198	长春工业大学人文信息学院	4	28.27
985	257	长春科技学院	5	24.44
1053	292	长春大学旅游学院	18	20.76
1163	364	吉林师范大学博达学院	7	7.58

5.2　吉林省高职院校大学生竞赛发展概况

　　吉林省在2015—2019年全国普通高校学科竞赛评估结果（高职）中，共有17所高职院校被覆盖，占吉林高职院校总数的68%，8所未被覆盖，覆盖率相对于本科院校而言更低，未被覆盖的学校相对于本科院校而言更多。

　　在高段排名中，吉林省有2所高职院校进入全国前100，100至200之间有2所，200至300之间有0所，300名以外有13所。从排名分布来看，吉林省高职院校在高校学科竞赛评估中的排名相对较为靠后，长春职业技术学院在吉林省高职院校中优势明显，远超其他院校，处于吉林省高职院校学生竞赛的绝对引领位置。如何发挥长春职业技术学院的"领头羊"作用，突出该校在学生竞赛内部治理方面的经验辐射，带动第二梯队进步或通过结对帮扶、经验输出的方式实现强校对弱校的"精准帮扶"是值得尝试的治理举措之一。各高职院校大学生竞赛具体归一得分与排名情况见图5-2。

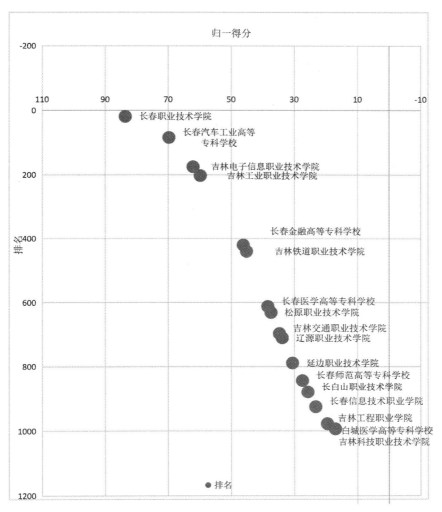

图 5-2　吉林省高职院校归一得分与排名示意图

5.2.1　吉林高职院校学生竞赛高段排名情况

以最近一轮高职院校大学生竞赛状态数据为例，以进入前300和前100的情况来分析各省高校大学生竞赛高段排名情况。进入前100名的高职院校共覆盖22个省（区、市）（见图3-8），从进入前100的绝对数来看，吉林的数量只有2所；从相对数来看，吉林省约有8%的高职院校进入，位居全国第10位。

进入前300名的高职院校覆盖了30个省（区、市）（见图3-7），从进入前300的绝对数来看，吉林的数量为4所，从相对数来看，吉林省约有16%的高职院校进入前300，位居全国第18位，说明吉林省高职院校竞赛水平尚有较大的进步空间。

5.2.2　民办高职院校排名情况

2015—2019年全国高职院校大学生竞赛评估状态数据共覆盖156所民办高职院校，吉林省6所民办高职院校中共有2所被覆盖（见表5-2）。其中长春信息技术职业学院进入民办高职院校排名第117，吉林科技职业技术学院进入民办高职院校排名135名。

表5-2　吉林省民办高职院校排名情况

全国序	类型内序	学校名称	奖项数量	总分
926	117	长春信息技术职业学院	3	23.23
994	135	吉林科技职业技术学院	2	17.02

综上，吉林省高职院校学科竞赛整体实力尚有较大的提升空间，进入前100名和300名以内高段排名的学校不是很多，特别是民办高职院校的竞赛参与度还不是很高，学校之间差距很大。建议教育相关行政部门和各高职院校积极开展交流研讨活动，通过典型示范、经验学习等形式，推进吉林省高职院校学科竞赛的总体进步。

5.3　吉林省高校省级学科竞赛概况

2019年吉林省共有省级学科竞赛25项，包括中国"互联网+"大学生创新创业大赛、全国大学生广告艺术大赛、全国大学生数学建模竞赛、全国大学生电子设计竞赛、全国电子商务"创新、创意及创业"挑战赛等5个选拔赛。各赛项名称详见表5-3。

表5-3　2019年吉林省立项竞赛名单

序号	竞赛名称
1	"学创杯"吉林省大学生创业综合模拟大赛
2	中国大学生计算机设计大赛吉林省级赛
3	全国大学生广告艺术大赛吉林赛区
4	全国大学生数学建模竞赛吉林赛区
5	全国大学生沙盘模拟经营大赛吉林赛区竞赛

序号	竞赛名称
6	吉林省iCAN国际大学生创新创业大赛吉林省赛区竞赛
7	吉林省"互联网+"大学生创新创业大赛
8	吉林省"互联网+"大学生财会大赛
9	吉林省全国大学生会计信息化技能大赛
10	吉林省全国大学生电子商务"创新、创意及创业"挑战赛
11	吉林省冰雪旅游文创产品设计大赛
12	吉林省土木工程专业毕业设计大赛
13	吉林省大学生人工智能创新大赛
14	吉林省大学生工程训练综合能力竞赛
15	吉林省大学生物理学术竞赛
16	吉林省大学生生命科学创新创业大赛
17	吉林省大学生生物实验技能竞赛
18	吉林省大学生电子设计竞赛
19	吉林省大学生结构设计竞赛
20	吉林省大学生金蝶杯云管理大赛
21	吉林省服装设计大赛
22	林省第二届大学生网络安全大赛
23	吉林省高校大学生机器人大赛
24	吉林省高等院校"斯维尔杯"建筑信息模型（BIM）应用技能大赛
25	吉林省大学生程序设计竞赛

2019年吉林省级学科竞赛获奖数据来看，竞赛奖项设置数量前3的赛项分别是吉林省冰雪旅游文创产品设计大赛、全国大学生数学建模竞赛吉林赛区比赛和全国大学生广告艺术大赛吉林赛区比赛。吉林省大学生工程训练综合能力竞赛设置了优秀指导教师，吉林省大学生生命科学创新创业大赛、吉林省大学生生物实验技能竞赛等设置了优秀组织奖（见图5-3）。

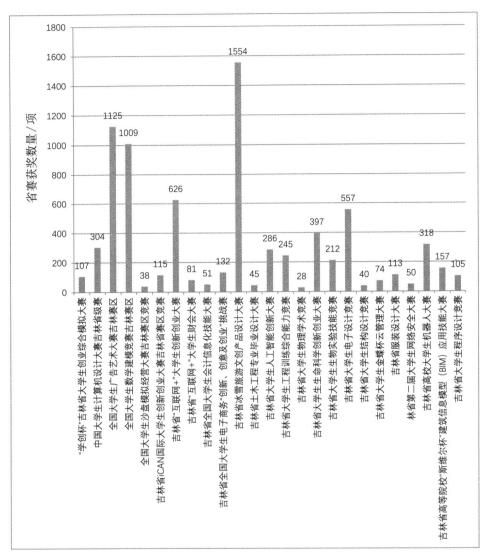

图 5-3　2019年吉林省级竞赛获奖统计

按教育部公布的2019年高校名单，吉林省共有高校62所，其中本科院校37所，高职院校25所。2019年浙江省省级学科竞赛报名数据看，省内共有58所高校获奖。从竞赛获奖覆盖面来看，吉林省赛平均覆盖高校约24所，其中全国大学生广告艺术大赛吉林赛区、吉林省"互联网+"大学生创新创业大赛、全国大学生沙盘模拟经营大赛吉林赛区竞赛覆盖高校数列前3，吉林省土木工程专业毕业设计大赛、吉林省服装设计大赛、吉林省高等院校"斯维尔杯"建筑信息模型（BIM）应用技能大赛等3项竞赛覆盖高校数相对较少（见图5-4）。

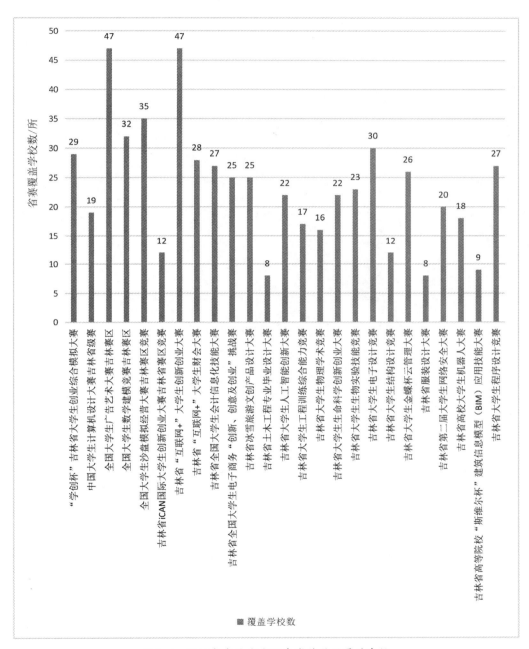

图5-4　2019年吉林省省级竞赛获奖面覆盖高校

6 广西壮族自治区大学生竞赛状态分析

6.1 本科院校大学生竞赛发展状态

6.1.1 发展概况

广西壮族自治区在2015—2019年全国普通高校学科竞赛评估结果中，共有32所本科院校被覆盖，占广西壮族自治区本科院校总数的84.21%，6所未被覆盖。其中前100的有2所，100至200之间有3所，200至300之间有1所，300名之后的有26所。2015—2019年全国学科竞赛排行榜省份排行中，广西壮族自治区高校（含本科和高职）以4275个奖项数位居全国总分第19位，校均分为全国第19位。从得分来看，广西壮族自治区得分约占西部地区所有省份得分的10.55%，低于四川省（24.73%）、陕西省（23.29%）和重庆市（13.34%），位于西部地区第4位。

从省内各高校排序来看，500名之前的高校分布相对均衡和紧凑，特别是300至500名之间，学校之间得分的差距很小；排名后面部分高校分布相对松散。广西壮族自治区本科院校大学生竞赛的归一得分与排名见图6-1。

6.1.2 本科院校大学生竞赛高段排名情况

以2015—2019年全国本科院校大学生竞赛状态数据为分析对象，以进入前300和前100的情况来了解各省高校大学生竞赛高段排名情况及竞赛竞争力。进入前100名的本科院校共覆盖25个省（区、市）（见图2-8），广西壮族自治区以5.41%的占比位居全国第20位。

以四象限分类法分析广西壮族自治区本科院校在大学生竞赛方面进入前100的绝对数和相对数（见图4-2），广西壮族自治区位于第三象限位置。说明进入前100的绝对数方面，广西壮族自治区相对于其他省份优势不明显，处于均值相对靠后的位置；但是相对而言，进入前100的比例则相对较好，基本处于全国平均水平。

进入前300名的本科院校覆盖了31个省（区、市）（见图2-7），广西壮族自治区以16.22%的占比位居全国第28位。进入前300的绝对位置和相对位置中，广西壮族自治区落在第三象限（见图4-3）。

6.1.3 本科院校大学生竞赛民办及独立学院排名情况

2015—2019年全国本科院校大学生竞赛评估状态数据共覆盖373所民办及独立学院，广西壮族自治区共有10所被覆盖（见表6-1）。在排名中，共有5所院校进入民办及独立学院排名的前100，南宁学院进入全国民办及独立学院子榜单的前20名。

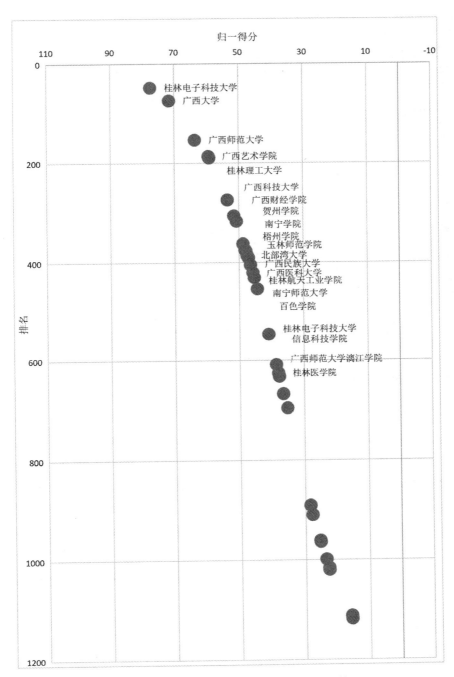

图6-1 广西壮族自治区本科院校归一得分与排名

表6-1　广西壮族自治区民办及独立学院排名情况

全国序	类型内序	学校名称	奖项数量	总分
363	17	南宁学院	94	48.72
547	56	桂林电子科技大学信息科技学院	63	40.94
609	79	广西师范大学漓江学院	88	38.65
633	85	广西大学行健文理学院	41	37.77
668	99	广西科技大学鹿山学院	19	36.57
891	195	北海艺术设计学院	75	28.38
910	210	桂林理工大学博文管理学院	5	27.77
961	242	广西外国语学院	10	25.42
964	244	南宁师范大学师园学院	8	25.34
1020	275	广西民族大学相思湖学院	17	22.73

6.2　广西壮族自治区高职院校大学生竞赛发展情况

6.2.1　高职院校大学生竞赛发展概况

　　广西壮族自治区在2015—2019年全国普通高校学科竞赛评估结果（高职）中，共有28所高职院校被覆盖，占广西壮族自治区高职院校总数的70%，12所未被覆盖，覆盖率相对于本科院校而言更低，未被覆盖的学校相对于本科院校而言更多。

　　在高段排名中，广西壮族自治区有2所高职院校进入全国前100，100至200之间有7所，200至300之间有3所，300名之后的16所。从排名分布来看，广西壮族自治区高职院校在高校学科竞赛评估中的排名相对较为均匀，院校之间的极差并不是很大；柳州铁道职业技术学院在高职院校中有点"一骑绝尘"的感觉，远超其他院校，处于广西壮族自治区高职院校学生竞赛的绝对引领位置，在全国层面排名第23，也有较强的竞争力。其次为南宁职业技术学院，位于全国第60名。但之后的排名中出现约50名的断档，广西壮族自治区的第3名在全国位列第109名，说明第一梯度的数量有限，带动作用乏力。广西壮族自治区各高职院校大学生竞赛具体归一得分与排名情况见图6-2。

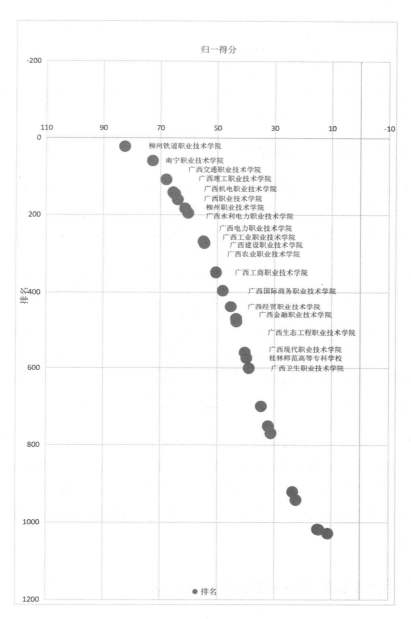

图6-2　广西壮族自治区高职院校归一得分与排名

6.2.2　高职院校学生竞赛高段排名情况

以最近一轮高职院校大学生竞赛状态数据为例，以进入前300和前100的情况来分析各省高校大学生竞赛高段排名情况。进入前100名的高职院校共覆盖22个省（区、市）（见图3-8），广西壮族自治区以5.00%的占比位居全国第16位。

　　以四象限分类法分析广西壮族自治区高职院校在大学生竞赛方面进入前100的绝对数和相对数，广西壮族自治区位于第三象限。

　　进入前300名的高职院校覆盖了30个省（区、市）（见图3-7），广西壮族自治区以30.00%的占比位居第9位。进入前300的绝对位置和相对位置中，广西壮族自治区落在第一象限，整体实力较强。

6.2.3　民办高职院校排名情况

　　2015—2019年全国高职院校大学生竞赛评估状态数据共覆盖156所民办高职院校，广西壮族自治区12所民办高职院校中共有4所被覆盖（见表6-2）。其中广西理工职业技术学院进入民办高职院校排名第3，全国高职院校排名144名。

表6-2　广西壮族自治区民办高职院校排名情况

全国序	类型内序	学校名称	奖项数量	总分
144	3	广西理工职业技术学院	97	138.144
921	114	广西工程职业学院	7	2.306
942	120	广西英华国际职业学院	7	1.882
1018	142	广西演艺职业学院	4	0.363

　　综上，总体上看广西壮族自治区高职院校学科竞赛整体实力尚有较大的提升空间，进入100名以内高段排名的学校不是很多，特别是民办高职院校的竞赛参与度相对较低，学校之间差距很大。建议教育相关行政部门和各高职院校积极开展交流研讨活动，通过典型示范、经验学习等形式，推进广西壮族自治区高职院校学科竞赛的总体进步。

6.3　广西壮族自治区高校省级学科竞赛概况

　　2019年广西壮族自治区共有省级学科竞赛27项，包括中国"互联网+"大学生创新创业大赛、全国大学生广告艺术大赛、全国大学生数学建模竞赛、全国大学生电子设计竞赛、全国电子商务"创新、创意及创业"挑战赛等5个选拔赛。各赛项名称详见表6-3。

表6-3　2019年广西壮族自治区立项竞赛名单

序号	竞赛名称	简称	秘书处单位	备注
1	中国"互联网+"大学生创新创业大赛广西赛区选拔赛	"互联网+"大赛		省赛,广西壮族自治区
2	全国大学生广告艺术大赛广西赛区竞赛	大广赛	广西艺术学院影视与传媒学院	省赛,广西壮族自治区
3	广西大学生计算机应用大赛	计算机应用大赛	广西师范大学	广西壮族自治区
4	广西高校旅游电子商务大赛	旅游电子商务大赛		广西壮族自治区
5	全国大学生数学建模竞赛广西赛区选拔赛	数学建模竞赛	全国大学生数学建模广西赛区组委会	省赛,广西壮族自治区
6	广西本科高校大学生市场营销大赛暨首届广西大学生乡村振兴创客大赛	市场营销大赛		广西壮族自治区
7	全国大学生电子设计竞赛广西赛区选拔赛暨广西大学生电子设计竞赛	电子设计竞赛	桂林电子科技大学	省赛,广西壮族自治区
8	广西大学生财税技能大赛	财税技能大赛	广西师范大学经济管理学院	省赛,广西壮族自治区
9	广西大学生BIM应用技能大赛	BIM应用技能大赛		省赛,广西壮族自治区
10	广西大学生英语综合能力大赛	英语综合能力大赛		广西壮族自治区
11	广西大学生程序设计大赛	程序设计大赛	桂林电子科技大学	省赛,广西壮族自治区
12	广西高校无人机大赛	无人机大赛	桂林理工大学测绘地理信息学院	广西壮族自治区
13	广西高校大学生创新设计与制作大赛	创新设计与制作大赛	桂林电子科技大学机电综合工程训练国家级实验教学示范中心	广西壮族自治区
14	广西大学生人工智能设计大赛	人工智能设计大赛	桂林电子科技大学	省赛,广西壮族自治区
15	广西大学生会计技能大赛	会计技能大赛	广西财经学院会计与审计学院	广西壮族自治区

续表

序号	竞赛名称	简称	秘书处单位	备注
16	广西大学生工业设计大赛	工业设计大赛	广西大学	广西壮族自治区
17	广西高校大学生化学实验技能竞赛	化学实验竞赛	广西大学	省赛,广西壮族自治区
18	广西高校大学生化学化工类学术创新成果大赛	化学化工类学术创新成果大赛	广西中医药大学	省赛,广西壮族自治区
19	全国高校商业精英挑战赛暨广西国际贸易专业技能大赛	商业精英挑战赛	广西财经学院	省赛,广西壮族自治区
20	广西大学生结构设计竞赛	结构设计竞赛	广西大学生结构设计竞赛委员会秘书处	广西壮族自治区
21	广西大学生创意写作大赛	创意写作大赛	玉林师范学院文学与传媒学院	广西壮族自治区
22	广西大学生美术作品大赛	美术作品大赛		省赛,广西壮族自治区
23	广西大学生食品学科创新创业大赛	食品创新创业大赛	2019年广西大学生食品学科创新创业大赛组委会	省赛,广西壮族自治区
24	全国电子商务"创新、创意及创业"挑战赛广西分赛区选拔赛	三创赛		省赛,广西壮族自治区
25	广西大学生材料绿色循环再利用设计大赛	循环再利用设计大赛		省赛,广西壮族自治区
26	广西医学生综合能力竞赛	医学竞赛		省赛,广西壮族自治区
27	广西大学生非通用语技能大赛-泰语口译比赛、越南语口译比赛、日语演讲比赛、法语演讲比赛	总赛简称：非通用语技能大赛 子赛分别简称：泰语口译比赛、越南语口译比赛、日语演讲比赛、法语演讲比赛		广西壮族自治区

2019年广西壮族自治区省级学科竞赛获奖数据来看，竞赛奖项设置数量前3的赛项分别是大广赛、"互联网+"大赛和工业设计大赛。英语综合能力大赛、无人机大赛和大广赛等赛项设置了优秀指导教师，市场营销大赛暨首届广西大学生乡村振兴创客大赛、化学化工类学术创新成果大赛和BIM应用技能大赛等设置了优秀组织奖。本年度所有竞赛中唯医学生综合能力竞赛有特等奖获得者。具体见图6-3。

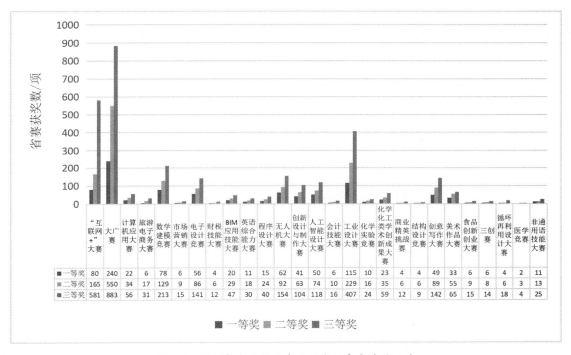

图6-3　2019年广西壮族自治区省级竞赛获奖统计

按教育部公布的最新高校名单，广西壮族自治区共有高校78所，其中本科院校38所，高职院校40所。2019年广西壮族自治区省级学科竞赛报名数据看，省内共有73所高校报名参赛（广西教育学院、广西壮族自治区经济管理干部学院尽管参赛且获奖，因未列入教育部普通高校名单故未计入）。报名参赛的院校中，除广西科技职业学院、崇左幼儿师范高等专科学校2所院校，其他院校都获得奖项。北京航空航天大学北海学院、广西卫生职业技术学院、广西中远职业学院、桂林生命与健康职业技术学院和玉柴职业技术学院等5所院校未报名参赛。

从竞赛覆盖面来看，广西壮族自治区省赛平均覆盖高校约27所，其中"互联网+"大赛、大广赛和计算机应用大赛覆盖高校数列前3，循环再利用设计大赛、医学竞赛和非通用语技能大赛等3项竞赛覆盖高校数最少，均低于10个。值得一提的是，广西壮族自治区举办的部分省级竞赛还涉及跨省报名参赛，例如，程序设计大赛有广州、湖南的广州大学、华南师范大学、长沙学院，美术作品大赛、工业设计大赛有四川省的四川美术学院、电子科技大学等高校参赛（见图6-4）。

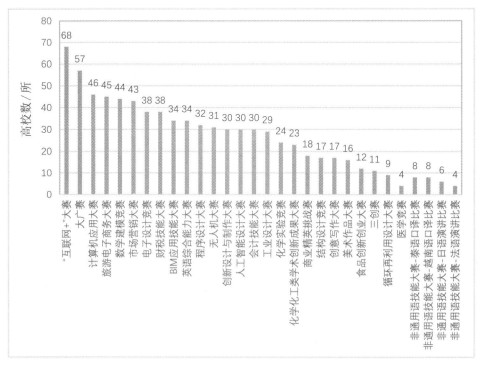

图6-4　2019年广西壮族自治区省级竞赛覆盖高校

2019年广西壮族自治区本科院校省级竞赛报名及获奖数量情况分别是46625项、5004项。奖项数量前3的院校分别是桂林电子科技大学、广西师范大学和桂林理工大学，获奖比例较高的院校依次是右江民族医学院、广西城市职业大学和广西医科大学（见图6-5）。省外院校参赛情况，电子科技大学共有428支队伍报名参加广西壮族自治区工业设计大赛，85支队伍获奖。四川美术学院在美术作品大赛中获二等奖1项；长沙学院、广州大学和广东工业大学等报名参加程序设计大赛。

2019年广西壮族自治区高职院校省级竞赛报名及获奖数量分别是9711项、1186项。奖项数量前3的院校分别是南宁职业技术学院、广西职业技术学院和广西建设职业技术学院；获奖比例最高的院校梧州职业学院、广西培贤国际职业学院和柳州铁道职业技术学院（见图6-6）。但也看到，部分院校报名数量较少，甚至只有个位数，说明这部分院校参赛积极性有待提高。

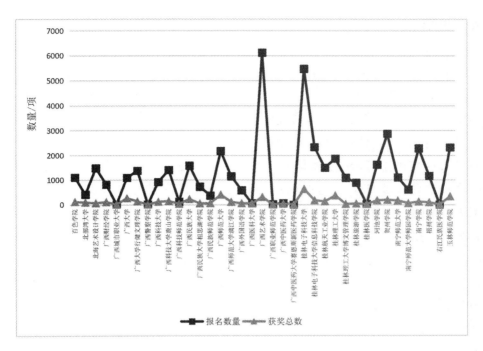

图6-5 2019年广西壮族自治区本科院校省级竞赛报名及获奖数量统计

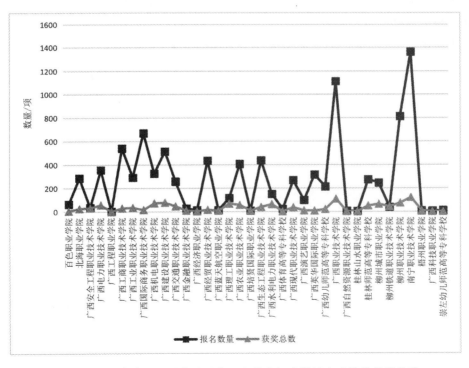

图6-6 2019年广西壮族自治区高职院校省级竞赛报名及获奖数量统计

6.4　小结

　　总体而言，广西壮族自治区近年来在高校大学生学科竞赛在西部区域内表现出一定的竞争力，但就全国而言，尚有较大的提升空间。首先，从2015—2019年高校大学生竞赛状态数据看，5所本科院校进入前200，省内排名第六的广西科技大学奖项数量不足100项，且有6所本科院校、12所高职院校未被排行榜覆盖，如何带领这18所高校实现排行榜内竞赛国赛奖项"0"的突破可能是广西壮族自治区在高校学科竞赛治理领域"点"上的突破。其次，仅从27项省赛看，除少数省级举办的国家级竞赛的选拔赛外，多数竞赛属"小众"赛项，如何对接国赛举办更多高质量的省级选拔赛可能是广西壮族自治区高校学科竞赛治理"线"上的突破。最后，从"面"上来看，从高校的省赛报名数量分析中，发现部分高校的参赛积极性尚有较大提升空间，学生参与热情还待更大程度的激发。扩大赛项供给的基础上，激发高校参赛热情，引导学生选择适合自身专业和整体能力发展的竞赛，实现以赛促学，以赛促教，甚至推进赛教融合可能是广西壮族自治区高校学科竞赛治理"面"上的突破。

　　相信，通过快速实现"点"的突破，带动竞赛供给"线"的拉升，并通过一段时间的政策调整，促进赛教融合，更充分发挥竞赛活动对学生创新能力培养的补充和促进作用，实现"面"上的全面提升，相信广西壮族自治区的高校学科竞赛整体竞争力会实现一个质的飞跃。

7

新纳入排行榜的竞赛项目简介

7.1 外研社全国大学生英语系列赛——英语辩论、英语写作、英语阅读

2015—2019年纳入全国普通高校学科竞赛排行榜的外研社全国大学生英语系列赛（以下简称：英语系列赛）由英语演讲、英语辩论、英语写作和英语阅读四个子赛组成[①]。英语系列赛由北京外国语大学和外语教学与研究出版社主办，各相关高校及相关组织单位承办。

英语辩论赛于1997年创始，每年举办一届。2019年分华东、华西、华南和华北地区4个赛区，由北京航空航天大学外国语学院承办全国总决赛，共计24个省、市、自治区的619所院校参赛。大赛面向全国范围内的中国籍全日制本专科大学生、硕士研究生及博士研究生，专业、年级不限。根据英式辩论体系（两人一队，单场比赛四队），需两名来自同一院校的学生组队参加大赛。大赛包括校园选拔赛、地区总决赛、全国总决赛三个阶段。每年11月至次年3月举行校园选拔赛。3月至4月举行华东、华西、华南、华北4个地区决赛。6月举行全国总决赛。

英语写作大赛于2013年正式开启，每年举办一届，由北京外研在线数字科技有限公司和中国外语测评中心承办。2019年共计30个省、市、自治区的903所院校参赛。面向全国普通高等学校在校本科生、研究生，旨在推动高校英语写作教学，提高大学生英语写作水平，引领高校外语写作教学的改革、发展与创新。写作大赛赛题包含四种文体：议论文、说明文、应用文、记叙文。通过不同的体裁，全面考查参赛选手的综合写作能力。写作大赛含校园初赛、省级复赛、全国决赛。每年6-10月，各参赛院校开展校园初赛，外研在线举办多场线上初赛帮助院校进行选拔；10-11月，各省（区、市）举办省级复赛；12月，大赛组委会举办全国决赛。

英语阅读大赛于2015年正式启动，每年举办一届，由北京外研在线数字科技有限公司和中国外语测评中心承办。2019年共计30个省、市、自治区的921所院校参赛。面向全国普通高等学校在校本、专科学生、研究生，旨在通过比赛的设置，为大学生提供多文本、多体裁、多元化阅读实践的机会和自我挑战的舞台。阅读大赛赛题共包含四个模块：Read and Know（读以明己）、Read and Reason（读以察世）、Read and Question（读以启思）和Read and Create（读以言志）。阅读大赛含校园初赛、省级复赛、全国决赛。每年6-10月，各参赛院校开展校园初赛，外研在线举办多场线上初赛帮助院校进行选拔；10-11月，各省（区、市）举办省级复赛；12月，大赛组委会举办全国决赛。

---

① 英语演讲赛在《全国普通高校大学生竞赛白皮书2012—2017》已经介绍，在此不做赘述。

表7-1列出了以上三项赛事的基本信息。

表7-1　外研社全国大学生英语系列赛-英语辩论、英语写作、英语阅读基本信息

信息要素	英语辩论	英语写作	英语阅读
LOGO			
竞赛网站网址	（微信公众号）思辨精英平台	http://uchallenge.unipus.cn/	
秘书处单位	外语教学与研究出版社	北京外研在线数字科技有限公司	
秘书处单位地址	北京市海淀区西三环北路19号 北外国际大厦710室	北京市海淀区北三环西路99号院1号楼21层	
秘书处联系电话	010-88819253	010-88819115	
邮箱	debate@fltrp.com	uchallenge@unipus.cn	

7.2　中国机器人大赛暨RoboCup机器人世界杯中国赛

　　中国机器人大赛暨RoboCup机器人世界杯中国赛由中国自动化学会主办，2019年由浙江省绍兴市政府承办总决赛，由山东省青岛市即墨区政府承办区域决赛。2019年来自中国以及日本的共计332所本科院校参赛，参赛总人数达5642人。

　　"中国机器人大赛暨RoboCup机器人世界杯中国赛"是以"RoboCup（机器人世界杯）"赛项为主体，结合中国特色的机器人赛事综合而成的大学生机器人竞赛。首届赛事举办于1999年，已连续举办21届。

　　2016年，开始考虑到赛事规模与承办方接待能力，将"中国机器人大赛"与"RoboCup机器人世界杯中国赛"作为"中国机器人大赛暨RoboCup机器人世界杯中国赛"的子赛分开举办，"中国机器人大赛"作为"RoboCup机器人世界杯中国赛"的区域决赛，分别在同一年不同时间、地点举行。同年开始，增设"中国机器人大赛专项赛"，专项赛作为"中国机器人大赛"的预选赛，每年定期举办的专项

预选赛包括"医疗服务机器人专项赛""旅游机器人专项赛"和"安防机器人专项赛"等。

"中国机器人大赛暨RoboCup机器人世界杯中国赛"致力于推进机器人相关学科的发展，特别是自动化、机器人、人工智能等学科的发展。学生在参加机器人比赛过程中不仅扩展知识面，还能促进学科交叉，迅速提高学生工程实践能力，培养学生的创新能力。在竞赛机器人的研发调试过程中，参赛学生可以加深对专业知识的理解和掌握，同时养成良好的科研习惯，为今后的发展道路奠定良好基础。

在中国自动化学会与RoboCup国际联合会的全力支持下，"中国机器人大赛暨RoboCup机器人世界杯中国赛"顾问由十多位自动化领域的知名院士、专家组成。

中国机器人大赛暨RoboCup机器人世界杯中国赛每年3月份公布比赛规则，5月份进行各分项预选赛，8月份进行选拔赛，下一年度4月份进行总决赛，遴选参加RoboCup机器人世界杯国际总决赛的队伍。

竞赛网站网址：robocup.drct-caa.org.cn

秘书处单位：中国自动化学会机器人竞赛与培训部

秘书处单位地址：北京市海淀区中关村东路95号自动化大厦509

秘书处联系电话：13718801721

邮箱：drct@caa.org.cn

7.3　全国大学生机器人大赛——ROBOCON

全国大学生机器人大赛(China University Robot Competition)由共青团中央主办，于2002年举办第一届，是中国大学生机器人科技创新、创业的竞赛。竞赛始终坚持"让思维沸腾起来，让智慧行动起来"的宗旨，在推动广大高校学生参与科技创新实践、培养工程实践能力、提高团队协作水平、培育创新创业精神方面发挥了积极作用，培养了一批爱创新、会动手、能协作、勇拼搏的科技精英人才，在高校和社会上产生了广泛、良好的影响。大赛目前含有ROBOCON、RoboMaster、ROBOTAC和机器人创业大赛四项赛事[①]，每年参与高校400

---

① RoboMaster、ROBOTAC在《全国普通高校大学生竞赛白皮书（2014—2018）》已有介绍，在此不再赘述。机器人创业大赛未纳入排行榜，在此也不做介绍。

余所，覆盖本科、高职院校学生近万人。

2019年由广西壮族自治区柳州市人民政府、共青团济宁市委、邹城市人民政府承办。2019年共2个赛区，共计24个省、市、自治区的168所本科院校参赛。

ROBOCON赛事是亚太广播联合会发起的一项国际性的大学生机器人赛事。中国于2002年开始举办赛事，冠军队代表中国参加亚太大学生机器人大赛（ABU ROBOCON）。ABU ROBOCON赛事每年推出一个新主题，由承办国根据本国的历史文化特点制定比赛的内容和规则。

赛事以工程性任务为主，参赛队需在十个月内完成机器人的设计、制作、调试、迭代、竞技等完整开发流程。学生不仅要进行机器人技术开发，还要组成跨学科、跨专业的项目团队，完成进度控制、财务、物资、宣传等非技术任务。赛事对培养学生的复杂工程认知、系统思维、团队协作、项目管理等综合素质起到了积极推动作用。

中国代表队（含香港特别行政区）在ABU年度总决赛中曾获6次冠军、7次亚军、6次季军。在2014年团中央公布的100支大学生"小平科技创新团队"中，机器人相关科技创新团队21支。据统计，参赛队员创业的企业数超过160余家，创业人数约600人，安置就业人数约16000人。大疆创新、李群自动化、北京极智嘉、逸动科技、乐行天下、深圳朗驰、奇诺动力、深圳斯坦德、灵动科技等企业的创始人或CTO都是ROBOCON的参赛队员。

每年10月公布竞赛规则开始报名，学校组队报名，11月底报名通道关闭，12月进行规则及问题答疑培训，第二年的3至4月份进行中期检查，在官网报名系统填写参赛队信息，5月份举办南方赛，6月份举办北方赛和全国赛。

竞赛网站网址：http://www.cnrobocon.net

秘书处单位：北京科技大学

秘书处单位地址：北京市海淀区学院路30号

秘书处联系电话：（010）82377017

邮箱：chinarobocon@163.com

7.4 全国大学生信息安全竞赛

全国大学生信息安全竞赛由教育部高等学校网络空间安全专业教学指导委员会 全国大学生信息安全竞赛
NATIONAL COLLEGE STUDENT INFORMATION SECURITY CONTEST

主办，分为作品赛和创新实践能力赛。2019年作品赛承办单位为东南大学，2019年创新实践能力赛承办单位为电子科技大学；2018年作品赛承办单位为武汉大学，2018年创新实践能力赛承办单位为清华大学；2017年作品赛和创新实践能力赛承办单位为西安电子科技大学。2019年作品赛全国116所高校参赛，创新实践能力赛在全国分成8个赛区，共计31个省、市、自治区的486所高校参赛。

为选拔、推荐优秀网络空间安全专业人才，培养学生的创新意识与团队合作精神，提高学生的网络安全技术水平、创新实践与综合设计能力，推动我国高校网络空间安全相关专业建设与改革，在教育部高等教育司、中央网信办信息安全协调局的指导下，教育部高等学校网络空间安全专业教学指导委员会从2008年开始主办全国大学生信息安全竞赛，迄今已成功举行了十二届。竞赛面向全国具有正式学籍的全日制在校本、专科生。其中作品赛以网络安全系统研发为主，采用开放式自主命题，自主设计；创新实践能力赛以攻防实战为主，旨在提升学生的网络空间安全创新能力和实践技能。

截至2018年底，全国共有241所高校设有网络空间安全相关专业（包括网络空间安全、信息安全、信息对抗、保密管理、保密技术、网络安全与执法等专业），而2019年报名参加全国大学生信息安全竞赛的院校达到了486所，分布范围覆盖了全国31个省、自治区和直辖市。参赛高校数量、参赛战队数量、参赛人数均创历届新高，也创近年来全国同类赛事新高。

作品赛：3月组队报名，5月底前提交参赛作品，6月线上初评，7月初公布决赛名单，7月底或8月初举行线下决赛会评。

创新实践能力赛：3月组队报名，4月线上初赛，6月底前完成分区赛（半决赛），7月底或八月初进行全国总决赛。

竞赛网站网址：www.ciscn.cn

秘书处单位：北京电子科技学院

秘书处单位地址：北京市丰台区富丰路7号

秘书处联系电话：010-83635190

邮箱：Liubiao@besti.edu.cn

7.5　全国周培源大学生力学竞赛

全国周培源大学生力学竞赛由教育部高等学校力学基础课程教学指导分委员会，中国力学学会和周培源基金会共同主办，2019年由《力学与实践》编委会和中国力学学会教育工作委员会承办。

第一届竞赛于1988年举办，每2~3年举办一届，至今已举办了12届，覆盖全国30个省、直辖市、自治区，每届报名人数逐届增加，近5届参赛学生总数达10余万人。2019年共30个赛区，包括30个省、市、自治区的超400所本科院校学生参赛。

全国周培源大学生力学竞赛为教育部委托主办的大学生科技活动，旨在服务于教学和育人。它是一项为促进高等学校力学基础课程的改革、提高学生学习基础力学的兴趣的科技活动；也是一项为加强对理工科高校学生的素质教育和培养他们的动手能力、创新能力和团队协作精神的赛事；更是一项考验广大青年学生课堂力学知识能不能灵活运用、发现和选拔后继创新人才的课外活动。

竞赛参赛对象为在校的大学本科、专科及研究生。竞赛包括个人赛和团体赛，个人赛采用闭卷笔试方式，理论力学和材料力学综合为一套试卷。团体赛分为"理论设计与操作"和"基础力学实验"两部分，采取团体课题研究（实验测试）的方式。

30多年来，力学竞赛一直秉承"服务于教学和育人"这一宗旨，在激励青年学生学习力学的兴趣、发现科技人才和促进力学教学等方面发挥作用。

竞赛举办当年的上一年12月份发送第一轮通知，启动报名工作；竞赛当年3月底报名截止；5月份第三个星期日举办个人赛；8月份举办团体赛。

竞赛网站网址：http://zpy.cstam.org.cn/

秘书处单位：《力学与实践》编辑部

秘书处单位地址：北京市北四环西路15号

秘书处联系电话：010–62554107

邮箱：lxsj@cstam.org.cn

7.6　蓝桥杯全国软件和信息技术专业人才大赛

蓝桥杯全国软件和信息技术专业人才大赛由工业和信息化部人才交流中心主办，由国信蓝桥教育科技（北京）股份有

限公司承办。截至2020年，蓝桥杯已经连续举办11届，参赛选手总数超过30万人。2019年共计31个省、市、自治区的1191所院校参赛，参赛总人数达到60746人。

大赛始终坚持"立足行业，突出实践，广泛参与，促进就业"的宗旨，围绕当前社会发展急需的信息技术专业重点领域，推动大学生IT专业技能和创新能力的培养。蓝桥杯大赛竞赛科目包括C/C++程序设计、JAVA软件开发、Python程序设计、单片机设计与开发、嵌入式设计与开发、物联网设计与开发、平面设计、动画设计与制作、视频设计与制作等门类，涵盖当前主流的信息技术专业技能。

蓝桥杯大赛赛题具有工程性、技巧性、趣味性等特点。题目设置与实际工程应用中的重要环节或常见问题相关，问题的解决对于实际开发具有借鉴意义，同时赛题思路新颖，对算法的组合乃至数学成果进行合理运用，题目注重趣味性，通过竞赛题目引人思考、寓教于乐。大赛软件及电子类以个人为单位参赛，数万名选手在指定赛点全程独立闭卷答题，真实检验学生的能力及技术水平。通过蓝桥杯大赛，充分肯定学生的学习主体地位,调动学生学习的主观能动性,对于培养学员实践能力和创新能力、对高校实践教学模式和创新型人才培养模式的改进具有较大的促进作用。

作为一项面向全国高校大学生的IT学科竞赛，1000多所高校踊跃参赛，一大批竞赛选手进入IBM、微软、华为、阿里巴巴等一流企业工作。同时，蓝桥杯大赛走出国门，在美国、德国举办了三届国际赛，在日本开设分赛区，吸引了来自麻省理工学院、柏林工业大学、东京大学等国外高校学子参赛，成为中外年轻人增进彼此了解、加深相互感情的重要平台。

每年10至12月组织报名，次年4月组织省赛，5月底6月初组织全国总决赛。

竞赛网站网址：lanqiao.cn

秘书处单位：国信蓝桥教育科技（北京）股份有限公司

秘书处单位地址：北京市海淀区万寿路27号工业和信息化部万寿路机关8号楼5层

秘书处联系电话：010-68208626

邮箱：lanqiao@lanqiao.org

7.7 中国大学生机械工程创新创意大赛：过程装备实践与创新赛、铸造工艺设计赛、材料热处理创新创业赛、起重机创意赛

中国大学生机械工程创新创意大赛（以下简称"大赛"）由中国机械工程学会主办。大赛在教育部高等学校相关教学指导委员会指导下，以"立足机械、面向工程、激发创意、促进创新"为目标，旨在引导和鼓

励机械类、材料类、工业工程类等相关专业的大学生主动跟踪科技发展前沿，积极投身科技创新与工程实践活动，培养团队协作意识和工匠精神，提升大学生工程实践与创新能力，服务国家建设制造强国战略，加快装备制造业创新创业人才培养。

针对学科和专业领域特点，大赛目前下设"过程装备实践与创新大赛""铸造工艺设计大赛""材料热处理创新创业大赛""起重机创意大赛""工业工程与精益管理创新大赛""智能制造大赛"和"微纳传感技术与智能应用大赛"等7项专业赛事。2019年，大赛共计有全国523所相关高校的2305个参赛团队的10000余名学生参加。

"过程装备实践与创新大赛"分参赛报名与作品准备、专家通讯评审以及成果汇报与现场评审三个阶段。参赛作品提交后，由专家委员会组织专家进行匿名通讯评审，评选出大赛优秀作品；入选优秀作品的项目进入大赛决赛的现场评审与答辩环节。每年10月公布赛事日程，次年4月组队报名，6月份提交参赛作品，7月底前完成大赛的初赛网评，评选出大赛优秀作品；8月中下旬进行优秀作品展示汇报及决赛。

"铸造工艺设计大赛"分校内初赛、复赛和决赛。参赛学校通过初赛选拔出参加复赛的作品，大赛专家委员会通过匿名方式对复赛作品进行评审，确定参加决赛的作品。参加决赛的作品通过现场答辩的方式，产生一等奖和二等奖作品。每年10月公布赛事日程；次年4月组队报名，6月份提交参赛作品，7月底前完成大赛的初赛网评；8月中下旬进行优秀作品展示汇报及决赛。

"材料热处理创新创业大赛"由分组赛和决赛两部分组成，其中分组赛包括自选项目演讲和展示、基础知识问答；决赛包括材料热处理综合知识展示及应用等相关内容。3月提交参赛申请，4-5月提交作品，6月形式审查及公示，7-10月总决赛。

"起重机创意大赛"分为校内选拔赛和全国总决赛。其中，各参赛高校经过校内选拔赛选送不超过5组的参赛作品报名参加全国总决赛。有外籍学生参与的作品不受各校参赛作品数量的限制。总决赛由评委组对作品根据竞赛规则的实际完成情

况和设计新颖性进行打分评选。每年寒假前正式发布竞赛通知，确定本届大赛的主题、竞赛规则和参赛要求；5月底各参赛高校进行预报名；并于8月初自行组织校内选拔赛；全国总决赛将在每年8月份的最后一个周末（开学前）举行。

各子赛基本信息见表7-2。

表7-2　中国大学生机械工程创新创意大赛各子赛基本信息

	过程装备实践与创新	铸造工艺设计	材料热处理创新创业	起重机创意
LOGO				
网站	http://gczbds.org	http://www.chinafoundry.org	http://www.chts.org.cn	http://www.lei.org.cn/daxuesh
赛事执行委员会	南昌大学胡兆吉教授 电话：0791-83969582（O） 邮箱：zhjhu2005@163.com	中国机械工程学会铸造分会（沈阳市铁西区云峰南街17号），联系人： 苏仕方：13604025915 曹阳：15998870165 邮箱：1091274179@qq.com	中国机械工程学会热处理分会（北京市海淀区学清路18号705室） 联系人：韩冲 联系电话：010-82415082 15611919886 邮箱：innovation@chts.org.cn	中国机械工程学会物流工程分会（北京市东城区雍和宫大街52号） 联系人：陈涤新 联系电话：010-64002961；64032862 邮箱：clei_info@163.com

竞赛网站网址：http://meicc.cmes.org

秘书处单位：中国机械工程学会工作总部

秘书处单位地址：北京市海淀区首体南路9号主语国际4座11层

7.8　"中国软件杯"大学生软件设计大赛

"中国软件杯"大学生软件设计大赛是由工业和信息化部、教育部和江苏省人民政府共同主办的面向高等学校的公益性软件设计大赛，自2011年启动至今已连续举办8届。2019年31个省、市、自治区的

809所高校（含高职）的5524支队伍，2万余名师生参与大赛。

九年以来，大赛始终秉承"政府指导，企业出题，高校参与，专家评审，育才选才"的方针，整个过程覆盖软件人才培养每一环节。以大赛为牵引，强化了软件人才培养的创新机制和协作形式，创建了以"政产学研用"为核心的软件人才培养新模式。大赛深化校企合作，确保人才输送，通过人才招聘会、就业意向签约等丰富的活动形式，以大赛为载体，形成面向软件和信息服务业骨干企业的人才"智库"，探索出一条产教互动、合作共赢的软件人才培养、输出实践之路。大赛有效聚拢了企业与高校双方力量，以强化产教协同创新能力，共同支撑推进安全可靠体系建设为目的，鼓励自主软件核心企业依托大赛平台实现技术引入、人才培养和品牌推广，有针对性地在赛题审议环节对自主软件技术应用开发方向的赛题给予引导和支持，注重培养高校学生在国产软件开发应用方面的能力。

大赛自举办以来聚集了国内数百家软件骨干企业，囊括了包括全部985、211高校在内的千余所本科和高职院校，吸引了数万支团队，累计20余万名软件、计算机专业学生参赛，帮助国内软件百强企业解决共性技术难题近300道。大赛命题紧贴产业发展热点，注重解决企业痛点。在参赛组织上注重"以赛促教""以赛促学"，使参赛师生的参赛收益可持续。

每届大赛历时1年，一般于每年9月份启动，次年9月份全国总决赛。主要包括：赛题征集、赛题修订、赛题发布、报名组织、在线辅导、作品提交、初赛评审、分赛区（专题赛）决赛、全国总决赛（同期启动下届赛事）

竞赛网站网址：www.cnsoftbei.com

秘书处单位：中国信息化周报

秘书处单位地址：北京市海淀区紫竹院路66号赛迪大厦18层

秘书处联系电话：010-88559646

邮箱：cnsoftbei@qq.com

7.9　全国大学生金相技能大赛

全国大学生金相技能大赛（简称金相大赛）由教育部材料类专业教学指导委员会主办。2019年第8届大赛由常熟理工学院承办。

金相大赛主要面向全日制本科生，适当吸收少量专科院校学生参加。竞赛内容为：由竞赛委员会指定比赛样品，要求参赛选手在规定时间对样品的指定端面完成磨制、抛光、浸蚀、显微镜观察等工序，最终制备出供评委评分的样品；根据评委

的评判确定获奖选手。

材料科学与工程，从某种意义上说是一个建立在实验基础上的学科。尽管材料科学与工程一级学科下设了若干二级学科，实验教学内容各有不同、各有侧重，但实验动手能力以及通过实验发现问题、分析问题最终解决问题，是一个材料学科学生必须具备的基本功。而实验样品制备则是实验动手能力培养的最基本内容。因此，金相大赛立足于国内材料学科的实验教学，通过大赛培养学生的科研"工匠"精神把"以赛促教、以赛促学、以赛促改"作为大赛的基本宗旨。

与国内其他大学生竞赛相比，金相大赛显著的特点就是选手现场比武（即在基本相同的条件下在同一个赛场竞技）。在2016年清华大学承办的第5届大赛开幕式上，时任教育部高教司理工处处长吴爱华致辞时指出："在现有的各类大学生实验技能大赛当中，全国大学生金相技能大赛将参赛选手汇集在一起，同场比武同场竞赛，互相切磋共同提高，展现出了鲜明的特色"。

全国大学生金相技能大赛所涉及的一级学科为材料科学与工程，二级学科为金属材料工程。目前，金相大赛已经覆盖了70%以上设有材料科学与工程一级学科的院校以及90%以上设有金属材料工程专业的院校，参赛高校总数接近300所。

每年上半年各高校组织预赛（约1/3省市自治区还组织了省级比赛）；下半年通过预赛产生的优秀选手参加全国复赛和决赛。

竞赛网站网址：www.mse-cn.com

秘书处单位：清华大学材料学院

秘书处单位地址：北京市海淀区清华大学材料学院

秘书处联系电话：18511480719

邮箱：jxds_2012@163.com；gong@tsinghua.edu.cn

7.10　全国大学生光电设计竞赛

全国大学生光电设计竞赛由中国光学学会主办。2019年全国总决赛由青岛大学承办，分区赛共7个赛区，共计29个省、市、自治区的179所本科院校参赛。华北、东北、西北、西南、中部、东南、东部七个分区赛的决赛分别由太原理工大学、大连大学、西安邮电大学、重庆邮电大学、南昌航空大学、泉州师范学院和南京理工大学承办。

全国大学生光电设计竞赛面向本科生、研究生及留学生，鼓励学生跨校、跨专业、跨学科组合参赛，每支赛队至少包括2名本科生，每个学生只能参加一支赛队。竞赛主要面向全国高校光电专业学生，也为各类专业学生提供了解和运用光电知识解决实际问题、激发创意思维、领略光电魅力的机会，旨在促进教育公平，加强光学工程学科与其他学科的交叉融合。自2008年首次创设以来，先后举办了七届。前六届每届两个赛题，分别以"光与能源、光与生活、光与信息、光与测量、智能之光、探寻之光"为主题；第七届以"勇立时代潮头 展示光电魅力"为主题，首次举办光电专业特色创意竞赛。七届竞赛的全国总决赛承办单位分别为浙江大学、长春理工大学、福建师范大学、国防科技大学、电子科技大学、北京理工大学和青岛大学，承办地涵盖东西南北中，充分发挥了区域辐射带动作用。

全国设有光电专业的高校约262所，其中超过三分之二高校报名参加过全国大学生光电设计竞赛。竞赛累计吸引了595所次高校、13544人次学生参赛，欧姆龙自动化（中国）有限公司、滨松光子学商贸（中国）有限公司、舜宇集团、歌尔集团等光电企业参与赞助，同时吸引了包括光明日报、科技日报（中国科技网）、团中央新闻中心（中国青年网）等众多媒体的关注。

每年9月征集下届竞赛题目，12月公布下届竞赛的国赛承办单位，次年1月公布赛题，3月公布国赛组委会组成，4月公布竞赛细则，5月公布区赛承办单位，7月完成七赛区决赛和国赛推荐工作，8月至12月完成全国总决赛。

竞赛网站网址：http://opt.zju.edu.cn/gdjs/，http://platform.opt.zju.edu.cn/gdjs/

秘书处单位：浙江大学

秘书处单位地址：杭州市西湖区浙大路38号浙江大学玉泉校区教三502室

秘书处联系电话：0571-87951681

邮箱：oeccos@zju.edu.cn

7.11　全国高校数字艺术设计大赛

"未来设计师"全国高校数字艺术设计大赛（简称NCDA大赛）由工业和信息化部人才交

NCDA Awards
设计为人民服务·培养"未来设计师"

流中心主办，2019年由NACG数字艺术人才培养工程办公室、未来设计师大学生艺术设计作品云平台、四川师范大学、西北大学和上海工艺美术职业学院承办。2019年共计31个省、市、自治区的415所本科院校，464所高职院校参赛。

大赛每年举办一届，从2012年至2019年已连续举办7届，参赛对象为在校大学生及专业教师。赛事秉承"设计为人民服务，培养未来设计师"的理念，专注于艺术设计人才培养，引导大学生将专业知识服务于社会，拓展国际视野，提升设计创新与实践能力，团队协作精神，培养大学生成为未来的主力设计师，为设计产业提供坚实的人才支持；对历届优秀作品进行多维度分析、云端展示，为教学提供帮助，推进以赛促教，成为大学生参与设计创新活动的重要平台。得到学习强国学习平台、中国教育网等权威媒体的宣传报道。

竞赛设置非命题及命题二大类，兼顾定向设计与自由创作。非命题竞赛鼓励选手在主题范围内，充分发挥艺术想象力进行创作；同时引入地方政府及企事业单位实际设计需求设立命题赛事，选手按照要求创作。参赛作品类别有视觉传达、数字影像、交互设计、环境空间、造型设计、时尚与服饰、数字绘画等。

2019年有近900家高校的15万大学生参与，包括北京大学、上海交通大学、同济大学为代表的本科院校；中央美术学院、中国美术学院为代表的著名设计院校；以及国家双高、示范、骨干高职等院校积极参赛。中国教育报、求是杂志、寻乌县人民政府、腾讯等单位发布赛事命题，征求设计方案和招募人才。

每年2月公布竞赛内容并接受报名，2—6月组队创作并进行校内第一轮选拔，7月开始提交作品，7月底前完成第二轮分赛区评选并晋级全国赛事，8月下旬完成第三轮全国评选，9月上旬公布评选结果，10月中旬颁奖典礼。

竞赛网站网址：www.ncda.org.cn

秘书处单位：NACG数字艺术人才培养工程办公室

秘书处单位地址：上海市静安区彭江路602号E132

秘书处联系电话：02151097968

邮箱：ncda@ncda.org.cn

7.12 中美青年创客大赛

中美青年创客大赛由中华人民共和国教育部主办，中国（教育部）留学服务中心、清华大学、北京歌华文化发展集团、谷歌信息技术（中国）有限公司和中国大学科技园联盟共同承办。2019年来自中美14个赛区百余所中美高校的近万名学生报名参赛。

大赛以"共创未来"为主题，倡导参赛者关注社区、教育、环保、健康、能源、交通等可持续发展领域，结合创新理念和前沿科技，打造具有社会和产业价值的全新作品。大赛通过比赛的形式促进中美两国人文交流，为两国青年搭建交流沟通的平台，已成为中美社会和人文对话的品牌活动之一。前5届大赛已分别纳入第五轮、第六轮、第七轮中美人文交流高层磋商机制成果清单和首轮中美社会和人文对话教育领域成果清单。

每年3月–7月大赛正式启动，开始报名并进行分赛区选拔赛；7—8月决赛入围团队进行作品优化；8月底或9月初进行大赛决赛。

竞赛网站网址：http://www.chinaus-maker.org.cn

秘书处单位：中国（教育部）留学服务中心

秘书处单位地址：北京市海淀区北四环西路56号辉煌时代大厦5–18

秘书处联系电话：010–62677582

邮箱：sybao@cscse.edu.cn

7.13 全国大学生地质技能竞赛

全国大学生地质技能竞赛由中国地质学会、教育部高等学校地质学类专业教学指导委员会、中国地质学会地质教育研究分会主办，地质教育研究分会具体组织策

划。2018年第5届全国大学生地质技能竞赛决赛由长安大学承办，西北大学协办。来自中国地质大学(北京)、中国地质大学(武汉)、吉林大学、中国石油大学、西北大学和河北地质大学等65所高等院校、科研单位的165支参赛队伍共计1500余人参与竞赛。

竞赛宗旨是形成高水平的人才培养体系，深化教育体制改革，健全立德树人落实机制，着重培养创新型、复合型、应用型人才。竞赛两年举办一次，地质教育研究分会精心组织策划，规范管理，订立章程，组成了竞赛组委会、专家组、仲裁组，成员涵盖了全国主要地质类院校，重要决策都经组委会开会讨论通过。承办院校成立竞赛工作领导小组，及时向组委会汇报工作进展，参赛学校成立初赛选拔工作领导小组，负责培训和初选工作。

竞赛分为地质技能综合应用、野外地质技能、地质标本鉴定、地学知识竞赛4个单元的竞赛环节，历时3天，以考察素质教育、实践能力、野外技能为主，以团队形式参与，考验了团队协作能力。

全国大学生地质技能竞赛是地学领域唯一一个全国性竞赛，得到全国地质类高校的充分认可，在行业内享有较高的声誉，参赛院校将竞赛成绩作为实践教学改革的动力；参与院校几乎涵盖了全国所有的地质学类和地质类高校和职业学校，是地学类大学生保研、评奖学金、就业的重要衡量指标。从第五届竞赛开始，组委会经研究允许在华就读的地质类专业留学生报名参赛，各高校在原有"3+1"组队的基础上，单独报送"留学生队"，逐步推进竞赛国际化的进程和为"一带一路"做出贡献。

2月组委会会议，修订章程，确定专家组、仲裁组；3月专家组、仲裁组第一次会议；4月各参赛院校初赛选拔；5月报复赛名单；6–7月专家组、仲裁组第二次会议，公布竞赛方案；9月中旬决赛，决赛前组委会第二次会议，专家组、仲裁组第三次会议，确保竞赛顺利进行。

竞赛网站网址：http://bm.cugb.edu.cn/geoscience/dzjy/dxsdzjnjs/

秘书处单位：中国地质学会地质教育研究分会

秘书处单位地址：北京市海淀区学院路29号综合办公楼717

秘书处联系电话：010–82322180

邮箱：djx2180@cugb.edu.cn

7.14　中国高校计算机大赛——团体程序设计天梯赛、移动应用创新赛、网络技术挑战赛

中国高校计算机大赛（China Collegiate Computing Contest，简称C4）由教育部高等学校计算机类专业教学指导委员会、教育部高等学校软件工程专业教学指导委员会、教育部高等学校大学计算机课程教学指导委员会、全国高等学校计算机教育研究会主办，由清华大学、浙江大学、温州大学承办，合作单位有腾讯微信、百度公司、网易公司、苹果公司、思科公司、快手公司等。

大赛是面向全国高校在校学生的科技竞赛活动，旨在促进计算机课程教学改革，强化学生创新意识，提升学生计算机问题求解水平，特别是计算机程序设计、大数据处理、移动应用、网络应用、人工智能创意等方面的能力，培养团队合作精神，提高其综合素质；促进校际交流，丰富校园学术气氛。大赛含大数据挑战赛、团体程序设计天梯赛、移动应用创新赛、网络技术挑战赛、微信小程序应用开发赛、人工智能创意赛等。本节只介绍本轮纳入的团体程序天梯赛、移动应用创新赛和网络技术挑战赛。

"团体程序设计天梯赛"由浙江大学承办，四年来先后有55所高校协助承担过分赛点的工作。2019年共设7大赛区38个赛点，共计28个省、市、自治区的257所本科院校，17所高职院校参赛。竞赛分为3个组别：珠峰争鼎、华山论剑、沧海竞舟。本科生限参加"华山论剑"组或"珠峰争鼎"组；专科生可参加任一组。每支参赛队由最多10名队员组成；每所高校报名参赛的队数不限，但只有成绩最好的3支队伍参加计分与评奖。竞赛题目为编程题，难度分3个梯级：基础级8题100分，进阶级4题100分，登顶级3题90分。竞赛语言包括C、C++和Java，比赛时长为3个小时。参赛队利用承办及协办单位提供的配置相同的计算机，在规定的时间和地点通过互联网登录竞赛网站答题，根据提交程序的得分排序确定奖项。竞赛的3个组别分别设置全国高校奖、全国团队奖、个人特等奖、特别奖、成功参赛奖等。竞赛一般安排在每年3-4月举行。正式比赛之前会组织非正式线上模拟赛，不设奖项；约两周后举办正式的全国总决赛，由承办单位和协办单位统一安排，在指定的竞赛场地进行；颁奖典礼安排在每年5月举行。

"网络技术挑战赛"面向全日制本科生与研究生。采用作品赛形式，并分为创意（A）与攻关（B）两大系列。创意（A）系列关注网络系统和技术应用的创新，作品主题、实现技术或平台由参赛团队自行确定；攻关（B）系列为半开放的技术攻关项目，关注行业技术热点难点，由竞赛合作企业提供，参赛团队自主选择参赛

项目，并根据相应的参赛指南与要求进行具体的选题与实现。网络技术挑战赛始于2017年，迄今已举办三届，合计参赛队伍2309支、参赛学生15693名，来自国内466所高校参赛。每年3月发布竞赛通知，公布竞赛规程与赛项说明，4月启动资格赛组队报名，5月下旬提交作品截止；5月底公布资格赛成绩以及晋级选拔赛的团队名单，7月下旬提交作品截止；7月底公布选拔赛成绩、获奖名单以及晋级挑战赛的团队名单，9月初提交作品截止；9月中旬完成全国挑战赛，随后公布挑战赛成绩及获奖名单。

"移动应用创新赛"面向高等学校的在册和在校学生。参赛作品须为具有一定功能的原创性应用程序（App），参赛App应基于iOS系统设计开发，并以苹果公司的产品组合及开发工具为基础。鼓励参赛队伍下载使用Swift语言进行开发。大赛启动以来，累计吸引数万名大学生参与；参赛学生覆盖香港特别行政区及台湾地区，影响力辐射亚太其他国家与地区。2019年，吸引参赛高校426所（含国际高校），共收到1070份参赛作品，覆盖32个省、市、自治区。作品主题涵盖医疗健康、幼儿教育、环境保护、文化、生活、运动、音乐等领域。竞赛分为初赛、复赛和决赛。每年3月正式启动，5月末报名截止进行初赛，7月末提交复赛作品截止，8月开展学生夏令营活动，提供参赛辅导，9月份举行全国总决赛。初赛和复赛均为线上评审，决赛为线下评审。

各赛基本信息如表7-3所示。

表7-3 中国高校计算机大赛-团体程序设计天梯赛、移动应用创新赛、网络技术挑战赛基本信息

信息要素	团体程序设计天梯赛	网络技术挑战赛	移动应用创新赛
竞赛网站网址	https://gplt.patest.cn/	http://net.c4best.cn	http://www.appcontest.net 微信公众号：移动应用创新赛cccc-app） 竞赛微博：移动应用创新赛https://weibo.com/u/6182899839
秘书处单位	浙江大学	温州大学	浙江大学计算机科学与技术学院
秘书处单位地址	杭州浙大路38号浙江大学，邮编：310027	浙江省温州市瓯海区温州大学南校区5B403	浙江省杭州市西湖区浙大路38号浙江大学
秘书处联系电话	0571-8820 6008	13655776284	0571—87953863
邮箱	cccc_admin@163.com	netcontest@wzu.edu.cn	appcontest@zju.edu.cn

7.15 米兰设计周——中国高校设计学科师生优秀作品展

"米兰设计周——中国高校设计学科师生优秀作品展"活动由中国教育国际交流协会、中国高等教育学会于2016至2019年期间联合发起并主办,由中国教育国际交流协会AAP项目管理办公室负责具体承办,旨在利用每年4月份于意大利米兰举行的米兰设计周(暨米兰国际家具展)这一国际知名的设计行业盛会,搭建展示全国高校艺术设计专业师生才华与水平的国际化交流学习平台。为服务作品展进行作品征集和筛选所举办的主题竞赛活动,面向全国高等院校艺术、设计专业师生开放作品征集投稿,作品征集范围包括设计类(视觉传达设计、产品设计、室内设计、时尚设计、建筑设计、景观设计等)及数字媒体与影视类(动画、影视短片等)的优秀原创作品。

活动迄今已成功举办4届,总计收到全国近500所高校师生报名作品两万五千余件。其中2019米兰设计周——中国高校设计学科师生优秀作品展主题竞赛活动首次采用赛区制,共在全国设立26个分赛区开展作品的征集和初赛评选工作,共收到来自全国30个省、自治区、直辖市及特别行政区近450所高校学生投稿作品近一万六千件,教师投稿作品两千余件。各分赛区承办单位组织专家评审进行初赛后,再进入全国总决赛评审。2019年全国总决赛由中国人民大学承办。

竞赛网站网址:https://www.aapchina.org/

秘书处单位:中国教育国际交流协会AAP项目管理办公室

秘书处单位地址:上海市杨浦区四平路1398号

秘书处联系电话:021-65892656

邮箱:aapoffice@ceaie.edu.cn

7.16 全国大学生集成电路创新创业大赛

全国大学生集成电路创新创业大赛由工业和信息化部人才交流中心主办,2019年由南京市江北新区管理委员会承办。2019年共7个赛区,共计34个省、市、自治区的127所本科院校参赛。其中华北赛区由山东荣成经济开

发区管委会承办、东北赛区由大连理工大学承办、西北赛区由西安交通大学承办、华东赛区由无锡市高新区工业和信息化局承办、西南赛区由电子科技大学承办、华南赛区由广州市半导体协会承办、华中赛区由武汉IC咖啡承办。

首届全国大学生集成电路创新创业大赛于2017年举办，大赛以服务产业发展需求为导向，以提升我国集成电路产业人才培养质量为目标，打造产学研用协同创新平台。在全国高校集成电路专业相关院系，专家老师，行业企业，以及参赛学子的大力支持下，经过多年发展，已经成为国内集成电路领域最具规模，最具价值的科技赛事。大赛面向集成电路设计相关专业（电子、信息、计算机、自动化等）的在校专科生、本科生、研究生（硕士/博士），每年联合约十家业内知名企业为各个专业细分领域出具题目。每支参赛团队选定一个题目，按照题目要，完成为期3个月左右的工程训练。

大赛参赛院校覆盖全国，220+所高校，2000+参赛队，1000+专业教师，5600+学子。赛事期间开展多项产学活动，促进校企合作。除此以外，大赛为高校及企业配套人才服务，目前大赛每年为逾百家企业的400多个岗位提供精准人才对接。

每年1月公布赛题，3月中旬报名截止，4月参赛团队提交作品中期报名，6月初提交作品，7月底完成分赛区比赛，8月下旬进行全国总决赛。

竞赛网站网址：univ.ciciec.com

秘书处单位：工业和信息化部人才交流中心

秘书处单位地址：北京市海淀区万寿路27号院

秘书处联系电话：010-68208745

邮箱：icbaoming@miitec.org.cn

8

2015—2019年全国普通高校学科竞赛排行榜（本科）前20名学校获奖情况

8.1　哈尔滨工业大学

哈尔滨工业大学在2015—2019年每年获奖总分见图8-1。[①]

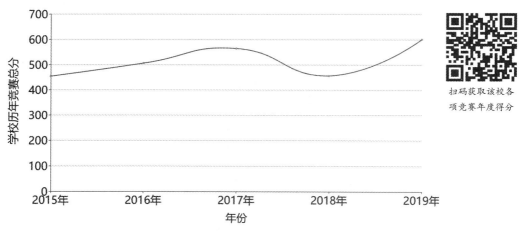

扫码获取该校各
项竞赛年度得分

图8-1　哈尔滨工业大学历年竞赛总分

哈尔滨工业大学在2015—2019年于五类竞赛中获奖排名情况见图8-2。

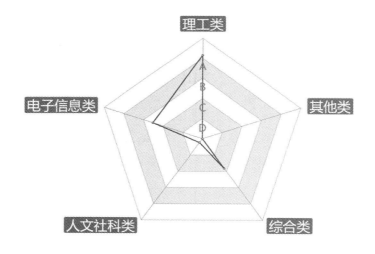

图8-2　哈尔滨工业大学各类竞赛获奖排名情况[②]

---

① 各项竞赛年度得分请见右侧二维码。下同。

② 分数>各校获奖分数四分之三位数记为A；分数>各校获奖分数中位数记为 B；分数>各校获奖分数四分之一位数记为 C；分数<各校获奖分数四分之一位数记为D。下同。

由新型分类方法[①]得到与哈尔滨工业大学处于相同发展生态下的相关高校，具体情况见图8-3。

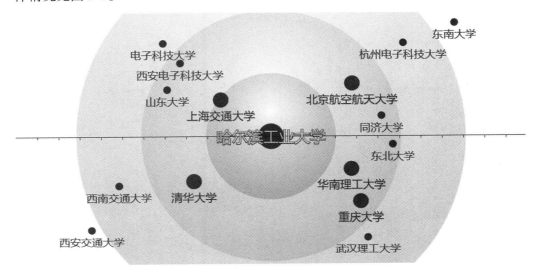

图8-3　与哈尔滨工业大学处于相同发展生态下的相关高校

8.2　浙江大学

浙江大学在2015—2019年每年获奖总分见图8-4。

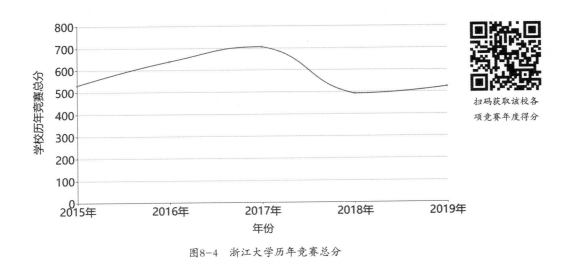

扫码获取该校各
项竞赛年度得分

图8-4　浙江大学历年竞赛总分

---

① 见《全国普通高校大学生竞赛白皮书（2014-2018）》第六章。

浙江大学在2015—2019年于五类竞赛中获奖排名情况见图8-5。

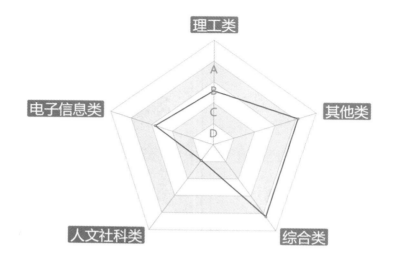

图8-5 浙江大学各类竞赛获奖排名情况

由新型分类方法得到与浙江大学处于相同发展生态下的相关高校，具体情况见图8-6。

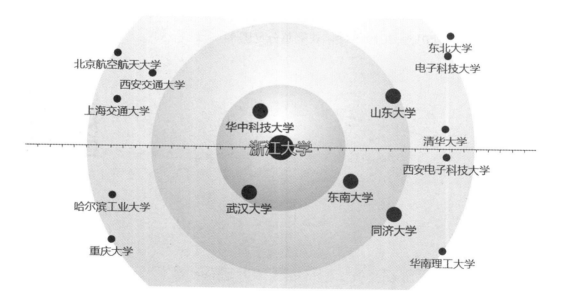

图8-6 与浙江大学处于相同发展生态下的相关高校

8.3 武汉大学

武汉大学在2015—2019年每年获奖总分见图8-7。

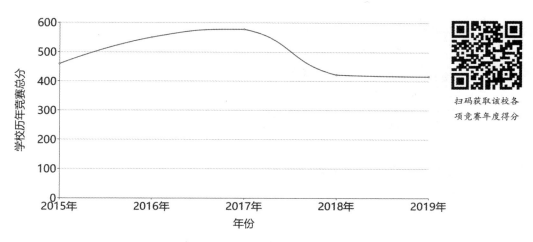

扫码获取该校各
项竞赛年度得分

图8-7 武汉大学历年竞赛总分

武汉大学在2015—2019年于五类竞赛中获奖排名情况见图8-8。

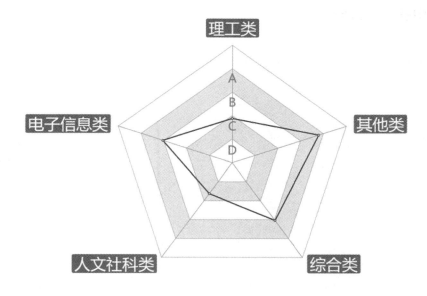

图8-8 武汉大学各类竞赛获奖排名情况

由新型分类方法得到与武汉大学处于相同发展生态下的相关高校，具体情况见图8-9。

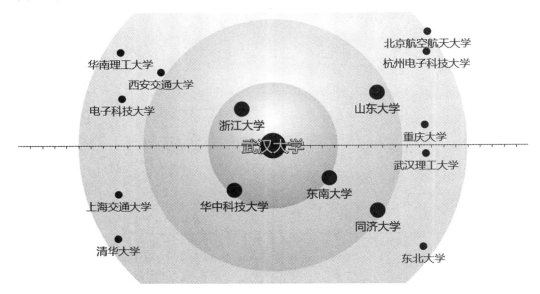

图8-9 与武汉大学处于相同发展生态下的相关高校

8.4 电子科技大学

电子科技大学在2015—2019年每年获奖总分见图8-10。

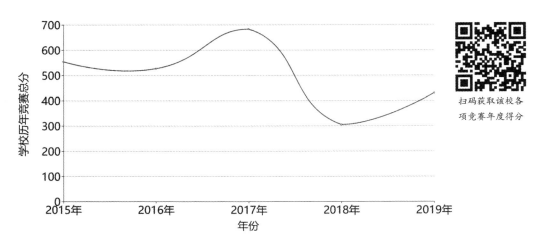

扫码获取该校各
项竞赛年度得分

图8-10 电子科技大学历年竞赛总分

电子科技大学在2015—2019年于五类竞赛中获奖排名情况见图8-11。

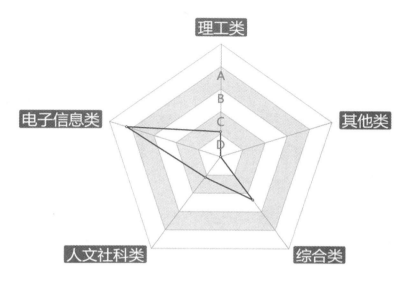

图8-11　电子科技大学各类竞赛获奖排名情况

由新型分类方法得到与电子科技大学处于相同发展生态下的相关高校，具体情况见图8-12。

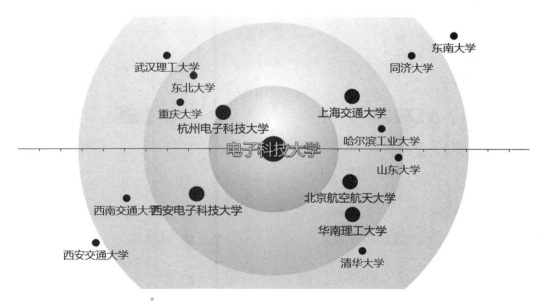

图8-12　与电子科技大学处于相同发展生态下的相关高校

8.5 山东大学

山东大学在2015—2019年每年获奖总分见图8-13。

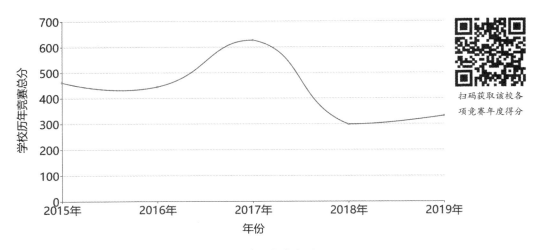

扫码获取该校各
项竞赛年度得分

图8-13 山东大学历年竞赛总分

山东大学在2015—2019年于五类竞赛中获奖排名情况见图8-14。

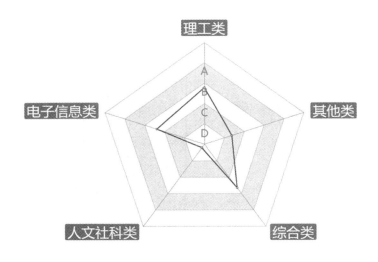

图8-14 山东大学各类竞赛获奖排名情况

由新型分类方法得到与山东大学处于相同发展生态下的相关高校，具体情况见图8-15。

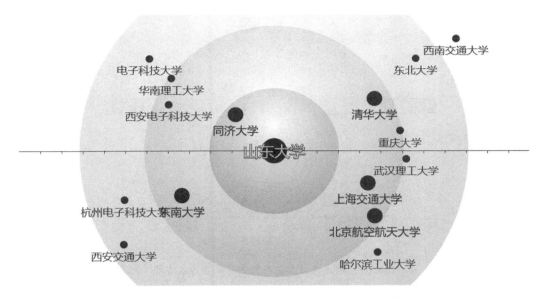

图8-15　与山东大学处于相同发展生态下的相关高校

8.6　西安交通大学

西安交通大学在2015—2019年每年获奖总分见图8-16。

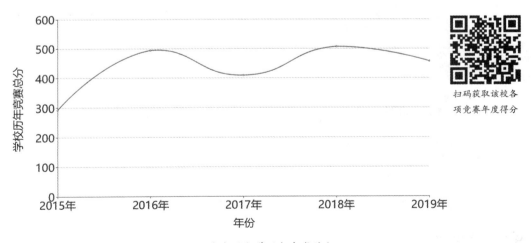

扫码获取该校各
项竞赛年度得分

图8-16　西安交通大学历年竞赛总分

西安交通大学在2015—2019年于五类竞赛中获奖排名情况见图8-17。

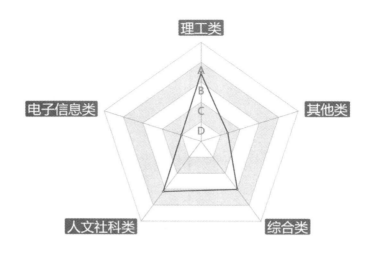

图8-17　西安交通大学各类竞赛获奖排名情况

由新型分类方法得到与西安交通大学处于相同发展生态下的相关高校，具体情况见图8-18。

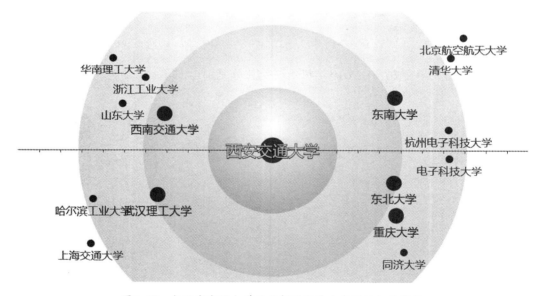

图8-18　与西安交通大学处于相同发展生态下的相关高校

8.7　华中科技大学

华中科技大学在2015—2019年每年获奖总分见图8-19。

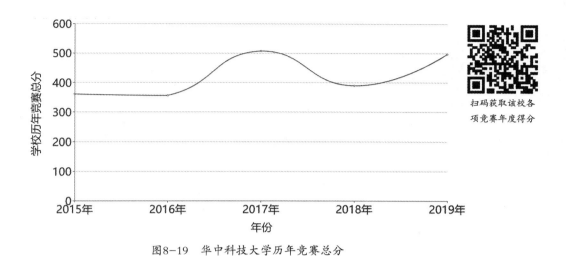

扫码获取该校各
项竞赛年度得分

图8-19　华中科技大学历年竞赛总分

华中科技大学在2015—2019年于五类竞赛中获奖排名情况见图8-20。

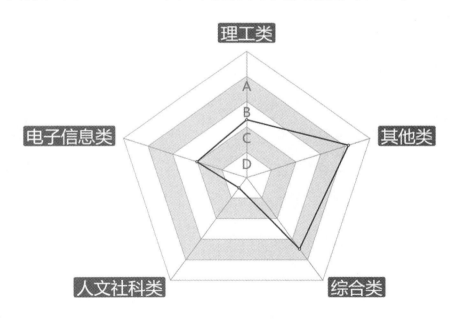

图8-20　华中科技大学各类竞赛获奖排名情况

由新型分类方法得到与华中科技大学处于相同发展生态下的相关高校，具体情况见图8-21。

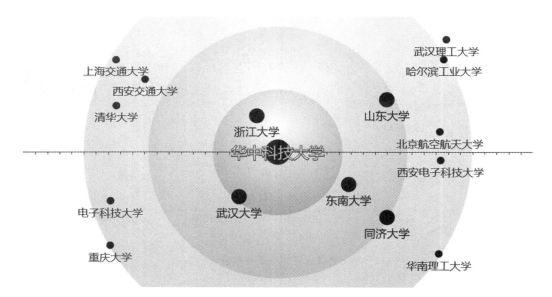

图8-21　与华中科技大学处于相同发展生态下的相关高校

8.8　上海交通大学

上海交通大学在2015—2019年每年获奖总分见图8-22。

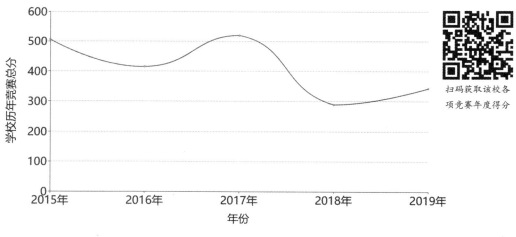

图8-22　上海交通大学历年竞赛总分

上海交通大学在2015—2019年于五类竞赛中获奖排名情况见图8-23。

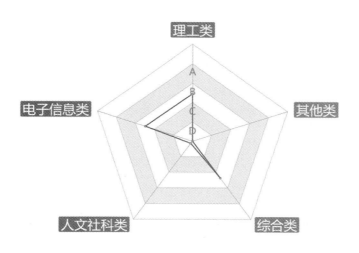

图8-23 上海交通大学各类竞赛获奖排名情况

由新型分类方法得到与上海交通大学处于相同发展生态下的相关高校，具体情况见图8-24。

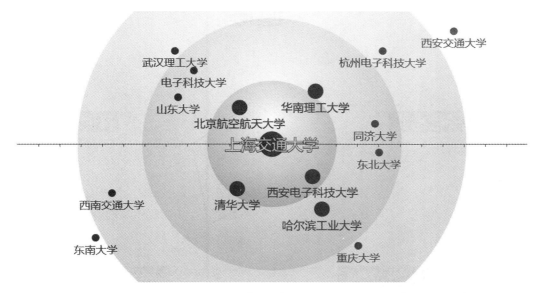

图8-24 与上海交通大学处于相同发展生态下的相关高校

8.9 东南大学

东南大学在2015—2019年每年获奖总分见图8-25。

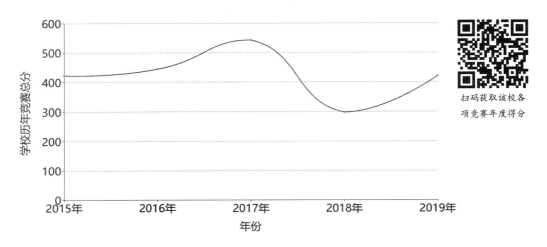

扫码获取该校各
项竞赛年度得分

图8-25 东南大学历年竞赛总分

东南大学在2015—2019年于五类竞赛中获奖排名情况见图8-26。

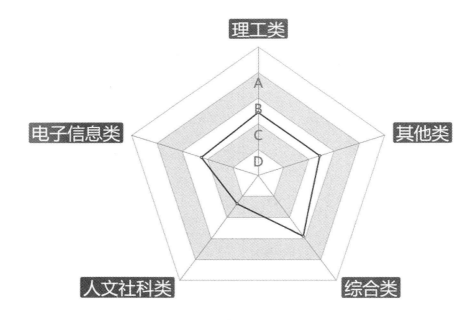

图8-26 东南大学各类竞赛获奖排名情况

由新型分类方法得到与东南大学处于相同发展生态下的相关高校，具体情况见
图8-27。

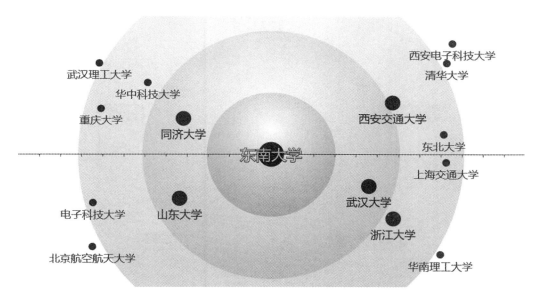

图8-27　与东南大学处于相同发展生态下的相关高校

8.10　东北大学

东北大学在2015—2019年每年获奖总分见图8-28。

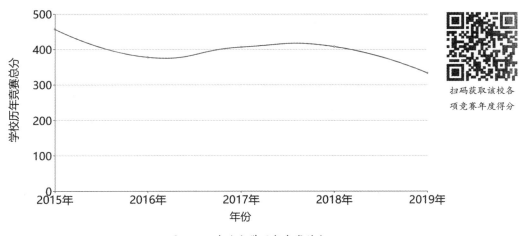

扫码获取该校各
项竞赛年度得分

图8-28　东北大学历年竞赛总分

东北大学在2015—2019年于五类竞赛中获奖排名情况见图8-29。

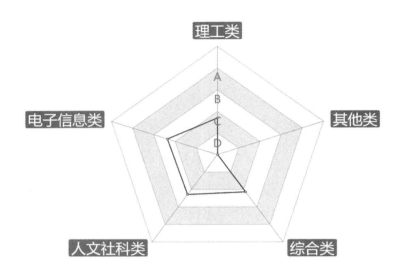

图8-29　东北大学各类竞赛获奖排名情况

由新型分类方法得到与东北大学处于相同发展生态下的相关高校，具体情况见图8-30。

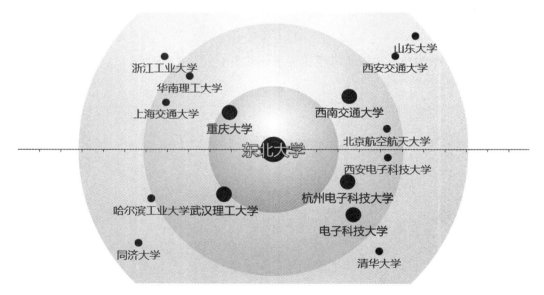

图8-30　与东北大学处于相同发展生态下的相关高校

8.11　北京航空航天大学

北京航空航天大学在2015—2019年每年获奖总分见图8-31。

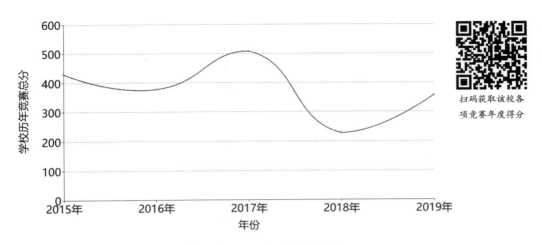

扫码获取该校各
项竞赛年度得分

图8-31 北京航空航天大学历年竞赛总分

北京航空航天大学在2015—2019年于五类竞赛中获奖排名情况见图8-32。

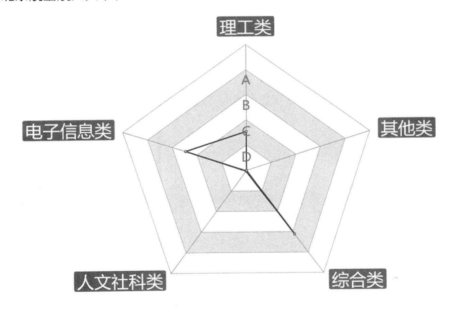

图8-32 北京航空航天大学各类竞赛获奖排名情况

由新型分类方法得到与北京航空航天大学处于相同发展生态下的相关高校，具体情况见图8-33。

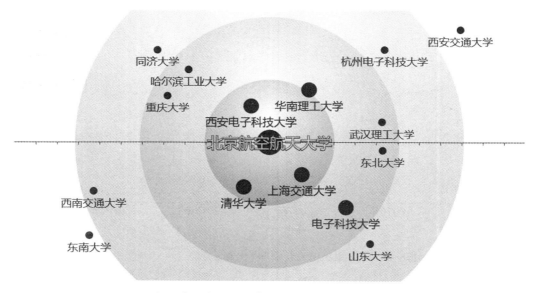

图8-33　与北京航空航天大学处于相同发展生态下的相关高校

8.12　西南交通大学

西南交通大学在2015—2019年每年获奖总分见图8-34。

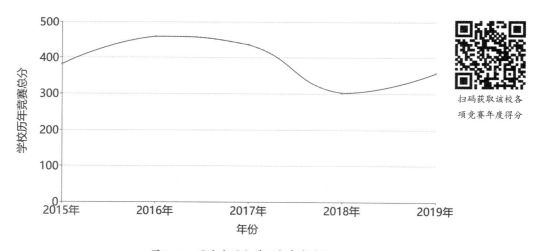

扫码获取该校各
项竞赛年度得分

图8-34　西南交通大学历年竞赛总分

西南交通大学在2015—2019年于五类竞赛中获奖排名情况见图8-35。

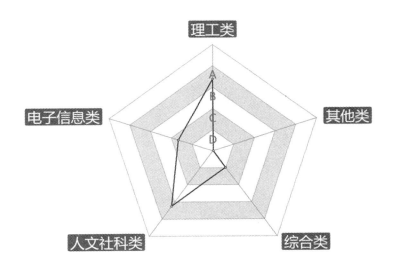

图8-35 西南交通大学各类竞赛获奖排名情况

由新型分类方法得到与西南交通大学处于相同发展生态下的相关高校，具体情况见图8-36。

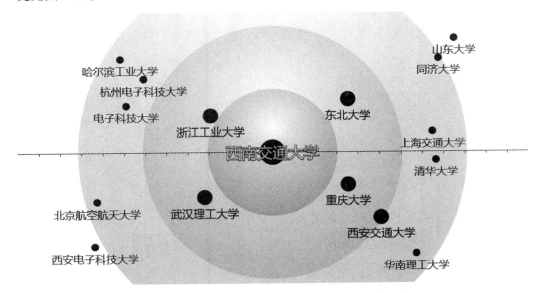

图8-36 与西南交通大学处于相同发展生态下的相关高校

8.13 清华大学

清华大学在2015—2019年每年获奖总分见图8-37。

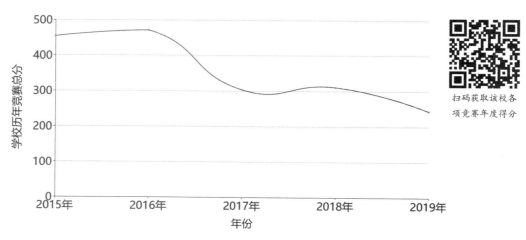

图8-37　清华大学历年竞赛总分

清华大学在2015—2019年于五类竞赛中获奖排名情况见图8-38。

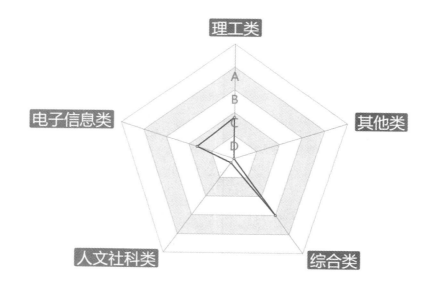

图8-38　清华大学各类竞赛获奖排名情况

由新型分类方法得到与清华大学处于相同发展生态下的相关高校，具体情况见图8-39。

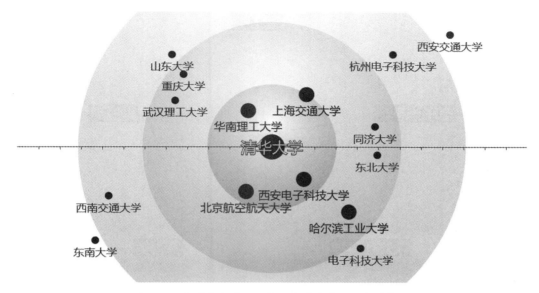

图8-39　与清华大学处于相同发展生态下的相关高校

8.14　杭州电子科技大学

杭州电子科技大学在2015—2019年每年获奖总分见图8-40。

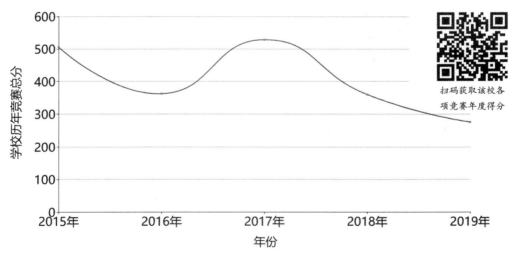

扫码获取该校各
项竞赛年度得分

图8-40　杭州电子科技大学历年竞赛总分

杭州电子科技大学在2015—2019年于五类竞赛中获奖排名情况见图8-41。

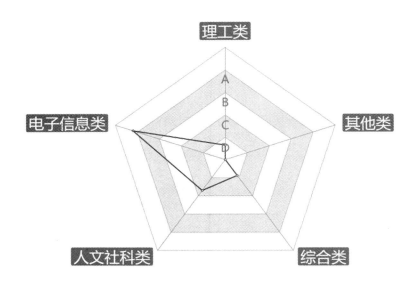

图8-41　杭州电子科技大学各类竞赛获奖排名情况

　　由新型分类方法得到与杭州电子科技大学处于相同发展生态下的相关高校，具体情况见图8-42。

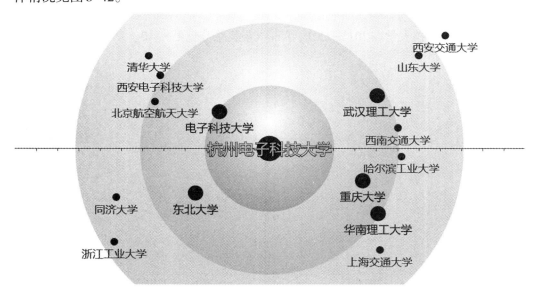

图8-42　与杭州电子科技大学处于相同发展生态下的相关高校

8.15　武汉理工大学

　　武汉理工大学在2015—2019年每年获奖总分见图8-43。

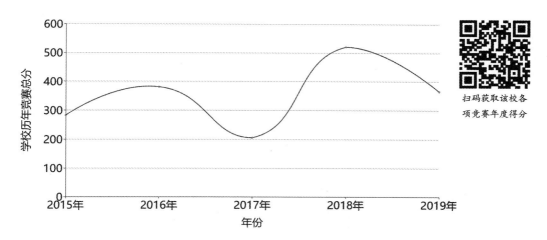

扫码获取该校各

项竞赛年度得分

图8-43　武汉理工大学历年竞赛总分

武汉理工大学在2015—2019年于五类竞赛中获奖排名情况见图8-44。

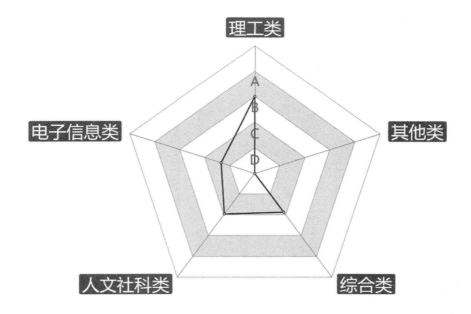

图8-44　武汉理工大学各类竞赛获奖排名情况

由新型分类方法得到与武汉理工大学处于相同发展生态下的相关高校，具体情况见图8-45。

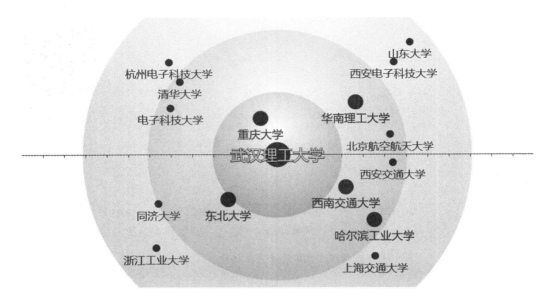

图8-45　与武汉理工大学处于相同发展生态下的相关高校

8.16　华南理工大学

华南理工大学在2015—2019年每年获奖总分见图8-46。

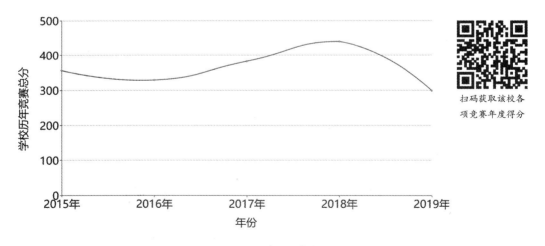

扫码获取该校各
项竞赛年度得分

图8-46　华南理工大学历年竞赛总分

华南理工大学在2015—2019年于五类竞赛中获奖排名情况见图8-47。

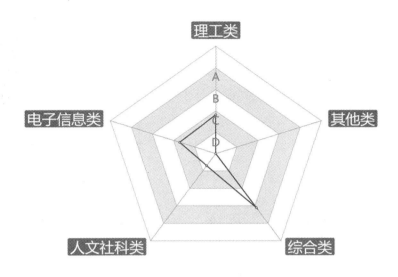

图8-47 华南理工大学各类竞赛获奖排名情况

由新型分类方法得到与华南理工大学处于相同发展生态下的相关高校，具体情况见图8-48。

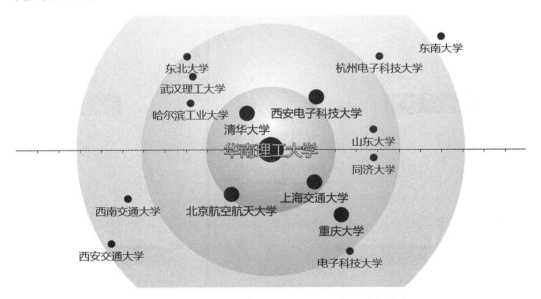

图8-48 与华南理工大学处于相同发展生态下的相关高校

8.17 重庆大学

重庆大学在2015—2019年每年获奖总分见图8-49。

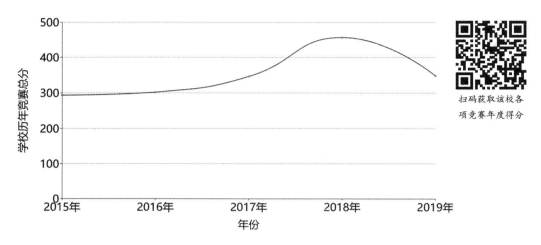

图8-49　重庆大学历年竞赛总分

重庆大学在2015—2019年于五类竞赛中获奖排名情况见图8-50。

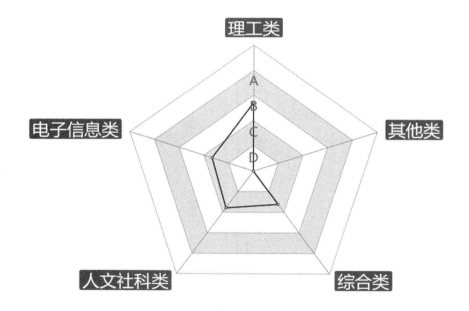

图8-50　重庆大学各类竞赛获奖排名情况

由新型分类方法得到与重庆大学处于相同发展生态下的相关高校，具体情况见图8-51。

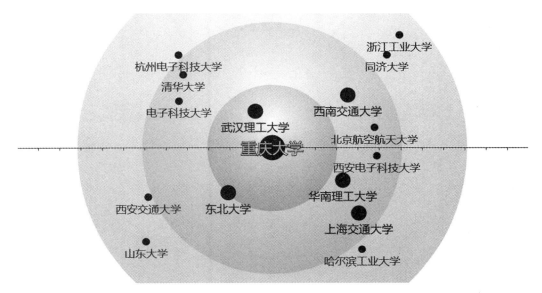

图8-51　与重庆大学处于相同发展生态下的相关高校

8.18　同济大学

同济大学在2015—2019年每年获奖总分见图8-52。

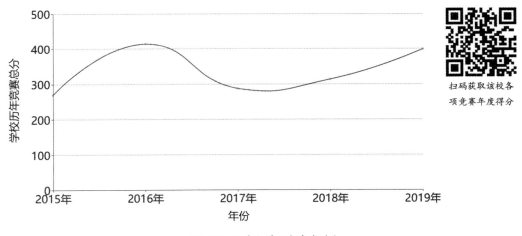

扫码获取该校各
项竞赛年度得分

图8-52　同济大学历年竞赛总分

同济大学在2015—2019年于五类竞赛中获奖排名情况见图8-53。

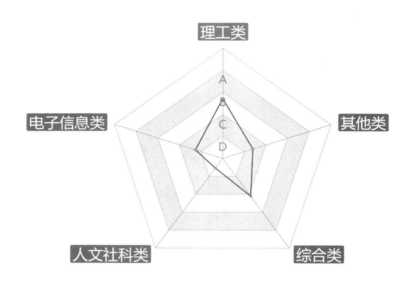

图8-53 同济大学各类竞赛获奖排名情况

由新型分类方法得到与同济大学处于相同发展生态下的相关高校，具体情况见图8-54。

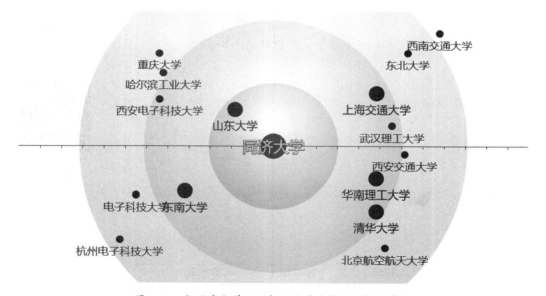

图8-54 与同济大学处于相同发展生态下的相关高校

8.19 西安电子科技大学

西安电子科技大学在2015—2019年每年获奖总分见图8-55。

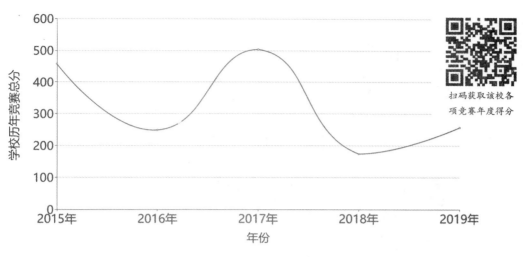

图8-55　西安电子科技大学历年竞赛总分

西安电子科技大学在2015—2019年于五类竞赛中获奖排名情况见图8-56。

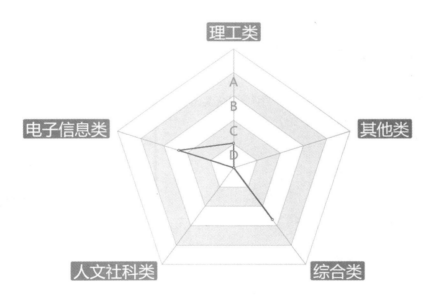

图8-56　西安电子科技大学各类竞赛获奖排名情况

由新型分类方法得到与西安电子科技大学处于相同发展生态下的相关高校，具体情况见图8-57。

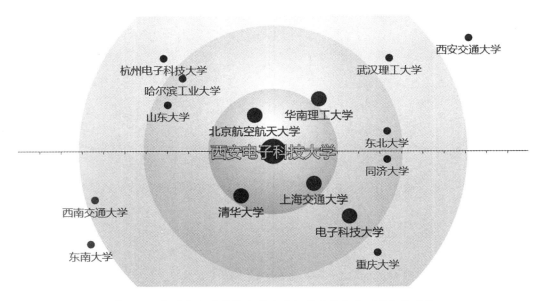

图8-57　与西安电子科技大学处于相同发展生态下的相关高校

8.20　浙江工业大学

浙江工业大学在2015—2019年每年获奖总分见图8-58。

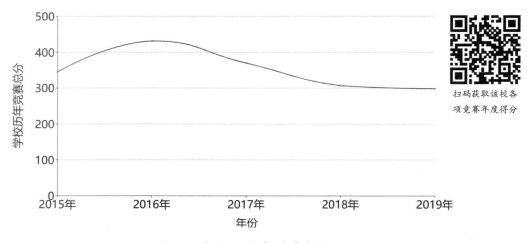

扫码获取该校各
项竞赛年度得分

图8-58　浙江工业大学历年竞赛总分

浙江工业大学在2015—2019年于五类竞赛中获奖排名情况见图8-59。

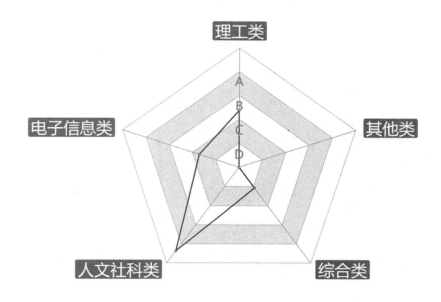

图8-59　浙江工业大学各类竞赛获奖排名情况

　　由新型分类方法得到与浙江工业大学处于相同发展生态下的相关高校，具体情况见图8-60。

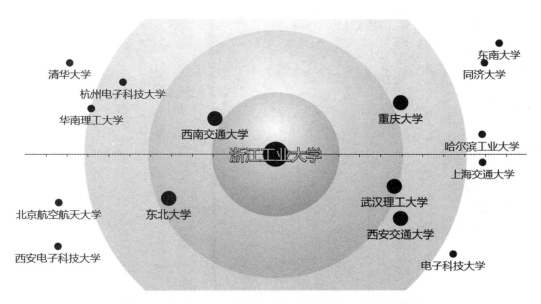

图8-60　与浙江工业大学处于相同发展生态下的相关高校

9

2015—2019年全国普通高校学科竞赛排行榜（高职）前20名学校获奖情况

9.1　金华职业技术学院

金华职业技术学院在2015—2019年每年获奖总分见图9-1。

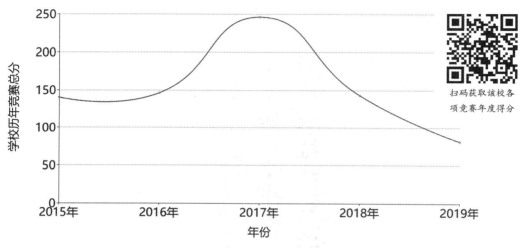

图9-1　金华职业技术学院历年竞赛总分

金华职业技术学院在2015—2019年于四类竞赛中获奖排名情况见图9-2。

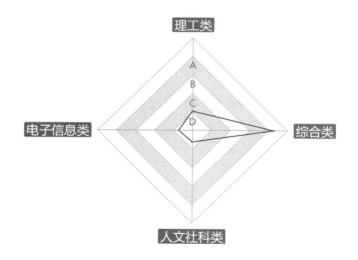

图9-2　金华职业技术学院各类竞赛获奖排名情况

由新型分类方法得到与金华职业技术学院处于相同发展生态下的相关院校，具体情况见图9-3。

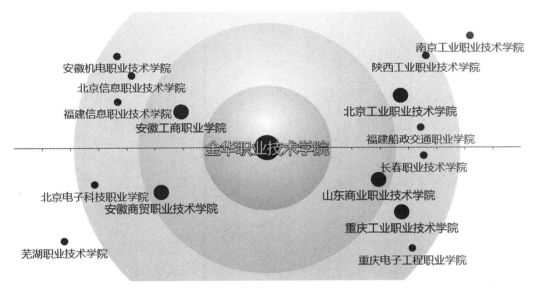

图9-3 与金华职业技术学院处于相同发展生态下的相关高校

9.2 山东商业职业技术学院

山东商业职业技术学院在2015—2019年每年获奖总分见图9-4。

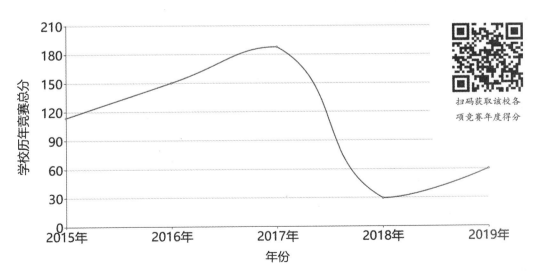

扫码获取该校各
项竞赛年度得分

图9-4 山东商业职业技术学院历年竞赛总分

山东商业职业技术学院在2015—2019年于四类竞赛中获奖排名情况见图9-5。

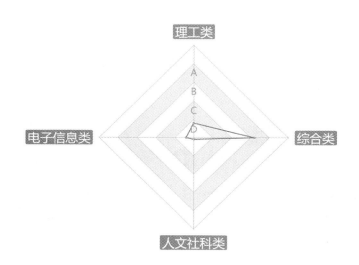

图9-5　山东商业职业技术学院各类竞赛获奖排名情况

由新型分类方法得到与山东商业职业技术学院处于相同发展生态下的相关院校，具体情况见图9-6。

图9-6　与山东商业职业技术学院处于相同发展生态下的相关高校

9.3　北京工业职业技术学院

北京工业职业技术学院在2015—2019年每年获奖总分见图9-7。

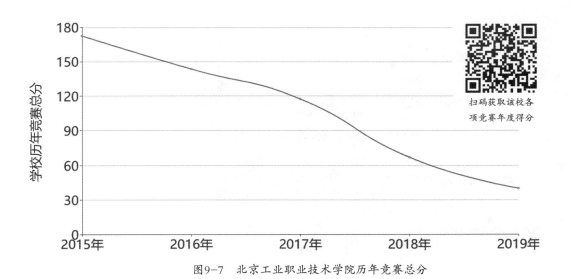

图9-7　北京工业职业技术学院历年竞赛总分

北京工业职业技术学院在2015—2019年于四类竞赛中获奖排名情况见图9-8。

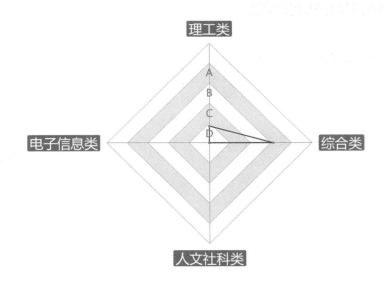

图9-8　北京工业职业技术学院各类竞赛获奖排名情况

由新型分类方法得到与北京工业职业技术学院处于相同发展生态下的相关院校，具体情况见图9-9。

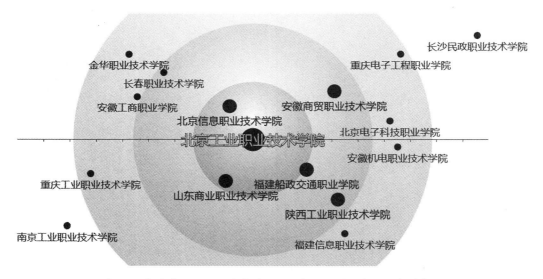

图9-9　与北京工业职业技术学院处于相同发展生态下的相关高校

9.4　北京电子科技职业学院

北京电子科技职业学院在2015—2019年每年获奖总分见图9-10。

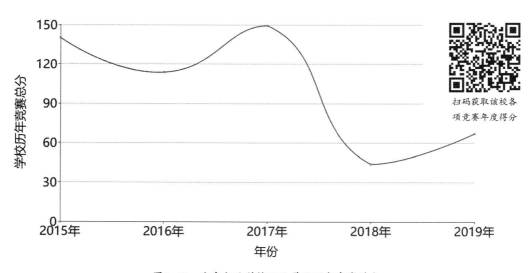

扫码获取该校各
项竞赛年度得分

图9-10　北京电子科技职业学院历年竞赛总分

北京电子科技职业学院在2015—2019年于四类竞赛中获奖排名情况见图9-11。

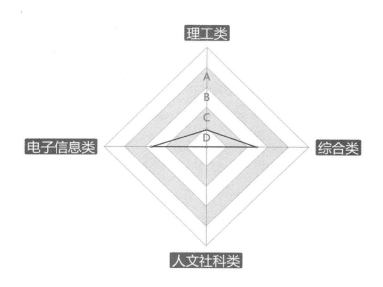

图9-11　北京电子科技职业学院各类竞赛获奖排名情况

由新型分类方法得到与北京电子科技职业学院处于相同发展生态下的相关院校，具体情况见图9-12。

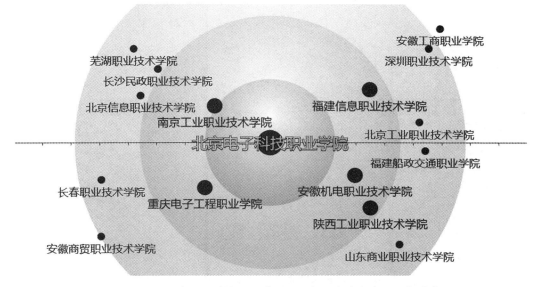

图9-12　与北京电子科技职业学院处于相同发展生态下的相关高校

9.5　长沙民政职业技术学院

长沙民政职业技术学院在2015—2019年每年获奖总分见图9-13。

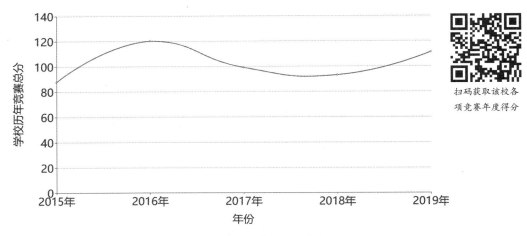

扫码获取该校各
项竞赛年度得分

图9-13　长沙民政职业技术学院历年竞赛总分

长沙民政职业技术学院在2015—2019年于四类竞赛中获奖排名情况见图9-14。

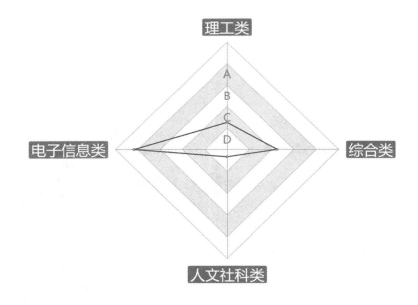

图9-14　长沙民政职业技术学院各类竞赛获奖排名情况

由新型分类方法得到与长沙民政职业技术学院处于相同发展生态下的相关院校，具体情况见图9-15。

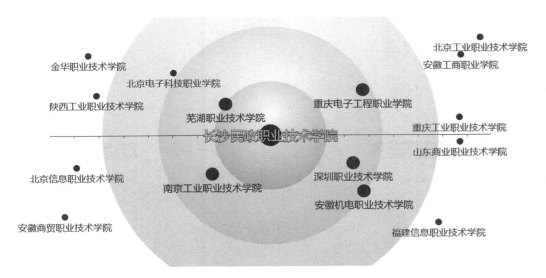

图9-15　与长沙民政职业技术学院处于相同发展生态下的相关高校

9.6　芜湖职业技术学院

芜湖职业技术学院在2015—2019年每年获奖总分见图9-16。

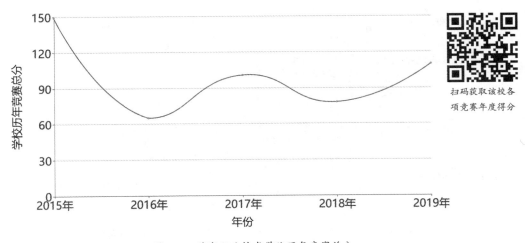

扫码获取该校各
项竞赛年度得分

图9-16　芜湖职业技术学院历年竞赛总分

芜湖职业技术学院在2015—2019年于四类竞赛中获奖排名情况见图9-17。

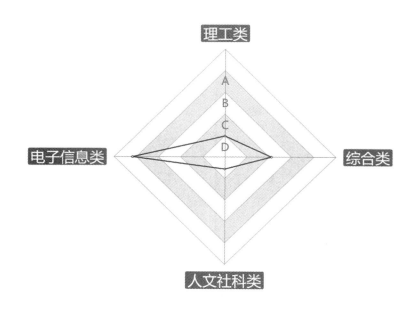

图9-17　芜湖职业技术学院各类竞赛获奖排名情况

由新型分类方法得到与芜湖职业技术学院处于相同发展生态下的相关院校，具体情况见图9-18。

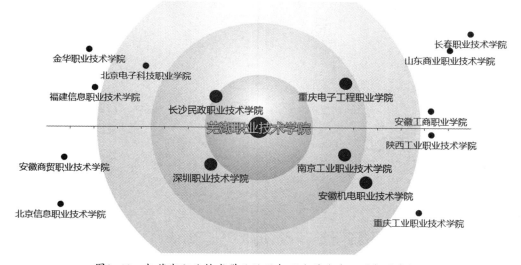

图9-18　与芜湖职业技术学院处于相同发展生态下的相关高校

9.7　南京工业职业技术学院

南京工业职业技术学院在2015—2019年每年获奖总分见图9-19。

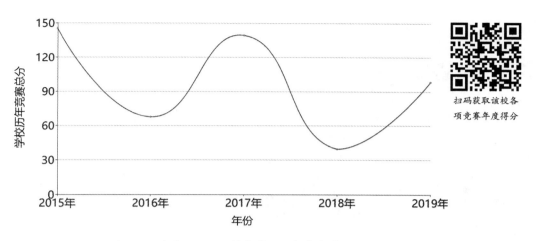

图9-19　南京工业职业技术学院历年竞赛总分

南京工业职业技术学院在2015—2019年于四类竞赛中获奖排名情况见图9-20。

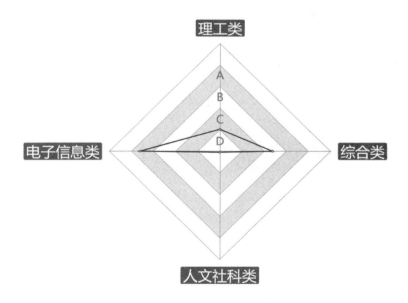

图9-20　南京工业职业技术学院各类竞赛获奖排名情况

由新型分类方法得到与南京工业职业技术学院处于相同发展生态下的相关院校，具体情况见图9-21。

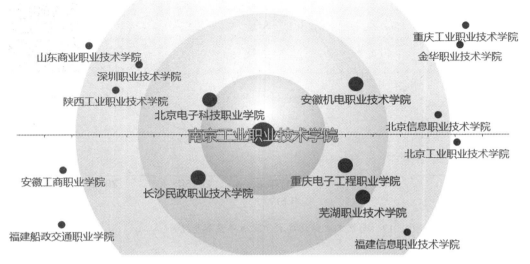

图9-21　与南京工业职业技术学院处于相同发展生态下的相关高校

9.8　重庆电子工程职业学院

重庆电子工程职业学院在2015—2019年每年获奖总分见图9-22。

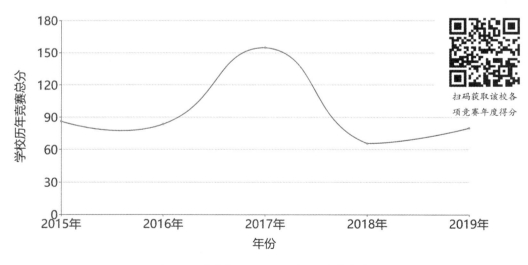

图9-22　重庆电子工程职业学院历年竞赛总分

重庆电子工程职业学院在2015—2019年于四类竞赛中获奖排名情况见图9-23。

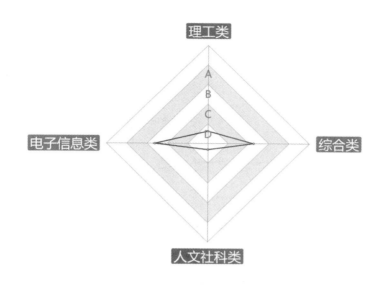

图9-23   重庆电子工程职业学院各类竞赛获奖排名情况

由新型分类方法得到与重庆电子工程职业学院处于相同发展生态下的相关院校，具体情况见图9-24。

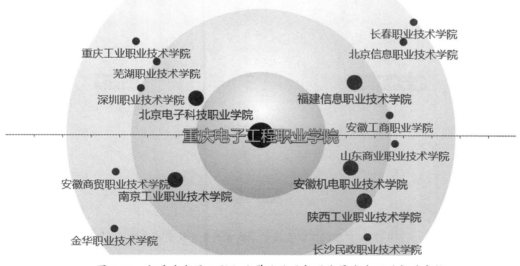

图9-24   与重庆电子工程职业学院处于相同发展生态下的相关高校

9.9 广东轻工职业技术学院

广东轻工职业技术学院在2015—2019年每年获奖总分见图9-25。

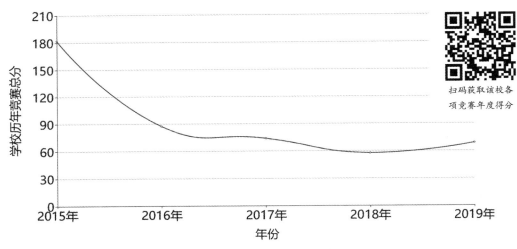

图9-25　广东轻工职业技术学院历年竞赛总分

广东轻工职业技术学院在2015—2019年于四类竞赛中获奖排名情况见图9-26。

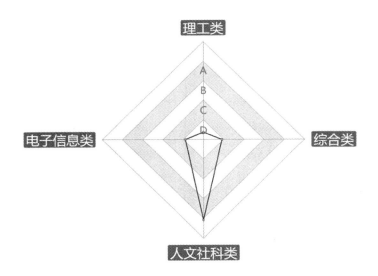

图9-26　广东轻工职业技术学院各类竞赛获奖排名情况

由新型分类方法得到与广东轻工职业技术学院处于相同发展生态下的相关院校，具体情况见图9-27。

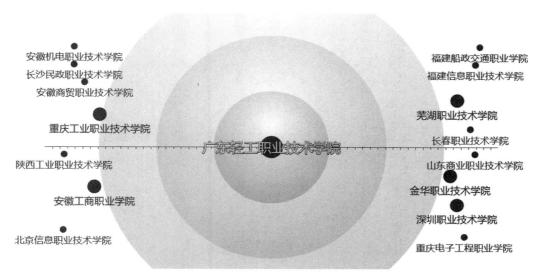

图9-27　与广东轻工职业技术学院处于相同发展生态下的相关高校

9.10　福建船政交通职业学院

福建船政交通职业学院在2015—2019年每年获奖总分见图9-28。

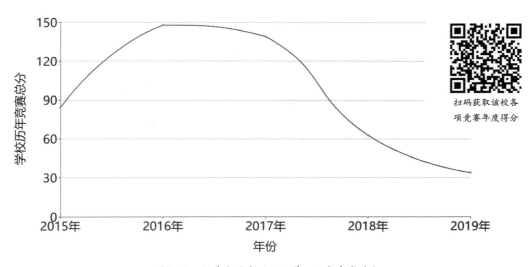

扫码获取该校各
项竞赛年度得分

图9-28　福建船政交通职业学院历年竞赛总分

福建船政交通职业学院在2015—2019年于四类竞赛中获奖排名情况见图9-29。

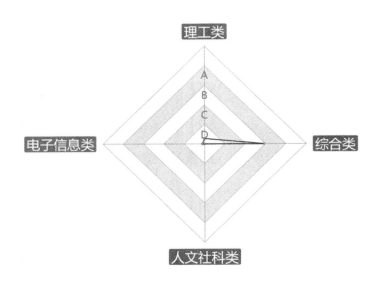

图9-29 福建船政交通职业学院各类竞赛获奖排名情况

由新型分类方法得到与福建船政交通职业学院处于相同发展生态下的相关院校，具体情况见图9-30。

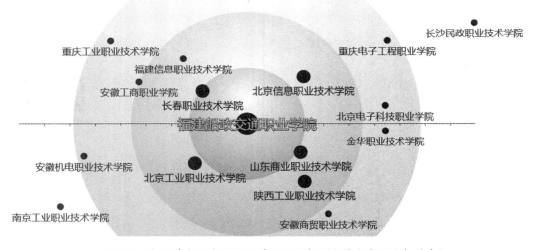

图9-30 与福建船政交通职业学院处于相同发展生态下的相关高校

9.11 福建信息职业技术学院

福建信息职业技术学院在2015—2019年每年获奖总分见图9-31。

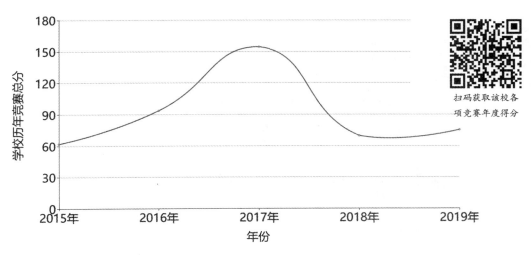

图9-31 福建信息职业技术学院历年竞赛总分

福建信息职业技术学院在2015—2019年于四类竞赛中获奖排名情况见图9-32。

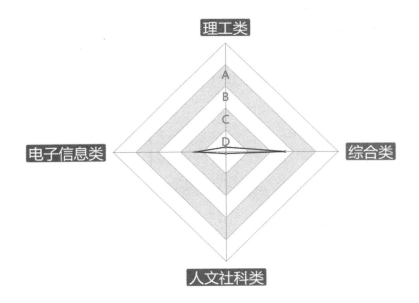

图9-32 福建信息职业技术学院各类竞赛获奖排名情况

由新型分类方法得到与福建信息职业技术学院处于相同发展生态下的相关院校，具体情况见图9-33。

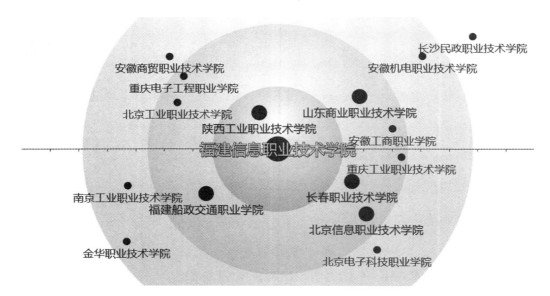

图9-33　与福建信息职业技术学院处于相同发展生态下的相关高校

9.12　深圳职业技术学院

深圳职业技术学院在2015—2019年每年获奖总分见图9-34。

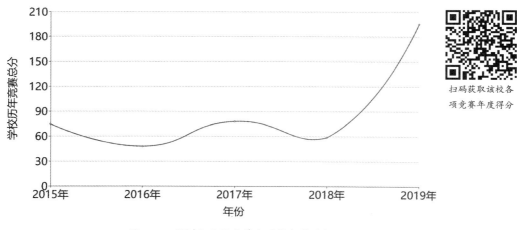

扫码获取该校各
项竞赛年度得分

图9-34　深圳职业技术学院历年竞赛总分

深圳职业技术学院在2015—2019年于四类竞赛中获奖排名情况见图9-35。

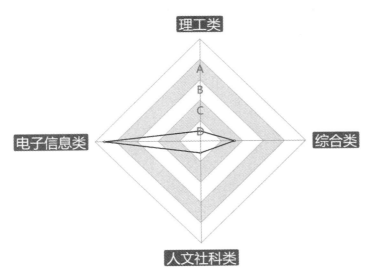

图9-35　深圳职业技术学院各类竞赛获奖排名情况

由新型分类方法得到与深圳职业技术学院处于相同发展生态下的相关院校，具体情况见图9-36。

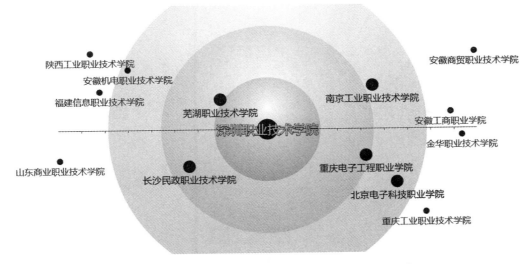

图9-36　与深圳职业技术学院处于相同发展生态下的相关高校

9.13　安徽工商职业学院

安徽工商职业学院在2015—2019年每年获奖总分见图9-37。

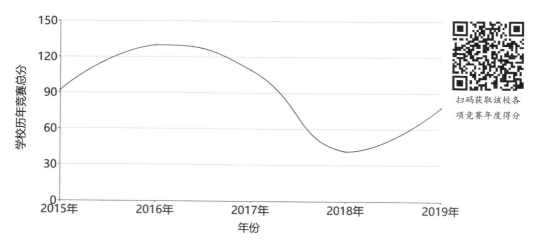

图9-37　安徽工商职业学院历年竞赛总分

安徽工商职业学院在2015—2019年于四类竞赛中获奖排名情况见图9-38。

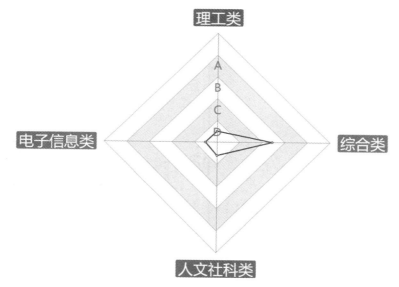

图9-38　安徽工商职业学院各类竞赛获奖排名情况

由新型分类方法得到与安徽工商职业学院处于相同发展生态下的相关院校，具体情况见图9-39。

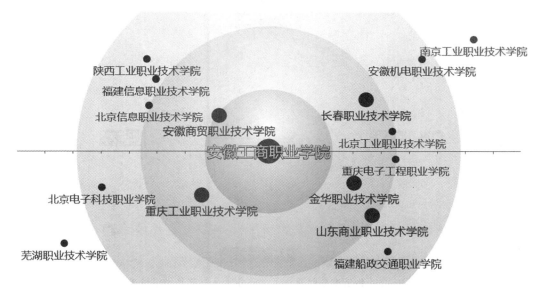

图9-39　与安徽工商职业学院处于相同发展生态下的相关高校

9.14　北京信息职业技术学院

北京信息职业技术学院在2015—2019年每年获奖总分见图9-40。

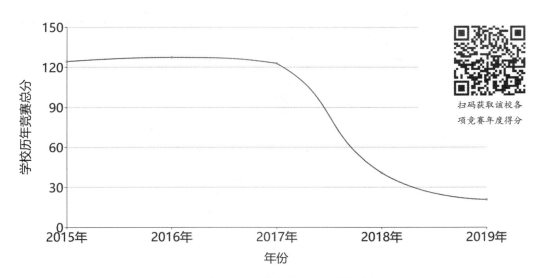

扫码获取该校各
项竞赛年度得分

图9-40　北京信息职业技术学院历年竞赛总分

北京信息职业技术学院在2015—2019年于四类竞赛中获奖排名情况见图9-41。

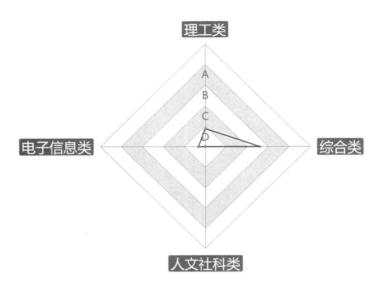

图9-41 北京信息职业技术学院各类竞赛获奖排名情况

由新型分类方法得到与北京信息职业技术学院处于相同发展生态下的相关院校，具体情况见图9-42。

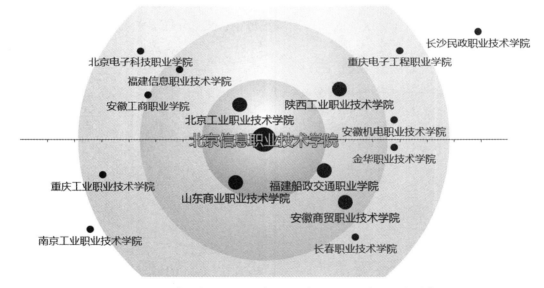

图9-42 与北京信息职业技术学院处于相同发展生态下的相关高校

9.15 江西应用技术职业学院

江西应用技术职业学院在2015—2019年每年获奖总分见图9-43。

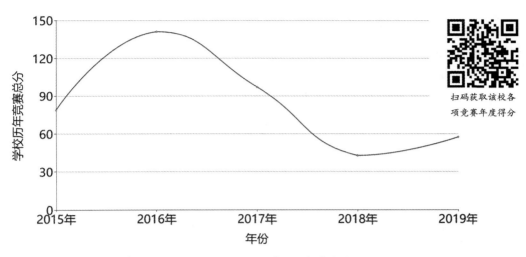

图9-43　江西应用技术职业学院历年竞赛总分

江西应用技术职业学院在2015—2019年于四类竞赛中获奖排名情况见图9-44。

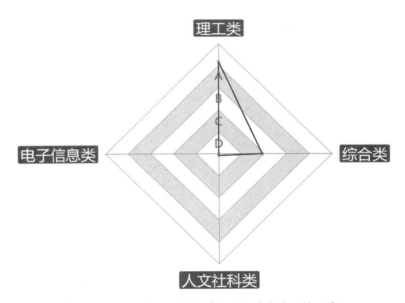

图9-44　江西应用技术职业学院各类竞赛获奖排名情况

由新型分类方法得到与江西应用技术职业学院处于相同发展生态下的相关院校，具体情况见图9-45。

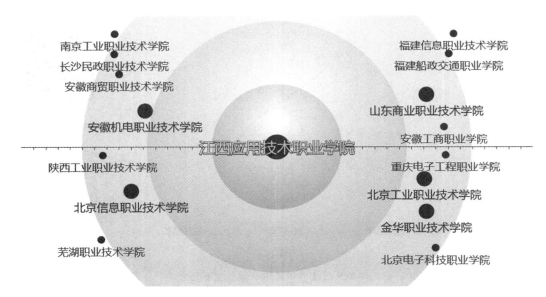

图9-45　与江西应用技术职业学院处于相同发展生态下的相关高校

9.16　陕西工业职业技术学院

陕西工业职业技术学院在2015—2019年每年获奖总分见图9-46。

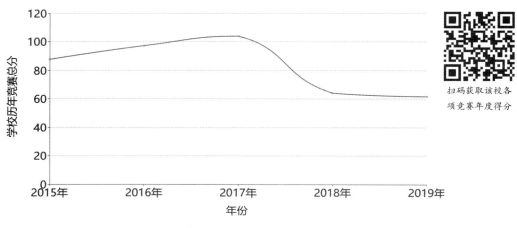

扫码获取该校各
项竞赛年度得分

图9-46　陕西工业职业技术学院历年竞赛总分

陕西工业职业技术学院在2015—2019年于四类竞赛中获奖排名情况见图9-47。

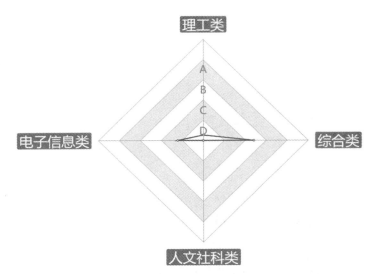

图9-47　陕西工业职业技术学院各类竞赛获奖排名情况

　　由新型分类方法得到与陕西工业职业技术学院处于相同发展生态下的相关院校，具体情况见图9-48。

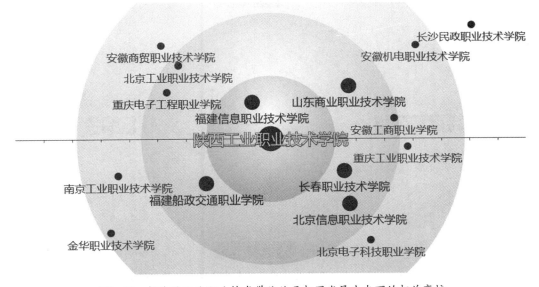

图9-48　与陕西工业职业技术学院处于相同发展生态下的相关高校

9.17　重庆工业职业技术学院

　　重庆工业职业技术学院在2015—2019年每年获奖总分见图9-49。

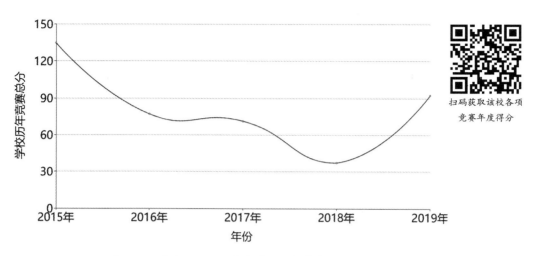

图9-49　重庆工业职业技术学院历年竞赛总分

重庆工业职业技术学院在2015—2019年于四类竞赛中获奖排名情况见图9-50。

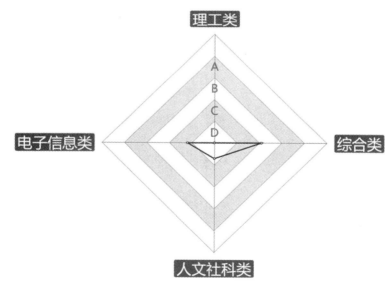

图9-50　重庆工业职业技术学院各类竞赛获奖排名情况

由新型分类方法得到与重庆工业职业技术学院处于相同发展生态下的相关院校，具体情况见图9-51。

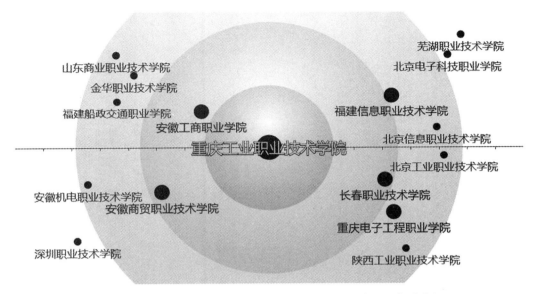

图9-51　与重庆工业职业技术学院处于相同发展生态下的相关高校

9.18　安徽机电职业技术学院

安徽机电职业技术学院在2015—2019年每年获奖总分见图9-52。

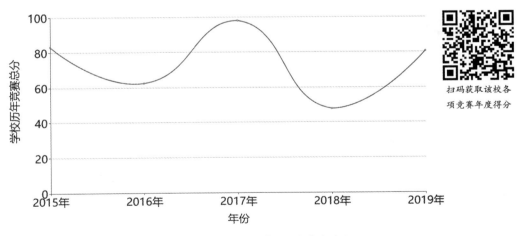

扫码获取该校各
项竞赛年度得分

图9-52　安徽机电职业技术学院历年竞赛总分

安徽机电职业技术学院在2015—2019年于四类竞赛中获奖排名情况见图9-53。

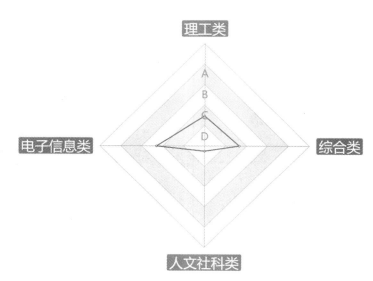

图9-53　安徽机电职业技术学院各类竞赛获奖排名情况

由新型分类方法得到与安徽机电职业技术学院处于相同发展生态下的相关院校，具体情况见图9-54。

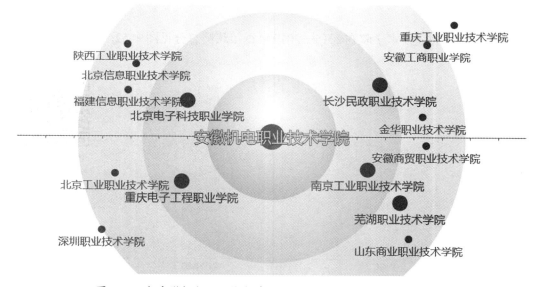

图9-54　与安徽机电职业技术学院处于相同发展生态下的相关高校

9.19　长春职业技术学院

长春职业技术学院在2015—2019年每年获奖总分见图9-55。

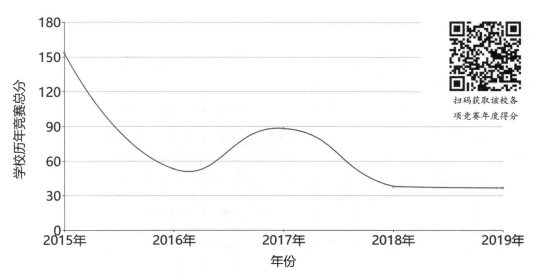

图9-55　长春职业技术学院历年竞赛总分

长春职业技术学院在2015—2019年于四类竞赛中获奖排名情况见图9-56。

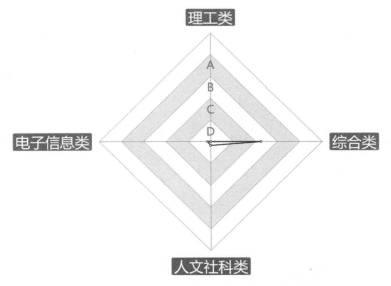

图9-56　长春职业技术学院各类竞赛获奖排名情况

由新型分类方法得到与长春职业技术学院处于相同发展生态下的相关院校，具体情况见图9-57。

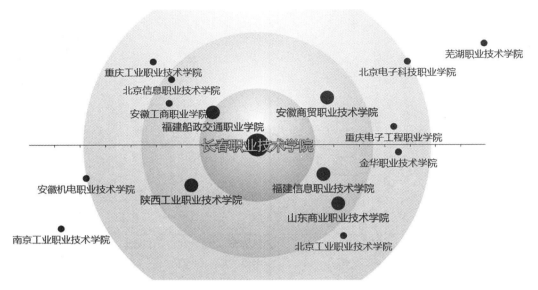

图9-57　与长春职业技术学院处于相同发展生态下的相关高校

9.20　安徽商贸职业技术学院

安徽商贸职业技术学院在2015—2019年每年获奖总分见图9-58。

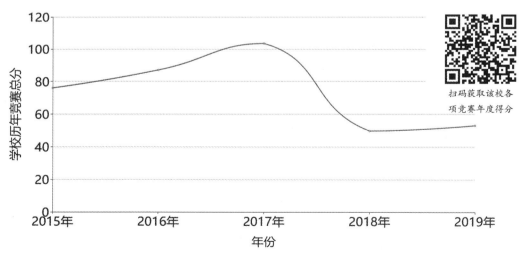

扫码获取该校各
项竞赛年度得分

图9-58　安徽商贸职业技术学院历年竞赛总分

安徽商贸职业技术学院在2015—2019年于四类竞赛中获奖排名情况见图9-59。

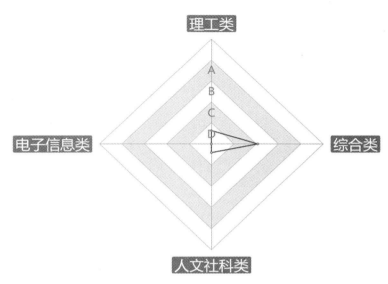

图9-59　安徽商贸职业技术学院各类竞赛获奖排名情况

　　由新型分类方法得到与安徽商贸职业技术学院处于相同发展生态下的相关院校，具体情况见图9-60。

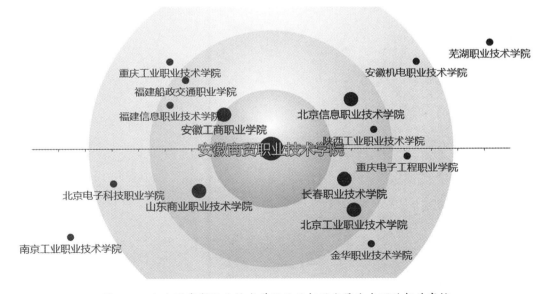

图9-60　与安徽商贸职业技术学院处于相同发展生态下的相关高校

10

全国普通高校大学生竞赛状态数据（本科）

10.1 2015—2019年全国普通高校学科竞赛排行榜（本科）

续表

序号	学校名称	奖项数量	总分	序号	学校名称	奖项数量	总分
1	哈尔滨工业大学	635	100.00	25	厦门大学	351	88.17
2	浙江大学	390	99.68	26	复旦大学	233	88.04
3	武汉大学	599	98.40	27	吉林大学	460	86.89
4	电子科技大学	425	97.57	28	合肥工业大学	413	86.65
5	山东大学	507	95.68	29	北京大学	255	85.90
6	西安交通大学	402	95.51	30	中山大学	263	85.71
7	华中科技大学	430	95.03	31	四川大学	334	85.21
8	上海交通大学	349	94.63	32	西北工业大学	350	85.18
9	东南大学	414	94.54	33	北京邮电大学	274	84.36
10	东北大学	591	93.62	34	南京大学	214	83.80
11	北京航空航天大学	444	92.74	35	北京科技大学	298	82.90
12	西南交通大学	494	92.62	36	华北电力大学	348	82.65
13	清华大学	274	91.41	37	湖南大学	277	81.44
14	杭州电子科技大学	333	91.34	38	南京航空航天大学	254	80.69
15	武汉理工大学	491	90.70	39	哈尔滨工程大学	304	80.34
16	华南理工大学	358	90.08	40	广东工业大学	316	80.25
17	重庆大学	423	89.75	41	天津大学	258	79.72
18	同济大学	402	89.68	42	南昌大学	283	79.66
19	西安电子科技大学	336	89.27	43	南京理工大学	264	79.17
20	浙江工业大学	372	89.06	44	太原理工大学	299	78.55
21	福州大学	359	89.00	45	重庆邮电大学	390	78.24
22	大连理工大学	439	88.82	46	河海大学	348	77.98
23	北京理工大学	345	88.66	47	宁波大学	257	77.86
24	中南大学	329	88.58	48	桂林电子科技大学	364	77.47

续表 续表

序号	学校名称	奖项数量	总分	序号	学校名称	奖项数量	总分
49	燕山大学	251	77.06	74	广西大学	273	71.60
50	上海大学	282	77.01	75	福建农林大学	178	71.37
51	山东科技大学	417	76.59	76	中国科学技术大学	147	71.30
52	长沙理工大学	209	76.35	77	江苏大学	169	71.26
53	东北林业大学	249	75.78	78	南开大学	164	71.11
54	南京邮电大学	307	75.69	79	华侨大学	193	71.10
55	郑州大学	275	75.54	80	华南农业大学	213	70.93
56	昆明理工大学	335	75.38	81	北京师范大学	150	70.91
57	中国矿业大学	258	75.33	82	武汉科技大学	183	70.83
58	中国石油大学(华东)	229	75.27	83	湖北工业大学	286	70.75
59	长春理工大学	237	74.92	84	海南大学	171	70.09
60	浙江师范大学	245	74.50	84	上海理工大学	203	70.09
61	大连海事大学	213	74.45	86	安徽大学	225	69.97
62	中国计量大学	174	74.25	87	南京师范大学	157	69.86
63	河北工业大学	188	73.83	88	河南科技大学	234	69.53
64	北京交通大学	204	73.61	89	安徽理工大学	181	69.43
65	青岛理工大学	187	73.52	90	山东师范大学	166	69.42
66	华东师范大学	232	73.26	91	青岛大学	337	69.39
67	西南科技大学	211	73.20	92	南昌航空大学	194	69.19
68	天津工业大学	276	72.70	93	河南大学	274	69.03
69	中北大学	349	72.69	94	青岛科技大学	190	68.63
70	杭州师范大学	220	72.46	95	湘潭大学	298	68.34
71	华中师范大学	199	72.37	96	深圳大学	324	68.18
72	西南石油大学	254	72.24	97	南京工业大学	212	68.12
73	兰州大学	168	71.67	98	中原工学院	170	68.07

续表

序号	学校名称	奖项数量	总分
99	中国海洋大学	148	68.01
100	辽宁工业大学	278	67.97
101	中南民族大学	239	67.92
102	山东理工大学	226	67.81
103	长安大学	185	67.75
103	华东理工大学	213	67.75
105	华南师范大学	172	67.53
106	成都信息工程大学	149	67.46
107	浙江理工大学	171	67.37
108	河南理工大学	185	67.33
109	三峡大学	213	67.30
110	安徽工程大学	167	67.20
110	中国地质大学(武汉)	160	67.20
112	江南大学	182	67.15
113	苏州大学	200	67.13
114	安徽工业大学	213	67.05
115	常州大学	173	66.84
116	扬州大学	182	66.75
117	哈尔滨理工大学	256	66.73
118	内蒙古科技大学	165	66.72
119	南京信息工程大学	224	66.70
120	华北理工大学	130	66.61
120	北京工业大学	178	66.61
122	江西师范大学	252	66.49
123	西北大学	284	66.30

续表

序号	学校名称	奖项数量	总分
124	太原工业学院	98	66.20
125	中国人民大学	224	66.16
126	上海工程技术大学	174	66.14
127	东华大学	189	66.11
128	浙江工商大学	165	66.04
129	新疆大学	182	65.77
130	华中农业大学	152	65.70
131	广州大学	170	65.68
132	陕西科技大学	176	65.66
133	贵州大学	164	65.59
134	山东财经大学	98	65.57
135	兰州交通大学	168	65.56
136	上海海事大学	142	65.37
137	郑州轻工业大学	213	65.31
138	西安理工大学	170	65.23
139	福建师范大学	165	65.22
140	南通大学	127	64.82
141	厦门理工学院	112	64.36
142	石河子大学	146	64.31
143	湖南师范大学	170	64.23
144	温州大学	123	64.20
145	天津职业技术师范大学	80	64.16
146	辽宁工程技术大学	203	64.09
147	江西理工大学	201	64.01
147	长春工业大学	225	64.01

续表 续表

序号	学校名称	奖项数量	总分	序号	学校名称	奖项数量	总分
149	暨南大学	143	63.99	174	江苏科技大学	169	61.22
149	河北科技大学	108	63.99	175	集美大学	107	61.16
151	重庆工商大学	139	63.90	176	北京联合大学	185	60.77
152	兰州理工大学	206	63.67	177	江苏师范大学	89	60.62
153	重庆交通大学	150	63.65	178	广东技术师范大学	189	60.49
154	广西师范大学	286	63.63	179	北京化工大学	126	60.46
155	北华大学	154	63.59	180	山西大学	160	60.45
156	济南大学	140	63.49	181	河南工业大学	209	60.41
157	安徽财经大学	186	63.46	182	重庆科技学院	151	60.14
158	西安建筑科技大学	148	63.37	183	鲁东大学	126	60.11
159	西北农林科技大学	162	63.12	184	北方民族大学	135	59.99
160	湖南科技大学	160	62.79	185	福建工程学院	119	59.90
161	南华大学	155	62.78	186	内蒙古工业大学	101	59.46
162	齐鲁工业大学	137	62.72	187	广西艺术学院	470	59.40
163	东北电力大学	158	62.64	188	华东交通大学	130	59.38
164	厦门大学嘉庚学院	99	62.62	189	合肥学院	136	59.34
165	烟台大学	132	62.56	190	桂林理工大学	196	59.21
166	河北大学	215	62.43	191	西安邮电大学	145	59.17
167	重庆理工大学	188	62.19	192	南方医科大学	61	59.11
168	云南大学	109	61.95	193	西安科技大学	99	58.98
169	温州医科大学	53	61.83	193	吉首大学	189	58.98
170	江西财经大学	160	61.60	195	贵州师范大学	113	58.93
171	西南大学	108	61.55	196	沈阳工业大学	115	58.89
172	北方工业大学	173	61.31	197	惠州学院	104	58.75
173	东北农业大学	146	61.24	198	集美大学诚毅学院	54	58.71

续表

序号	学校名称	奖项数量	总分
199	大连大学	95	58.64
200	阜阳师范大学	222	58.55
201	浙江财经大学	115	58.51
202	宁夏大学	95	58.41
203	塔里木大学	95	58.30
204	沈阳建筑大学	112	58.28
205	成都理工大学	181	58.21
206	重庆师范大学	105	58.16
207	中国民航大学	60	58.14
208	太原科技大学	104	58.07
209	西南财经大学	83	58.02
210	湖北文理学院	117	57.87
211	上海师范大学	146	57.60
212	东北师范大学	112	57.46
213	宁波工程学院	72	57.32
214	青海大学	78	57.29
215	云南师范大学	81	57.28
216	南京林业大学	203	57.21
217	江汉大学	158	57.08
218	沈阳航空航天大学	160	57.03
219	中央民族大学	127	57.02
220	东北财经大学	57	56.97
220	浙江科技学院	100	56.97
222	东华理工大学	130	56.91
223	中国农业大学	87	56.82

续表

序号	学校名称	奖项数量	总分
224	江西科技师范大学	81	56.81
225	内蒙古大学	71	56.65
226	对外经济贸易大学	57	56.63
227	天津科技大学	84	56.57
228	南阳理工学院	138	56.19
229	上海电力大学	87	56.17
230	西南民族大学	111	56.05
231	湖南理工学院	103	55.97
232	广东财经大学	124	55.87
233	黑龙江大学	97	55.64
234	长沙学院	139	55.62
235	曲阜师范大学	122	55.56
236	佛山科学技术学院	89	55.54
237	陕西师范大学	85	55.42
238	河北农业大学	120	55.38
239	中南财经政法大学	99	55.37
240	山东交通学院	66	55.36
241	山西财经大学	56	55.27
242	黑龙江科技大学	56	55.24
243	河北师范大学	129	55.23
244	皖西学院	74	55.17
245	洛阳理工学院	102	55.09
246	武汉工程大学	153	55.00
246	嘉兴学院	115	55.00
248	中国科学院大学	61	54.89

续表 续表

序号	学校名称	奖项数量	总分	序号	学校名称	奖项数量	总分
248	南京工程学院	94	54.89	274	盐城工学院	76	53.53
250	浙江农林大学	136	54.79	275	西北师范大学	126	53.50
251	西华大学	149	54.75	275	广西科技大学	65	53.50
252	中南林业科技大学	92	54.74	277	青海民族大学	49	53.40
253	湖北大学	70	54.69	278	东北石油大学	75	53.30
254	上海财经大学	78	54.67	279	四川师范大学	210	53.25
255	河南工程学院	111	54.65	280	山东建筑大学	106	53.19
256	杭州电子科技大学信息工程学院	51	54.60	281	北京林业大学	109	53.18
257	辽宁石油化工大学	140	54.54	282	上海第二工业大学	86	53.11
258	天津商业大学	53	54.53	283	长江师范学院	161	53.10
259	河南财经政法大学	108	54.44	284	中国石油大学(北京)	100	53.04
260	湖南农业大学	66	54.42	285	五邑大学	60	53.03
261	安徽信息工程学院	100	54.38	286	西藏大学	41	52.90
262	湖北汽车工业学院	64	54.36	287	东莞理工学院	88	52.84
263	常熟理工学院	68	54.28	287	北京印刷学院	171	52.84
264	江苏理工学院	85	54.26	289	德州学院	119	52.73
265	临沂大学	79	54.17	290	海南师范大学	78	52.67
266	乐山师范学院	143	54.08	291	安徽师范大学	114	52.55
267	陕西理工大学	113	54.07	292	辽宁大学	87	52.38
268	湖南工业大学	128	53.89	293	内蒙古农业大学	65	52.34
269	浙江传媒学院	113	53.80	294	韶关学院	69	52.26
270	浙江大学城市学院	87	53.78	295	天津理工大学	92	52.18
271	四川农业大学	107	53.76	296	中国地质大学(北京)	83	52.10
272	南昌工程学院	54	53.68	297	长春大学	51	51.99
273	沈阳工学院	134	53.65	298	青岛农业大学	57	51.94

续表

序号	学校名称	奖项数量	总分
299	天津师范大学	86	51.92
300	南京农业大学	63	51.86
301	江西科技学院	58	51.84
302	四川轻化工大学	70	51.78
303	河北工程大学	69	51.75
304	大连民族大学	104	51.74
305	四川外国语大学	46	51.71
306	滁州学院	108	51.59
307	广西财经学院	36	51.51
308	大连工业大学	83	51.46
309	南京中医药大学	42	51.44
310	辽宁科技大学	86	51.43
311	北京建筑大学	72	51.33
312	天津中德应用技术大学	33	51.28
312	南阳师范学院	290	51.28
314	北京外国语大学	22	51.26
315	浙江万里学院	80	51.06
316	大连东软信息学院	192	50.90
316	渤海大学	46	50.90
318	贺州学院	218	50.72
319	汕头大学	45	50.71
320	宜春学院	116	50.70
321	成都理工大学工程技术学院	42	50.67
322	广州大学华软软件学院	129	50.59

续表

序号	学校名称	奖项数量	总分
323	内江师范学院	71	50.57
324	贵州师范学院	106	50.51
325	燕山大学里仁学院	56	50.50
326	徐州工程学院	66	50.38
327	滨州学院	129	50.34
328	景德镇陶瓷大学	56	50.24
329	闽江学院	94	50.20
330	湖南文理学院	92	50.13
331	贵州理工学院	38	50.11
332	中国医科大学	32	50.05
333	中国政法大学	65	49.97
334	黄河科技学院	79	49.95
335	黄山学院	73	49.89
336	云南大学滇池学院	55	49.83
337	湖北工程学院	74	49.76
337	怀化学院	110	49.76
339	绍兴文理学院	44	49.69
340	淮南师范学院	63	49.67
340	浙江海洋大学	43	49.67
342	北京工商大学	96	49.62
343	河南农业大学	79	49.60
344	甘肃农业大学	41	49.58
345	沈阳农业大学	53	49.50
346	唐山师范学院	23	49.39
347	鲁迅美术学院	132	49.35

续表

续表

序号	学校名称	奖项数量	总分	序号	学校名称	奖项数量	总分
348	巢湖学院	57	49.22	372	哈尔滨医科大学	30	48.31
349	重庆文理学院	102	49.15	373	聊城大学	65	48.23
350	中国传媒大学	129	49.12	373	宁夏医科大学	37	48.23
351	成都工业学院	59	49.11	375	梧州学院	72	48.11
352	黄冈师范学院	99	49.10	376	淮阴工学院	53	48.00
353	广东外语外贸大学	83	49.01	377	安庆师范大学	49	47.99
354	河北经贸大学	63	49.00	378	玉林师范学院	88	47.81
355	吉林大学珠海学院	87	48.98	379	安徽新华学院	48	47.77
356	吉林建筑大学	69	48.94	380	浙江中医药大学	63	47.71
357	安阳工学院	84	48.92	381	衢州学院	36	47.68
358	武汉轻工大学	38	48.89	381	合肥师范学院	57	47.68
359	长江大学	68	48.88	383	湖南人文科技学院	72	47.62
360	浙江大学宁波理工学院	85	48.85	384	河南师范大学	54	47.60
361	福州外语外贸学院	75	48.82	385	三江学院	33	47.49
362	安徽农业大学	71	48.81	386	北部湾大学	66	47.48
363	南宁学院	94	48.72	386	湖南工程学院	38	47.48
364	苏州科技大学	82	48.64	388	三明学院	47	47.46
365	北华航天工业学院	32	48.53	389	西安欧亚学院	38	47.33
366	安徽建筑大学	74	48.52	390	成都大学	73	47.32
367	北京信息科技大学	74	48.48	391	广西民族大学	119	47.06
367	浙江师范大学行知学院	20	48.48	392	石家庄铁道大学	74	47.00
369	邵阳学院	85	48.45	393	池州学院	104	46.99
370	辽宁师范大学	134	48.38	394	闽南师范大学	88	46.87
370	西京学院	72	48.38	395	湖南中医药大学	39	46.83
				396	莆田学院	53	46.79

续表

序号	学校名称	奖项数量	总分
397	吉林农业大学	53	46.72
398	浙江外国语学院	24	46.67
399	长春工程学院	60	46.61
400	安徽医科大学	39	46.58
400	浙江工业大学之江学院	85	46.58
402	大连交通大学	46	46.57
403	兰州财经大学	51	46.53
404	哈尔滨商业大学	51	46.50
405	广西医科大学	22	46.45
406	河南城建学院	44	46.37
407	云南财经大学	60	46.36
408	湖北经济学院	83	46.35
409	天津财经大学	29	46.33
410	云南农业大学	25	46.28
411	西南林业大学	39	46.24
412	华北水利水电大学	64	46.15
413	贵阳学院	19	46.11
414	湖南工商大学	48	46.10
414	南京医科大学	27	46.10
416	吉林化工学院	27	46.05
417	西安工程大学	88	45.98
418	吉林财经大学	32	45.97
419	沈阳化工大学	75	45.95
420	天津医科大学	18	45.74
421	桂林航天工业学院	86	45.69

续表

序号	学校名称	奖项数量	总分
422	武夷学院	28	45.68
423	武汉工商学院	61	45.65
424	西安石油大学	48	45.62
425	石家庄学院	29	45.59
426	运城学院	82	45.58
427	河北地质大学	48	45.47
428	吉林师范大学	112	45.42
429	井冈山大学	65	45.41
430	宁波财经学院	101	45.39
431	佳木斯大学	41	45.33
432	南宁师范大学	58	45.27
432	内蒙古财经大学	28	45.27
434	华南理工大学广州学院	48	45.09
435	中国计量大学现代科技学院	27	45.02
436	黑龙江工程学院	32	45.00
437	湖南科技学院	63	44.98
438	许昌学院	49	44.89
439	江西理工大学应用科学学院	55	44.88
440	黑龙江八一农垦大学	35	44.87
440	曲靖师范学院	67	44.87
442	广东海洋大学	76	44.79
443	华北科技学院	36	44.77
443	首都经济贸易大学	51	44.77

续表

续表

序号	学校名称	奖项数量	总分	序号	学校名称	奖项数量	总分
445	武汉纺织大学	68	44.74	469	天津大学仁爱学院	48	43.93
445	北京石油化工学院	42	44.74	470	湖州师范学院	45	43.87
445	沈阳师范大学	125	44.74	471	上海电机学院	28	43.83
448	海口经济学院	36	44.71	472	绍兴文理学院元培学院	35	43.82
449	大连医科大学	17	44.58	472	上海应用技术大学	33	43.82
450	哈尔滨师范大学	66	44.52	474	新疆农业大学	33	43.81
451	安阳师范学院	56	44.48	475	韩山师范学院	41	43.75
452	海南热带海洋学院	39	44.42	476	安徽科技学院	18	43.73
453	青海师范大学	32	44.40	476	铜陵学院	112	43.73
454	电子科技大学中山学院	51	44.38	478	山东农业大学	53	43.71
455	百色学院	69	44.36	479	天津农学院	48	43.70
456	仲恺农业工程学院	59	44.34	480	西南政法大学	26	43.62
457	天津城建大学	25	44.32	481	北京理工大学珠海学院	92	43.60
458	盐城师范学院	44	44.30	482	武昌理工学院	60	43.57
459	宁波大学科学技术学院	30	44.25	483	新疆师范大学	45	43.55
460	新疆医科大学	19	44.19	484	台州学院	60	43.50
461	南京财经大学	38	44.17	485	贵州财经大学	53	43.47
462	泉州师范学院	74	44.16	486	江西中医药大学	32	43.46
463	西华师范大学	82	44.15	487	湖北理工学院	69	43.28
463	福建医科大学	10	44.15	488	河北民族师范学院	63	43.24
465	齐齐哈尔大学	44	44.11	489	西藏民族大学	35	43.22
466	金陵科技学院	49	44.07	490	山西农业大学	33	43.21
467	山西大学商务学院	38	43.99	491	山西医科大学	30	43.19
468	福建江夏学院	64	43.94	492	延边大学	45	43.17

续表

序号	学校名称	奖项数量	总分
492	长治医学院	14	43.17
494	山东英才学院	23	43.13
494	山西师范大学	49	43.13
496	山东女子学院	35	43.09
497	广东石油化工学院	27	43.08
498	贵州民族大学	42	43.04
499	海南医学院	17	42.98
500	上海海洋大学	46	42.96
501	中央财经大学	33	42.90
502	淮阴师范学院	51	42.86
503	中国石油大学胜利学院	25	42.83
504	武汉东湖学院	50	42.82
505	西安财经大学	37	42.80
506	重庆工程学院	137	42.76
507	云南民族大学	45	42.72
507	首都医科大学	8	42.72
509	九江学院	45	42.60
510	郑州西亚斯学院	43	42.59
511	吉林医药学院	18	42.55
512	内蒙古师范大学	65	42.32
513	南昌工学院	23	42.28
514	长春财经学院	17	42.25
515	安徽三联学院	19	42.14
516	南京审计大学	20	42.12
517	宿州学院	21	42.09

续表

序号	学校名称	奖项数量	总分
518	湖北民族大学	62	41.97
519	长沙理工大学城南学院	9	41.96
520	洛阳师范学院	34	41.95
521	汉口学院	74	41.91
522	岭南师范学院	66	41.90
523	成都东软学院	77	41.86
524	西北民族大学	64	41.85
525	晋中学院	22	41.82
526	上海对外经贸大学	32	41.81
527	北京师范大学珠海分校	83	41.77
528	中山大学南方学院	58	41.72
529	电子科技大学成都学院	50	41.69
530	新乡医学院	7	41.68
531	昆明学院	28	41.55
532	山东工商学院	38	41.54
533	内蒙古民族大学	39	41.52
534	江西工程学院	20	41.50
535	吉林动画学院	51	41.49
536	沈阳工程学院	37	41.34
537	大连海洋大学	36	41.27
538	滨州医学院	9	41.17
539	蚌埠医学院	16	41.16
540	赣南师范大学	48	41.10
541	西安文理学院	30	41.09

续表 续表

序号	学校名称	奖项数量	总分	序号	学校名称	奖项数量	总分
542	中国矿业大学徐海学院	30	41.08	565	防灾科技学院	18	40.28
543	首都师范大学	29	41.06	566	武汉商学院	45	40.21
544	龙岩学院	24	41.03	567	内蒙古医科大学	16	40.17
544	四川工商学院	26	41.03	568	浙江树人学院	20	40.16
546	湖北工业大学工程技术学院	34	40.99	569	渭南师范学院	27	40.09
547	桂林电子科技大学信息科技学院	63	40.94	570	三峡大学科技学院	57	40.08
548	皖南医学院	13	40.93	571	华北电力大学科技学院	45	40.07
549	西藏农牧学院	25	40.92	572	重庆邮电大学移通学院	107	40.03
550	陇东学院	45	40.79	573	湖北师范大学	76	40.02
550	中原工学院信息商务学院	70	40.79	574	西安工业大学	63	39.95
550	上海体育学院	20	40.79	575	南方科技大学	40	39.89
553	新疆财经大学	36	40.76	575	三亚学院	38	39.89
554	上海外国语大学	23	40.67	577	新余学院	32	39.88
555	丽水学院	27	40.61	578	宁夏大学新华学院	17	39.68
556	新乡学院	34	40.58	579	南京理工大学紫金学院	31	39.67
557	宜宾学院	44	40.56	579	兰州理工大学技术工程学院	25	39.67
558	青岛黄海学院	34	40.50	581	重庆大学城市科技学院	83	39.66
559	潍坊科技学院	18	40.49	582	周口师范学院	28	39.64
559	湘南学院	20	40.49	583	济宁医学院	5	39.60
561	成都医学院	20	40.46	584	信阳师范学院	21	39.59
562	吉林外国语大学	19	40.44	585	广东金融学院	33	39.58
563	河北医科大学	12	40.38	586	遵义师范学院	23	39.57
564	淮北师范大学	50	40.34				

续表

序号	学校名称	奖项数量	总分
586	河北大学工商学院	41	39.57
588	安徽中医药大学	12	39.53
589	攀枝花学院	79	39.51
590	烟台南山学院	35	39.45
591	江苏海洋大学	48	39.33
592	湖南第一师范学院	28	39.25
593	吉林工程技术师范学院	24	39.22
594	太原理工大学现代科技学院	26	39.18
595	东南大学成贤学院	23	39.12
596	阳光学院	18	39.05
597	文华学院	39	39.04
598	湖南涉外经济学院	18	39.02
599	湖北第二师范学院	25	39.01
600	重庆三峡学院	58	38.98
601	新疆工程学院	20	38.94
601	沈阳理工大学	56	38.94
603	商丘师范学院	56	38.90
603	昆明医科大学	9	38.90
605	福建师范大学协和学院	27	38.84
606	常州工学院	41	38.81
607	宝鸡文理学院	45	38.79
608	中国矿业大学银川学院	15	38.68

续表

序号	学校名称	奖项数量	总分
609	广西师范大学漓江学院	88	38.65
610	吕梁学院	27	38.63
611	山东中医药大学	11	38.61
611	杭州师范大学钱江学院	13	38.61
613	延安大学	26	38.57
614	吉林农业科技学院	19	38.53
615	大庆师范学院	24	38.52
616	河南工学院	21	38.45
617	长春师范大学	40	38.43
618	辽宁中医药大学	15	38.39
619	河南牧业经济学院	27	38.31
620	河北工业大学城市学院	23	38.30
621	唐山学院	28	38.19
622	南昌理工学院	49	38.18
623	马鞍山学院	13	38.16
624	肇庆学院	57	38.08
625	西南医科大学	8	38.05
626	桂林医学院	5	38.03
627	广东药科大学	20	38.01
628	贵州医科大学	19	37.96
629	吉林艺术学院	49	37.95
630	湖北汽车工业学院科技学院	19	37.94
631	玉溪师范学院	35	37.91

续表

序号	学校名称	奖项数量	总分
632	嘉应学院	27	37.84
633	广西大学行健文理学院	41	37.77
634	西安医学院	4	37.67
635	大理大学	18	37.66
636	温州商学院	42	37.60
637	河北建筑工程学院	22	37.57
638	河南科技学院	41	37.47
639	广东东软学院	80	37.42
640	四川美术学院	40	37.41
641	文山学院	27	37.38
642	南昌大学科学技术学院	28	37.37
643	宁德师范学院	10	37.33
644	武汉华夏理工学院	42	37.31
645	福州大学至诚学院	15	37.28
646	广州航海学院	12	37.26
647	山西农业大学信息学院	27	37.20
648	长春中医药大学	17	37.17
649	云南经济管理学院	16	37.15
650	中国药科大学	14	37.11
651	烟台大学文经学院	10	37.07
652	北京师范大学–香港浸会大学联合国际学院	19	36.98
653	大连外国语大学	14	36.83

续表

序号	学校名称	奖项数量	总分
654	中国矿业大学（北京）	39	36.80
655	重庆师范大学涉外商贸学院	65	36.74
656	河北农业大学现代科技学院	12	36.72
657	辽宁科技学院	75	36.71
658	云南大学旅游文化学院	11	36.70
658	赣南医学院	3	36.70
660	西安翻译学院	20	36.68
660	华东政法大学	13	36.68
662	枣庄学院	12	36.64
663	广州中医药大学	14	36.63
664	南昌师范学院	35	36.61
664	北京语言大学	29	36.61
666	天津中医药大学	15	36.60
667	上海建桥学院	36	36.59
668	广西科技大学鹿山学院	19	36.57
669	阿坝师范学院	20	36.56
670	河北金融学院	23	36.55
670	南开大学滨海学院	34	36.55
672	江苏科技大学苏州理工学院	13	36.53
672	泰山学院	10	36.53
674	山西大同大学	47	36.45
675	河套学院	14	36.42

续表

序号	学校名称	奖项数量	总分
676	武昌首义学院	33	36.39
677	河西学院	21	36.38
678	华东交通大学理工学院	15	36.28
679	上海中医药大学	11	36.23
680	长春建筑学院	22	36.15
681	南京艺术学院	53	36.11
682	重庆第二师范学院	15	36.07
683	黄淮学院	47	35.98
684	沈阳大学	34	35.96
685	湖南城市学院	47	35.93
686	西北政法大学	11	35.89
687	黔南民族师范学院	36	35.67
688	青岛工学院	12	35.63
689	皖江工学院	8	35.61
690	沈阳城市建设学院	32	35.58
691	武汉晴川学院	15	35.48
692	中国人民警察大学	18	35.41
693	外交学院	5	35.35
694	沈阳体育学院	37	35.33
694	四川音乐学院	69	35.33
696	河池学院	22	35.27
697	宁夏理工学院	11	35.24
698	哈尔滨学院	38	35.20
698	赣南师范大学科技学院	20	35.20

续表

序号	学校名称	奖项数量	总分
700	琼台师范学院	11	35.17
701	广州医科大学	8	35.12
702	长治学院	41	35.09
703	四川大学锦城学院	35	35.08
704	辽东学院	14	35.06
705	锦州医科大学	5	34.97
705	北京城市学院	93	34.97
707	山西传媒学院	44	34.91
708	兰州财经大学陇桥学院	16	34.81
709	东北师范大学人文学院	39	34.78
710	四川大学锦江学院	21	34.76
711	湖南科技大学潇湘学院	10	34.75
712	江西农业大学	22	34.59
713	陕西中医药大学	3	34.58
713	贵州工程应用技术学院	18	34.58
715	黑龙江工业学院	9	34.55
716	兰州城市学院	27	34.54
717	中国民用航空飞行学院	13	34.50
717	太原学院	10	34.50
717	上海海关学院	13	34.50
720	牡丹江师范学院	22	34.49
721	河南师范大学新联学院	41	34.46

续表　　　　　　　　　　　　　　　　　　　　续表

序号	学校名称	奖项数量	总分	序号	学校名称	奖项数量	总分
722	北京交通大学海滨学院	16	34.36	744	榆林学院	11	33.55
723	郑州航空工业管理学院	27	34.31	744	武汉科技大学城市学院	81	33.55
724	兰州工业学院	20	34.28	747	华北理工大学轻工学院	28	33.54
724	云南工商学院	33	34.28	748	六盘水师范学院	9	33.50
726	潍坊学院	23	34.17	749	河北工程大学科信学院	13	33.41
727	衡水学院	30	34.14	750	南京晓庄学院	48	33.40
728	郑州工业应用技术学院	54	34.13	751	通化师范学院	31	33.39
729	湖南工学院	24	34.10	752	河北科技大学理工学院	7	33.33
730	南通理工学院	54	33.99	753	南京体育学院	3	33.26
731	河北科技师范学院	25	33.97	754	太原科技大学华科学院	10	33.23
732	徐州医科大学	8	33.95	755	长沙医学院	6	33.14
733	浙江理工大学科技与艺术学院	31	33.94	756	中国美术学院	22	33.13
734	山东第一医科大学	7	33.86	757	上海商学院	22	33.12
735	长沙师范学院	31	33.83	758	铜仁学院	15	33.08
736	邯郸学院	19	33.76	759	兰州文理学院	25	33.07
737	重庆医科大学	9	33.75	760	闽南理工学院	102	33.03
738	广州商学院	20	33.73	760	凯里学院	21	33.03
739	安康学院	25	33.72	762	温州大学瓯江学院	17	33.01
740	银川能源学院	17	33.68	763	武汉体育学院	44	32.94
741	哈尔滨剑桥学院	8	33.65	764	郑州工程技术学院	82	32.92
742	新疆理工学院	8	33.63	765	西北师范大学知行学院	14	32.85
743	哈尔滨华德学院	59	33.61				
744	中国音乐学院	14	33.55				

续表

序号	学校名称	奖项数量	总分
766	鄂尔多斯应用技术学院	7	32.84
767	宁夏师范学院	22	32.81
768	郑州师范学院	24	32.77
769	广东科技学院	30	32.72
770	北京服装学院	37	32.71
771	中国人民公安大学	5	32.65
772	信阳学院	16	32.57
773	安顺学院	31	32.56
774	武汉传媒学院	29	32.52
775	河南大学民生学院	44	32.48
776	西安思源学院	5	32.46
777	川北医学院	8	32.44
778	济宁学院	10	32.42
778	成都师范学院	21	32.42
780	西安外国语大学	6	32.41
781	衡阳师范学院	27	32.28
781	中山大学新华学院	19	32.28
783	兴义民族师范学院	9	32.21
784	湖北中医药大学	17	32.19
785	南京航空航天大学金城学院	30	32.14
786	广东海洋大学寸金学院	26	32.13
787	青岛理工大学琴岛学院	17	32.10
788	西安培华学院	20	32.09

续表

序号	学校名称	奖项数量	总分
789	天津外国语大学	7	32.04
789	山西工商学院	25	32.04
791	蚌埠学院	24	31.96
792	上海科技大学	17	31.91
793	大连科技学院	39	31.81
793	云南艺术学院	44	31.81
795	湖北科技学院	40	31.72
795	安徽师范大学皖江学院	51	31.72
797	香港中文大学（深圳）	9	31.70
798	湖南工业大学科技学院	9	31.68
798	哈尔滨石油学院	10	31.68
798	江苏师范大学科文学院	8	31.68
801	信阳农林学院	3	31.67
802	平顶山学院	28	31.64
803	上海视觉艺术学院	14	31.63
804	长春理工大学光电信息学院	11	31.61
804	红河学院	9	31.61
806	西安航空学院	33	31.58
807	山东艺术学院	33	31.55
808	哈尔滨金融学院	11	31.48
809	长春光华学院	35	31.41
810	湖州师范学院求真学院	10	31.26

续表　　　　　　　　　　　　　　　　　　　续表

序号	学校名称	奖项数量	总分	序号	学校名称	奖项数量	总分
811	西安美术学院	5	31.22	832	荆楚理工学院	25	30.64
812	贵州商学院	12	31.20	833	福建农林大学金山学院	7	30.56
813	伊犁师范大学	9	31.19	834	嘉兴学院南湖学院	33	30.37
814	山东科技大学泰山科技学院	12	31.13	835	湖南理工学院南湖学院	9	30.34
815	湖北美术学院	40	31.09	836	太原师范学院	22	30.33
815	沈阳科技学院	16	31.09	836	扬州大学广陵学院	18	30.33
817	天水师范学院	8	31.04	838	浙江农林大学暨阳学院	14	30.30
818	北京电子科技学院	9	31.03	839	江西应用科技学院	12	30.29
819	南昌航空大学科技学院	8	31.02	840	上海健康医学院	8	30.27
820	吉林建筑科技学院	52	30.99	841	西昌学院	13	30.26
821	天津美术学院	6	30.96	842	广东白云学院	29	30.21
822	东莞理工学院城市学院	13	30.94	843	湖北医药学院	2	30.18
823	保山学院	13	30.92	844	遵义医科大学	8	30.17
824	西南交通大学希望学院	7	30.87	844	中国社会科学院大学	8	30.17
824	山东工艺美术学院	20	30.87	846	呼伦贝尔学院	10	30.09
826	西交利物浦大学	5	30.76	846	河北地质大学华信学院	5	30.09
827	广东工业大学华立学院	11	30.75	848	山东华宇工学院	27	30.02
827	大连理工大学城市学院	21	30.75	849	中央美术学院	3	29.93
829	西北工业大学明德学院	23	30.70	850	中国刑事警察学院	2	29.90
830	沈阳药科大学	7	30.66	851	南京理工大学泰州科技学院	18	29.88
830	山西工程技术学院	19	30.66	852	武汉生物工程学院	12	29.82
				852	萍乡学院	49	29.82

续表

序号	学校名称	奖项数量	总分
854	楚雄师范学院	15	29.81
855	齐齐哈尔医学院	2	29.80
856	上海师范大学天华学院	40	29.79
857	鞍山师范学院	23	29.75
858	河南中医药大学	10	29.64
859	北京科技大学天津学院	9	29.58
860	四川旅游学院	24	29.54
861	中国劳动关系学院	3	29.53
862	保定学院	24	29.50
863	广东第二师范学院	24	29.47
863	西安建筑科技大学华清学院	5	29.47
865	赤峰学院	4	29.45
866	四川传媒学院	8	29.44
867	湖南农业大学东方科技学院	6	29.30
868	燕京理工学院	15	29.25
869	浙江警察学院	8	29.18
870	厦门华厦学院	21	29.16
871	浙江水利水电学院	8	29.14
872	北京体育大学	29	29.13
873	浙江音乐学院	30	29.05
874	北京邮电大学世纪学院	11	29.03
875	天津财经大学珠江学院	26	28.97

续表

序号	学校名称	奖项数量	总分
876	河北工程技术学院	7	28.90
877	北京物资学院	5	28.88
878	潍坊理工学院	21	28.84
879	北京工业大学耿丹学院	21	28.81
880	上海杉达学院	16	28.76
881	商洛学院	15	28.74
882	滇西科技师范学院	11	28.73
883	广东培正学院	69	28.64
884	衡阳师范学院南岳学院	10	28.59
885	齐鲁理工学院	11	28.58
886	西安工业大学北方信息工程学院	9	28.51
887	成都中医药大学	12	28.50
888	南京师范大学中北学院	14	28.48
889	辽宁对外经贸学院	46	28.41
889	北京农学院	13	28.41
891	北海艺术设计学院	75	28.38
892	南京邮电大学通达学院	23	28.34
893	辽宁理工学院	9	28.31
894	长春工业大学人文信息学院	4	28.27
895	南京信息工程大学滨江学院	7	28.23
896	西安外事学院	6	28.20

续表

序号	学校名称	奖项数量	总分
897	云南师范大学文理学院	11	28.17
897	浙江中医药大学滨江学院	6	28.17
899	武汉工程大学邮电与信息工程学院	6	28.07
899	辽宁财贸学院	44	28.07
901	喀什大学	20	28.06
902	邢台学院	12	28.00
903	湖南应用技术学院	5	27.99
904	白城师范学院	5	27.98
905	济南大学泉城学院	8	27.96
906	苏州大学文正学院	17	27.93
907	成都信息工程大学银杏酒店管理学院	13	27.87
908	成都体育学院	2	27.86
909	宿迁学院	15	27.80
910	桂林理工大学博文管理学院	5	27.77
911	大连艺术学院	27	27.76
912	郑州科技学院	7	27.66
913	黑河学院	21	27.59
914	湖南女子学院	39	27.55
915	广东理工学院	15	27.54
916	四川电影电视学院	15	27.46
917	沈阳城市学院	43	27.42
917	新疆艺术学院	13	27.42

续表

序号	学校名称	奖项数量	总分
919	河北美术学院	34	27.41
920	浙江财经大学东方学院	26	27.40
920	山东警察学院	5	27.40
920	四川文化艺术学院	9	27.40
923	中华女子学院	19	27.37
924	上饶师范学院	32	27.31
925	重庆人文科技学院	33	27.24
925	南京大学金陵学院	35	27.24
927	贵州民族大学人文科技学院	4	27.22
928	重庆工商大学融智学院	5	27.13
928	武昌工学院	16	27.13
930	营口理工学院	11	27.11
931	湖北商贸学院	14	27.09
931	广东财经大学华商学院	41	27.09
933	中国传媒大学南广学院	15	27.05
934	湖北经济学院法商学院	8	26.90
935	甘肃政法大学	18	26.88
936	南昌大学共青学院	2	26.75
937	山东农业工程学院	3	26.71
938	忻州师范学院	6	26.62
939	哈尔滨广厦学院	8	26.61

续表

序号	学校名称	奖项数量	总分
940	内蒙古大学创业学院	3	26.59
941	菏泽学院	8	26.50
942	西安交通大学城市学院	10	26.43
943	上海财经大学浙江学院	3	26.38
944	黑龙江中医药大学	5	26.23
945	中央戏剧学院	2	26.16
946	浙江工商大学杭州商学院	15	26.14
947	中央音乐学院	8	26.12
948	郑州商学院	19	26.07
949	上海立信会计金融学院	4	26.02
950	长江大学文理学院	25	25.91
951	青岛恒星科技学院	2	25.87
952	无锡太湖学院	9	25.84
953	黑龙江外国语学院	40	25.77
954	西南财经大学天府学院	26	25.63
955	兰州交通大学博文学院	16	25.60
956	武汉工程科技学院	15	25.57
957	上海音乐学院	11	25.55
958	西藏藏医药大学	4	25.53
958	天津音乐学院	4	25.53
960	潍坊医学院	3	25.49

续表

序号	学校名称	奖项数量	总分
961	广西外国语学院	10	25.42
962	南通大学杏林学院	11	25.39
963	福建中医药大学	5	25.37
964	南宁师范大学师园学院	8	25.34
965	大连财经学院	12	25.29
966	苏州科技大学天平学院	1	25.27
967	四川文理学院	16	25.22
968	中国青年政治学院	4	25.20
969	阜阳师范大学信息工程学院	4	25.19
969	广州美术学院	5	25.19
971	南京师范大学泰州学院	8	25.17
972	闽南科技学院	10	25.05
973	天津外国语大学滨海外事学院	3	24.93
974	上海戏剧学院	10	24.86
975	广东警官学院	2	24.85
976	吉首大学张家界学院	21	24.81
977	河北传媒学院	13	24.80
978	郑州升达经贸管理学院	31	24.78
979	安徽大学江淮学院	26	24.72
980	泰州学院	15	24.67
981	山东青年政治学院	5	24.59

续表 续表

序号	学校名称	奖项数量	总分	序号	学校名称	奖项数量	总分
982	湘潭大学兴湘学院	2	24.57	1002	景德镇陶瓷大学科技艺术学院	5	23.31
983	江西警察学院	1	24.48	1004	咸阳师范学院	5	23.23
984	湖北文理学院理工学院	5	24.45	1005	贵州中医药大学	3	23.21
985	长春科技学院	5	24.44	1006	中央司法警官学院	3	23.20
986	上海政法学院	3	24.43	1007	南京工业大学浦江学院	6	23.19
987	同济大学浙江学院	8	24.41	1008	上海外国语大学贤达经济人文学院	8	23.10
988	呼和浩特民族学院	4	24.21	1009	广州工商学院	25	23.04
989	山西中医药大学	2	24.16	1010	广州大学松田学院	11	23.00
989	湖北民族大学科技学院	2	24.16	1011	河南科技学院新科学院	7	22.99
991	昆明理工大学津桥学院	11	24.05	1012	山西能源学院	3	22.90
992	四川外国语大学重庆南方翻译学院	29	24.02	1013	哈尔滨体育学院	1	22.88
993	广东医科大学	6	23.97	1013	河北北方学院	9	22.88
994	武汉设计工程学院	11	23.80	1015	浙江越秀外国语学院	13	22.85
995	东华理工大学长江学院	4	23.76	1016	西安理工大学高科学院	2	22.77
996	汉江师范学院	4	23.75	1016	天津商业大学宝德学院	2	22.77
997	宁波诺丁汉大学	3	23.73	1016	广西中医药大学	2	22.77
998	杭州医学院	3	23.66	1019	国际关系学院	3	22.76
999	桂林旅游学院	9	23.61	1020	广西民族大学相思湖学院	17	22.73
1000	南华大学船山学院	5	23.53	1021	广东技术师范大学天河学院	7	22.70
1001	天津体育学院运动与文化艺术学院	7	23.41	1022	普洱学院	3	22.60
1002	内蒙古艺术学院	3	23.31				

续表

序号	学校名称	奖项数量	总分
1023	湖南财政经济学院	7	22.48
1024	沧州师范学院	5	22.26
1025	武汉音乐学院	17	22.24
1026	吉林体育学院	2	22.22
1026	甘肃中医药大学	2	22.22
1026	兰州财经大学长青学院	6	22.22
1029	湖南师范大学树达学院	2	22.18
1030	西安财经大学行知学院	1	22.16
1031	温州医科大学仁济学院	2	22.12
1031	集宁师范学院	3	22.12
1033	江西师范大学科学技术学院	7	22.05
1034	云南师范大学商学院	8	21.98
1035	武汉纺织大学外经贸学院	4	21.95
1036	南京森林警察学院	2	21.88
1037	四川外国语大学成都学院	1	21.86
1038	吉林工商学院	14	21.83
1039	河北中医学院	3	21.65
1040	黑龙江东方学院	3	21.63
1041	中北大学信息商务学院	3	21.61
1041	青岛滨海学院	5	21.61

续表

序号	学校名称	奖项数量	总分
1043	绥化学院	4	21.40
1044	昭通学院	2	21.35
1045	河南财政金融学院	12	21.32
1046	铁道警察学院	1	21.17
1047	湖南工商大学北津学院	1	21.04
1048	沈阳音乐学院	11	21.01
1049	延安大学西安创新学院	2	21.00
1050	江苏第二师范学院	9	20.87
1051	长江大学工程技术学院	15	20.85
1052	齐齐哈尔工程学院	8	20.81
1053	长春大学旅游学院	18	20.76
1054	天津师范大学津沽学院	6	20.69
1055	河北经贸大学经济管理学院	3	20.60
1056	绵阳师范学院	24	20.58
1057	山东管理学院	5	20.34
1058	西安音乐学院	12	20.02
1059	牡丹江医学院	2	20.00
1059	安阳学院	2	20.00
1061	陕西国际商贸学院	8	19.94
1062	河北环境工程学院	7	19.79
1063	武汉学院	18	19.73
1064	齐鲁师范学院	4	19.71

续表

序号	学校名称	奖项数量	总分
1065	内蒙古师范大学鸿德学院	1	19.70
1066	天津体育学院	2	19.65
1067	山东协和学院	9	19.63
1068	福州理工学院	1	19.60
1069	首都师范大学科德学院	3	19.59
1070	陕西学前师范学院	1	19.52
1071	陕西科技大学镐京学院	2	19.50
1072	聊城大学东昌学院	3	19.40
1073	黑龙江财经学院	3	19.18
1074	安徽医科大学临床医学院	1	19.14
1074	山西师范大学现代文理学院	1	19.14
1074	首钢工学院	1	19.14
1077	西南科技大学城市学院	7	19.13
1078	上海立达学院	19	18.95
1079	苏州大学应用技术学院	13	18.93
1080	北京第二外国语学院	1	18.91
1081	承德医学院	2	18.86
1082	山东财经大学东方学院	2	18.71
1083	江西财经大学现代经济管理学院	3	18.69

续表

序号	学校名称	奖项数量	总分
1084	天津理工大学中环信息学院	2	18.68
1085	南京中医药大学翰林学院	1	18.66
1086	商丘学院	10	18.64
1087	厦门工学院	2	18.50
1088	江苏大学京江学院	2	18.36
1089	廊坊师范学院	8	18.13
1090	湖南工程学院应用技术学院	1	18.05
1091	湖南信息学院	10	18.00
1092	豫章师范学院	1	17.97
1092	云南中医药大学	1	17.97
1094	广东外语外贸大学南国商学院	6	17.77
1095	贵州财经大学商务学院	1	17.40
1096	天津天狮学院	2	17.38
1097	云南警官学院	4	17.04
1098	仰恩大学	16	16.93
1099	华南农业大学珠江学院	9	16.91
1100	甘肃民族师范学院	3	16.78
1101	四川民族学院	11	16.74
1102	江汉大学文理学院	10	16.61
1103	保定理工学院	11	16.60
1104	西安交通工程学院	1	16.52
1105	星海音乐学院	10	16.46

续表

序号	学校名称	奖项数量	总分
1106	青岛农业大学海都学院	2	16.38
1107	哈尔滨信息工程学院	6	16.29
1107	重庆工商大学派斯学院	2	16.29
1109	陕西服装工程学院	2	16.23
1110	北京协和医学院	1	16.16
1110	辽宁何氏医学院	7	16.16
1112	青海大学昆仑学院	1	15.87
1112	福建技术师范学院	1	15.87
1112	广西职业师范学院	1	15.87
1112	滇西应用技术大学	1	15.87
1112	北京中医药大学	1	15.87
1112	山东体育学院	1	15.87
1118	广西民族师范学院	11	15.78
1119	江西农业大学南昌商学院	3	15.59
1120	西安体育学院	1	15.54
1120	福建警察学院	1	15.54
1120	湖北大学知行学院	8	15.54
1123	沈阳医学院	6	15.47
1124	湖北工程学院新技术学院	16	15.19
1125	温州肯恩大学	1	14.62
1126	中南林业科技大学涉外学院	2	14.46
1127	河北水利电力学院	2	14.41

续表

序号	学校名称	奖项数量	总分
1128	安徽文达信息工程学院	7	14.07
1129	山西应用科技学院	10	14.02
1130	北京电影学院现代创意媒体学院	2	13.91
1131	南京审计大学金审学院	7	13.63
1132	郑州财经学院	2	13.41
1133	南京医科大学康达学院	4	13.34
1134	西北大学现代学院	4	13.27
1135	山东政法学院	5	13.09
1136	辽宁师范大学海华学院	8	12.88
1137	中国戏曲学院	5	12.30
1138	郑州工商学院	8	12.03
1139	江西科技师范大学理工学院	2	11.83
1140	武汉体育学院体育科技学院	5	11.70
1141	贵州师范大学求是学院	5	11.69
1142	北京工商大学嘉华学院	4	11.68
1143	安徽农业大学经济技术学院	4	11.52
1144	吉林警察学院	7	11.25
1145	辽宁传媒学院	2	11.24
1146	浙江海洋大学东海科学技术学院	2	11.22

续表

序号	学校名称	奖项数量	总分
1146	四川警察学院	2	11.22
1148	成都文理学院	3	10.74
1149	山东现代学院	1	10.12
1149	黑龙江工商学院	1	10.12
1151	昌吉学院	7	10.06
1152	哈尔滨音乐学院	2	9.88
1153	亳州学院	10	9.74
1154	河北科技学院	3	8.92
1155	大连工业大学艺术与信息工程学院	1	8.69
1155	四川工业科技学院	1	8.69
1155	西安科技大学高新学院	1	8.69
1158	泉州信息工程学院	3	8.02
1159	贵州大学科技学院	5	7.93
1160	湖南警察学院	1	7.69
1160	哈尔滨远东理工学院	3	7.69
1160	常州大学怀德学院	1	7.69
1163	吉林师范大学博达学院	7	7.58
1164	北京吉利学院	1	7.47
1165	安徽财经大学商学院	9	7.44
1166	河北外国语学院	2	6.48
1167	石家庄铁道大学四方学院	1	6.44
1168	福州工商学院	1	6.26

续表

序号	学校名称	奖项数量	总分
1169	江西服装学院	1	5.45
1170	河北师范大学汇华学院	6	5.12
1171	湖南文理学院芙蓉学院	4	4.63
1172	湖北师范大学文理学院	1	3.27

10.2 2019年全国普通高校学科竞赛排行榜（本科）

序号	学校名称	奖项数量	总分	序号	学校名称	奖项数量	总分
1	哈尔滨工业大学	298	100.00	25	西安电子科技大学	133	81.06
2	华中科技大学	202	95.32	26	杭州电子科技大学	111	81.04
3	浙江大学	133	93.94	27	华南理工大学	112	80.30
4	西安交通大学	160	93.37	28	清华大学	71	80.28
5	武汉大学	235	91.30	29	南昌大学	139	79.85
6	东南大学	159	90.78	30	厦门大学	118	79.48
7	电子科技大学	179	90.72	31	北京大学	105	79.16
8	同济大学	170	89.96	32	福州大学	132	79.03
9	武汉理工大学	184	88.43	33	河海大学	185	78.98
10	北京航空航天大学	226	88.08	34	哈尔滨工程大学	131	78.88
11	大连理工大学	178	87.90	35	南京邮电大学	157	78.66
12	西南交通大学	208	87.10	36	广东工业大学	147	78.54
13	上海交通大学	118	86.92	37	北京科技大学	115	78.26
14	山东大学	159	86.53	38	天津大学	84	77.49
15	东北大学	235	86.45	39	桂林电子科技大学	183	77.13
16	重庆大学	172	86.36	40	深圳大学	140	76.70
17	北京理工大学	149	86.07	41	山东科技大学	255	76.68
18	合肥工业大学	180	85.57	42	中国石油大学（华东）	111	76.53
19	四川大学	164	84.45	43	中北大学	210	75.56
20	西北工业大学	145	83.98	44	重庆邮电大学	161	75.03
21	南京航空航天大学	115	83.44	45	郑州大学	132	74.89
22	浙江工业大学	124	82.83	46	燕山大学	106	74.67
23	中南大学	100	81.43	47	浙江师范大学	90	74.27
24	南京理工大学	123	81.07	48	上海大学	118	74.23

续表

续表

序号	学校名称	奖项数量	总分	序号	学校名称	奖项数量	总分
49	华东师范大学	101	74.10	75	江西理工大学	104	68.46
50	复旦大学	61	73.55	76	青岛大学	220	68.44
51	南京大学	62	73.47	77	南昌航空大学	98	68.25
52	长春理工大学	101	73.35	78	西北农林科技大学	99	68.14
53	太原理工大学	122	73.25	79	上海理工大学	108	68.01
54	吉林大学	123	72.47	80	安徽理工大学	82	67.94
55	南京工业大学	122	72.19	81	西南科技大学	95	67.84
56	昆明理工大学	146	72.10	82	湖北工业大学	167	67.55
57	中山大学	74	71.82	83	天津工业大学	99	67.46
58	湖南大学	67	71.80	84	河南理工大学	77	67.43
59	西南石油大学	127	71.72	85	武汉科技大学	83	67.39
60	中国矿业大学	104	71.53	86	华侨大学	72	66.95
61	太原工业学院	50	71.18	87	华北电力大学	64	66.79
62	郑州轻工业大学	122	70.79	88	东莞理工学院	69	66.74
63	东北林业大学	91	70.77	89	成都理工大学	118	66.55
64	江苏大学	75	70.62	90	长春工业大学	73	66.54
65	中原工学院	81	70.56	90	常州大学	80	66.54
66	北京邮电大学	78	70.49	92	河北工业大学	60	66.39
67	三峡大学	126	70.21	93	安徽工程大学	80	66.27
68	江南大学	89	69.78	93	天津职业技术师范大学	40	66.27
69	青岛理工大学	76	69.71	95	辽宁工业大学	99	66.21
70	中国计量大学	53	69.52	96	华南师范大学	87	66.10
71	西安建筑科技大学	70	69.12	97	新疆大学	66	66.04
72	长安大学	86	68.97	98	长沙理工大学	64	65.95
73	北京交通大学	81	68.78	99	青岛科技大学	67	65.86
74	北京工业大学	63	68.66				

续表

序号	学校名称	奖项数量	总分
100	贵州大学	70	65.80
101	南通大学	49	65.73
102	河南科技大学	100	65.71
103	安徽工业大学	129	65.67
104	天津中德应用技术大学	15	65.61
104	华北理工大学	56	65.61
106	兰州交通大学	80	65.55
107	沈阳工业大学	56	65.37
108	暨南大学	54	65.28
109	福建师范大学	53	65.11
110	广西大学	63	65.08
111	烟台大学	67	65.04
112	中国地质大学（武汉）	67	64.95
113	江汉大学	91	64.92
114	宁波大学	60	64.82
115	兰州理工大学	100	64.73
116	太原科技大学	65	64.66
117	厦门大学嘉庚学院	41	64.56
118	中国科学技术大学	45	64.36
119	河南大学	140	64.32
120	广州大学	65	64.31
121	安徽大学	83	64.26
122	辽宁工程技术大学	112	64.23
123	内蒙古科技大学	61	64.22

续表

序号	学校名称	奖项数量	总分
124	扬州大学	86	64.03
125	上海海事大学	56	64.01
126	安徽财经大学	51	63.95
127	福建工程学院	58	63.85
128	兰州大学	51	63.83
129	山东师范大学	57	63.81
130	东北电力大学	60	63.52
131	浙江理工大学	59	63.38
132	江苏科技大学	99	63.28
133	湖南师范大学	60	63.20
134	西南大学	49	63.19
135	北方工业大学	116	63.00
136	杭州师范大学	64	62.91
137	浙江工商大学	65	62.83
138	华东理工大学	86	62.42
139	大连海事大学	71	62.36
140	西北大学	126	62.34
141	湘潭大学	162	62.20
142	福建农林大学	61	62.11
143	辽宁科技大学	44	62.10
144	石河子大学	52	62.07
145	海南大学	48	61.83
146	苏州大学	99	61.66
147	温州大学	42	61.60
148	华南农业大学	75	61.50
149	成都信息工程大学	67	61.44

续表　　　　　　　　　　　　　　　　　续表

序号	学校名称	奖项数量	总分	序号	学校名称	奖项数量	总分
150	集美大学	52	61.43	176	西安理工大学	73	59.77
151	陕西科技大学	82	61.39	177	西安邮电大学	61	59.71
152	哈尔滨理工大学	123	61.37	178	广西师范大学	109	59.67
153	厦门理工学院	55	61.35	179	河南工业大学	79	59.43
154	内蒙古工业大学	39	61.31	180	滁州学院	55	59.42
155	江西师范大学	108	61.22	181	中央民族大学	68	59.26
156	南开大学	46	61.09	182	湖南理工学院	49	59.11
157	南京信息工程大学	134	61.02	183	西华大学	104	58.89
158	河北大学	53	60.95	184	浙江科技学院	50	58.85
159	安徽信息工程学院	52	60.93	185	四川师范大学	162	58.81
160	合肥学院	79	60.92	186	南阳理工学院	88	58.63
161	中国海洋大学	48	60.84	187	江西财经大学	92	58.61
162	河北科技大学	44	60.76	188	盐城工学院	49	58.59
163	重庆理工大学	65	60.63	189	塔里木大学	35	58.52
164	南京师范大学	74	60.59	190	桂林理工大学	103	58.46
165	北华大学	64	60.54	191	东北石油大学	39	58.39
166	山东理工大学	100	60.42	192	湖北汽车工业学院	44	58.36
167	齐鲁工业大学	64	60.41	193	南华大学	73	58.34
168	河北农业大学	71	60.36	194	广东技术师范大学	93	58.32
169	上海工程技术大学	76	60.15	195	东华理工大学	53	58.31
170	南京工程学院	65	60.14	196	湖南农业大学	31	58.22
171	东华大学	73	60.10	197	青海大学	29	58.17
172	西南民族大学	53	60.00	198	中南林业科技大学	45	58.16
173	重庆科技学院	77	59.92	199	浙江财经大学	41	58.07
174	佛山科学技术学院	55	59.91	200	东北财经大学	19	57.92
175	中南民族大学	99	59.85				

续表

序号	学校名称	奖项数量	总分
201	中国石油大学（北京）	51	57.87
202	云南大学	36	57.86
203	沈阳航空航天大学	53	57.59
204	江苏理工学院	63	57.53
205	北京信息科技大学	46	57.50
206	中国民航大学	25	57.49
207	燕山大学里仁学院	32	57.46
208	陕西理工大学	65	57.20
209	华东交通大学	52	56.93
210	武汉工程大学	96	56.82
211	集美大学诚毅学院	22	56.77
212	重庆师范大学	43	56.66
213	湖南科技大学	54	56.63
214	重庆交通大学	70	56.62
215	西安科技大学	45	56.58
216	内蒙古农业大学	34	56.31
217	华中师范大学	66	56.26
218	江西科技师范大学	34	56.10
219	安阳工学院	58	55.82
220	宁波工程学院	28	55.79
221	北京师范大学	41	55.76
222	河南工程学院	59	55.75
223	北京联合大学	54	55.73
224	上海电力大学	33	55.72
225	华中农业大学	42	55.60

续表

序号	学校名称	奖项数量	总分
226	石家庄铁道大学	43	55.57
227	天津科技大学	36	55.53
228	安徽农业大学	43	55.52
229	中国地质大学（北京）	44	55.40
230	西安工程大学	67	55.39
231	重庆工商大学	39	55.38
232	河北工程大学	39	55.27
233	吉首大学	91	55.25
234	广西财经学院	16	55.14
235	南阳师范学院	120	55.13
236	五邑大学	32	55.03
237	金陵科技学院	38	54.95
238	天津理工大学	43	54.89
239	大连大学	40	54.70
239	嘉兴学院	70	54.70
241	温州医科大学	14	54.61
242	浙江中医药大学	31	54.35
243	上海第二工业大学	46	54.30
244	北方民族大学	53	54.15
244	云南师范大学	20	54.15
246	济南大学	41	54.04
247	成都工业学院	29	53.92
248	山西大学	50	53.90
249	洛阳理工学院	34	53.88
250	华北水利水电大学	39	53.81

续表

序号	学校名称	奖项数量	总分
251	东北农业大学	41	53.56
252	青岛农业大学	28	53.55
253	华南理工大学广州学院	28	53.53
254	中南财经政法大学	38	53.48
255	湖南工业大学	57	53.40
256	台州学院	32	53.32
257	湖南文理学院	39	53.29
258	中国人民大学	64	53.27
259	淮南师范学院	30	53.26
260	常熟理工学院	37	53.21
261	上海师范大学	40	53.20
262	临沂大学	35	53.18
263	西安工业大学	43	53.17
264	西南财经大学	22	53.14
264	甘肃农业大学	18	53.14
266	南京农业大学	32	53.06
267	中国矿业大学（北京）	38	52.91
268	宁夏大学	34	52.89
269	南京林业大学	85	52.79
270	浙江农林大学	53	52.77
271	湖北大学	29	52.76
272	成都理工大学工程技术学院	28	52.74
273	鲁东大学	34	52.69

续表

序号	学校名称	奖项数量	总分
274	皖西学院	25	52.67
275	巢湖学院	28	52.65
276	长江师范学院	85	52.63
277	北京化工大学	38	52.52
278	广东财经大学	42	52.31
279	沈阳工学院	60	52.26
280	内蒙古大学	23	52.22
281	北京工商大学	42	52.17
282	黑龙江科技大学	27	52.15
283	大连东软信息学院	129	52.14
284	中国农业大学	35	52.01
285	延边大学	22	52.00
286	广西科技大学	22	51.98
287	安徽师范大学	43	51.97
288	天津师范大学	27	51.90
289	浙江万里学院	40	51.88
290	北部湾大学	28	51.80
291	河北师范大学	42	51.78
292	三江学院	19	51.76
293	闽江学院	62	51.64
294	衢州学院	22	51.63
295	贵州师范大学	58	51.56
295	浙江传媒学院	51	51.56
297	湖北经济学院	51	51.46
298	西北师范大学	43	51.33

续表

序号	学校名称	奖项数量	总分
299	曲阜师范大学	53	51.19
300	鲁迅美术学院	53	50.94
301	大连民族大学	62	50.90
302	湖南工商大学	22	50.88
303	苏州科技大学	56	50.71
304	河南财经政法大学	38	50.68
305	广州大学华软软件学院	59	50.27
306	湖北文理学院	63	50.23
307	辽宁大学	32	50.19
308	潍坊科技学院	12	50.17
309	铜陵学院	52	50.08
310	河北经贸大学	31	49.95
311	广西民族大学	57	49.87
312	安徽建筑大学	35	49.78
313	大连工业大学	43	49.76
314	湖北理工学院	41	49.74
315	惠州学院	52	49.67
316	南方医科大学	16	49.62
317	海南师范大学	32	49.58
318	绍兴文理学院	15	49.50
319	安徽新华学院	25	49.45
320	郑州航空工业管理学院	25	49.42
320	重庆文理学院	46	49.42
322	浙江大学城市学院	31	49.41

续表

序号	学校名称	奖项数量	总分
323	广东海洋大学	42	49.38
324	井冈山大学	22	49.37
325	四川农业大学	37	49.36
326	福建江夏学院	45	49.15
327	阜阳师范大学	60	49.04
328	大连交通大学	21	48.98
329	上海财经大学	28	48.97
330	龙岩学院	17	48.95
331	北京建筑大学	36	48.92
332	中国民用航空飞行学院	11	48.91
333	西安文理学院	17	48.78
334	莆田学院	18	48.76
335	贵州理工学院	17	48.74
336	新疆农业大学	17	48.66
337	西藏农牧学院	13	48.61
338	沈阳建筑大学	41	48.59
339	德州学院	49	48.58
340	湖南科技学院	32	48.57
341	淮阴师范学院	25	48.56
342	江苏师范大学	30	48.55
343	梧州学院	36	48.51
344	长沙学院	46	48.48
345	云南工商学院	30	48.46
346	天津财经大学	9	48.45

续表

序号	学校名称	奖项数量	总分
347	长春工程学院	26	48.36
347	山东财经大学	25	48.36
349	西南林业大学	18	48.35
350	攀枝花学院	74	48.34
351	淮阴工学院	30	48.30
352	南京中医药大学	16	48.29
353	四川轻化工大学	40	48.24
354	宜春学院	48	48.18
355	宝鸡文理学院	33	48.11
356	东北师范大学	36	48.10
357	怀化学院	51	48.08
358	中国科学院大学	16	47.99
359	北京林业大学	40	47.97
360	安庆师范大学	22	47.96
361	辽宁石油化工大学	60	47.77
362	武汉纺织大学	36	47.73
363	泉州师范学院	32	47.70
364	黑龙江大学	31	47.62
365	汕头大学	13	47.60
366	烟台南山学院	31	47.58
367	北京理工大学珠海学院	44	47.53
367	岭南师范学院	48	47.53
369	武汉华夏理工学院	34	47.48
370	贵州师范学院	39	47.47
371	华北科技学院	18	47.45

续表

序号	学校名称	奖项数量	总分
372	聊城大学	39	47.43
373	上海外国语大学	15	47.42
374	吉林建筑大学	41	47.40
375	福州外语外贸学院	39	47.39
376	山东交通学院	33	47.38
377	山西财经大学	10	47.28
378	黄河科技学院	57	47.26
379	山东建筑大学	32	47.25
380	江苏海洋大学	35	47.24
380	南昌工程学院	18	47.24
382	中国传媒大学	42	47.11
383	韶关学院	36	47.05
384	江西中医药大学	15	46.98
385	山西农业大学信息学院	16	46.95
386	江西理工大学应用科学学院	30	46.90
387	福州大学至诚学院	12	46.89
388	徐州工程学院	30	46.88
389	滨州学院	83	46.86
390	黑龙江八一农垦大学	17	46.71
391	南京财经大学	17	46.69
392	河北民族师范学院	21	46.66
393	陕西师范大学	18	46.65
394	浙江外国语学院	7	46.64
395	合肥师范学院	24	46.55

续表

序号	学校名称	奖项数量	总分
396	许昌学院	25	46.52
397	北京印刷学院	41	46.45
398	新乡学院	16	46.44
399	湖北汽车工业学院科技学院	14	46.41
400	辽宁师范大学	61	46.19
401	海南热带海洋学院	20	46.15
402	黑龙江工程学院	13	46.09
403	上海海洋大学	28	46.07
404	贵州民族大学	19	46.05
405	湖南人文科技学院	20	45.84
406	长春财经学院	8	45.73
407	百色学院	25	45.71
408	福建医科大学	3	45.68
409	电子科技大学成都学院	38	45.61
409	新疆工程学院	10	45.61
411	浙江大学宁波理工学院	45	45.60
412	上海应用技术大学	16	45.58
413	西安航空学院	33	45.49
414	山东农业大学	29	45.31
415	齐齐哈尔大学	27	45.29
416	三明学院	21	45.25
417	湖南中医药大学	14	45.22
417	广东石油化工学院	11	45.22
419	长江大学	23	45.09

续表

序号	学校名称	奖项数量	总分
420	石家庄学院	11	45.06
421	山西医科大学	11	45.04
422	河南大学民生学院	26	45.01
423	哈尔滨商业大学	19	44.95
424	重庆邮电大学移通学院	43	44.76
425	海口经济学院	13	44.70
426	沈阳化工大学	40	44.67
427	绍兴文理学院元培学院	17	44.52
428	安阳师范学院	25	44.51
429	广东外语外贸大学	38	44.40
430	南京航空航天大学金城学院	26	44.36
430	运城学院	37	44.36
432	淮北师范大学	27	44.23
433	唐山学院	11	44.20
434	北华航天工业学院	15	44.18
435	宁波财经学院	53	44.14
436	枣庄学院	8	44.12
437	西北民族大学	36	44.04
438	广州医科大学	4	44.03
439	北京石油化工学院	23	44.01
440	大连医科大学	8	43.96
441	丽水学院	11	43.94
442	桂林航天工业学院	28	43.92

续表

序号	学校名称	奖项数量	总分
443	太原科技大学华科学院	8	43.79
444	四川美术学院	22	43.70
445	黄冈师范学院	59	43.69
446	湖州师范学院	18	43.61
447	湖北民族大学	34	43.60
448	西安石油大学	19	43.59
449	武夷学院	8	43.56
450	闽南师范大学	34	43.54
451	内蒙古民族大学	19	43.47
452	沈阳大学	19	43.46
453	北京师范大学珠海分校	42	43.43
454	宁夏医科大学	10	43.42
455	吉林农业大学	11	43.36
456	南京医科大学	13	43.33
457	乐山师范学院	86	43.32
458	西安欧亚学院	18	43.28
459	吕梁学院	15	43.26
460	中国政法大学	21	43.24
460	常州工学院	20	43.24
462	河南师范大学	15	43.19
462	安徽医科大学	16	43.19
464	兰州工业学院	11	43.18
465	哈尔滨医科大学	7	43.14
466	广东东软学院	56	43.08

续表

序号	学校名称	奖项数量	总分
467	首都经济贸易大学	20	43.07
467	河北科技师范学院	19	43.07
469	玉林师范学院	29	42.96
470	黄山学院	37	42.95
470	安徽科技学院	6	42.95
472	长春大学	12	42.92
473	重庆工程学院	109	42.88
474	武汉轻工大学	15	42.86
475	中国医科大学	10	42.85
476	浙江海洋大学	13	42.81
477	新余学院	16	42.74
478	郑州西亚斯学院	27	42.73
479	云南大学滇池学院	24	42.69
480	三峡大学科技学院	44	42.65
481	佳木斯大学	21	42.52
482	湖南科技大学潇湘学院	8	42.48
482	四川外国语大学	14	42.48
484	闽南理工学院	92	42.40
485	四川音乐学院	37	42.35
486	池州学院	62	42.29
487	辽宁科技学院	41	42.26
488	贺州学院	51	42.19
489	上海电机学院	11	42.18
490	沈阳农业大学	17	42.16

续表

序号	学校名称	奖项数量	总分
491	内江师范学院	23	42.10
492	广西大学行健文理学院	7	42.09
492	河南农业大学	40	42.09
494	郑州工业应用技术学院	42	42.08
494	广西科技大学鹿山学院	13	42.08
496	天津城建大学	5	42.07
497	商丘师范学院	19	42.06
498	西京学院	29	42.03
498	南通理工学院	49	42.03
500	湖南工程学院	16	41.97
501	桂林电子科技大学信息科技学院	39	41.93
502	仲恺农业工程学院	38	41.89
503	兰州城市学院	17	41.71
504	河南牧业经济学院	18	41.68
504	上海科技大学	13	41.68
506	吉林师范大学	46	41.65
507	云南艺术学院	36	41.61
507	四川工商学院	14	41.61
509	广东海洋大学寸金学院	19	41.50
510	对外经济贸易大学	7	41.46
511	杭州电子科技大学信息工程学院	13	41.44
512	郑州师范学院	12	41.42

续表

序号	学校名称	奖项数量	总分
513	肇庆学院	26	41.41
514	河北地质大学	15	41.30
515	滨州医学院	4	41.22
516	天津商业大学	9	41.19
517	信阳师范学院	9	41.18
518	青海民族大学	14	41.17
519	西华师范大学	44	41.11
520	江西农业大学	16	41.10
521	南京师范大学中北学院	14	41.04
522	南开大学滨海学院	16	41.03
523	中央财经大学	10	40.99
524	河南城建学院	21	40.95
525	商洛学院	10	40.93
526	天津农学院	23	40.91
527	吉林工程技术师范学院	10	40.86
528	河南工学院	15	40.85
529	山西大同大学	36	40.84
530	沈阳师范大学	64	40.82
531	湖北工程学院	23	40.78
532	阿坝师范学院	16	40.67
533	中原工学院信息商务学院	45	40.66
534	长春师范大学	22	40.58
535	汉口学院	48	40.57
536	大连海洋大学	10	40.43

续表

序号	学校名称	奖项数量	总分
536	盐城师范学院	20	40.43
536	河北工程大学科信学院	10	40.43
539	黔南民族师范学院	21	40.32
540	南京理工大学紫金学院	22	40.31
541	广东科技学院	21	40.27
542	吉林化工学院	5	40.22
543	南宁师范大学	24	40.19
544	外交学院	4	40.12
545	江苏科技大学苏州理工学院	7	40.07
546	浙江工业大学之江学院	23	40.02
547	兰州财经大学	17	40.01
548	成都大学	44	40.00
549	黑龙江工业学院	5	39.97
550	西藏大学	6	39.94
550	北京科技大学天津学院	7	39.94
552	宁夏理工学院	7	39.90
553	山东工艺美术学院	11	39.89
554	中国美术学院	17	39.86
555	山东工商学院	18	39.84
556	蚌埠学院	7	39.83
557	湖北师范大学	38	39.80
558	华东政法大学	7	39.78
558	重庆三峡学院	28	39.78

续表

序号	学校名称	奖项数量	总分
560	昆明学院	12	39.77
560	山西师范大学	14	39.77
562	邯郸学院	13	39.75
563	南京理工大学泰州科技学院	16	39.72
564	重庆大学城市科技学院	49	39.69
565	云南农业大学	5	39.52
565	西南政法大学	5	39.52
567	贵州财经大学	10	39.51
568	湖北美术学院	34	39.48
569	西北政法大学	4	39.45
570	华东交通大学理工学院	10	39.38
571	萍乡学院	38	39.32
572	南方科技大学	20	39.21
573	扬州大学广陵学院	13	39.14
573	厦门华厦学院	19	39.14
575	赣南师范大学	18	39.09
575	安徽三联学院	10	39.09
577	营口理工学院	11	39.07
578	南昌航空大学科技学院	5	39.05
579	西藏民族大学	16	39.01
580	河池学院	11	38.96
581	武汉商学院	34	38.95
581	周口师范学院	8	38.95

续表

序号	学校名称	奖项数量	总分
583	中国计量大学现代科技学院	11	38.91
584	大理大学	8	38.86
585	武昌理工学院	40	38.83
585	湖南涉外经济学院	11	38.83
587	新疆财经大学	13	38.75
587	吉林外国语大学	6	38.75
589	电子科技大学中山学院	20	38.74
590	三亚学院	10	38.72
591	安徽中医药大学	4	38.67
592	新疆医科大学	4	38.66
593	九江学院	11	38.63
594	天津大学仁爱学院	20	38.62
595	新疆师范大学	14	38.57
596	华北理工大学轻工学院	22	38.54
597	西交利物浦大学	4	38.53
598	成都东软学院	47	38.52
599	中国石油大学胜利学院	12	38.44
600	北京电子科技学院	5	38.39
601	广西艺术学院	76	38.36
602	南宁学院	21	38.35
603	上海体育学院	4	38.27
603	东南大学成贤学院	12	38.27
605	景德镇陶瓷大学	26	38.22

续表

序号	学校名称	奖项数量	总分
606	中山大学南方学院	15	38.20
607	渤海大学	15	38.17
608	广东药科大学	10	38.16
609	吉林艺术学院	30	38.11
610	内蒙古师范大学	36	38.04
611	河北大学工商学院	4	37.99
612	吉林财经大学	4	37.96
613	北京外国语大学	3	37.94
614	浙江树人学院	8	37.93
615	云南经济管理学院	7	37.92
616	首都医科大学	3	37.90
616	湖北工业大学工程技术学院	23	37.90
618	宁夏师范学院	11	37.81
619	山西农业大学	12	37.79
620	曲靖师范学院	25	37.66
621	云南民族大学	12	37.59
622	贵阳学院	7	37.56
623	西南交通大学希望学院	3	37.52
624	河北建筑工程学院	9	37.51
625	湖南第一师范学院	7	37.44
626	上海师范大学天华学院	31	37.42
627	洛阳师范学院	12	37.40
627	青岛黄海学院	16	37.40
629	平顶山学院	14	37.35

续表

序号	学校名称	奖项数量	总分
630	湖北第二师范学院	15	37.26
631	浙江中医药大学滨江学院	4	37.24
632	北京体育大学	14	37.23
633	贵州民族大学人文科技学院	3	37.21
634	陇东学院	21	37.20
635	吉林医药学院	5	37.17
636	唐山师范学院	4	37.15
637	榆林学院	8	37.10
638	河北医科大学	3	36.99
639	宁夏大学新华学院	6	36.95
640	西安外国语大学	2	36.94
641	北京交通大学海滨学院	12	36.81
642	武汉晴川学院	11	36.73
643	延安大学	10	36.72
643	潍坊医学院	3	36.72
645	阳光学院	6	36.68
646	西安财经大学	17	36.65
647	武汉科技大学城市学院	52	36.63
648	黄淮学院	30	36.61
649	苏州大学文正学院	10	36.56
650	青海师范大学	10	36.48
651	长春中医药大学	5	36.47

续表

序号	学校名称	奖项数量	总分
652	吉林大学珠海学院	32	36.42
653	南京晓庄学院	25	36.39
654	浙江师范大学行知学院	2	36.36
655	山东中医药大学	4	36.33
656	西安培华学院	12	36.31
657	河南师范大学新联学院	19	36.30
658	中国劳动关系学院	2	36.27
659	河套学院	3	36.26
659	红河学院	3	36.26
661	沈阳体育学院	16	36.25
661	长沙理工大学城南学院	1	36.25
663	沈阳城市建设学院	13	36.11
664	太原理工大学现代科技学院	10	36.08
665	河北科技大学理工学院	5	36.05
666	烟台大学文经学院	6	36.00
667	广东警官学院	2	35.80
668	河北农业大学现代科技学院	6	35.78
669	河南科技学院	31	35.72
669	中国矿业大学银川学院	3	35.72
671	上海中医药大学	2	35.68
672	郑州工程技术学院	42	35.66

续表

序号	学校名称	奖项数量	总分
673	江西工程学院	6	35.59
674	黑龙江外国语学院	37	35.51
675	四川旅游学院	18	35.47
676	辽东学院	5	35.40
677	衡阳师范学院南岳学院	2	35.28
678	哈尔滨师范大学	21	35.25
679	香港中文大学（深圳）	4	35.24
680	马鞍山学院	4	35.14
681	广东白云学院	23	35.05
682	文山学院	11	35.01
683	山东华宇工学院	23	34.99
684	宜宾学院	24	34.95
685	湖南理工学院南湖学院	3	34.94
686	广西师范大学漓江学院	67	34.87
687	北海艺术设计学院	55	34.79
688	首都师范大学	13	34.75
689	南京大学金陵学院	25	34.70
690	安顺学院	7	34.69
691	渭南师范学院	12	34.50
692	四川大学锦城学院	17	34.49
693	沈阳理工大学	17	34.46
694	贵州工程应用技术学院	7	34.45

续表

序号	学校名称	奖项数量	总分
694	南京艺术学院	28	34.45
694	大庆师范学院	10	34.45
697	银川能源学院	4	34.39
698	中国传媒大学南广学院	9	34.34
699	武汉东湖学院	26	34.33
700	西安工业大学北方信息工程学院	6	34.32
701	沈阳城市学院	23	34.31
702	华北电力大学科技学院	9	34.29
703	哈尔滨学院	20	34.25
704	湖南工学院	17	34.21
705	太原学院	3	34.17
706	北京物资学院	4	34.16
707	太原师范学院	13	34.14
708	重庆第二师范学院	7	34.10
709	新疆艺术学院	9	34.08
710	福建中医药大学	4	34.00
711	河北金融学院	10	33.99
712	南华大学船山学院	5	33.90
713	邵阳学院	20	33.85
714	成都师范学院	15	33.77
715	贵州医科大学	5	33.64
715	西安建筑科技大学华清学院	2	33.64
717	上海视觉艺术学院	11	33.62

续表

序号	学校名称	奖项数量	总分
718	山西大学商务学院	12	33.60
719	潍坊理工学院	16	33.59
720	北京语言大学	20	33.57
721	鄂尔多斯应用技术学院	4	33.56
722	南通大学杏林学院	3	33.53
723	海南医学院	5	33.51
724	嘉兴学院南湖学院	30	33.49
724	云南财经大学	16	33.49
726	南昌大学科学技术学院	8	33.46
727	中国社会科学院大学	4	33.45
728	四川大学锦江学院	13	33.35
729	东莞理工学院城市学院	10	33.34
729	白城师范学院	2	33.34
731	安康学院	15	33.30
732	上海外国语大学贤达经济人文学院	8	33.28
733	江苏师范大学科文学院	4	33.25
733	铜仁学院	6	33.25
735	韩山师范学院	13	33.24
736	北京服装学院	17	33.23
737	泰州学院	9	33.19
737	四川文化艺术学院	3	33.19

序号	学校名称	奖项数量	总分
737	南京邮电大学通达学院	13	33.19
740	南京工业大学浦江学院	5	33.11
741	桂林医学院	2	33.09
742	河南科技学院新科学院	6	33.07
743	天津中医药大学	3	33.03
744	南昌师范学院	7	33.02
745	广州中医药大学	6	33.00
745	山西能源学院	3	33.00
747	湖南城市学院	17	32.98
748	遵义师范学院	7	32.94
749	湖北文理学院理工学院	3	32.87
750	天津美术学院	3	32.83
751	菏泽学院	6	32.81
752	齐鲁理工学院	7	32.72
753	辽宁对外经贸学院	22	32.69
754	上海杉达学院	14	32.68
755	上海对外经贸大学	8	32.67
756	广东技术师范大学天河学院	5	32.66
757	湘南学院	4	32.55
758	河西学院	5	32.53
759	杭州师范大学钱江学院	5	32.52
760	中央司法警官学院	2	32.51

续表

序号	学校名称	奖项数量	总分
761	中国人民警察大学	9	32.43
762	宿州学院	3	32.37
763	琼台师范学院	5	32.35
764	武汉生物工程学院	8	32.33
765	广东培正学院	53	32.26
766	宁德师范学院	4	32.22
767	济宁学院	4	32.20
768	吉林农业科技学院	3	32.12
769	沧州师范学院	5	32.07
770	西安外事学院	2	32.05
771	江西科技学院	4	32.00
772	吉林建筑科技学院	42	31.88
773	中国药科大学	4	31.85
774	邢台学院	8	31.84
775	徐州医科大学	4	31.83
776	天津医科大学	2	31.73
777	武昌首义学院	22	31.72
778	南京森林警察学院	2	31.53
779	河北地质大学华信学院	2	31.51
779	南昌理工学院	16	31.51
781	四川外国语大学成都学院	1	31.50
782	大连外国语大学	8	31.47
783	牡丹江师范学院	14	31.39
784	广州美术学院	3	31.38

续表

序号	学校名称	奖项数量	总分
785	北京城市学院	38	31.36
786	上海海关学院	5	31.33
787	重庆师范大学涉外商贸学院	26	31.30
788	广东财经大学华商学院	16	31.24
789	郑州科技学院	5	31.20
790	荆楚理工学院	11	31.12
790	浙江农林大学暨阳学院	4	31.12
792	上饶师范学院	24	31.08
793	同济大学浙江学院	7	31.05
793	济南大学泉城学院	4	31.05
795	长春理工大学光电信息学院	7	31.04
796	宁波诺丁汉大学	2	31.02
797	河北美术学院	29	30.93
798	宿迁学院	7	30.92
799	西安美术学院	3	30.91
800	桂林理工大学博文管理学院	2	30.87
801	湖南女子学院	27	30.86
801	山东女子学院	10	30.86
803	桂林旅游学院	5	30.83
803	成都中医药大学	8	30.83
805	武汉体育学院	16	30.75
806	皖江工学院	3	30.74
807	沈阳科技学院	7	30.73

续表

序号	学校名称	奖项数量	总分
808	内蒙古财经大学	7	30.62
809	湖北商贸学院	8	30.54
810	内蒙古大学创业学院	1	30.52
811	新乡医学院	1	30.50
811	中国刑事警察学院	1	30.50
811	铁道警察学院	1	30.50
811	西安医学院	1	30.50
815	燕京理工学院	10	30.37
816	防灾科技学院	9	30.35
817	湖南工商大学北津学院	1	30.32
818	福建师范大学协和学院	4	30.26
819	重庆医科大学	3	30.24
819	山东英才学院	4	30.24
821	广西外国语学院	6	30.16
822	南京体育学院	1	30.10
823	长江大学工程技术学院	15	30.04
824	湖州师范学院求真学院	4	30.02
825	天津外国语大学	3	29.98
826	上海建桥学院	24	29.89
827	广东工业大学华立学院	8	29.88
828	河北经贸大学经济管理学院	3	29.69

续表

序号	学校名称	奖项数量	总分
829	兰州理工大学技术工程学院	11	29.68
830	沈阳工程学院	11	29.66
830	河南中医药大学	4	29.66
832	绵阳师范学院	24	29.65
833	湖南财政经济学院	4	29.55
834	六盘水师范学院	2	29.52
835	安徽大学江淮学院	16	29.49
836	湖北医药学院	1	29.47
837	潍坊学院	13	29.46
838	河南财政金融学院	8	29.45
839	内蒙古艺术学院	2	29.43
840	衡阳师范学院	6	29.23
841	青岛理工大学琴岛学院	7	28.97
842	山东第一医科大学	3	28.93
843	温州商学院	13	28.92
844	山东警察学院	2	28.84
845	嘉应学院	17	28.71
846	中国矿业大学徐海学院	15	28.68
846	咸阳师范学院	4	28.68
848	吉林动画学院	19	28.52
848	河北环境工程学院	7	28.52
850	青岛工学院	8	28.47
851	呼伦贝尔学院	3	28.35
852	广西医科大学	4	28.25

续表

序号	学校名称	奖项数量	总分
853	闽南科技学院	5	28.21
854	南昌工学院	4	28.16
855	陕西学前师范学院	1	28.13
856	衡水学院	9	28.11
857	哈尔滨金融学院	3	28.04
858	甘肃政法大学	11	27.94
859	上海商学院	9	27.93
860	国际关系学院	2	27.90
861	浙江音乐学院	9	27.88
862	中华女子学院	5	27.84
863	中国音乐学院	4	27.83
864	文华学院	19	27.79
865	楚雄师范学院	6	27.76
866	兴义民族师范学院	4	27.72
867	宁波大学科学技术学院	7	27.68
868	天水师范学院	2	27.63
869	晋中学院	8	27.61
870	赤峰学院	1	27.58
871	安徽师范大学皖江学院	19	27.54
872	凯里学院	8	27.50
872	南京师范大学泰州学院	6	27.50
872	武汉工程大学邮电与信息工程学院	3	27.50
875	辽宁中医药大学	2	27.40

续表

序号	学校名称	奖项数量	总分
876	大连科技学院	19	27.33
877	成都医学院	6	27.31
878	上海立达学院	19	27.30
878	保山学院	7	27.30
880	西南财经大学天府学院	20	27.29
881	山西工商学院	13	27.26
882	山东青年政治学院	1	27.25
883	西藏藏医药大学	2	27.20
883	福建农林大学金山学院	2	27.20
885	喀什大学	10	27.18
886	黑河学院	17	27.08
887	广东金融学院	17	27.06
888	保定学院	14	27.05
889	河北工程技术学院	5	26.93
890	天津理工大学中环信息学院	2	26.92
890	长江大学文理学院	14	26.92
892	山西中医药大学	1	26.89
892	南京中医药大学翰林学院	1	26.89
894	忻州师范学院	2	26.85
895	上海戏剧学院	7	26.80
896	广东医科大学	2	26.74
897	厦门工学院	2	26.65
898	长春建筑学院	6	26.62

续表

序号	学校名称	奖项数量	总分
899	山西工程技术学院	4	26.61
900	广州工商学院	17	26.57
901	山东科技大学泰山科技学院	3	26.47
902	江苏大学京江学院	2	26.46
903	长沙师范学院	10	26.17
903	内蒙古医科大学	3	26.17
905	湖南工程学院应用技术学院	1	26.00
906	武汉传媒学院	15	25.99
907	郑州商学院	14	25.95
908	长春大学旅游学院	10	25.91
909	哈尔滨华德学院	28	25.88
910	通化师范学院	11	25.86
911	浙江理工大学科技与艺术学院	8	25.85
912	沈阳药科大学	2	25.76
913	武汉学院	14	25.75
914	玉溪师范学院	13	25.69
915	西安翻译学院	13	25.65
916	兰州财经大学陇桥学院	1	25.64
917	贵州中医药大学	2	25.49
918	浙江警察学院	4	25.47
919	齐齐哈尔工程学院	7	25.44
920	长春光华学院	7	25.42
921	山西传媒学院	7	25.38

续表

序号	学校名称	奖项数量	总分
922	信阳学院	9	25.37
923	新疆理工学院	5	25.19
924	南京审计大学	7	24.94
925	广东第二师范学院	12	24.84
925	大连艺术学院	13	24.84
927	重庆人文科技学院	18	24.73
928	武汉工商学院	13	24.39
929	浙江财经大学东方学院	5	24.29
930	湖北科技学院	6	24.28
931	山东管理学院	4	24.19
932	四川民族学院	11	24.12
933	长治医学院	2	24.03
934	青岛滨海学院	1	24.02
934	蚌埠医学院	5	24.02
936	郑州升达经贸管理学院	20	23.98
936	首都师范大学科德学院	1	23.98
938	江汉大学文理学院	8	23.93
939	浙江水利水电学院	5	23.90
940	四川文理学院	10	23.86
941	仰恩大学	7	23.80
942	保定理工学院	10	23.79
943	西南科技大学城市学院	6	23.62
944	广东理工学院	9	23.61

续表

序号	学校名称	奖项数量	总分
945	湖北经济学院法商学院	3	23.56
946	中北大学信息商务学院	2	23.50
947	华南农业大学珠江学院	7	23.44
948	陕西服装工程学院	2	23.39
949	甘肃民族师范学院	2	23.37
950	河北北方学院	3	23.31
951	鞍山师范学院	11	23.22
952	四川电影电视学院	6	22.94
953	云南警官学院	2	22.92
954	浙江越秀外国语学院	9	22.90
955	江苏第二师范学院	4	22.89
956	北京中医药大学	1	22.87
956	滇西应用技术大学	1	22.87
956	福建技术师范学院	1	22.87
956	青海大学昆仑学院	1	22.87
956	山东体育学院	1	22.87
956	广西职业师范学院	1	22.87
962	兰州交通大学博文学院	7	22.84
963	上海音乐学院	5	22.82
964	中山大学新华学院	10	22.81
965	云南师范大学商学院	3	22.73

续表

序号	学校名称	奖项数量	总分
966	大连理工大学城市学院	13	22.60
967	山东协和学院	8	22.59
968	重庆工商大学融智学院	1	22.57
968	昭通学院	1	22.57
968	延安大学西安创新学院	1	22.57
968	南宁师范大学师园学院	1	22.57
968	集宁师范学院	1	22.57
968	上海健康医学院	1	22.57
974	西安音乐学院	7	22.56
975	西北工业大学明德学院	10	22.48
976	广西民族师范学院	9	22.45
977	天津音乐学院	1	22.39
977	福建警察学院	1	22.39
977	普洱学院	1	22.39
977	承德医学院	1	22.39
977	上海立信会计金融学院	1	22.39
977	西安体育学院	1	22.39
977	河北中医学院	1	22.39
984	沈阳医学院	6	22.28
985	湖北大学知行学院	7	22.24
986	星海音乐学院	6	22.00
987	辽宁财贸学院	7	21.82

续表

序号	学校名称	奖项数量	总分
988	东华理工大学长江学院	2	21.54
989	武汉纺织大学外经贸学院	2	21.41
990	大连财经学院	7	21.17
991	四川外国语大学重庆南方翻译学院	12	21.14
992	苏州大学应用技术学院	7	21.11
993	温州肯恩大学	1	21.06
994	广州商学院	7	20.98
995	中南林业科技大学涉外学院	2	20.84
996	河北水利电力学院	2	20.76
997	武昌工学院	10	20.50
998	西昌学院	6	20.49
999	武汉音乐学院	6	20.39
1000	西南医科大学	3	20.38
1001	成都信息工程大学银杏酒店管理学院	8	20.29
1002	广州航海学院	2	20.24
1003	湖北工程学院新技术学院	8	20.17
1004	河北工业大学城市学院	1	20.13
1004	阜阳师范大学信息工程学院	1	20.13
1006	北京电影学院现代创意媒体学院	2	20.05
1007	江西应用科技学院	5	19.94

续表

序号	学校名称	奖项数量	总分
1008	长治学院	10	19.74
1009	武汉设计工程学院	6	19.67
1010	湖南信息学院	7	19.66
1011	南京审计大学金审学院	7	19.64
1012	天津财经大学珠江学院	5	19.63
1012	廊坊师范学院	5	19.63
1014	西北大学现代学院	4	19.12
1015	哈尔滨信息工程学院	4	18.94
1016	山东政法学院	5	18.86
1017	湖南工业大学科技学院	3	18.74
1017	沈阳音乐学院	3	18.74
1017	天津师范大学津沽学院	1	18.74
1020	昆明理工大学津桥学院	5	18.65
1021	北京农学院	5	18.62
1022	北京工业大学耿丹学院	8	18.25
1023	安阳学院	1	18.22
1023	中央戏剧学院	1	18.22
1025	广西民族大学相思湖学院	10	18.11
1026	兰州文理学院	3	17.94
1027	陕西国际商贸学院	6	17.90
1028	湖北中医药大学	8	17.76

续表

序号	学校名称	奖项数量	总分
1029	西北师范大学知行学院	4	17.72
1029	中国戏曲学院	4	17.72
1029	皖南医学院	2	17.72
1032	山西应用科技学院	5	17.60
1033	郑州财经学院	1	17.57
1034	南京信息工程大学滨江学院	5	17.33
1035	无锡太湖学院	6	17.27
1036	吉首大学张家界学院	3	17.24
1037	江西科技师范大学理工学院	2	17.05
1038	温州大学瓯江学院	4	17.03
1039	郑州工商学院	7	17.00
1040	哈尔滨广厦学院	5	16.95
1041	商丘学院	7	16.92
1042	西安交通大学城市学院	5	16.90
1042	安徽文达信息工程学院	5	16.90
1044	武汉体育学院体育科技学院	1	16.86
1045	贵州师范大学求是学院	3	16.84
1046	北京工商大学嘉华学院	4	16.83
1047	哈尔滨石油学院	3	16.49
1047	东北师范大学人文学院	3	16.49

续表

序号	学校名称	奖项数量	总分
1047	广东外语外贸大学南国商学院	1	16.49
1050	吉林警察学院	6	16.22
1051	辽宁传媒学院	2	16.20
1052	辽宁何氏医学院	3	16.11
1053	云南大学旅游文化学院	1	16.07
1054	滇西科技师范学院	2	14.90
1054	川北医学院	2	14.90
1054	南京医科大学康达学院	2	14.90
1057	广州大学松田学院	4	14.87
1058	山东艺术学院	6	14.64
1059	黑龙江工商学院	1	14.58
1059	信阳农林学院	1	14.58
1059	山东现代学院	1	14.58
1062	北京师范大学-香港浸会大学联合国际学院	4	13.90
1063	浙江工商大学杭州商学院	5	13.55
1064	亳州学院	3	13.40
1064	安徽农业大学经济技术学院	3	13.40
1066	江西师范大学科学技术学院	2	13.24
1067	河北科技学院	3	12.85
1068	江西农业大学南昌商学院	1	12.81

续表

序号	学校名称	奖项数量	总分
1069	辽宁师范大学海华学院	1	12.53
1069	湖南农业大学东方科技学院	1	12.53
1069	浙江海洋大学东海科学技术学院	1	12.53
1069	大连工业大学艺术与信息工程学院	1	12.53
1069	四川工业科技学院	1	12.53
1069	西安科技大学高新学院	1	12.53
1069	四川警察学院	1	12.53
1076	长春科技学院	3	11.99
1077	长沙医学院	1	11.74
1078	天津体育学院运动与文化艺术学院	4	11.11
1079	常州大学怀德学院	1	11.07
1079	湖南警察学院	1	11.07
1079	呼和浩特民族学院	1	11.07
1079	哈尔滨远东理工学院	1	11.07
1083	贵州商学院	2	11.04
1084	北京吉利学院	1	10.76
1084	北京邮电大学世纪学院	1	10.76

续表

序号	学校名称	奖项数量	总分
1086	哈尔滨剑桥学院	2	10.30
1086	泉州信息工程学院	2	10.30
1086	武汉工程科技学院	2	10.30
1089	河北传媒学院	2	9.34
1089	河北外国语学院	2	9.34
1089	吉林师范大学博达学院	2	9.34
1092	石家庄铁道大学四方学院	1	9.29
1092	绥化学院	1	9.29
1094	赣南师范大学科技学院	1	7.85
1094	江西服装学院	1	7.85
1094	贵州大学科技学院	1	7.85
1094	上海政法学院	1	7.85
1094	江西财经大学现代经济管理学院	1	7.85
1094	聊城大学东昌学院	1	7.85
1094	西安思源学院	1	7.85
1094	湘潭大学兴湘学院	1	7.85
1094	黑龙江财经学院	1	7.85
1094	四川传媒学院	1	7.85

10.3　2015—2019年全国"双一流"建设高校学科竞赛排行榜

续表

序号	学校名称	奖项数量	总分	序号	学校名称	奖项数量	总分
1	哈尔滨工业大学	635	100.00	25	吉林大学	460	86.89
2	浙江大学	390	99.68	26	合肥工业大学	413	86.65
3	武汉大学	599	98.40	27	北京大学	255	85.90
4	电子科技大学	425	97.57	28	中山大学	263	85.71
5	山东大学	507	95.68	29	四川大学	334	85.21
6	西安交通大学	402	95.51	30	西北工业大学	350	85.18
7	华中科技大学	430	95.03	31	北京邮电大学	274	84.36
8	上海交通大学	349	94.63	32	南京大学	214	83.80
9	东南大学	414	94.54	33	北京科技大学	298	82.90
10	东北大学	591	93.62	34	华北电力大学	348	82.65
11	北京航空航天大学	444	92.74	35	湖南大学	277	81.44
12	西南交通大学	494	92.62	36	南京航空航天大学	254	80.69
13	清华大学	274	91.41	37	哈尔滨工程大学	304	80.34
14	武汉理工大学	491	90.70	38	天津大学	258	79.72
15	华南理工大学	358	90.08	39	南昌大学	283	79.66
16	重庆大学	423	89.75	40	南京理工大学	264	79.17
17	同济大学	402	89.68	41	太原理工大学	299	78.55
18	西安电子科技大学	336	89.27	42	河海大学	348	77.98
19	福州大学	359	89.00	43	宁波大学	257	77.86
20	大连理工大学	439	88.82	44	上海大学	282	77.01
21	北京理工大学	345	88.66	45	东北林业大学	249	75.78
22	中南大学	329	88.58	46	南京邮电大学	307	75.69
23	厦门大学	351	88.17	47	郑州大学	275	75.54
24	复旦大学	233	88.04	48	中国矿业大学	258	75.33

续表

序号	学校名称	奖项数量	总分
49	中国石油大学（华东）	229	75.27
50	大连海事大学	213	74.45
51	河北工业大学	188	73.83
52	北京交通大学	204	73.61
53	华东师范大学	232	73.26
54	天津工业大学	276	72.70
55	华中师范大学	199	72.37
56	西南石油大学	254	72.24
57	兰州大学	168	71.67
58	广西大学	273	71.60
59	中国科学技术大学	147	71.30
60	南开大学	164	71.11
61	北京师范大学	150	70.91
62	海南大学	171	70.09
63	安徽大学	225	69.97
64	南京师范大学	157	69.86
65	河南大学	274	69.03
66	中国海洋大学	148	68.01
67	长安大学	185	67.75
67	华东理工大学	213	67.75
69	华南师范大学	172	67.53
70	中国地质大学（武汉）	160	67.20
71	江南大学	182	67.15
72	苏州大学	200	67.13

续表

序号	学校名称	奖项数量	总分
73	南京信息工程大学	224	66.70
74	北京工业大学	178	66.61
75	西北大学	284	66.30
76	中国人民大学	224	66.16
77	东华大学	189	66.11
78	新疆大学	182	65.77
79	华中农业大学	152	65.70
80	贵州大学	164	65.59
81	石河子大学	146	64.31
82	湖南师范大学	170	64.23
83	暨南大学	143	63.99
84	西北农林科技大学	162	63.12
85	云南大学	109	61.95
86	西南大学	108	61.55
87	东北农业大学	146	61.24
88	北京化工大学	126	60.46
89	宁夏大学	95	58.41
90	成都理工大学	181	58.21
91	西南财经大学	83	58.02
92	东北师范大学	112	57.46
93	青海大学	78	57.29
94	南京林业大学	203	57.21
95	中央民族大学	127	57.02
96	中国农业大学	87	56.82
97	内蒙古大学	71	56.65

续表

序号	学校名称	奖项数量	总分
98	对外经济贸易大学	57	56.63
99	陕西师范大学	85	55.42
100	中南财经政法大学	99	55.37
101	中国科学院大学	61	54.89
102	上海财经大学	78	54.67
103	四川农业大学	107	53.76
104	北京林业大学	109	53.18
105	中国石油大学（北京）	100	53.04
106	西藏大学	41	52.90
107	辽宁大学	87	52.38
108	中国地质大学（北京）	83	52.10
109	南京农业大学	63	51.86
110	南京中医药大学	42	51.44
111	北京外国语大学	22	51.26
112	中国政法大学	65	49.97
113	中国传媒大学	129	49.12
114	天津医科大学	18	45.74
115	延边大学	45	43.17
116	上海海洋大学	46	42.96
117	中央财经大学	33	42.90

续表

序号	学校名称	奖项数量	总分
118	首都师范大学	29	41.06
119	上海体育学院	20	40.79
120	上海外国语大学	23	40.67
121	中国药科大学	14	37.11
122	中国矿业大学（北京）	39	36.80
123	广州中医药大学	14	36.63
124	天津中医药大学	15	36.60
125	上海中医药大学	11	36.23
126	外交学院	5	35.35
127	中国音乐学院	14	33.55
128	中国美术学院	22	33.13
129	中国人民公安大学	5	32.65
130	中央美术学院	3	29.93
131	北京体育大学	29	29.13
132	成都中医药大学	12	28.50
133	中央戏剧学院	2	26.16
134	中央音乐学院	8	26.12
135	上海音乐学院	11	25.55
136	北京协和医学院	1	16.16
137	北京中医药大学	1	15.87

10.4　2015—2019年全国地方本科院校学科竞赛排行榜

续表

序号	学校名称	奖项数量	总分	序号	学校名称	奖项数量	总分
1	杭州电子科技大学	333	91.34	26	西南石油大学	254	72.24
2	浙江工业大学	372	89.06	27	广西大学	273	71.60
3	福州大学	359	89.00	28	福建农林大学	178	71.37
4	广东工业大学	316	80.25	29	江苏大学	169	71.26
5	南昌大学	283	79.66	30	华南农业大学	213	70.93
6	太原理工大学	299	78.55	31	武汉科技大学	183	70.83
7	重庆邮电大学	390	78.24	32	湖北工业大学	286	70.75
8	宁波大学	257	77.86	33	海南大学	171	70.09
9	桂林电子科技大学	364	77.47	33	上海理工大学	203	70.09
10	燕山大学	251	77.06	35	安徽大学	225	69.97
11	上海大学	282	77.01	36	南京师范大学	157	69.86
12	山东科技大学	417	76.59	37	河南科技大学	234	69.53
13	长沙理工大学	209	76.35	38	安徽理工大学	181	69.43
14	南京邮电大学	307	75.69	39	山东师范大学	166	69.42
15	郑州大学	275	75.54	40	青岛大学	337	69.39
16	昆明理工大学	335	75.38	41	南昌航空大学	194	69.19
17	长春理工大学	237	74.92	42	河南大学	274	69.03
18	浙江师范大学	245	74.50	43	青岛科技大学	190	68.63
19	中国计量大学	174	74.25	44	湘潭大学	298	68.34
20	河北工业大学	188	73.83	45	深圳大学	324	68.18
21	青岛理工大学	187	73.52	46	南京工业大学	212	68.12
22	西南科技大学	211	73.20	47	中原工学院	170	68.07
23	天津工业大学	276	72.70	48	辽宁工业大学	278	67.97
24	中北大学	349	72.69	49	山东理工大学	226	67.81
25	杭州师范大学	220	72.46	50	华南师范大学	172	67.53

续表

序号	学校名称	奖项数量	总分
51	成都信息工程大学	149	67.46
52	浙江理工大学	171	67.37
53	河南理工大学	185	67.33
54	三峡大学	213	67.30
55	安徽工程大学	167	67.20
56	苏州大学	200	67.13
57	安徽工业大学	213	67.05
58	常州大学	173	66.84
59	扬州大学	182	66.75
60	哈尔滨理工大学	256	66.73
61	内蒙古科技大学	165	66.72
62	南京信息工程大学	224	66.70
63	华北理工大学	130	66.61
63	北京工业大学	178	66.61
65	江西师范大学	252	66.49
66	西北大学	284	66.30
67	太原工业学院	98	66.20
68	上海工程技术大学	174	66.14
69	浙江工商大学	165	66.04
70	新疆大学	182	65.77
71	广州大学	170	65.68
72	陕西科技大学	176	65.66
73	贵州大学	164	65.59
74	山东财经大学	98	65.57
75	兰州交通大学	168	65.56
76	上海海事大学	142	65.37

续表

序号	学校名称	奖项数量	总分
77	郑州轻工业大学	213	65.31
78	西安理工大学	170	65.23
79	福建师范大学	165	65.22
80	南通大学	127	64.82
81	厦门理工学院	112	64.36
82	石河子大学	146	64.31
83	湖南师范大学	170	64.23
84	温州大学	123	64.20
85	天津职业技术师范大学	80	64.16
86	辽宁工程技术大学	203	64.09
87	江西理工大学	201	64.01
87	长春工业大学	225	64.01
89	河北科技大学	108	63.99
90	重庆工商大学	139	63.90
91	兰州理工大学	206	63.67
92	重庆交通大学	150	63.65
93	广西师范大学	286	63.63
94	北华大学	154	63.59
95	济南大学	140	63.49
96	安徽财经大学	186	63.46
97	西安建筑科技大学	148	63.37
98	湖南科技大学	160	62.79
99	南华大学	155	62.78
100	齐鲁工业大学	137	62.72
101	东北电力大学	158	62.64

续表　　　　　　　　　　　　　　　　　　续表

序号	学校名称	奖项数量	总分	序号	学校名称	奖项数量	总分
102	厦门大学嘉庚学院	99	62.62	128	西安科技大学	99	58.98
103	烟台大学	132	62.56	128	吉首大学	189	58.98
104	河北大学	215	62.43	130	贵州师范大学	113	58.93
105	重庆理工大学	188	62.19	131	沈阳工业大学	115	58.89
106	云南大学	109	61.95	132	惠州学院	104	58.75
107	温州医科大学	53	61.83	133	集美大学诚毅学院	54	58.71
108	江西财经大学	160	61.60	134	大连大学	95	58.64
109	北方工业大学	173	61.31	135	阜阳师范大学	222	58.55
110	东北农业大学	146	61.24	136	浙江财经大学	115	58.51
111	江苏科技大学	169	61.22	137	宁夏大学	95	58.41
112	集美大学	107	61.16	138	塔里木大学	95	58.30
113	北京联合大学	185	60.77	139	沈阳建筑大学	112	58.28
114	江苏师范大学	89	60.62	140	成都理工大学	181	58.21
115	广东技术师范大学	189	60.49	141	重庆师范大学	105	58.16
116	山西大学	160	60.45	142	太原科技大学	104	58.07
117	河南工业大学	209	60.41	143	湖北文理学院	117	57.87
118	重庆科技学院	151	60.14	144	上海师范大学	146	57.60
119	鲁东大学	126	60.11	145	宁波工程学院	72	57.32
120	福建工程学院	119	59.90	146	青海大学	78	57.29
121	内蒙古工业大学	101	59.46	147	云南师范大学	81	57.28
122	广西艺术学院	470	59.40	148	南京林业大学	203	57.21
123	华东交通大学	130	59.38	149	江汉大学	158	57.08
124	合肥学院	136	59.34	150	沈阳航空航天大学	160	57.03
125	桂林理工大学	196	59.21	151	东北财经大学	57	56.97
126	西安邮电大学	145	59.17	151	浙江科技学院	100	56.97
127	南方医科大学	61	59.11	153	东华理工大学	130	56.91

续表

序号	学校名称	奖项数量	总分
154	江西科技师范大学	81	56.81
155	内蒙古大学	71	56.65
156	天津科技大学	84	56.57
157	南阳理工学院	138	56.19
158	上海电力大学	87	56.17
159	湖南理工学院	103	55.97
160	广东财经大学	124	55.87
161	黑龙江大学	97	55.64
162	长沙学院	139	55.62
163	曲阜师范大学	122	55.56
164	佛山科学技术学院	89	55.54
165	河北农业大学	120	55.38
166	山东交通学院	66	55.36
167	山西财经大学	56	55.27
168	黑龙江科技大学	56	55.24
169	河北师范大学	129	55.23
170	皖西学院	74	55.17
171	洛阳理工学院	102	55.09
172	武汉工程大学	153	55.00
172	嘉兴学院	115	55.00
174	南京工程学院	94	54.89
175	浙江农林大学	136	54.79
176	西华大学	149	54.75
177	中南林业科技大学	92	54.74
178	湖北大学	70	54.69
179	河南工程学院	111	54.65

续表

序号	学校名称	奖项数量	总分
180	杭州电子科技大学信息工程学院	51	54.60
181	辽宁石油化工大学	140	54.54
182	天津商业大学	53	54.53
183	河南财经政法大学	108	54.44
184	湖南农业大学	66	54.42
185	安徽信息工程学院	100	54.38
186	湖北汽车工业学院	64	54.36
187	常熟理工学院	68	54.28
188	江苏理工学院	85	54.26
189	临沂大学	79	54.17
190	乐山师范学院	143	54.08
191	陕西理工大学	113	54.07
192	湖南工业大学	128	53.89
193	浙江传媒学院	113	53.80
194	浙江大学城市学院	87	53.78
195	四川农业大学	107	53.76
196	南昌工程学院	54	53.68
197	沈阳工学院	134	53.65
198	盐城工学院	76	53.53
199	西北师范大学	126	53.50
199	广西科技大学	65	53.50
201	青海民族大学	49	53.40
202	东北石油大学	75	53.30
203	四川师范大学	210	53.25
204	山东建筑大学	106	53.19

续表

序号	学校名称	奖项数量	总分
205	上海第二工业大学	86	53.11
206	长江师范学院	161	53.10
207	五邑大学	60	53.03
208	西藏大学	41	52.90
209	东莞理工学院	88	52.84
209	北京印刷学院	171	52.84
211	德州学院	119	52.73
212	海南师范大学	78	52.67
213	安徽师范大学	114	52.55
214	辽宁大学	87	52.38
215	内蒙古农业大学	65	52.34
216	韶关学院	69	52.26
217	天津理工大学	92	52.18
218	长春大学	51	51.99
219	青岛农业大学	57	51.94
220	天津师范大学	86	51.92
221	江西科技学院	58	51.84
222	四川轻化工大学	70	51.78
223	河北工程大学	69	51.75
224	四川外国语大学	46	51.71
225	滁州学院	108	51.59
226	广西财经学院	36	51.51
227	大连工业大学	83	51.46
228	南京中医药大学	42	51.44
229	辽宁科技大学	86	51.43
230	北京建筑大学	72	51.33

续表

序号	学校名称	奖项数量	总分
231	天津中德应用技术大学	33	51.28
231	南阳师范学院	290	51.28
233	浙江万里学院	80	51.06
234	大连东软信息学院	192	50.90
234	渤海大学	46	50.90
236	贺州学院	218	50.72
237	汕头大学	45	50.71
238	宜春学院	116	50.70
239	成都理工大学工程技术学院	42	50.67
240	广州大学华软软件学院	129	50.59
241	内江师范学院	71	50.57
242	贵州师范学院	106	50.51
243	燕山大学里仁学院	56	50.50
244	徐州工程学院	66	50.38
245	滨州学院	129	50.34
246	景德镇陶瓷大学	56	50.24
247	闽江学院	94	50.20
248	湖南文理学院	92	50.13
249	贵州理工学院	38	50.11
250	中国医科大学	32	50.05
251	黄河科技学院	79	49.95
252	黄山学院	73	49.89
253	云南大学滇池学院	55	49.83
254	湖北工程学院	74	49.76

续表

序号	学校名称	奖项数量	总分
254	怀化学院	110	49.76
256	绍兴文理学院	44	49.69
257	淮南师范学院	63	49.67
257	浙江海洋大学	43	49.67
259	北京工商大学	96	49.62
260	河南农业大学	79	49.60
261	甘肃农业大学	41	49.58
262	沈阳农业大学	53	49.50
263	唐山师范学院	23	49.39
264	鲁迅美术学院	132	49.35
265	巢湖学院	57	49.22
266	重庆文理学院	102	49.15
267	成都工业学院	59	49.11
268	黄冈师范学院	99	49.10
269	广东外语外贸大学	83	49.01
270	河北经贸大学	63	49.00
271	吉林大学珠海学院	87	48.98
272	吉林建筑大学	69	48.94
273	安阳工学院	84	48.92
274	武汉轻工大学	38	48.89
275	长江大学	68	48.88
276	浙江大学宁波理工学院	85	48.85
277	福州外语外贸学院	75	48.82
278	安徽农业大学	71	48.81
279	南宁学院	94	48.72

续表

序号	学校名称	奖项数量	总分
280	苏州科技大学	82	48.64
281	北华航天工业学院	32	48.53
282	安徽建筑大学	74	48.52
283	北京信息科技大学	74	48.48
283	浙江师范大学行知学院	20	48.48
285	邵阳学院	85	48.45
286	辽宁师范大学	134	48.38
286	西京学院	72	48.38
288	哈尔滨医科大学	30	48.31
289	聊城大学	65	48.23
289	宁夏医科大学	37	48.23
291	梧州学院	72	48.11
292	淮阴工学院	53	48.00
293	安庆师范大学	49	47.99
294	玉林师范学院	88	47.81
295	安徽新华学院	48	47.77
296	浙江中医药大学	63	47.71
297	衢州学院	36	47.68
297	合肥师范学院	57	47.68
299	湖南人文科技学院	72	47.62
300	河南师范大学	54	47.60
301	三江学院	33	47.49
302	北部湾大学	66	47.48
302	湖南工程学院	38	47.48
304	三明学院	47	47.46

续表

序号	学校名称	奖项数量	总分
305	西安欧亚学院	38	47.33
306	成都大学	73	47.32
307	广西民族大学	119	47.06
308	石家庄铁道大学	74	47.00
309	池州学院	104	46.99
310	闽南师范大学	88	46.87
311	湖南中医药大学	39	46.83
312	莆田学院	53	46.79
313	吉林农业大学	53	46.72
314	浙江外国语学院	24	46.67
315	长春工程学院	60	46.61
316	安徽医科大学	39	46.58
316	浙江工业大学之江学院	85	46.58
318	大连交通大学	46	46.57
319	兰州财经大学	51	46.53
320	哈尔滨商业大学	51	46.50
321	广西医科大学	22	46.45
322	河南城建学院	44	46.37
323	云南财经大学	60	46.36
324	湖北经济学院	83	46.35
325	天津财经大学	29	46.33
326	云南农业大学	25	46.28
327	西南林业大学	39	46.24
328	华北水利水电大学	64	46.15
329	贵阳学院	19	46.11

续表

序号	学校名称	奖项数量	总分
330	湖南工商大学	48	46.10
330	南京医科大学	27	46.10
332	吉林化工学院	27	46.05
333	西安工程大学	88	45.98
334	吉林财经大学	32	45.97
335	沈阳化工大学	75	45.95
336	天津医科大学	18	45.74
337	桂林航天工业学院	86	45.69
338	武夷学院	28	45.68
339	武汉工商学院	61	45.65
340	西安石油大学	48	45.62
341	石家庄学院	29	45.59
342	运城学院	82	45.58
343	河北地质大学	48	45.47
344	吉林师范大学	112	45.42
345	井冈山大学	65	45.41
346	宁波财经学院	101	45.39
347	佳木斯大学	41	45.33
348	南宁师范大学	58	45.27
348	内蒙古财经大学	28	45.27
350	华南理工大学广州学院	48	45.09
351	中国计量大学现代科技学院	27	45.02
352	黑龙江工程学院	32	45.00
353	湖南科技学院	63	44.98
354	许昌学院	49	44.89

续表

序号	学校名称	奖项数量	总分
355	江西理工大学应用科学学院	55	44.88
356	黑龙江八一农垦大学	35	44.87
356	曲靖师范学院	67	44.87
358	广东海洋大学	76	44.79
359	首都经济贸易大学	51	44.77
360	武汉纺织大学	68	44.74
360	北京石油化工学院	42	44.74
360	沈阳师范大学	125	44.74
363	海口经济学院	36	44.71
364	大连医科大学	17	44.58
365	哈尔滨师范大学	66	44.52
366	安阳师范学院	56	44.48
367	海南热带海洋学院	39	44.42
368	青海师范大学	32	44.40
369	电子科技大学中山学院	51	44.38
370	百色学院	69	44.36
371	仲恺农业工程学院	59	44.34
372	天津城建大学	25	44.32
373	盐城师范学院	44	44.30
374	宁波大学科学技术学院	30	44.25
375	新疆医科大学	19	44.19
376	南京财经大学	38	44.17
377	泉州师范学院	74	44.16
378	西华师范大学	82	44.15

续表

序号	学校名称	奖项数量	总分
378	福建医科大学	10	44.15
380	齐齐哈尔大学	44	44.11
381	金陵科技学院	49	44.07
382	山西大学商务学院	38	43.99
383	福建江夏学院	64	43.94
384	天津大学仁爱学院	48	43.93
385	湖州师范学院	45	43.87
386	上海电机学院	28	43.83
387	绍兴文理学院元培学院	35	43.82
387	上海应用技术大学	33	43.82
389	新疆农业大学	33	43.81
390	韩山师范学院	41	43.75
391	安徽科技学院	18	43.73
391	铜陵学院	112	43.73
393	山东农业大学	53	43.71
394	天津农学院	48	43.70
395	西南政法大学	26	43.62
396	北京理工大学珠海学院	92	43.60
397	武昌理工学院	60	43.57
398	新疆师范大学	45	43.55
399	台州学院	60	43.50
400	贵州财经大学	53	43.47
401	江西中医药大学	32	43.46
402	湖北理工学院	69	43.28

续表

续表

序号	学校名称	奖项数量	总分	序号	学校名称	奖项数量	总分
403	河北民族师范学院	63	43.24	428	长春财经学院	17	42.25
404	西藏民族大学	35	43.22	429	安徽三联学院	19	42.14
405	山西农业大学	33	43.21	430	南京审计大学	20	42.12
406	山西医科大学	30	43.19	431	宿州学院	21	42.09
407	延边大学	45	43.17	432	湖北民族大学	62	41.97
407	长治医学院	14	43.17	433	长沙理工大学城南学院	9	41.96
409	山东英才学院	23	43.13	434	洛阳师范学院	34	41.95
409	山西师范大学	49	43.13	435	汉口学院	74	41.91
411	山东女子学院	35	43.09	436	岭南师范学院	66	41.90
412	广东石油化工学院	27	43.08	437	成都东软学院	77	41.86
413	贵州民族大学	42	43.04	438	晋中学院	22	41.82
414	海南医学院	17	42.98	439	上海对外经贸大学	32	41.81
415	上海海洋大学	46	42.96	440	北京师范大学珠海分校	83	41.77
416	淮阴师范学院	51	42.86	441	中山大学南方学院	58	41.72
417	中国石油大学胜利学院	25	42.83	442	电子科技大学成都学院	50	41.69
418	武汉东湖学院	50	42.82	443	新乡医学院	7	41.68
419	西安财经大学	37	42.80	444	昆明学院	28	41.55
420	重庆工程学院	137	42.76	445	山东工商学院	38	41.54
421	云南民族大学	45	42.72	446	内蒙古民族大学	39	41.52
421	首都医科大学	8	42.72	447	江西工程学院	20	41.50
423	九江学院	45	42.60	448	吉林动画学院	51	41.49
424	郑州西亚斯学院	43	42.59	449	沈阳工程学院	37	41.34
425	吉林医药学院	18	42.55	450	大连海洋大学	36	41.27
426	内蒙古师范大学	65	42.32	451	滨州医学院	9	41.17
427	南昌工学院	23	42.28				

续表

序号	学校名称	奖项数量	总分
452	蚌埠医学院	16	41.16
453	赣南师范大学	48	41.10
454	西安文理学院	30	41.09
455	中国矿业大学徐海学院	30	41.08
456	首都师范大学	29	41.06
457	龙岩学院	24	41.03
457	四川工商学院	26	41.03
459	湖北工业大学工程技术学院	34	40.99
460	桂林电子科技大学信息科技学院	63	40.94
461	皖南医学院	13	40.93
462	西藏农牧学院	25	40.92
463	陇东学院	45	40.79
463	中原工学院信息商务学院	70	40.79
463	上海体育学院	20	40.79
466	新疆财经大学	36	40.76
467	丽水学院	27	40.61
468	新乡学院	34	40.58
469	宜宾学院	44	40.56
470	青岛黄海学院	34	40.50
471	潍坊科技学院	18	40.49
471	湘南学院	20	40.49
473	成都医学院	20	40.46
474	吉林外国语大学	19	40.44

续表

序号	学校名称	奖项数量	总分
475	河北医科大学	12	40.38
476	淮北师范大学	50	40.34
477	武汉商学院	45	40.21
478	内蒙古医科大学	16	40.17
479	浙江树人学院	20	40.16
480	渭南师范学院	27	40.09
481	三峡大学科技学院	57	40.08
482	华北电力大学科技学院	45	40.07
483	重庆邮电大学移通学院	107	40.03
484	湖北师范大学	76	40.02
485	西安工业大学	63	39.95
486	南方科技大学	40	39.89
486	三亚学院	38	39.89
488	新余学院	32	39.88
489	宁夏大学新华学院	17	39.68
490	南京理工大学紫金学院	31	39.67
490	兰州理工大学技术工程学院	25	39.67
492	重庆大学城市科技学院	83	39.66
493	周口师范学院	28	39.64
494	济宁医学院	5	39.60
495	信阳师范学院	21	39.59
496	广东金融学院	33	39.58
497	遵义师范学院	23	39.57

续表

序号	学校名称	奖项数量	总分
497	河北大学工商学院	41	39.57
499	安徽中医药大学	12	39.53
500	攀枝花学院	79	39.51
501	烟台南山学院	35	39.45
502	江苏海洋大学	48	39.33
503	湖南第一师范学院	28	39.25
504	吉林工程技术师范学院	24	39.22
505	太原理工大学现代科技学院	26	39.18
506	东南大学成贤学院	23	39.12
507	阳光学院	18	39.05
508	文华学院	39	39.04
509	湖南涉外经济学院	18	39.02
510	湖北第二师范学院	25	39.01
511	重庆三峡学院	58	38.98
512	新疆工程学院	20	38.94
512	沈阳理工大学	56	38.94
514	商丘师范学院	56	38.90
514	昆明医科大学	9	38.90
516	福建师范大学协和学院	27	38.84
517	常州工学院	41	38.81
518	宝鸡文理学院	45	38.79
519	中国矿业大学银川学院	15	38.68
520	广西师范大学漓江学院	88	38.65

续表

序号	学校名称	奖项数量	总分
521	吕梁学院	27	38.63
522	山东中医药大学	11	38.61
522	杭州师范大学钱江学院	13	38.61
524	延安大学	26	38.57
525	吉林农业科技学院	19	38.53
526	大庆师范学院	24	38.52
527	河南工学院	21	38.45
528	长春师范大学	40	38.43
529	辽宁中医药大学	15	38.39
530	河南牧业经济学院	27	38.31
531	河北工业大学城市学院	23	38.30
532	唐山学院	28	38.19
533	南昌理工学院	49	38.18
534	马鞍山学院	13	38.16
535	肇庆学院	57	38.08
536	西南医科大学	8	38.05
537	桂林医学院	5	38.03
538	广东药科大学	20	38.01
539	贵州医科大学	19	37.96
540	吉林艺术学院	49	37.95
541	湖北汽车工业学院科技学院	19	37.94
542	玉溪师范学院	35	37.91
543	嘉应学院	27	37.84

续表

序号	学校名称	奖项数量	总分
544	广西大学行健文理学院	41	37.77
545	西安医学院	4	37.67
546	大理大学	18	37.66
547	温州商学院	42	37.60
548	河北建筑工程学院	22	37.57
549	河南科技学院	41	37.47
550	广东东软学院	80	37.42
551	四川美术学院	40	37.41
552	文山学院	27	37.38
553	南昌大学科学技术学院	28	37.37
554	宁德师范学院	10	37.33
555	武汉华夏理工学院	42	37.31
556	福州大学至诚学院	15	37.28
557	广州航海学院	12	37.26
558	山西农业大学信息学院	27	37.20
559	长春中医药大学	17	37.17
560	云南经济管理学院	16	37.15
561	烟台大学文经学院	10	37.07
562	北京师范大学-香港浸会大学联合国际学院	19	36.98
563	大连外国语大学	14	36.83
564	重庆师范大学涉外商贸学院	65	36.74
565	河北农业大学现代科技学院	12	36.72

续表

序号	学校名称	奖项数量	总分
566	辽宁科技学院	75	36.71
567	云南大学旅游文化学院	11	36.70
567	赣南医学院	3	36.70
569	西安翻译学院	20	36.68
569	华东政法大学	13	36.68
571	枣庄学院	12	36.64
572	广州中医药大学	14	36.63
573	南昌师范学院	35	36.61
574	天津中医药大学	15	36.60
575	上海建桥学院	36	36.59
576	广西科技大学鹿山学院	19	36.57
577	阿坝师范学院	20	36.56
578	河北金融学院	23	36.55
578	南开大学滨海学院	34	36.55
580	江苏科技大学苏州理工学院	13	36.53
580	泰山学院	10	36.53
582	山西大同大学	47	36.45
583	河套学院	14	36.42
584	武昌首义学院	33	36.39
585	河西学院	21	36.38
586	华东交通大学理工学院	15	36.28
587	上海中医药大学	11	36.23
588	长春建筑学院	22	36.15

续表　　　　　　　　　　　　　续表

序号	学校名称	奖项数量	总分	序号	学校名称	奖项数量	总分
589	南京艺术学院	53	36.11	614	兰州财经大学陇桥学院	16	34.81
590	重庆第二师范学院	15	36.07	615	东北师范大学人文学院	39	34.78
591	黄淮学院	47	35.98	616	四川大学锦江学院	21	34.76
592	沈阳大学	34	35.96	617	湖南科技大学潇湘学院	10	34.75
593	湖南城市学院	47	35.93	618	江西农业大学	22	34.59
594	西北政法大学	11	35.89	619	陕西中医药大学	3	34.58
595	黔南民族师范学院	36	35.67	619	贵州工程应用技术学院	18	34.58
596	青岛工学院	12	35.63	621	黑龙江工业学院	9	34.55
597	皖江工学院	8	35.61	622	兰州城市学院	27	34.54
598	沈阳城市建设学院	32	35.58	623	太原学院	10	34.50
599	武汉晴川学院	15	35.48	624	牡丹江师范学院	22	34.49
600	沈阳体育学院	37	35.33	625	河南师范大学新联学院	41	34.46
600	四川音乐学院	69	35.33	626	北京交通大学海滨学院	16	34.36
602	河池学院	22	35.27	627	郑州航空工业管理学院	27	34.31
603	宁夏理工学院	11	35.24	628	兰州工业学院	20	34.28
604	哈尔滨学院	38	35.20	628	云南工商学院	33	34.28
604	赣南师范大学科技学院	20	35.20	630	潍坊学院	23	34.17
606	琼台师范学院	11	35.17	631	衡水学院	30	34.14
607	广州医科大学	8	35.12	632	郑州工业应用技术学院	54	34.13
608	长治学院	41	35.09	633	湖南工学院	24	34.10
609	四川大学锦城学院	35	35.08	634	南通理工学院	54	33.99
610	辽东学院	14	35.06				
611	锦州医科大学	5	34.97				
611	北京城市学院	93	34.97				
613	山西传媒学院	44	34.91				

续表

序号	学校名称	奖项数量	总分
635	河北科技师范学院	25	33.97
636	徐州医科大学	8	33.95
637	浙江理工大学科技与艺术学院	31	33.94
638	山东第一医科大学	7	33.86
639	长沙师范学院	31	33.83
640	邯郸学院	19	33.76
641	重庆医科大学	9	33.75
642	广州商学院	20	33.73
643	安康学院	25	33.72
644	银川能源学院	17	33.68
645	哈尔滨剑桥学院	8	33.65
646	新疆理工学院	8	33.63
647	哈尔滨华德学院	59	33.61
648	中国音乐学院	14	33.55
648	榆林学院	11	33.55
648	武汉科技大学城市学院	81	33.55
651	华北理工大学轻工学院	28	33.54
652	六盘水师范学院	9	33.50
653	河北工程大学科信学院	13	33.41
654	南京晓庄学院	48	33.40
655	通化师范学院	31	33.39
656	河北科技大学理工学院	7	33.33
657	南京体育学院	3	33.26

续表

序号	学校名称	奖项数量	总分
658	太原科技大学华科学院	10	33.23
659	长沙医学院	6	33.14
660	中国美术学院	22	33.13
661	上海商学院	22	33.12
662	铜仁学院	15	33.08
663	兰州文理学院	25	33.07
664	闽南理工学院	102	33.03
664	凯里学院	21	33.03
666	温州大学瓯江学院	17	33.01
667	武汉体育学院	44	32.94
668	郑州工程技术学院	82	32.92
669	西北师范大学知行学院	14	32.85
670	鄂尔多斯应用技术学院	7	32.84
671	宁夏师范学院	22	32.81
672	郑州师范学院	24	32.77
673	广东科技学院	30	32.72
674	北京服装学院	37	32.71
675	信阳学院	16	32.57
676	安顺学院	31	32.56
677	武汉传媒学院	29	32.52
678	河南大学民生学院	44	32.48
679	西安思源学院	5	32.46
680	川北医学院	8	32.44
681	济宁学院	10	32.42

续表

序号	学校名称	奖项数量	总分
681	成都师范学院	21	32.42
683	西安外国语大学	6	32.41
684	衡阳师范学院	27	32.28
684	中山大学新华学院	19	32.28
686	兴义民族师范学院	9	32.21
687	湖北中医药大学	17	32.19
688	南京航空航天大学金城学院	30	32.14
689	广东海洋大学寸金学院	26	32.13
690	青岛理工大学琴岛学院	17	32.10
691	西安培华学院	20	32.09
692	天津外国语大学	7	32.04
692	山西工商学院	25	32.04
694	蚌埠学院	24	31.96
695	上海科技大学	17	31.91
696	大连科技学院	39	31.81
696	云南艺术学院	44	31.81
698	湖北科技学院	40	31.72
698	安徽师范大学皖江学院	51	31.72
700	香港中文大学（深圳）	9	31.70
701	湖南工业大学科技学院	9	31.68
701	哈尔滨石油学院	10	31.68

续表

序号	学校名称	奖项数量	总分
701	江苏师范大学科文学院	8	31.68
704	信阳农林学院	3	31.67
705	平顶山学院	28	31.64
706	上海视觉艺术学院	14	31.63
707	长春理工大学光电信息学院	11	31.61
707	红河学院	9	31.61
709	西安航空学院	33	31.58
710	山东艺术学院	33	31.55
711	哈尔滨金融学院	11	31.48
712	长春光华学院	35	31.41
713	湖州师范学院求真学院	10	31.26
714	西安美术学院	5	31.22
715	贵州商学院	12	31.20
716	伊犁师范大学	9	31.19
717	山东科技大学泰山科技学院	12	31.13
718	湖北美术学院	40	31.09
718	沈阳科技学院	16	31.09
720	天水师范学院	8	31.04
721	南昌航空大学科技学院	8	31.02
722	吉林建筑科技学院	52	30.99
723	天津美术学院	6	30.96
724	东莞理工学院城市学院	13	30.94

续表

序号	学校名称	奖项数量	总分
725	保山学院	13	30.92
726	西南交通大学希望学院	7	30.87
726	山东工艺美术学院	20	30.87
728	西交利物浦大学	5	30.76
729	广东工业大学华立学院	11	30.75
729	大连理工大学城市学院	21	30.75
731	西北工业大学明德学院	23	30.70
732	沈阳药科大学	7	30.66
732	山西工程技术学院	19	30.66
734	荆楚理工学院	25	30.64
735	福建农林大学金山学院	7	30.56
736	嘉兴学院南湖学院	33	30.37
737	湖南理工学院南湖学院	9	30.34
738	太原师范学院	22	30.33
738	扬州大学广陵学院	18	30.33
740	浙江农林大学暨阳学院	14	30.30
741	江西应用科技学院	12	30.29
742	上海健康医学院	8	30.27
743	西昌学院	13	30.26
744	广东白云学院	29	30.21
745	湖北医药学院	2	30.18
746	遵义医科大学	8	30.17

续表

序号	学校名称	奖项数量	总分
747	呼伦贝尔学院	10	30.09
747	河北地质大学华信学院	5	30.09
749	山东华宇工学院	27	30.02
750	南京理工大学泰州科技学院	18	29.88
751	武汉生物工程学院	12	29.82
751	萍乡学院	49	29.82
753	楚雄师范学院	15	29.81
754	齐齐哈尔医学院	2	29.80
755	上海师范大学天华学院	40	29.79
756	鞍山师范学院	23	29.75
757	河南中医药大学	10	29.64
758	北京科技大学天津学院	9	29.58
759	四川旅游学院	24	29.54
760	保定学院	24	29.50
761	广东第二师范学院	24	29.47
761	西安建筑科技大学华清学院	5	29.47
763	赤峰学院	4	29.45
764	四川传媒学院	8	29.44
765	湖南农业大学东方科技学院	6	29.30
766	燕京理工学院	15	29.25
767	浙江警察学院	8	29.18
768	厦门华厦学院	21	29.16

续表　　　　　　　　　　续表

序号	学校名称	奖项数量	总分	序号	学校名称	奖项数量	总分
769	浙江水利水电学院	8	29.14	790	辽宁理工学院	9	28.31
770	浙江音乐学院	30	29.05	791	长春工业大学人文信息学院	4	28.27
771	北京邮电大学世纪学院	11	29.03	792	南京信息工程大学滨江学院	7	28.23
772	天津财经大学珠江学院	26	28.97	793	西安外事学院	6	28.20
773	河北工程技术学院	7	28.90	794	云南师范大学文理学院	11	28.17
774	北京物资学院	5	28.88	794	浙江中医药大学滨江学院	6	28.17
775	潍坊理工学院	21	28.84	796	武汉工程大学邮电与信息工程学院	6	28.07
776	北京工业大学耿丹学院	21	28.81	796	辽宁财贸学院	44	28.07
777	上海杉达学院	16	28.76	798	喀什大学	20	28.06
778	商洛学院	15	28.74	799	邢台学院	12	28.00
779	滇西科技师范学院	11	28.73	800	湖南应用技术学院	5	27.99
780	广东培正学院	69	28.64	801	白城师范学院	5	27.98
781	衡阳师范学院南岳学院	10	28.59	802	济南大学泉城学院	8	27.96
782	齐鲁理工学院	11	28.58	803	苏州大学文正学院	17	27.93
783	西安工业大学北方信息工程学院	9	28.51	804	成都信息工程大学银杏酒店管理学院	13	27.87
784	成都中医药大学	12	28.50	805	成都体育学院	2	27.86
785	南京师范大学中北学院	14	28.48	806	宿迁学院	15	27.80
786	辽宁对外经贸学院	46	28.41	807	桂林理工大学博文管理学院	5	27.77
786	北京农学院	13	28.41	808	大连艺术学院	27	27.76
788	北海艺术设计学院	75	28.38	809	郑州科技学院	7	27.66
789	南京邮电大学通达学院	23	28.34	810	黑河学院	21	27.59

续表

序号	学校名称	奖项数量	总分
811	湖南女子学院	39	27.55
812	广东理工学院	15	27.54
813	四川电影电视学院	15	27.46
814	沈阳城市学院	43	27.42
814	新疆艺术学院	13	27.42
816	河北美术学院	34	27.41
817	浙江财经大学东方学院	26	27.40
817	山东警察学院	5	27.40
817	四川文化艺术学院	9	27.40
820	上饶师范学院	32	27.31
821	重庆人文科技学院	33	27.24
821	南京大学金陵学院	35	27.24
823	贵州民族大学人文科技学院	4	27.22
824	重庆工商大学融智学院	5	27.13
824	武昌工学院	16	27.13
826	营口理工学院	11	27.11
827	湖北商贸学院	14	27.09
827	广东财经大学华商学院	41	27.09
829	中国传媒大学南广学院	15	27.05
830	湖北经济学院法商学院	8	26.90
831	甘肃政法大学	18	26.88
832	南昌大学共青学院	2	26.75

续表

序号	学校名称	奖项数量	总分
833	山东农业工程学院	3	26.71
834	忻州师范学院	6	26.62
835	哈尔滨广厦学院	8	26.61
836	内蒙古大学创业学院	3	26.59
837	菏泽学院	8	26.50
838	西安交通大学城市学院	10	26.43
839	上海财经大学浙江学院	3	26.38
840	黑龙江中医药大学	5	26.23
841	浙江工商大学杭州商学院	15	26.14
842	郑州商学院	19	26.07
843	上海立信会计金融学院	4	26.02
844	长江大学文理学院	25	25.91
845	青岛恒星科技学院	2	25.87
846	无锡太湖学院	9	25.84
847	黑龙江外国语学院	40	25.77
848	西南财经大学天府学院	26	25.63
849	兰州交通大学博文学院	16	25.60
850	武汉工程科技学院	15	25.57
851	上海音乐学院	11	25.55
852	西藏藏医药大学	4	25.53
852	天津音乐学院	4	25.53
854	潍坊医学院	3	25.49

续表

序号	学校名称	奖项数量	总分
855	广西外国语学院	10	25.42
856	南通大学杏林学院	11	25.39
857	福建中医药大学	5	25.37
858	南宁师范大学师园学院	8	25.34
859	大连财经学院	12	25.29
860	苏州科技大学天平学院	1	25.27
861	四川文理学院	16	25.22
862	阜阳师范大学信息工程学院	4	25.19
862	广州美术学院	5	25.19
864	南京师范大学泰州学院	8	25.17
865	闽南科技学院	10	25.05
866	天津外国语大学滨海外事学院	3	24.93
867	上海戏剧学院	10	24.86
868	广东警官学院	2	24.85
869	吉首大学张家界学院	21	24.81
870	河北传媒学院	13	24.80
871	郑州升达经贸管理学院	31	24.78
872	安徽大学江淮学院	26	24.72
873	泰州学院	15	24.67
874	山东青年政治学院	5	24.59
875	湘潭大学兴湘学院	2	24.57
876	江西警察学院	1	24.48

续表

序号	学校名称	奖项数量	总分
877	湖北文理学院理工学院	5	24.45
878	长春科技学院	5	24.44
879	上海政法学院	3	24.43
880	同济大学浙江学院	8	24.41
881	呼和浩特民族学院	4	24.21
882	山西中医药大学	2	24.16
882	湖北民族大学科技学院	2	24.16
884	昆明理工大学津桥学院	11	24.05
885	四川外国语大学重庆南方翻译学院	29	24.02
886	广东医科大学	6	23.97
887	武汉设计工程学院	11	23.80
888	东华理工大学长江学院	4	23.76
889	汉江师范学院	4	23.75
890	宁波诺丁汉大学	3	23.73
891	杭州医学院	3	23.66
892	桂林旅游学院	9	23.61
893	南华大学船山学院	5	23.53
894	天津体育学院运动与文化艺术学院	7	23.41
895	内蒙古艺术学院	3	23.31
895	景德镇陶瓷大学科技艺术学院	5	23.31
897	咸阳师范学院	5	23.23
898	贵州中医药大学	3	23.21

续表

序号	学校名称	奖项数量	总分
899	南京工业大学浦江学院	6	23.19
900	上海外国语大学贤达经济人文学院	8	23.10
901	广州工商学院	25	23.04
902	广州大学松田学院	11	23.00
903	河南科技学院新科学院	7	22.99
904	山西能源学院	3	22.90
905	哈尔滨体育学院	1	22.88
905	河北北方学院	9	22.88
907	浙江越秀外国语学院	13	22.85
908	西安理工大学高科学院	2	22.77
908	天津商业大学宝德学院	2	22.77
908	广西中医药大学	2	22.77
911	广西民族大学相思湖学院	17	22.73
912	广东技术师范大学天河学院	7	22.70
913	普洱学院	3	22.60
914	湖南财政经济学院	7	22.48
915	沧州师范学院	5	22.26
916	武汉音乐学院	17	22.24
917	吉林体育学院	2	22.22
917	甘肃中医药大学	2	22.22

续表

序号	学校名称	奖项数量	总分
917	兰州财经大学长青学院	6	22.22
920	湖南师范大学树达学院	2	22.18
921	西安财经大学行知学院	1	22.16
922	温州医科大学仁济学院	2	22.12
922	集宁师范学院	3	22.12
924	江西师范大学科学技术学院	7	22.05
925	云南师范大学商学院	8	21.98
926	武汉纺织大学外经贸学院	4	21.95
927	四川外国语大学成都学院	1	21.86
928	吉林工商学院	14	21.83
929	河北中医学院	3	21.65
930	黑龙江东方学院	3	21.63
931	中北大学信息商务学院	3	21.61
931	青岛滨海学院	5	21.61
933	绥化学院	4	21.40
934	昭通学院	2	21.35
935	河南财政金融学院	12	21.32
936	湖南工商大学北津学院	1	21.04
937	沈阳音乐学院	11	21.01

续表 续表

序号	学校名称	奖项数量	总分	序号	学校名称	奖项数量	总分
938	延安大学西安创新学院	2	21.00	960	陕西科技大学镐京学院	2	19.50
939	江苏第二师范学院	9	20.87	961	聊城大学东昌学院	3	19.40
940	长江大学工程技术学院	15	20.85	962	黑龙江财经学院	3	19.18
941	齐齐哈尔工程学院	8	20.81	963	安徽医科大学临床医学院	1	19.14
942	长春大学旅游学院	18	20.76	963	山西师范大学现代文理学院	1	19.14
943	天津师范大学津沽学院	6	20.69	963	首钢工学院	1	19.14
944	河北经贸大学经济管理学院	3	20.60	966	西南科技大学城市学院	7	19.13
945	绵阳师范学院	24	20.58	967	上海立达学院	19	18.95
946	山东管理学院	5	20.34	968	苏州大学应用技术学院	13	18.93
947	西安音乐学院	12	20.02	969	北京第二外国语学院	1	18.91
948	牡丹江医学院	2	20.00	970	承德医学院	2	18.86
948	安阳学院	2	20.00	971	山东财经大学东方学院	2	18.71
950	陕西国际商贸学院	8	19.94	972	江西财经大学现代经济管理学院	3	18.69
951	河北环境工程学院	7	19.79	973	天津理工大学中环信息学院	2	18.68
952	武汉学院	18	19.73	974	南京中医药大学翰林学院	1	18.66
953	齐鲁师范学院	4	19.71	975	商丘学院	10	18.64
954	内蒙古师范大学鸿德学院	1	19.70	976	厦门工学院	2	18.50
955	天津体育学院	2	19.65	977	江苏大学京江学院	2	18.36
956	山东协和学院	9	19.63	978	廊坊师范学院	8	18.13
957	福州理工学院	1	19.60				
958	首都师范大学科德学院	3	19.59				
959	陕西学前师范学院	1	19.52				

续表

序号	学校名称	奖项数量	总分
979	湖南工程学院应用技术学院	1	18.05
980	湖南信息学院	10	18.00
981	豫章师范学院	1	17.97
981	云南中医药大学	1	17.97
983	广东外语外贸大学南国商学院	6	17.77
984	贵州财经大学商务学院	1	17.40
985	天津天狮学院	2	17.38
986	云南警官学院	4	17.04
987	仰恩大学	16	16.93
988	华南农业大学珠江学院	9	16.91
989	甘肃民族师范学院	3	16.78
990	四川民族学院	11	16.74
991	江汉大学文理学院	10	16.61
992	保定理工学院	11	16.60
993	西安交通工程学院	1	16.52
994	星海音乐学院	10	16.46
995	青岛农业大学海都学院	2	16.38
996	哈尔滨信息工程学院	6	16.29
996	重庆工商大学派斯学院	2	16.29
998	陕西服装工程学院	2	16.23
999	辽宁何氏医学院	7	16.16
1000	青海大学昆仑学院	1	15.87

续表

序号	学校名称	奖项数量	总分
1000	福建技术师范学院	1	15.87
1000	广西职业师范学院	1	15.87
1000	滇西应用技术大学	1	15.87
1000	山东体育学院	1	15.87
1005	广西民族师范学院	11	15.78
1006	江西农业大学南昌商学院	3	15.59
1007	西安体育学院	1	15.54
1007	福建警察学院	1	15.54
1007	湖北大学知行学院	8	15.54
1010	沈阳医学院	6	15.47
1011	湖北工程学院新技术学院	16	15.19
1012	温州肯恩大学	1	14.62
1013	中南林业科技大学涉外学院	2	14.46
1014	河北水利电力学院	2	14.41
1015	安徽文达信息工程学院	7	14.07
1016	山西应用科技学院	10	14.02
1017	北京电影学院现代创意媒体学院	2	13.91
1018	南京审计大学金审学院	7	13.63
1019	郑州财经学院	2	13.41
1020	南京医科大学康达学院	4	13.34
1021	西北大学现代学院	4	13.27
1022	山东政法学院	5	13.09

序号	学校名称	奖项数量	总分	序号	学校名称	奖项数量	总分
1023	辽宁师范大学海华学院	8	12.88	1042	大连工业大学艺术与信息工程学院	1	8.69
1024	中国戏曲学院	5	12.30	1042	四川工业科技学院	1	8.69
1025	郑州工商学院	8	12.03	1042	西安科技大学高新学院	1	8.69
1026	江西科技师范大学理工学院	2	11.83	1045	泉州信息工程学院	3	8.02
1027	武汉体育学院体育科技学院	5	11.70	1046	贵州大学科技学院	5	7.93
1028	贵州师范大学求是学院	5	11.69	1047	湖南警察学院	1	7.69
1029	北京工商大学嘉华学院	4	11.68	1047	哈尔滨远东理工学院	3	7.69
1030	安徽农业大学经济技术学院	4	11.52	1047	常州大学怀德学院	1	7.69
1031	吉林警察学院	7	11.25	1050	吉林师范大学博达学院	7	7.58
1032	辽宁传媒学院	2	11.24	1051	北京吉利学院	1	7.47
1033	浙江海洋大学东海科学技术学院	2	11.22	1052	安徽财经大学商学院	9	7.44
1033	四川警察学院	2	11.22	1053	河北外国语学院	2	6.48
1035	成都文理学院	3	10.74	1054	石家庄铁道大学四方学院	1	6.44
1036	山东现代学院	1	10.12	1055	福州工商学院	1	6.26
1036	黑龙江工商学院	1	10.12	1056	江西服装学院	1	5.45
1038	昌吉学院	7	10.06	1057	河北师范大学汇华学院	6	5.12
1039	哈尔滨音乐学院	2	9.88	1058	湖南文理学院芙蓉学院	4	4.63
1040	亳州学院	10	9.74	1059	湖北师范大学文理学院	1	3.27
1041	河北科技学院	3	8.92				

10.5 2015—2019年全国综合类本科院校学科竞赛排行榜

续表

序号	学校名称	奖项数量	总分	序号	学校名称	奖项数量	总分
1	浙江大学	390	99.68	26	深圳大学	324	68.18
2	武汉大学	599	98.40	27	中南民族大学	239	67.92
3	山东大学	507	95.68	28	三峡大学	213	67.30
4	福州大学	359	89.00	29	江南大学	182	67.15
5	厦门大学	351	88.17	30	苏州大学	200	67.13
6	复旦大学	233	88.04	31	扬州大学	182	66.75
7	吉林大学	460	86.89	32	华北理工大学	130	66.61
8	北京大学	255	85.90	33	西北大学	284	66.30
9	中山大学	263	85.71	34	新疆大学	182	65.77
10	四川大学	334	85.21	35	广州大学	170	65.68
11	南京大学	214	83.80	36	贵州大学	164	65.59
12	南昌大学	283	79.66	37	南通大学	127	64.82
13	宁波大学	257	77.86	38	石河子大学	146	64.31
14	上海大学	282	77.01	39	温州大学	123	64.20
15	郑州大学	275	75.54	40	暨南大学	143	63.99
16	兰州大学	168	71.67	41	北华大学	154	63.59
17	广西大学	273	71.60	42	济南大学	140	63.49
18	江苏大学	169	71.26	43	厦门大学嘉庚学院	99	62.62
19	南开大学	164	71.11	44	烟台大学	132	62.56
20	华侨大学	193	71.10	45	河北大学	215	62.43
21	海南大学	171	70.09	46	云南大学	109	61.95
22	安徽大学	225	69.97	47	集美大学	107	61.16
23	青岛大学	337	69.39	48	北京联合大学	185	60.77
24	河南大学	274	69.03	49	山西大学	160	60.45
25	湘潭大学	298	68.34	50	北方民族大学	135	59.99

续表　　　　　　　　　　　　　　　　　　　　　　　续表

序号	学校名称	奖项数量	总分	序号	学校名称	奖项数量	总分
51	合肥学院	136	59.34	77	韶关学院	69	52.26
52	吉首大学	189	58.98	78	长春大学	51	51.99
53	惠州学院	104	58.75	79	大连民族大学	104	51.74
54	集美大学诚毅学院	54	58.71	80	滁州学院	108	51.59
55	大连大学	95	58.64	81	渤海大学	46	50.90
56	宁夏大学	95	58.41	82	汕头大学	45	50.71
57	湖北文理学院	117	57.87	83	宜春学院	116	50.70
58	青海大学	78	57.29	84	滨州学院	129	50.34
59	江汉大学	158	57.08	85	闽江学院	94	50.20
60	中央民族大学	127	57.02	86	黄山学院	73	49.89
61	内蒙古大学	71	56.65	87	云南大学滇池学院	55	49.83
62	西南民族大学	111	56.05	88	怀化学院	110	49.76
63	黑龙江大学	97	55.64	89	绍兴文理学院	44	49.69
64	长沙学院	139	55.62	90	巢湖学院	57	49.22
65	皖西学院	74	55.17	91	吉林大学珠海学院	87	48.98
66	嘉兴学院	115	55.00	92	长江大学	68	48.88
67	中国科学院大学	61	54.89	93	浙江大学宁波理工学院	85	48.85
68	西华大学	149	54.75	94	浙江师范大学行知学院	20	48.48
69	湖北大学	70	54.69	95	邵阳学院	85	48.45
70	临沂大学	79	54.17	96	西京学院	72	48.38
71	浙江大学城市学院	87	53.78	97	梧州学院	72	48.11
72	青海民族大学	49	53.40	98	衢州学院	36	47.68
73	五邑大学	60	53.03	99	三江学院	33	47.49
74	西藏大学	41	52.90	100	成都大学	73	47.32
75	德州学院	119	52.73	101	广西民族大学	119	47.06
76	辽宁大学	87	52.38				

续表

序号	学校名称	奖项数量	总分
102	莆田学院	53	46.79
103	贵阳学院	19	46.11
104	武汉工商学院	61	45.65
105	运城学院	82	45.58
106	井冈山大学	65	45.41
107	佳木斯大学	41	45.33
108	湖南科技学院	63	44.98
109	许昌学院	49	44.89
110	海南热带海洋学院	39	44.42
111	宁波大学科学技术学院	30	44.25
112	齐齐哈尔大学	44	44.11
113	绍兴文理学院元培学院	35	43.82
114	铜陵学院	112	43.73
115	台州学院	60	43.50
116	西藏民族大学	35	43.22
117	延边大学	45	43.17
118	山东英才学院	23	43.13
119	广东石油化工学院	27	43.08
120	贵州民族大学	42	43.04
121	云南民族大学	45	42.72
122	九江学院	45	42.60
123	宿州学院	21	42.09
124	湖北民族大学	62	41.97
125	西北民族大学	64	41.85

续表

序号	学校名称	奖项数量	总分
126	晋中学院	22	41.82
127	北京师范大学珠海分校	83	41.77
128	中山大学南方学院	58	41.72
129	内蒙古民族大学	39	41.52
130	龙岩学院	24	41.03
131	丽水学院	27	40.61
132	宜宾学院	44	40.56
133	青岛黄海学院	34	40.50
134	湘南学院	20	40.49
135	三峡大学科技学院	57	40.08
136	南方科技大学	40	39.89
136	三亚学院	38	39.89
138	新余学院	32	39.88
139	宁夏大学新华学院	17	39.68
140	烟台南山学院	35	39.45
141	重庆三峡学院	58	38.98
142	福建师范大学协和学院	27	38.84
143	广西师范大学漓江学院	88	38.65
144	吕梁学院	27	38.63
145	杭州师范大学钱江学院	13	38.61
146	延安大学	26	38.57
147	唐山学院	28	38.19
148	肇庆学院	57	38.08

续表

序号	学校名称	奖项数量	总分
149	嘉应学院	27	37.84
150	广西大学行健文理学院	41	37.77
151	大理大学	18	37.66
152	文山学院	27	37.38
153	南昌大学科学技术学院	28	37.37
154	福州大学至诚学院	15	37.28
155	烟台大学文经学院	10	37.07
156	北京师范大学-香港浸会大学联合国际学院	19	36.98
157	云南大学旅游文化学院	11	36.70
158	枣庄学院	12	36.64
159	上海建桥学院	36	36.59
160	南开大学滨海学院	34	36.55
161	泰山学院	10	36.53
162	河套学院	14	36.42
163	河西学院	21	36.38
164	沈阳大学	34	35.96
165	武汉晴川学院	15	35.48
166	哈尔滨学院	38	35.20
166	赣南师范大学科技学院	20	35.20
168	四川大学锦城学院	35	35.08
169	辽东学院	14	35.06
170	北京城市学院	93	34.97

续表

序号	学校名称	奖项数量	总分
171	东北师范大学人文学院	39	34.78
172	四川大学锦江学院	21	34.76
173	贵州工程应用技术学院	18	34.58
174	潍坊学院	23	34.17
175	广州商学院	20	33.73
176	哈尔滨剑桥学院	8	33.65
177	新疆理工学院	8	33.63
178	榆林学院	11	33.55
179	太原科技大学华科学院	10	33.23
180	兰州文理学院	25	33.07
181	温州大学瓯江学院	17	33.01
182	西北师范大学知行学院	14	32.85
183	信阳学院	16	32.57
184	河南大学民生学院	44	32.48
185	中山大学新华学院	19	32.28
186	兴义民族师范学院	9	32.21
187	安徽师范大学皖江学院	51	31.72
188	香港中文大学（深圳）	9	31.70
189	江苏师范大学科文学院	8	31.68
190	平顶山学院	28	31.64
191	红河学院	9	31.61
192	长春光华学院	35	31.41

续表

序号	学校名称	奖项数量	总分
193	湖州师范学院求真学院	10	31.26
194	保山学院	13	30.92
195	西交利物浦大学	5	30.76
196	嘉兴学院南湖学院	33	30.37
197	扬州大学广陵学院	18	30.33
198	江西应用科技学院	12	30.29
199	西昌学院	13	30.26
200	中国社会科学院大学	8	30.17
201	呼伦贝尔学院	10	30.09
202	萍乡学院	49	29.82
203	上海师范大学天华学院	40	29.79
204	四川旅游学院	24	29.54
205	燕京理工学院	15	29.25
206	厦门华厦学院	21	29.16
207	潍坊理工学院	21	28.84
208	衡阳师范学院南岳学院	10	28.59
209	齐鲁理工学院	11	28.58
210	南京师范大学中北学院	14	28.48
211	辽宁理工学院	9	28.31
212	长春工业大学人文信息学院	4	28.27
213	邢台学院	12	28.00
214	湖南应用技术学院	5	27.99

续表

序号	学校名称	奖项数量	总分
215	济南大学泉城学院	8	27.96
216	苏州大学文正学院	17	27.93
217	宿迁学院	15	27.80
218	沈阳城市学院	43	27.42
219	中华女子学院	19	27.37
220	重庆人文科技学院	33	27.24
220	南京大学金陵学院	35	27.24
222	贵州民族大学人文科技学院	4	27.22
223	南昌大学共青学院	2	26.75
224	哈尔滨广厦学院	8	26.61
225	内蒙古大学创业学院	3	26.59
226	菏泽学院	8	26.50
227	长江大学文理学院	25	25.91
228	青岛恒星科技学院	2	25.87
229	无锡太湖学院	9	25.84
230	南通大学杏林学院	11	25.39
231	南宁师范大学师园学院	8	25.34
232	苏州科技大学天平学院	1	25.27
233	闽南科技学院	10	25.05
234	吉首大学张家界学院	21	24.81
235	安徽大学江淮学院	26	24.72
236	湘潭大学兴湘学院	2	24.57
237	长春科技学院	5	24.44

续表

序号	学校名称	奖项数量	总分
238	呼和浩特民族学院	4	24.21
239	湖北民族大学科技学院	2	24.16
240	宁波诺丁汉大学	3	23.73
241	广州工商学院	25	23.04
242	广州大学松田学院	11	23.00
243	河北北方学院	9	22.88
244	广西民族大学相思湖学院	17	22.73
245	广东技术师范大学天河学院	7	22.70
246	湖南师范大学树达学院	2	22.18
247	江西师范大学科学技术学院	7	22.05
248	黑龙江东方学院	3	21.63
249	青岛滨海学院	5	21.61
250	绥化学院	4	21.40
251	延安大学西安创新学院	2	21.00
252	长江大学工程技术学院	15	20.85
253	长春大学旅游学院	18	20.76
254	天津师范大学津沽学院	6	20.69
255	山东管理学院	5	20.34
256	安阳学院	2	20.00
257	内蒙古师范大学鸿德学院	1	19.70

续表

序号	学校名称	奖项数量	总分
258	聊城大学东昌学院	3	19.40
259	上海立达学院	19	18.95
260	苏州大学应用技术学院	13	18.93
261	商丘学院	10	18.64
262	江苏大学京江学院	2	18.36
263	天津天狮学院	2	17.38
264	仰恩大学	16	16.93
265	四川民族学院	11	16.74
266	江汉大学文理学院	10	16.61
267	青海大学昆仑学院	1	15.87
267	滇西应用技术大学	1	15.87
269	湖北大学知行学院	8	15.54
270	温州肯恩大学	1	14.62
271	山西应用科技学院	10	14.02
272	西北大学现代学院	4	13.27
273	辽宁师范大学海华学院	8	12.88
274	江西科技师范大学理工学院	2	11.83
275	浙江海洋大学东海科学技术学院	2	11.22
276	成都文理学院	3	10.74
277	山东现代学院	1	10.12
278	亳州学院	10	9.74
279	四川工业科技学院	1	8.69
280	贵州大学科技学院	5	7.93

续表

序号	学校名称	奖项数量	总分
281	吉林师范大学博达学院	7	7.58
282	北京吉利学院	1	7.47

续表

序号	学校名称	奖项数量	总分
283	河北师范大学汇华学院	6	5.12
284	湖南文理学院芙蓉学院	4	4.63

10.6 2015—2019年全国理工类本科院校学科竞赛排行榜

续表

序号	学校名称	奖项数量	总分
1	哈尔滨工业大学	635	100.00
2	电子科技大学	425	97.57
3	西安交通大学	402	95.51
4	华中科技大学	430	95.03
5	上海交通大学	349	94.63
6	东南大学	414	94.54
7	东北大学	591	93.62
8	北京航空航天大学	444	92.74
9	西南交通大学	494	92.62
10	清华大学	274	91.41
11	杭州电子科技大学	333	91.34
12	武汉理工大学	491	90.70
13	华南理工大学	358	90.08
14	重庆大学	423	89.75
15	同济大学	402	89.68
16	西安电子科技大学	336	89.27
17	浙江工业大学	372	89.06
18	大连理工大学	439	88.82
19	北京理工大学	345	88.66
20	中南大学	329	88.58
21	合肥工业大学	413	86.65
22	西北工业大学	350	85.18
23	北京邮电大学	274	84.36
24	北京科技大学	298	82.90
25	华北电力大学	348	82.65
26	湖南大学	277	81.44
27	南京航空航天大学	254	80.69
28	哈尔滨工程大学	304	80.34
29	广东工业大学	316	80.25
30	天津大学	258	79.72
31	南京理工大学	264	79.17
32	太原理工大学	299	78.55
33	重庆邮电大学	390	78.24
34	河海大学	348	77.98
35	桂林电子科技大学	364	77.47
36	燕山大学	251	77.06

续表

续表

序号	学校名称	奖项数量	总分	序号	学校名称	奖项数量	总分
37	山东科技大学	417	76.59	62	中原工学院	170	68.07
38	长沙理工大学	209	76.35	63	中国海洋大学	148	68.01
39	南京邮电大学	307	75.69	64	辽宁工业大学	278	67.97
40	昆明理工大学	335	75.38	65	山东理工大学	226	67.81
41	中国矿业大学	258	75.33	66	长安大学	185	67.75
42	中国石油大学（华东）	229	75.27	66	华东理工大学	213	67.75
43	长春理工大学	237	74.92	68	成都信息工程大学	149	67.46
44	大连海事大学	213	74.45	69	浙江理工大学	171	67.37
45	中国计量大学	174	74.25	70	河南理工大学	185	67.33
46	河北工业大学	188	73.83	71	安徽工程大学	167	67.20
47	北京交通大学	204	73.61	71	中国地质大学（武汉）	160	67.20
48	青岛理工大学	187	73.52	73	安徽工业大学	213	67.05
49	西南科技大学	211	73.20	74	常州大学	173	66.84
50	天津工业大学	276	72.70	75	哈尔滨理工大学	256	66.73
51	中北大学	349	72.69	76	内蒙古科技大学	165	66.72
52	西南石油大学	254	72.24	77	南京信息工程大学	224	66.70
53	中国科学技术大学	147	71.30	78	北京工业大学	178	66.61
54	武汉科技大学	183	70.83	79	太原工业学院	98	66.20
55	湖北工业大学	286	70.75	80	上海工程技术大学	174	66.14
56	上海理工大学	203	70.09	81	东华大学	189	66.11
57	河南科技大学	234	69.53	82	陕西科技大学	176	65.66
58	安徽理工大学	181	69.43	83	兰州交通大学	168	65.56
59	南昌航空大学	194	69.19	84	上海海事大学	142	65.37
60	青岛科技大学	190	68.63	85	郑州轻工业大学	213	65.31
61	南京工业大学	212	68.12	86	西安理工大学	170	65.23

续表

序号	学校名称	奖项数量	总分
87	厦门理工学院	112	64.36
88	辽宁工程技术大学	203	64.09
89	江西理工大学	201	64.01
89	长春工业大学	225	64.01
91	河北科技大学	108	63.99
92	兰州理工大学	206	63.67
93	重庆交通大学	150	63.65
94	西安建筑科技大学	148	63.37
95	湖南科技大学	160	62.79
96	南华大学	155	62.78
97	齐鲁工业大学	137	62.72
98	东北电力大学	158	62.64
99	重庆理工大学	188	62.19
100	北方工业大学	173	61.31
101	江苏科技大学	169	61.22
102	北京化工大学	126	60.46
103	河南工业大学	209	60.41
104	重庆科技学院	151	60.14
105	福建工程学院	119	59.90
106	内蒙古工业大学	101	59.46
107	华东交通大学	130	59.38
108	桂林理工大学	196	59.21
109	西安邮电大学	145	59.17
110	西安科技大学	99	58.98
111	沈阳工业大学	115	58.89
112	沈阳建筑大学	112	58.28

续表

序号	学校名称	奖项数量	总分
113	成都理工大学	181	58.21
114	中国民航大学	60	58.14
115	太原科技大学	104	58.07
116	宁波工程学院	72	57.32
117	沈阳航空航天大学	160	57.03
118	浙江科技学院	100	56.97
119	东华理工大学	130	56.91
120	天津科技大学	84	56.57
121	南阳理工学院	138	56.19
122	上海电力大学	87	56.17
123	湖南理工学院	103	55.97
124	佛山科学技术学院	89	55.54
125	山东交通学院	66	55.36
126	黑龙江科技大学	56	55.24
127	洛阳理工学院	102	55.09
128	武汉工程大学	153	55.00
129	南京工程学院	94	54.89
130	河南工程学院	111	54.65
131	杭州电子科技大学信息工程学院	51	54.60
132	辽宁石油化工大学	140	54.54
133	安徽信息工程学院	100	54.38
134	湖北汽车工业学院	64	54.36
135	常熟理工学院	68	54.28
136	陕西理工大学	113	54.07
137	湖南工业大学	128	53.89

续表

续表

序号	学校名称	奖项数量	总分
138	南昌工程学院	54	53.68
139	沈阳工学院	134	53.65
140	盐城工学院	76	53.53
141	广西科技大学	65	53.50
142	东北石油大学	75	53.30
143	山东建筑大学	106	53.19
144	上海第二工业大学	86	53.11
145	中国石油大学（北京）	100	53.04
146	东莞理工学院	88	52.84
146	北京印刷学院	171	52.84
148	天津理工大学	92	52.18
149	中国地质大学（北京）	83	52.10
150	江西科技学院	58	51.84
151	四川轻化工大学	70	51.78
152	河北工程大学	69	51.75
153	大连工业大学	83	51.46
154	辽宁科技大学	86	51.43
155	北京建筑大学	72	51.33
156	天津中德应用技术大学	33	51.28
157	浙江万里学院	80	51.06
158	大连东软信息学院	192	50.90
159	成都理工大学工程技术学院	42	50.67
160	广州大学华软软件学院	129	50.59

序号	学校名称	奖项数量	总分
161	燕山大学里仁学院	56	50.50
162	徐州工程学院	66	50.38
163	景德镇陶瓷大学	56	50.24
164	贵州理工学院	38	50.11
165	黄河科技学院	79	49.95
166	湖北工程学院	74	49.76
167	重庆文理学院	102	49.15
168	成都工业学院	59	49.11
169	吉林建筑大学	69	48.94
170	安阳工学院	84	48.92
171	武汉轻工大学	38	48.89
172	南宁学院	94	48.72
173	苏州科技大学	82	48.64
174	北华航天工业学院	32	48.53
175	安徽建筑大学	74	48.52
176	北京信息科技大学	74	48.48
177	淮阴工学院	53	48.00
178	安徽新华学院	48	47.77
179	湖南工程学院	38	47.48
180	石家庄铁道大学	74	47.00
181	长春工程学院	60	46.61
182	浙江工业大学之江学院	85	46.58
183	大连交通大学	46	46.57
184	河南城建学院	44	46.37
185	华北水利水电大学	64	46.15

续表

序号	学校名称	奖项数量	总分
186	吉林化工学院	27	46.05
187	西安工程大学	88	45.98
188	沈阳化工大学	75	45.95
189	桂林航天工业学院	86	45.69
190	西安石油大学	48	45.62
191	河北地质大学	48	45.47
192	华南理工大学广州学院	48	45.09
193	中国计量大学现代科技学院	27	45.02
194	黑龙江工程学院	32	45.00
195	江西理工大学应用科学学院	55	44.88
196	华北科技学院	36	44.77
197	武汉纺织大学	68	44.74
197	北京石油化工学院	42	44.74
199	电子科技大学中山学院	51	44.38
200	天津城建大学	25	44.32
201	金陵科技学院	49	44.07
202	天津大学仁爱学院	48	43.93
203	上海电机学院	28	43.83
204	上海应用技术大学	33	43.82
205	安徽科技学院	18	43.73
206	北京理工大学珠海学院	92	43.60
207	武昌理工学院	60	43.57

续表

序号	学校名称	奖项数量	总分
208	湖北理工学院	69	43.28
209	中国石油大学胜利学院	25	42.83
210	武汉东湖学院	50	42.82
211	重庆工程学院	137	42.76
212	南昌工学院	23	42.28
213	安徽三联学院	19	42.14
214	长沙理工大学城南学院	9	41.96
215	汉口学院	74	41.91
216	成都东软学院	77	41.86
217	电子科技大学成都学院	50	41.69
218	江西工程学院	20	41.50
219	沈阳工程学院	37	41.34
220	中国矿业大学徐海学院	30	41.08
221	湖北工业大学工程技术学院	34	40.99
222	桂林电子科技大学信息科技学院	63	40.94
223	潍坊科技学院	18	40.49
224	防灾科技学院	18	40.28
225	浙江树人学院	20	40.16
226	华北电力大学科技学院	45	40.07
227	重庆邮电大学移通学院	107	40.03
228	西安工业大学	63	39.95

续表

序号	学校名称	奖项数量	总分
229	南京理工大学紫金学院	31	39.67
229	兰州理工大学技术工程学院	25	39.67
231	重庆大学城市科技学院	83	39.66
232	攀枝花学院	79	39.51
233	江苏海洋大学	48	39.33
234	太原理工大学现代科技学院	26	39.18
235	东南大学成贤学院	23	39.12
236	阳光学院	18	39.05
237	文华学院	39	39.04
238	新疆工程学院	20	38.94
238	沈阳理工大学	56	38.94
240	常州工学院	41	38.81
241	中国矿业大学银川学院	15	38.68
242	河南工学院	21	38.45
243	河北工业大学城市学院	23	38.30
244	南昌理工学院	49	38.18
245	马鞍山学院	13	38.16
246	湖北汽车工业学院科技学院	19	37.94
247	河北建筑工程学院	22	37.57
248	广东东软学院	80	37.42
249	武汉华夏理工学院	42	37.31
250	广州航海学院	12	37.26

续表

序号	学校名称	奖项数量	总分
251	中国矿业大学（北京）	39	36.80
252	辽宁科技学院	75	36.71
253	广西科技大学鹿山学院	19	36.57
254	江苏科技大学苏州理工学院	13	36.53
255	武昌首义学院	33	36.39
256	华东交通大学理工学院	15	36.28
257	长春建筑学院	22	36.15
258	湖南城市学院	47	35.93
259	青岛工学院	12	35.63
260	皖江工学院	8	35.61
261	沈阳城市建设学院	32	35.58
262	宁夏理工学院	11	35.24
263	湖南科技大学潇湘学院	10	34.75
264	黑龙江工业学院	9	34.55
265	中国民用航空飞行学院	13	34.50
265	太原学院	10	34.50
267	北京交通大学海滨学院	16	34.36
268	郑州航空工业管理学院	27	34.31
269	兰州工业学院	20	34.28
270	郑州工业应用技术学院	54	34.13
271	湖南工学院	24	34.10

续表

序号	学校名称	奖项数量	总分
272	南通理工学院	54	33.99
273	浙江理工大学科技与艺术学院	31	33.94
274	银川能源学院	17	33.68
275	哈尔滨华德学院	59	33.61
276	武汉科技大学城市学院	81	33.55
277	华北理工大学轻工学院	28	33.54
278	河北工程大学科信学院	13	33.41
279	河北科技大学理工学院	7	33.33
280	闽南理工学院	102	33.03
281	郑州工程技术学院	82	32.92
282	鄂尔多斯应用技术学院	7	32.84
283	广东科技学院	30	32.72
284	北京服装学院	37	32.71
285	西安思源学院	5	32.46
286	南京航空航天大学金城学院	30	32.14
287	青岛理工大学琴岛学院	17	32.10
288	上海科技大学	17	31.91
289	大连科技学院	39	31.81
290	湖北科技学院	40	31.72
291	湖南工业大学科技学院	9	31.68

续表

序号	学校名称	奖项数量	总分
291	哈尔滨石油学院	10	31.68
293	长春理工大学光电信息学院	11	31.61
294	西安航空学院	33	31.58
295	山东科技大学泰山科技学院	12	31.13
296	沈阳科技学院	16	31.09
297	北京电子科技学院	9	31.03
298	南昌航空大学科技学院	8	31.02
299	吉林建筑科技学院	52	30.99
300	东莞理工学院城市学院	13	30.94
301	西南交通大学希望学院	7	30.87
302	广东工业大学华立学院	11	30.75
302	大连理工大学城市学院	21	30.75
304	西北工业大学明德学院	23	30.70
305	山西工程技术学院	19	30.66
306	荆楚理工学院	25	30.64
307	湖南理工学院南湖学院	9	30.34
308	广东白云学院	29	30.21
309	山东华宇工学院	27	30.02
310	南京理工大学泰州科技学院	18	29.88
311	武汉生物工程学院	12	29.82

序号	学校名称	奖项数量	总分	序号	学校名称	奖项数量	总分
312	北京科技大学天津学院	9	29.58	331	阜阳师范大学信息工程学院	4	25.19
313	西安建筑科技大学华清学院	5	29.47	332	湖北文理学院理工学院	5	24.45
314	浙江水利水电学院	8	29.14	333	昆明理工大学津桥学院	11	24.05
315	北京邮电大学世纪学院	11	29.03	334	东华理工大学长江学院	4	23.76
316	河北工程技术学院	7	28.90	335	南华大学船山学院	5	23.53
317	北京工业大学耿丹学院	21	28.81	336	景德镇陶瓷大学科技艺术学院	5	23.31
318	西安工业大学北方信息工程学院	9	28.51	337	南京工业大学浦江学院	6	23.19
319	南京邮电大学通达学院	23	28.34	338	河南科技学院新科学院	7	22.99
320	南京信息工程大学滨江学院	7	28.23	339	山西能源学院	3	22.90
321	武汉工程大学邮电与信息工程学院	6	28.07	340	西安理工大学高科学院	2	22.77
322	成都信息工程大学银杏酒店管理学院	13	27.87	341	武汉纺织大学外经贸学院	4	21.95
323	桂林理工大学博文管理学院	5	27.77	342	中北大学信息商务学院	3	21.61
324	郑州科技学院	7	27.66	343	齐齐哈尔工程学院	8	20.81
325	广东理工学院	15	27.54	344	河北环境工程学院	7	19.79
326	武昌工学院	16	27.13	345	福州理工学院	1	19.60
327	营口理工学院	11	27.11	346	陕西科技大学镐京学院	2	19.50
328	西安交通大学城市学院	10	26.43	347	首钢工学院	1	19.14
329	兰州交通大学博文学院	16	25.60	348	西南科技大学城市学院	7	19.13
330	武汉工程科技学院	15	25.57				

续表

序号	学校名称	奖项数量	总分
349	天津理工大学中环信息学院	2	18.68
350	厦门工学院	2	18.50
351	湖南工程学院应用技术学院	1	18.05
352	湖南信息学院	10	18.00
353	保定理工学院	11	16.60
354	西安交通工程学院	1	16.52
355	哈尔滨信息工程学院	6	16.29
356	陕西服装工程学院	2	16.23
357	湖北工程学院新技术学院	16	15.19
358	河北水利电力学院	2	14.41

续表

序号	学校名称	奖项数量	总分
359	安徽文达信息工程学院	7	14.07
360	河北科技学院	3	8.92
361	大连工业大学艺术与信息工程学院	1	8.69
361	西安科技大学高新学院	1	8.69
363	泉州信息工程学院	3	8.02
364	哈尔滨远东理工学院	3	7.69
364	常州大学怀德学院	1	7.69
366	石家庄铁道大学四方学院	1	6.44
367	江西服装学院	1	5.45

10.7　2015—2019年全国人文社科类本科院校学科竞赛排行榜

续表

序号	学校名称	奖项数量	总分	序号	学校名称	奖项数量	总分
1	中国人民大学	224	66.16	25	中国传媒大学	129	49.12
2	浙江工商大学	165	66.04	26	广东外语外贸大学	83	49.01
3	山东财经大学	98	65.57	27	河北经贸大学	63	49.00
4	重庆工商大学	139	63.90	28	福州外语外贸学院	75	48.82
5	安徽财经大学	186	63.46	29	西安欧亚学院	38	47.33
6	江西财经大学	160	61.60	30	浙江外国语学院	24	46.67
7	广西艺术学院	470	59.40	31	兰州财经大学	51	46.53
8	浙江财经大学	115	58.51	32	哈尔滨商业大学	51	46.50
9	西南财经大学	83	58.02	33	云南财经大学	60	46.36
10	东北财经大学	57	56.97	34	湖北经济学院	83	46.35
11	对外经济贸易大学	57	56.63	35	天津财经大学	29	46.33
12	广东财经大学	124	55.87	36	湖南工商大学	48	46.10
13	中南财经政法大学	99	55.37	37	吉林财经大学	32	45.97
14	山西财经大学	56	55.27	38	宁波财经学院	101	45.39
15	上海财经大学	78	54.67	39	内蒙古财经大学	28	45.27
16	天津商业大学	53	54.53	40	首都经济贸易大学	51	44.77
17	河南财经政法大学	108	54.44	41	海口经济学院	36	44.71
18	浙江传媒学院	113	53.80	42	南京财经大学	38	44.17
19	四川外国语大学	46	51.71	43	山西大学商务学院	38	43.99
20	广西财经学院	36	51.51	44	福建江夏学院	64	43.94
21	北京外国语大学	22	51.26	45	西南政法大学	26	43.62
22	中国政法大学	65	49.97	46	贵州财经大学	53	43.47
23	北京工商大学	96	49.62	47	山东女子学院	35	43.09
24	鲁迅美术学院	132	49.35	48	中央财经大学	33	42.90

续表

序号	学校名称	奖项数量	总分
49	西安财经大学	37	42.80
50	郑州西亚斯学院	43	42.59
51	长春财经学院	17	42.25
52	南京审计大学	20	42.12
53	上海对外经贸大学	32	41.81
54	山东工商学院	38	41.54
55	吉林动画学院	51	41.49
56	四川工商学院	26	41.03
57	中原工学院信息商务学院	70	40.79
57	上海体育学院	20	40.79
59	新疆财经大学	36	40.76
60	上海外国语大学	23	40.67
61	吉林外国语大学	19	40.44
62	武汉商学院	45	40.21
63	广东金融学院	33	39.58
64	河北大学工商学院	41	39.57
65	湖南涉外经济学院	18	39.02
66	吉林艺术学院	49	37.95
67	温州商学院	42	37.60
68	四川美术学院	40	37.41
69	云南经济管理学院	16	37.15
70	大连外国语大学	14	36.83
71	重庆师范大学涉外商贸学院	65	36.74
72	西安翻译学院	20	36.68
72	华东政法大学	13	36.68

续表

序号	学校名称	奖项数量	总分
74	北京语言大学	29	36.61
75	河北金融学院	23	36.55
76	南京艺术学院	53	36.11
77	西北政法大学	11	35.89
78	中国人民警察大学	18	35.41
79	外交学院	5	35.35
80	沈阳体育学院	37	35.33
80	四川音乐学院	69	35.33
82	河池学院	22	35.27
83	山西传媒学院	44	34.91
84	兰州财经大学陇桥学院	16	34.81
85	上海海关学院	13	34.50
86	云南工商学院	33	34.28
87	中国音乐学院	14	33.55
88	南京体育学院	3	33.26
89	中国美术学院	22	33.13
90	上海商学院	22	33.12
91	武汉体育学院	44	32.94
92	中国人民公安大学	5	32.65
93	武汉传媒学院	29	32.52
94	西安外国语大学	6	32.41
95	西安培华学院	20	32.09
96	天津外国语大学	7	32.04
96	山西工商学院	25	32.04
98	云南艺术学院	44	31.81

续表

序号	学校名称	奖项数量	总分
99	上海视觉艺术学院	14	31.63
100	山东艺术学院	33	31.55
101	哈尔滨金融学院	11	31.48
102	西安美术学院	5	31.22
103	贵州商学院	12	31.20
104	湖北美术学院	40	31.09
105	天津美术学院	6	30.96
106	山东工艺美术学院	20	30.87
107	河北地质大学华信学院	5	30.09
108	中央美术学院	3	29.93
109	中国刑事警察学院	2	29.90
110	中国劳动关系学院	3	29.53
111	四川传媒学院	8	29.44
112	浙江警察学院	8	29.18
113	北京体育大学	29	29.13
114	浙江音乐学院	30	29.05
115	天津财经大学珠江学院	26	28.97
116	北京物资学院	5	28.88
117	上海杉达学院	16	28.76
118	广东培正学院	69	28.64
119	辽宁对外经贸学院	46	28.41
120	北海艺术设计学院	75	28.38
121	西安外事学院	6	28.20
122	辽宁财贸学院	44	28.07
123	成都体育学院	2	27.86

续表

序号	学校名称	奖项数量	总分
124	大连艺术学院	27	27.76
125	黑河学院	21	27.59
126	湖南女子学院	39	27.55
127	四川电影电视学院	15	27.46
128	新疆艺术学院	13	27.42
129	河北美术学院	34	27.41
130	浙江财经大学东方学院	26	27.40
130	山东警察学院	5	27.40
130	四川文化艺术学院	9	27.40
133	重庆工商大学融智学院	5	27.13
134	湖北商贸学院	14	27.09
134	广东财经大学华商学院	41	27.09
136	中国传媒大学南广学院	15	27.05
137	湖北经济学院法商学院	8	26.90
138	甘肃政法大学	18	26.88
139	上海财经大学浙江学院	3	26.38
140	中央戏剧学院	2	26.16
141	浙江工商大学杭州商学院	15	26.14
142	中央音乐学院	8	26.12
143	郑州商学院	19	26.07
144	上海立信会计金融学院	4	26.02

续表

序号	学校名称	奖项数量	总分
145	西南财经大学天府学院	26	25.63
146	上海音乐学院	11	25.55
147	天津音乐学院	4	25.53
148	广西外国语学院	10	25.42
149	大连财经学院	12	25.29
150	中国青年政治学院	4	25.20
151	广州美术学院	5	25.19
152	天津外国语大学滨海外事学院	3	24.93
153	上海戏剧学院	10	24.86
154	广东警官学院	2	24.85
155	河北传媒学院	13	24.80
156	郑州升达经贸管理学院	31	24.78
157	山东青年政治学院	5	24.59
158	江西警察学院	1	24.48
159	上海政法学院	3	24.43
160	同济大学浙江学院	8	24.41
161	四川外国语大学重庆南方翻译学院	29	24.02
162	武汉设计工程学院	11	23.80
163	桂林旅游学院	9	23.61
164	天津体育学院运动与文化艺术学院	7	23.41
165	内蒙古艺术学院	3	23.31
166	中央司法警官学院	3	23.20

续表

序号	学校名称	奖项数量	总分
167	上海外国语大学贤达经济人文学院	8	23.10
168	哈尔滨体育学院	1	22.88
169	浙江越秀外国语学院	13	22.85
170	天津商业大学宝德学院	2	22.77
171	国际关系学院	3	22.76
172	湖南财政经济学院	7	22.48
173	武汉音乐学院	17	22.24
174	吉林体育学院	2	22.22
174	兰州财经大学长青学院	6	22.22
176	西安财经大学行知学院	1	22.16
177	南京森林警察学院	2	21.88
178	四川外国语大学成都学院	1	21.86
179	吉林工商学院	14	21.83
180	河南财政金融学院	12	21.32
181	铁道警察学院	1	21.17
182	湖南工商大学北津学院	1	21.04
183	沈阳音乐学院	11	21.01
184	河北经贸大学经济管理学院	3	20.60
185	西安音乐学院	12	20.02
186	陕西国际商贸学院	8	19.94
187	武汉学院	18	19.73

续表

序号	学校名称	奖项数量	总分
188	天津体育学院	2	19.65
189	首都师范大学科德学院	3	19.59
190	黑龙江财经学院	3	19.18
191	北京第二外国语学院	1	18.91
192	山东财经大学东方学院	2	18.71
193	江西财经大学现代经济管理学院	3	18.69
194	广东外语外贸大学南国商学院	6	17.77
195	贵州财经大学商务学院	1	17.40
196	云南警官学院	4	17.04
197	星海音乐学院	10	16.46
198	重庆工商大学派斯学院	2	16.29
199	山东体育学院	1	15.87
200	西安体育学院	1	15.54
200	福建警察学院	1	15.54

续表

序号	学校名称	奖项数量	总分
202	北京电影学院现代创意媒体学院	2	13.91
203	南京审计大学金审学院	7	13.63
204	郑州财经学院	2	13.41
205	山东政法学院	5	13.09
206	中国戏曲学院	5	12.30
207	郑州工商学院	8	12.03
208	武汉体育学院体育科技学院	5	11.70
209	北京工商大学嘉华学院	4	11.68
210	吉林警察学院	7	11.25
211	辽宁传媒学院	2	11.24
212	四川警察学院	2	11.22
213	黑龙江工商学院	1	10.12
214	哈尔滨音乐学院	2	9.88
215	湖南警察学院	1	7.69
216	安徽财经大学商学院	9	7.44
217	河北外国语学院	2	6.48

10.8　2015—2019年全国农林类本科院校学科竞赛排行榜

续表

序号	学校名称	奖项数量	总分	序号	学校名称	奖项数量	总分
1	东北林业大学	249	75.78	25	云南农业大学	25	46.28
2	福建农林大学	178	71.37	26	西南林业大学	39	46.24
3	华南农业大学	213	70.93	27	黑龙江八一农垦大学	35	44.87
4	华中农业大学	152	65.70	28	广东海洋大学	76	44.79
5	西北农林科技大学	162	63.12	29	仲恺农业工程学院	59	44.34
6	东北农业大学	146	61.24	30	新疆农业大学	33	43.81
7	塔里木大学	95	58.30	31	山东农业大学	53	43.71
8	南京林业大学	203	57.21	32	天津农学院	48	43.70
9	中国农业大学	87	56.82	33	山西农业大学	33	43.21
10	河北农业大学	120	55.38	34	上海海洋大学	46	42.96
11	浙江农林大学	136	54.79	35	大连海洋大学	36	41.27
12	中南林业科技大学	92	54.74	36	西藏农牧学院	25	40.92
13	湖南农业大学	66	54.42	37	吉林农业科技学院	19	38.53
14	四川农业大学	107	53.76	38	河南牧业经济学院	27	38.31
15	北京林业大学	109	53.18	39	山西农业大学信息学院	27	37.20
16	内蒙古农业大学	65	52.34	40	河北农业大学现代科技学院	12	36.72
17	青岛农业大学	57	51.94	41	江西农业大学	22	34.59
18	南京农业大学	63	51.86	42	广东海洋大学寸金学院	26	32.13
19	浙江海洋大学	43	49.67	43	信阳农林学院	3	31.67
20	河南农业大学	79	49.60	44	福建农林大学金山学院	7	30.56
21	甘肃农业大学	41	49.58	45	浙江农林大学暨阳学院	14	30.30
22	沈阳农业大学	53	49.50				
23	安徽农业大学	71	48.81				
24	吉林农业大学	53	46.72				

续表

序号	学校名称	奖项数量	总分	序号	学校名称	奖项数量	总分
46	湖南农业大学东方科技学院	6	29.30	51	江西农业大学南昌商学院	3	15.59
47	北京农学院	13	28.41	52	中南林业科技大学涉外学院	2	14.46
48	山东农业工程学院	3	26.71	53	安徽农业大学经济技术学院	4	11.52
49	华南农业大学珠江学院	9	16.91	54	福州工商学院	1	6.26
50	青岛农业大学海都学院	2	16.38				

10.9 2015—2019年全国医药类本科院校学科竞赛排行榜

续表

序号	学校名称	奖项数量	总分	序号	学校名称	奖项数量	总分
1	温州医科大学	53	61.83	15	福建医科大学	10	44.15
2	南方医科大学	61	59.11	16	江西中医药大学	32	43.46
3	南京中医药大学	42	51.44	17	山西医科大学	30	43.19
4	中国医科大学	32	50.05	18	长治医学院	14	43.17
5	哈尔滨医科大学	30	48.31	19	海南医学院	17	42.98
6	宁夏医科大学	37	48.23	20	首都医科大学	8	42.72
7	浙江中医药大学	63	47.71	21	吉林医药学院	18	42.55
8	湖南中医药大学	39	46.83	22	新乡医学院	7	41.68
9	安徽医科大学	39	46.58	23	滨州医学院	9	41.17
10	广西医科大学	22	46.45	24	蚌埠医学院	16	41.16
11	南京医科大学	27	46.10	25	皖南医学院	13	40.93
12	天津医科大学	18	45.74	26	成都医学院	20	40.46
13	大连医科大学	17	44.58	27	河北医科大学	12	40.38
14	新疆医科大学	19	44.19	28	内蒙古医科大学	16	40.17

续表

序号	学校名称	奖项数量	总分
29	济宁医学院	5	39.60
30	安徽中医药大学	12	39.53
31	昆明医科大学	9	38.90
32	山东中医药大学	11	38.61
33	辽宁中医药大学	15	38.39
34	西南医科大学	8	38.05
35	桂林医学院	5	38.03
36	广东药科大学	20	38.01
37	贵州医科大学	19	37.96
38	西安医学院	4	37.67
39	长春中医药大学	17	37.17
40	中国药科大学	14	37.11
41	赣南医学院	3	36.70
42	广州中医药大学	14	36.63
43	天津中医药大学	15	36.60
44	上海中医药大学	11	36.23
45	广州医科大学	8	35.12
46	锦州医科大学	5	34.97
47	陕西中医药大学	3	34.58
48	徐州医科大学	8	33.95
49	山东第一医科大学	7	33.86
50	重庆医科大学	9	33.75
51	长沙医学院	6	33.14
52	川北医学院	8	32.44
53	湖北中医药大学	17	32.19
54	沈阳药科大学	7	30.66

续表

序号	学校名称	奖项数量	总分
55	上海健康医学院	8	30.27
56	湖北医药学院	2	30.18
57	遵义医科大学	8	30.17
58	齐齐哈尔医学院	2	29.80
59	河南中医药大学	10	29.64
60	成都中医药大学	12	28.50
61	浙江中医药大学滨江学院	6	28.17
62	黑龙江中医药大学	5	26.23
63	西藏藏医药大学	4	25.53
64	潍坊医学院	3	25.49
65	福建中医药大学	5	25.37
66	山西中医药大学	2	24.16
67	广东医科大学	6	23.97
68	杭州医学院	3	23.66
69	贵州中医药大学	3	23.21
70	广西中医药大学	2	22.77
71	甘肃中医药大学	2	22.22
72	温州医科大学仁济学院	2	22.12
73	河北中医学院	3	21.65
74	牡丹江医学院	2	20.00
75	山东协和学院	9	19.63
76	安徽医科大学临床医学院	1	19.14
77	承德医学院	2	18.86

续表

序号	学校名称	奖项数量	总分
78	南京中医药大学翰林学院	1	18.66
79	云南中医药大学	1	17.97
80	北京协和医学院	1	16.16
80	辽宁何氏医学院	7	16.16

续表

序号	学校名称	奖项数量	总分
82	北京中医药大学	1	15.87
83	沈阳医学院	6	15.47
84	南京医科大学康达学院	4	13.34

10.10 2015—2019年全国师范类本科院校学科竞赛排行榜

续表

序号	学校名称	奖项数量	总分	序号	学校名称	奖项数量	总分
1	浙江师范大学	245	74.50	17	鲁东大学	126	60.11
2	华东师范大学	232	73.26	18	贵州师范大学	113	58.93
3	杭州师范大学	220	72.46	19	阜阳师范大学	222	58.55
4	华中师范大学	199	72.37	20	重庆师范大学	105	58.16
5	北京师范大学	150	70.91	21	上海师范大学	146	57.60
6	南京师范大学	157	69.86	22	东北师范大学	112	57.46
7	山东师范大学	166	69.42	23	云南师范大学	81	57.28
8	华南师范大学	172	67.53	24	江西科技师范大学	81	56.81
9	江西师范大学	252	66.49	25	曲阜师范大学	122	55.56
10	福建师范大学	165	65.22	26	陕西师范大学	85	55.42
11	湖南师范大学	170	64.23	27	河北师范大学	129	55.23
12	天津职业技术师范大学	80	64.16	28	江苏理工学院	85	54.26
13	广西师范大学	286	63.63	29	乐山师范学院	143	54.08
14	西南大学	108	61.55	30	西北师范大学	126	53.50
15	江苏师范大学	89	60.62	31	四川师范大学	210	53.25
16	广东技术师范大学	189	60.49	32	长江师范学院	161	53.10

续表

序号	学校名称	奖项数量	总分
33	海南师范大学	78	52.67
34	安徽师范大学	114	52.55
35	天津师范大学	86	51.92
36	南阳师范学院	290	51.28
37	贺州学院	218	50.72
38	内江师范学院	71	50.57
39	贵州师范学院	106	50.51
40	湖南文理学院	92	50.13
41	淮南师范学院	63	49.67
42	唐山师范学院	23	49.39
43	黄冈师范学院	99	49.10
44	辽宁师范大学	134	48.38
45	聊城大学	65	48.23
46	安庆师范大学	49	47.99
47	玉林师范学院	88	47.81
48	合肥师范学院	57	47.68
49	湖南人文科技学院	72	47.62
50	河南师范大学	54	47.60
51	北部湾大学	66	47.48
52	三明学院	47	47.46
53	池州学院	104	46.99
54	闽南师范大学	88	46.87
55	武夷学院	28	45.68
56	石家庄学院	29	45.59
57	吉林师范大学	112	45.42
58	南宁师范大学	58	45.27

续表

序号	学校名称	奖项数量	总分
59	曲靖师范学院	67	44.87
60	沈阳师范大学	125	44.74
61	哈尔滨师范大学	66	44.52
62	安阳师范学院	56	44.48
63	青海师范大学	32	44.40
64	百色学院	69	44.36
65	盐城师范学院	44	44.30
66	泉州师范学院	74	44.16
67	西华师范大学	82	44.15
68	湖州师范学院	45	43.87
69	韩山师范学院	41	43.75
70	新疆师范大学	45	43.55
71	河北民族师范学院	63	43.24
72	山西师范大学	49	43.13
73	淮阴师范学院	51	42.86
74	内蒙古师范大学	65	42.32
75	洛阳师范学院	34	41.95
76	岭南师范学院	66	41.90
77	昆明学院	28	41.55
78	赣南师范大学	48	41.10
79	西安文理学院	30	41.09
80	首都师范大学	29	41.06
81	陇东学院	45	40.79
82	新乡学院	34	40.58
83	淮北师范大学	50	40.34
84	渭南师范学院	27	40.09

续表

序号	学校名称	奖项数量	总分
85	湖北师范大学	76	40.02
86	周口师范学院	28	39.64
87	信阳师范学院	21	39.59
88	遵义师范学院	23	39.57
89	湖南第一师范学院	28	39.25
90	吉林工程技术师范学院	24	39.22
91	湖北第二师范学院	25	39.01
92	商丘师范学院	56	38.90
93	宝鸡文理学院	45	38.79
94	大庆师范学院	24	38.52
95	长春师范大学	40	38.43
96	玉溪师范学院	35	37.91
97	河南科技学院	41	37.47
98	宁德师范学院	10	37.33
99	南昌师范学院	35	36.61
100	阿坝师范学院	20	36.56
101	山西大同大学	47	36.45
102	重庆第二师范学院	15	36.07
103	黄淮学院	47	35.98
104	黔南民族师范学院	36	35.67
105	琼台师范学院	11	35.17
106	长治学院	41	35.09
107	兰州城市学院	27	34.54
108	牡丹江师范学院	22	34.49
109	河南师范大学新联学院	41	34.46

续表

序号	学校名称	奖项数量	总分
110	衡水学院	30	34.14
111	河北科技师范学院	25	33.97
112	长沙师范学院	31	33.83
113	邯郸学院	19	33.76
114	安康学院	25	33.72
115	六盘水师范学院	9	33.50
116	南京晓庄学院	48	33.40
117	通化师范学院	31	33.39
118	铜仁学院	15	33.08
119	凯里学院	21	33.03
120	宁夏师范学院	22	32.81
121	郑州师范学院	24	32.77
122	安顺学院	31	32.56
123	济宁学院	10	32.42
123	成都师范学院	21	32.42
125	衡阳师范学院	27	32.28
126	蚌埠学院	24	31.96
127	伊犁师范大学	9	31.19
128	天水师范学院	8	31.04
129	太原师范学院	22	30.33
130	楚雄师范学院	15	29.81
131	鞍山师范学院	23	29.75
132	保定学院	24	29.50
133	广东第二师范学院	24	29.47
134	赤峰学院	4	29.45
135	商洛学院	15	28.74

续表

序号	学校名称	奖项数量	总分
136	滇西科技师范学院	11	28.73
137	云南师范大学文理学院	11	28.17
138	喀什大学	20	28.06
139	白城师范学院	5	27.98
140	上饶师范学院	32	27.31
141	忻州师范学院	6	26.62
142	黑龙江外国语学院	40	25.77
143	四川文理学院	16	25.22
144	南京师范大学泰州学院	8	25.17
145	泰州学院	15	24.67
146	汉江师范学院	4	23.75
147	咸阳师范学院	5	23.23
148	普洱学院	3	22.60
149	沧州师范学院	5	22.26
150	集宁师范学院	3	22.12
151	云南师范大学商学院	8	21.98

续表

序号	学校名称	奖项数量	总分
152	昭通学院	2	21.35
153	江苏第二师范学院	9	20.87
154	绵阳师范学院	24	20.58
155	齐鲁师范学院	4	19.71
156	陕西学前师范学院	1	19.52
157	山西师范大学现代文理学院	1	19.14
158	廊坊师范学院	8	18.13
159	豫章师范学院	1	17.97
160	甘肃民族师范学院	3	16.78
161	福建技术师范学院	1	15.87
161	广西职业师范学院	1	15.87
163	广西民族师范学院	11	15.78
164	贵州师范大学求是学院	5	11.69
165	昌吉学院	7	10.06
166	湖北师范大学文理学院	1	3.27

10.11 2015—2019年全国"民办及独立学院"学科竞赛排行榜

续表

序号	学校名称	奖项数量	总分	序号	学校名称	奖项数量	总分
1	厦门大学嘉庚学院	99	62.62	23	浙江工业大学之江学院	85	46.58
2	集美大学诚毅学院	54	58.71	24	武汉工商学院	61	45.65
3	杭州电子科技大学信息工程学院	51	54.60	25	宁波财经学院	101	45.39
4	安徽信息工程学院	100	54.38	26	华南理工大学广州学院	48	45.09
5	浙江大学城市学院	87	53.78	27	中国计量大学现代科技学院	27	45.02
6	沈阳工学院	134	53.65	28	江西理工大学应用科学学院	55	44.88
7	江西科技学院	58	51.84	29	海口经济学院	36	44.71
8	大连东软信息学院	192	50.90	30	电子科技大学中山学院	51	44.38
9	成都理工大学工程技术学院	42	50.67	31	宁波大学科学技术学院	30	44.25
10	广州大学华软软件学院	129	50.59	32	山西大学商务学院	38	43.99
11	燕山大学里仁学院	56	50.50	33	天津大学仁爱学院	48	43.93
12	黄河科技学院	79	49.95	34	绍兴文理学院元培学院	35	43.82
13	云南大学滇池学院	55	49.83	35	北京理工大学珠海学院	92	43.60
14	吉林大学珠海学院	87	48.98	36	武昌理工学院	60	43.57
15	浙江大学宁波理工学院	85	48.85	37	山东英才学院	23	43.13
16	福州外语外贸学院	75	48.82	38	中国石油大学胜利学院	25	42.83
17	南宁学院	94	48.72	39	武汉东湖学院	50	42.82
18	浙江师范大学行知学院	20	48.48	40	重庆工程学院	137	42.76
19	西京学院	72	48.38	41	郑州西亚斯学院	43	42.59
20	安徽新华学院	48	47.77				
21	三江学院	33	47.49				
22	西安欧亚学院	38	47.33				

续表

序号	学校名称	奖项数量	总分
42	南昌工学院	23	42.28
43	长春财经学院	17	42.25
44	安徽三联学院	19	42.14
45	长沙理工大学城南学院	9	41.96
46	汉口学院	74	41.91
47	成都东软学院	77	41.86
48	北京师范大学珠海分校	83	41.77
49	中山大学南方学院	58	41.72
50	电子科技大学成都学院	50	41.69
51	江西工程学院	20	41.50
52	吉林动画学院	51	41.49
53	中国矿业大学徐海学院	30	41.08
54	四川工商学院	26	41.03
55	湖北工业大学工程技术学院	34	40.99
56	桂林电子科技大学信息科技学院	63	40.94
57	中原工学院信息商务学院	70	40.79
58	青岛黄海学院	34	40.50
59	潍坊科技学院	18	40.49
60	吉林外国语大学	19	40.44
61	浙江树人学院	20	40.16
62	三峡大学科技学院	57	40.08

续表

序号	学校名称	奖项数量	总分
63	华北电力大学科技学院	45	40.07
64	重庆邮电大学移通学院	107	40.03
65	三亚学院	38	39.89
66	宁夏大学新华学院	17	39.68
67	南京理工大学紫金学院	31	39.67
67	兰州理工大学技术工程学院	25	39.67
69	重庆大学城市科技学院	83	39.66
70	河北大学工商学院	41	39.57
71	烟台南山学院	35	39.45
72	太原理工大学现代科技学院	26	39.18
73	东南大学成贤学院	23	39.12
74	阳光学院	18	39.05
75	文华学院	39	39.04
76	湖南涉外经济学院	18	39.02
77	福建师范大学协和学院	27	38.84
78	中国矿业大学银川学院	15	38.68
79	广西师范大学漓江学院	88	38.65
80	杭州师范大学钱江学院	13	38.61
81	河北工业大学城市学院	23	38.30

续表

序号	学校名称	奖项数量	总分
82	南昌理工学院	49	38.18
83	马鞍山学院	13	38.16
84	湖北汽车工业学院科技学院	19	37.94
85	广西大学行健文理学院	41	37.77
86	温州商学院	42	37.60
87	广东东软学院	80	37.42
88	南昌大学科学技术学院	28	37.37
89	武汉华夏理工学院	42	37.31
90	福州大学至诚学院	15	37.28
91	山西农业大学信息学院	27	37.20
92	云南经济管理学院	16	37.15
93	烟台大学文经学院	10	37.07
94	重庆师范大学涉外商贸学院	65	36.74
95	河北农业大学现代科技学院	12	36.72
96	云南大学旅游文化学院	11	36.70
97	西安翻译学院	20	36.68
98	上海建桥学院	36	36.59
99	广西科技大学鹿山学院	19	36.57
100	南开大学滨海学院	34	36.55
101	江苏科技大学苏州理工学院	13	36.53

续表

序号	学校名称	奖项数量	总分
102	武昌首义学院	33	36.39
103	华东交通大学理工学院	15	36.28
104	长春建筑学院	22	36.15
105	青岛工学院	12	35.63
106	皖江工学院	8	35.61
107	沈阳城市建设学院	32	35.58
108	武汉晴川学院	15	35.48
109	宁夏理工学院	11	35.24
110	赣南师范大学科技学院	20	35.20
111	四川大学锦城学院	35	35.08
112	北京城市学院	93	34.97
113	兰州财经大学陇桥学院	16	34.81
114	东北师范大学人文学院	39	34.78
115	四川大学锦江学院	21	34.76
116	湖南科技大学潇湘学院	10	34.75
117	河南师范大学新联学院	41	34.46
118	北京交通大学海滨学院	16	34.36
119	云南工商学院	33	34.28
120	郑州工业应用技术学院	54	34.13
121	南通理工学院	54	33.99

序号	学校名称	奖项数量	总分
122	浙江理工大学科技与艺术学院	31	33.94
123	广州商学院	20	33.73
124	银川能源学院	17	33.68
125	哈尔滨剑桥学院	8	33.65
126	哈尔滨华德学院	59	33.61
127	武汉科技大学城市学院	81	33.55
128	华北理工大学轻工学院	28	33.54
129	河北工程大学科信学院	13	33.41
130	河北科技大学理工学院	7	33.33
131	太原科技大学华科学院	10	33.23
132	长沙医学院	6	33.14
133	闽南理工学院	102	33.03
134	温州大学瓯江学院	17	33.01
135	西北师范大学知行学院	14	32.85
136	广东科技学院	30	32.72
137	信阳学院	16	32.57
138	武汉传媒学院	29	32.52
139	河南大学民生学院	44	32.48
140	西安思源学院	5	32.46
141	中山大学新华学院	19	32.28
142	南京航空航天大学金城学院	30	32.14

序号	学校名称	奖项数量	总分
143	广东海洋大学寸金学院	26	32.13
144	青岛理工大学琴岛学院	17	32.10
145	西安培华学院	20	32.09
146	山西工商学院	25	32.04
147	大连科技学院	39	31.81
148	安徽师范大学皖江学院	51	31.72
149	湖南工业大学科技学院	9	31.68
149	哈尔滨石油学院	10	31.68
149	江苏师范大学科文学院	8	31.68
152	上海视觉艺术学院	14	31.63
153	长春理工大学光电信息学院	11	31.61
154	长春光华学院	35	31.41
155	湖州师范学院求真学院	10	31.26
156	山东科技大学泰山科技学院	12	31.13
157	沈阳科技学院	16	31.09
158	南昌航空大学科技学院	8	31.02
159	吉林建筑科技学院	52	30.99
160	东莞理工学院城市学院	13	30.94
161	西南交通大学希望学院	7	30.87

续表 续表

序号	学校名称	奖项数量	总分	序号	学校名称	奖项数量	总分
162	广东工业大学华立学院	11	30.75	181	燕京理工学院	15	29.25
162	大连理工大学城市学院	21	30.75	182	厦门华厦学院	21	29.16
164	西北工业大学明德学院	23	30.70	183	北京邮电大学世纪学院	11	29.03
165	福建农林大学金山学院	7	30.56	184	天津财经大学珠江学院	26	28.97
166	嘉兴学院南湖学院	33	30.37	185	河北工程技术学院	7	28.90
167	湖南理工学院南湖学院	9	30.34	186	潍坊理工学院	21	28.84
168	扬州大学广陵学院	18	30.33	187	北京工业大学耿丹学院	21	28.81
169	浙江农林大学暨阳学院	14	30.30	188	上海杉达学院	16	28.76
170	江西应用科技学院	12	30.29	189	广东培正学院	69	28.64
171	广东白云学院	29	30.21	190	衡阳师范学院南岳学院	10	28.59
172	河北地质大学华信学院	5	30.09	191	齐鲁理工学院	11	28.58
173	山东华宇工学院	27	30.02	192	西安工业大学北方信息工程学院	9	28.51
174	南京理工大学泰州科技学院	18	29.88	193	南京师范大学中北学院	14	28.48
175	武汉生物工程学院	12	29.82	194	辽宁对外经贸学院	46	28.41
176	上海师范大学天华学院	40	29.79	195	北海艺术设计学院	75	28.38
177	北京科技大学天津学院	9	29.58	196	南京邮电大学通达学院	23	28.34
178	西安建筑科技大学华清学院	5	29.47	197	辽宁理工学院	9	28.31
179	四川传媒学院	8	29.44	198	长春工业大学人文信息学院	4	28.27
180	湖南农业大学东方科技学院	6	29.30	199	南京信息工程大学滨江学院	7	28.23
				200	西安外事学院	6	28.20

续表

序号	学校名称	奖项数量	总分
201	云南师范大学文理学院	11	28.17
201	浙江中医药大学滨江学院	6	28.17
203	武汉工程大学邮电与信息工程学院	6	28.07
203	辽宁财贸学院	44	28.07
205	湖南应用技术学院	5	27.99
206	济南大学泉城学院	8	27.96
207	苏州大学文正学院	17	27.93
208	成都信息工程大学银杏酒店管理学院	13	27.87
209	宿迁学院	15	27.80
210	桂林理工大学博文管理学院	5	27.77
211	大连艺术学院	27	27.76
212	郑州科技学院	7	27.66
213	广东理工学院	15	27.54
214	四川电影电视学院	15	27.46
215	沈阳城市学院	43	27.42
216	河北美术学院	34	27.41
217	浙江财经大学东方学院	26	27.40
217	四川文化艺术学院	9	27.40
219	重庆人文科技学院	33	27.24
219	南京大学金陵学院	35	27.24
221	贵州民族大学人文科技学院	4	27.22

续表

序号	学校名称	奖项数量	总分
222	重庆工商大学融智学院	5	27.13
222	武昌工学院	16	27.13
224	湖北商贸学院	14	27.09
224	广东财经大学华商学院	41	27.09
226	中国传媒大学南广学院	15	27.05
227	湖北经济学院法商学院	8	26.90
228	南昌大学共青学院	2	26.75
229	哈尔滨广厦学院	8	26.61
230	内蒙古大学创业学院	3	26.59
231	西安交通大学城市学院	10	26.43
232	上海财经大学浙江学院	3	26.38
233	浙江工商大学杭州商学院	15	26.14
234	郑州商学院	19	26.07
235	长江大学文理学院	25	25.91
236	青岛恒星科技学院	2	25.87
237	无锡太湖学院	9	25.84
238	黑龙江外国语学院	40	25.77
239	西南财经大学天府学院	26	25.63
240	兰州交通大学博文学院	16	25.60
241	武汉工程科技学院	15	25.57

续表

序号	学校名称	奖项数量	总分
242	广西外国语学院	10	25.42
243	南通大学杏林学院	11	25.39
244	南宁师范大学师园学院	8	25.34
245	大连财经学院	12	25.29
246	苏州科技大学天平学院	1	25.27
247	阜阳师范大学信息工程学院	4	25.19
248	南京师范大学泰州学院	8	25.17
249	闽南科技学院	10	25.05
250	天津外国语大学滨海外事学院	3	24.93
251	吉首大学张家界学院	21	24.81
252	河北传媒学院	13	24.80
253	郑州升达经贸管理学院	31	24.78
254	安徽大学江淮学院	26	24.72
255	湘潭大学兴湘学院	2	24.57
256	湖北文理学院理工学院	5	24.45
257	长春科技学院	5	24.44
258	同济大学浙江学院	8	24.41
259	湖北民族大学科技学院	2	24.16
260	昆明理工大学津桥学院	11	24.05

续表

序号	学校名称	奖项数量	总分
261	四川外国语大学重庆南方翻译学院	29	24.02
262	武汉设计工程学院	11	23.80
263	东华理工大学长江学院	4	23.76
264	南华大学船山学院	5	23.53
265	天津体育学院运动与文化艺术学院	7	23.41
266	景德镇陶瓷大学科技艺术学院	5	23.31
267	南京工业大学浦江学院	6	23.19
268	上海外国语大学贤达经济人文学院	8	23.10
269	广州工商学院	25	23.04
270	广州大学松田学院	11	23.00
271	河南科技学院新科学院	7	22.99
272	浙江越秀外国语学院	13	22.85
273	西安理工大学高科学院	2	22.77
273	天津商业大学宝德学院	2	22.77
275	广西民族大学相思湖学院	17	22.73
276	广东技术师范大学天河学院	7	22.70
277	兰州财经大学长青学院	6	22.22

续表

序号	学校名称	奖项数量	总分
278	湖南师范大学树达学院	2	22.18
279	西安财经大学行知学院	1	22.16
280	温州医科大学仁济学院	2	22.12
281	江西师范大学科学技术学院	7	22.05
282	云南师范大学商学院	8	21.98
283	武汉纺织大学外经贸学院	4	21.95
284	四川外国语大学成都学院	1	21.86
285	黑龙江东方学院	3	21.63
286	中北大学信息商务学院	3	21.61
286	青岛滨海学院	5	21.61
288	湖南工商大学北津学院	1	21.04
289	延安大学西安创新学院	2	21.00
290	长江大学工程技术学院	15	20.85
291	齐齐哈尔工程学院	8	20.81
292	长春大学旅游学院	18	20.76
293	天津师范大学津沽学院	6	20.69
294	河北经贸大学经济管理学院	3	20.60
295	安阳学院	2	20.00

续表

序号	学校名称	奖项数量	总分
296	陕西国际商贸学院	8	19.94
297	武汉学院	18	19.73
298	内蒙古师范大学鸿德学院	1	19.70
299	山东协和学院	9	19.63
300	福州理工学院	1	19.60
301	首都师范大学科德学院	3	19.59
302	陕西科技大学镐京学院	2	19.50
303	聊城大学东昌学院	3	19.40
304	黑龙江财经学院	3	19.18
305	安徽医科大学临床医学院	1	19.14
305	山西师范大学现代文理学院	1	19.14
307	西南科技大学城市学院	7	19.13
308	上海立达学院	19	18.95
309	苏州大学应用技术学院	13	18.93
310	山东财经大学东方学院	2	18.71
311	江西财经大学现代经济管理学院	3	18.69
312	天津理工大学中环信息学院	2	18.68
313	南京中医药大学翰林学院	1	18.66
314	商丘学院	10	18.64

续表

序号	学校名称	奖项数量	总分
315	厦门工学院	2	18.50
316	江苏大学京江学院	2	18.36
317	湖南工程学院应用技术学院	1	18.05
318	湖南信息学院	10	18.00
319	广东外语外贸大学南国商学院	6	17.77
320	贵州财经大学商务学院	1	17.40
321	天津天狮学院	2	17.38
322	仰恩大学	16	16.93
323	华南农业大学珠江学院	9	16.91
324	江汉大学文理学院	10	16.61
325	保定理工学院	11	16.60
326	西安交通工程学院	1	16.52
327	青岛农业大学海都学院	2	16.38
328	哈尔滨信息工程学院	6	16.29
328	重庆工商大学派斯学院	2	16.29
330	陕西服装工程学院	2	16.23
331	辽宁何氏医学院	7	16.16
332	青海大学昆仑学院	1	15.87
333	江西农业大学南昌商学院	3	15.59
334	湖北大学知行学院	8	15.54

续表

序号	学校名称	奖项数量	总分
335	湖北工程学院新技术学院	16	15.19
336	中南林业科技大学涉外学院	2	14.46
337	安徽文达信息工程学院	7	14.07
338	山西应用科技学院	10	14.02
339	北京电影学院现代创意媒体学院	2	13.91
340	南京审计大学金审学院	7	13.63
341	郑州财经学院	2	13.41
342	南京医科大学康达学院	4	13.34
343	西北大学现代学院	4	13.27
344	辽宁师范大学海华学院	8	12.88
345	郑州工商学院	8	12.03
346	江西科技师范大学理工学院	2	11.83
347	武汉体育学院体育科技学院	5	11.70
348	贵州师范大学求是学院	5	11.69
349	北京工商大学嘉华学院	4	11.68
350	安徽农业大学经济技术学院	4	11.52
351	辽宁传媒学院	2	11.24
352	浙江海洋大学东海科学技术学院	2	11.22

续表

序号	学校名称	奖项数量	总分
353	成都文理学院	3	10.74
354	山东现代学院	1	10.12
354	黑龙江工商学院	1	10.12
356	河北科技学院	3	8.92
357	大连工业大学艺术与信息工程学院	1	8.69
357	四川工业科技学院	1	8.69
357	西安科技大学高新学院	1	8.69
360	泉州信息工程学院	3	8.02
361	贵州大学科技学院	5	7.93
362	哈尔滨远东理工学院	3	7.69
362	常州大学怀德学院	1	7.69

续表

序号	学校名称	奖项数量	总分
364	吉林师范大学博达学院	7	7.58
365	北京吉利学院	1	7.47
366	安徽财经大学商学院	9	7.44
367	河北外国语学院	2	6.48
368	石家庄铁道大学四方学院	1	6.44
369	福州工商学院	1	6.26
370	江西服装学院	1	5.45
371	河北师范大学汇华学院	6	5.12
372	湖南文理学院芙蓉学院	4	4.63
373	湖北师范大学文理学院	1	3.27

10.12 2015—2019年全国新建本科院校学科竞赛排行榜

续表

序号	学校名称	奖项数量	总分	序号	学校名称	奖项数量	总分
1	厦门理工学院	112	64.36	26	东莞理工学院	88	52.84
2	厦门大学嘉庚学院	99	62.62	27	德州学院	119	52.73
3	重庆科技学院	151	60.14	28	韶关学院	69	52.26
4	福建工程学院	119	59.90	29	江西科技学院	58	51.84
5	惠州学院	104	58.75	30	滁州学院	108	51.59
6	集美大学诚毅学院	54	58.71	31	广西财经学院	36	51.51
7	宁波工程学院	72	57.32	32	天津中德应用技术大学	33	51.28
8	江汉大学	158	57.08	32	南阳师范学院	290	51.28
9	南阳理工学院	138	56.19	34	浙江万里学院	80	51.06
10	长沙学院	139	55.62	35	大连东软信息学院	192	50.90
11	山东交通学院	66	55.36	36	贺州学院	218	50.72
12	皖西学院	74	55.17	37	宜春学院	116	50.70
13	洛阳理工学院	102	55.09	38	成都理工大学工程技术学院	42	50.67
14	嘉兴学院	115	55.00	39	广州大学华软软件学院	129	50.59
15	中国科学院大学	61	54.89	40	内江师范学院	71	50.57
15	南京工程学院	94	54.89	41	贵州师范学院	106	50.51
17	河南工程学院	111	54.65	42	燕山大学里仁学院	56	50.50
18	安徽信息工程学院	100	54.38	43	徐州工程学院	66	50.38
19	常熟理工学院	68	54.28	44	滨州学院	129	50.34
20	乐山师范学院	143	54.08	45	闽江学院	94	50.20
21	浙江传媒学院	113	53.80	46	贵州理工学院	38	50.11
22	南昌工程学院	54	53.68	47	黄河科技学院	79	49.95
23	沈阳工学院	134	53.65	48	黄山学院	73	49.89
24	上海第二工业大学	86	53.11				
25	长江师范学院	161	53.10				

续表

序号	学校名称	奖项数量	总分
49	云南大学滇池学院	55	49.83
50	湖北工程学院	74	49.76
50	怀化学院	110	49.76
52	淮南师范学院	63	49.67
53	巢湖学院	57	49.22
54	重庆文理学院	102	49.15
55	成都工业学院	59	49.11
56	吉林大学珠海学院	87	48.98
57	安阳工学院	84	48.92
58	浙江大学宁波理工学院	85	48.85
59	福州外语外贸学院	75	48.82
60	南宁学院	94	48.72
61	北华航天工业学院	32	48.53
62	西京学院	72	48.38
63	梧州学院	72	48.11
64	淮阴工学院	53	48.00
65	玉林师范学院	88	47.81
66	安徽新华学院	48	47.77
67	衢州学院	36	47.68
67	合肥师范学院	57	47.68
69	湖南人文科技学院	72	47.62
70	三江学院	33	47.49
71	北部湾大学	66	47.48
71	湖南工程学院	38	47.48
73	三明学院	47	47.46

续表

序号	学校名称	奖项数量	总分
74	西安欧亚学院	38	47.33
75	池州学院	104	46.99
76	莆田学院	53	46.79
77	浙江外国语学院	24	46.67
78	长春工程学院	60	46.61
79	河南城建学院	44	46.37
80	湖北经济学院	83	46.35
81	贵阳学院	19	46.11
82	桂林航天工业学院	86	45.69
83	武夷学院	28	45.68
84	武汉工商学院	61	45.65
85	石家庄学院	29	45.59
86	运城学院	82	45.58
87	井冈山大学	65	45.41
88	宁波财经学院	101	45.39
89	华南理工大学广州学院	48	45.09
90	黑龙江工程学院	32	45.00
91	湖南科技学院	63	44.98
92	许昌学院	49	44.89
93	江西理工大学应用科学学院	55	44.88
94	曲靖师范学院	67	44.87
95	华北科技学院	36	44.77
96	海口经济学院	36	44.71
97	安阳师范学院	56	44.48

续表

续表

序号	学校名称	奖项数量	总分
98	海南热带海洋学院	39	44.42
99	电子科技大学中山学院	51	44.38
100	百色学院	69	44.36
101	泉州师范学院	74	44.16
102	金陵科技学院	49	44.07
103	山西大学商务学院	38	43.99
104	福建江夏学院	64	43.94
105	天津大学仁爱学院	48	43.93
106	上海电机学院	28	43.83
107	绍兴文理学院元培学院	35	43.82
107	上海应用技术大学	33	43.82
109	铜陵学院	112	43.73
110	北京理工大学珠海学院	92	43.60
111	武昌理工学院	60	43.57
112	台州学院	60	43.50
113	湖北理工学院	69	43.28
114	河北民族师范学院	63	43.24
115	山东英才学院	23	43.13
116	山东女子学院	35	43.09
117	广东石油化工学院	27	43.08
118	中国石油大学胜利学院	25	42.83
119	武汉东湖学院	50	42.82
120	重庆工程学院	137	42.76

序号	学校名称	奖项数量	总分
121	九江学院	45	42.60
122	郑州西亚斯学院	43	42.59
123	南昌工学院	23	42.28
124	长春财经学院	17	42.25
125	安徽三联学院	19	42.14
126	宿州学院	21	42.09
127	长沙理工大学城南学院	9	41.96
128	洛阳师范学院	34	41.95
129	汉口学院	74	41.91
130	成都东软学院	77	41.86
131	晋中学院	22	41.82
132	北京师范大学珠海分校	83	41.77
133	中山大学南方学院	58	41.72
134	电子科技大学成都学院	50	41.69
135	昆明学院	28	41.55
136	江西工程学院	20	41.50
137	吉林动画学院	51	41.49
138	沈阳工程学院	37	41.34
139	西安文理学院	30	41.09
140	中国矿业大学徐海学院	30	41.08
141	龙岩学院	24	41.03
141	四川工商学院	26	41.03
143	湖北工业大学工程技术学院	34	40.99

续表

序号	学校名称	奖项数量	总分
144	桂林电子科技大学信息科技学院	63	40.94
145	陇东学院	45	40.79
145	中原工学院信息商务学院	70	40.79
147	丽水学院	27	40.61
148	新乡学院	34	40.58
149	宜宾学院	44	40.56
150	青岛黄海学院	34	40.50
151	潍坊科技学院	18	40.49
151	湘南学院	20	40.49
153	吉林外国语大学	19	40.44
154	防灾科技学院	18	40.28
155	武汉商学院	45	40.21
156	浙江树人学院	20	40.16
157	渭南师范学院	27	40.09
158	三峡大学科技学院	57	40.08
159	华北电力大学科技学院	45	40.07
160	重庆邮电大学移通学院	107	40.03
161	南方科技大学	40	39.89
161	三亚学院	38	39.89
163	新余学院	32	39.88
164	宁夏大学新华学院	17	39.68
165	兰州理工大学技术工程学院	25	39.67

续表

序号	学校名称	奖项数量	总分
166	重庆大学城市科技学院	83	39.66
167	周口师范学院	28	39.64
168	广东金融学院	33	39.58
169	遵义师范学院	23	39.57
169	河北大学工商学院	41	39.57
171	攀枝花学院	79	39.51
172	烟台南山学院	35	39.45
173	湖南第一师范学院	28	39.25
174	太原理工大学现代科技学院	26	39.18
175	东南大学成贤学院	23	39.12
176	阳光学院	18	39.05
177	文华学院	39	39.04
178	湖南涉外经济学院	18	39.02
179	湖北第二师范学院	25	39.01
180	新疆工程学院	20	38.94
181	商丘师范学院	56	38.90
182	福建师范大学协和学院	27	38.84
183	常州工学院	41	38.81
184	中国矿业大学银川学院	15	38.68
185	广西师范大学漓江学院	88	38.65
186	吕梁学院	27	38.63
187	吉林农业科技学院	19	38.53
188	大庆师范学院	24	38.52

续表

序号	学校名称	奖项数量	总分
189	河南工学院	21	38.45
190	河南牧业经济学院	27	38.31
191	河北工业大学城市学院	23	38.30
192	唐山学院	28	38.19
193	南昌理工学院	49	38.18
194	马鞍山学院	13	38.16
195	肇庆学院	57	38.08
196	湖北汽车工业学院科技学院	19	37.94
197	玉溪师范学院	35	37.91
198	嘉应学院	27	37.84
199	广西大学行健文理学院	41	37.77
200	西安医学院	4	37.67
201	温州商学院	42	37.60
202	广东东软学院	80	37.42
203	文山学院	27	37.38
204	南昌大学科学技术学院	28	37.37
205	宁德师范学院	10	37.33
206	武汉华夏理工学院	42	37.31
207	福州大学至诚学院	15	37.28
208	广州航海学院	12	37.26
209	山西农业大学信息学院	27	37.20
210	云南经济管理学院	16	37.15
211	烟台大学文经学院	10	37.07

续表

序号	学校名称	奖项数量	总分
212	北京师范大学–香港浸会大学联合国际学院	19	36.98
213	重庆师范大学涉外商贸学院	65	36.74
214	河北农业大学现代科技学院	12	36.72
215	辽宁科技学院	75	36.71
216	云南大学旅游文化学院	11	36.70
217	西安翻译学院	20	36.68
218	枣庄学院	12	36.64
219	南昌师范学院	35	36.61
220	上海建桥学院	36	36.59
221	广西科技大学鹿山学院	19	36.57
222	阿坝师范学院	20	36.56
223	河北金融学院	23	36.55
223	南开大学滨海学院	34	36.55
225	江苏科技大学苏州理工学院	13	36.53
225	泰山学院	10	36.53
227	河套学院	14	36.42
228	武昌首义学院	33	36.39
229	河西学院	21	36.38
230	华东交通大学理工学院	15	36.28
231	长春建筑学院	22	36.15
232	重庆第二师范学院	15	36.07

续表

序号	学校名称	奖项数量	总分
233	黄淮学院	47	35.98
234	湖南城市学院	47	35.93
235	黔南民族师范学院	36	35.67
236	青岛工学院	12	35.63
237	皖江工学院	8	35.61
238	沈阳城市建设学院	32	35.58
239	武汉晴川学院	15	35.48
240	河池学院	22	35.27
241	宁夏理工学院	11	35.24
242	哈尔滨学院	38	35.20
242	赣南师范大学科技学院	20	35.20
244	琼台师范学院	11	35.17
245	长治学院	41	35.09
246	四川大学锦城学院	35	35.08
247	辽东学院	14	35.06
248	北京城市学院	93	34.97
249	山西传媒学院	44	34.91
250	兰州财经大学陇桥学院	16	34.81
251	东北师范大学人文学院	39	34.78
252	四川大学锦江学院	21	34.76
253	湖南科技大学潇湘学院	10	34.75
254	贵州工程应用技术学院	18	34.58
255	黑龙江工业学院	9	34.55

续表

序号	学校名称	奖项数量	总分
256	兰州城市学院	27	34.54
257	太原学院	10	34.50
257	上海海关学院	13	34.50
259	河南师范大学新联学院	41	34.46
260	北京交通大学海滨学院	16	34.36
261	兰州工业学院	20	34.28
261	云南工商学院	33	34.28
263	潍坊学院	23	34.17
264	衡水学院	30	34.14
265	郑州工业应用技术学院	54	34.13
266	湖南工学院	24	34.10
267	南通理工学院	54	33.99
268	长沙师范学院	31	33.83
269	邯郸学院	19	33.76
270	广州商学院	20	33.73
271	安康学院	25	33.72
272	银川能源学院	17	33.68
273	哈尔滨剑桥学院	8	33.65
274	新疆理工学院	8	33.63
275	榆林学院	11	33.55
275	武汉科技大学城市学院	81	33.55
277	华北理工大学轻工学院	28	33.54
278	六盘水师范学院	9	33.50

序号	学校名称	奖项数量	总分	序号	学校名称	奖项数量	总分
279	河北工程大学科信学院	13	33.41	302	中山大学新华学院	19	32.28
280	南京晓庄学院	48	33.40	303	兴义民族师范学院	9	32.21
281	河北科技大学理工学院	7	33.33	304	广东海洋大学寸金学院	26	32.13
282	太原科技大学华科学院	10	33.23	305	青岛理工大学琴岛学院	17	32.10
283	长沙医学院	6	33.14	306	西安培华学院	20	32.09
284	上海商学院	22	33.12	307	山西工商学院	25	32.04
285	铜仁学院	15	33.08	308	蚌埠学院	24	31.96
286	兰州文理学院	25	33.07	309	上海科技大学	17	31.91
287	闽南理工学院	102	33.03	310	大连科技学院	39	31.81
287	凯里学院	21	33.03	311	安徽师范大学皖江学院	51	31.72
289	温州大学瓯江学院	17	33.01	312	香港中文大学（深圳）	9	31.70
290	郑州工程技术学院	82	32.92	313	湖南工业大学科技学院	9	31.68
291	鄂尔多斯应用技术学院	7	32.84	313	哈尔滨石油学院	10	31.68
292	宁夏师范学院	22	32.81	313	江苏师范大学科文学院	8	31.68
293	郑州师范学院	24	32.77	316	信阳农林学院	3	31.67
294	广东科技学院	30	32.72	317	平顶山学院	28	31.64
295	信阳学院	16	32.57	318	上海视觉艺术学院	14	31.63
296	安顺学院	31	32.56	319	长春理工大学光电信息学院	11	31.61
297	武汉传媒学院	29	32.52	319	红河学院	9	31.61
298	河南大学民生学院	44	32.48	321	西安航空学院	33	31.58
299	西安思源学院	5	32.46	322	哈尔滨金融学院	11	31.48
300	济宁学院	10	32.42				
300	成都师范学院	21	32.42				

续表

序号	学校名称	奖项数量	总分
323	长春光华学院	35	31.41
324	贵州商学院	12	31.20
325	山东科技大学泰山科技学院	12	31.13
326	天水师范学院	8	31.04
327	南昌航空大学科技学院	8	31.02
328	吉林建筑科技学院	52	30.99
329	东莞理工学院城市学院	13	30.94
330	保山学院	13	30.92
331	西南交通大学希望学院	7	30.87
332	西交利物浦大学	5	30.76
333	广东工业大学华立学院	11	30.75
333	大连理工大学城市学院	21	30.75
335	西北工业大学明德学院	23	30.70
336	山西工程技术学院	19	30.66
337	荆楚理工学院	25	30.64
338	福建农林大学金山学院	7	30.56
339	嘉兴学院南湖学院	33	30.37
340	湖南理工学院南湖学院	9	30.34
341	浙江农林大学暨阳学院	14	30.30
342	江西应用科技学院	12	30.29

续表

序号	学校名称	奖项数量	总分
343	上海健康医学院	8	30.27
344	西昌学院	13	30.26
345	广东白云学院	29	30.21
346	中国社会科学院大学	8	30.17
347	呼伦贝尔学院	10	30.09
347	河北地质大学华信学院	5	30.09
349	山东华宇工学院	27	30.02
350	南京理工大学泰州科技学院	18	29.88
351	武汉生物工程学院	12	29.82
351	萍乡学院	49	29.82
353	楚雄师范学院	15	29.81
354	上海师范大学天华学院	40	29.79
355	北京科技大学天津学院	9	29.58
356	四川旅游学院	24	29.54
357	中国劳动关系学院	3	29.53
358	保定学院	24	29.50
359	广东第二师范学院	24	29.47
359	西安建筑科技大学华清学院	5	29.47
361	赤峰学院	4	29.45
362	四川传媒学院	8	29.44
363	湖南农业大学东方科技学院	6	29.30
364	燕京理工学院	15	29.25

续表 续表

序号	学校名称	奖项数量	总分	序号	学校名称	奖项数量	总分
365	浙江警察学院	8	29.18	387	武汉工程大学邮电与信息工程学院	6	28.07
366	厦门华厦学院	21	29.16	387	辽宁财贸学院	44	28.07
367	浙江水利水电学院	8	29.14	389	邢台学院	12	28.00
368	浙江音乐学院	30	29.05	390	湖南应用技术学院	5	27.99
369	北京邮电大学世纪学院	11	29.03	391	白城师范学院	5	27.98
370	天津财经大学珠江学院	26	28.97	392	济南大学泉城学院	8	27.96
371	河北工程技术学院	7	28.90	393	成都信息工程大学银杏酒店管理学院	13	27.87
372	潍坊理工学院	21	28.84	394	宿迁学院	15	27.80
373	北京工业大学耿丹学院	21	28.81	395	桂林理工大学博文管理学院	5	27.77
374	上海杉达学院	16	28.76	396	大连艺术学院	27	27.76
375	商洛学院	15	28.74	397	郑州科技学院	7	27.66
376	滇西科技师范学院	11	28.73	398	黑河学院	21	27.59
377	广东培正学院	69	28.64	399	湖南女子学院	39	27.55
378	衡阳师范学院南岳学院	10	28.59	400	广东理工学院	15	27.54
379	齐鲁理工学院	11	28.58	401	四川电影电视学院	15	27.46
380	西安工业大学北方信息工程学院	9	28.51	402	沈阳城市学院	43	27.42
381	辽宁对外经贸学院	46	28.41	403	河北美术学院	34	27.41
382	北海艺术设计学院	75	28.38	404	山东警察学院	5	27.40
383	辽宁理工学院	9	28.31	404	四川文化艺术学院	9	27.40
384	南京信息工程大学滨江学院	7	28.23	406	上饶师范学院	32	27.31
385	西安外事学院	6	28.20	407	重庆人文科技学院	33	27.24
386	云南师范大学文理学院	11	28.17	407	南京大学金陵学院	35	27.24
				409	贵州民族大学人文科技学院	4	27.22

续表

序号	学校名称	奖项数量	总分
410	重庆工商大学融智学院	5	27.13
410	武昌工学院	16	27.13
412	营口理工学院	11	27.11
413	湖北商贸学院	14	27.09
413	广东财经大学华商学院	41	27.09
415	中国传媒大学南广学院	15	27.05
416	湖北经济学院法商学院	8	26.90
417	南昌大学共青学院	2	26.75
418	山东农业工程学院	3	26.71
419	忻州师范学院	6	26.62
420	哈尔滨广厦学院	8	26.61
421	内蒙古大学创业学院	3	26.59
422	菏泽学院	8	26.50
423	西安交通大学城市学院	10	26.43
424	上海财经大学浙江学院	3	26.38
425	郑州商学院	19	26.07
426	上海立信会计金融学院	4	26.02
427	长江大学文理学院	25	25.91
428	青岛恒星科技学院	2	25.87
429	无锡太湖学院	9	25.84
430	黑龙江外国语学院	40	25.77

续表

序号	学校名称	奖项数量	总分
431	西南财经大学天府学院	26	25.63
432	兰州交通大学博文学院	16	25.60
433	武汉工程科技学院	15	25.57
434	广西外国语学院	10	25.42
435	南宁师范大学师园学院	8	25.34
436	大连财经学院	12	25.29
437	四川文理学院	16	25.22
438	阜阳师范大学信息工程学院	4	25.19
439	南京师范大学泰州学院	8	25.17
440	闽南科技学院	10	25.05
441	天津外国语大学滨海外事学院	3	24.93
442	广东警官学院	2	24.85
443	吉首大学张家界学院	21	24.81
444	河北传媒学院	13	24.80
445	安徽大学江淮学院	26	24.72
446	泰州学院	15	24.67
447	山东青年政治学院	5	24.59
448	湘潭大学兴湘学院	2	24.57
449	江西警察学院	1	24.48
450	湖北文理学院理工学院	5	24.45
451	长春科技学院	5	24.44

续表

序号	学校名称	奖项数量	总分
452	上海政法学院	3	24.43
453	同济大学浙江学院	8	24.41
454	呼和浩特民族学院	4	24.21
455	湖北民族大学科技学院	2	24.16
456	昆明理工大学津桥学院	11	24.05
457	四川外国语大学重庆南方翻译学院	29	24.02
458	武汉设计工程学院	11	23.80
459	东华理工大学长江学院	4	23.76
460	汉江师范学院	4	23.75
461	宁波诺丁汉大学	3	23.73
462	杭州医学院	3	23.66
463	桂林旅游学院	9	23.61
464	南华大学船山学院	5	23.53
465	天津体育学院运动与文化艺术学院	7	23.41
466	景德镇陶瓷大学科技艺术学院	5	23.31
467	咸阳师范学院	5	23.23
468	中央司法警官学院	3	23.20
469	上海外国语大学贤达经济人文学院	8	23.10
470	广州工商学院	25	23.04
471	广州大学松田学院	11	23.00
472	河南科技学院新科学院	7	22.99

续表

序号	学校名称	奖项数量	总分
473	山西能源学院	3	22.90
474	浙江越秀外国语学院	13	22.85
475	西安理工大学高科学院	2	22.77
475	天津商业大学宝德学院	2	22.77
477	广西民族大学相思湖学院	17	22.73
478	广东技术师范大学天河学院	7	22.70
479	普洱学院	3	22.60
480	湖南财政经济学院	7	22.48
481	沧州师范学院	5	22.26
482	兰州财经大学长青学院	6	22.22
483	湖南师范大学树达学院	2	22.18
484	西安财经大学行知学院	1	22.16
485	温州医科大学仁济学院	2	22.12
485	集宁师范学院	3	22.12
487	江西师范大学科学技术学院	7	22.05
488	云南师范大学商学院	8	21.98
489	武汉纺织大学外经贸学院	4	21.95
490	南京森林警察学院	2	21.88

序号	学校名称	奖项数量	总分
491	四川外国语大学成都学院	1	21.86
492	吉林工商学院	14	21.83
493	河北中医学院	3	21.65
494	黑龙江东方学院	3	21.63
495	中北大学信息商务学院	3	21.61
495	青岛滨海学院	5	21.61
497	绥化学院	4	21.40
498	昭通学院	2	21.35
499	河南财政金融学院	12	21.32
500	铁道警察学院	1	21.17
501	湖南工商大学北津学院	1	21.04
502	延安大学西安创新学院	2	21.00
503	长江大学工程技术学院	15	20.85
504	齐齐哈尔工程学院	8	20.81
505	长春大学旅游学院	18	20.76
506	天津师范大学津沽学院	6	20.69
507	河北经贸大学经济管理学院	3	20.60
508	绵阳师范学院	24	20.58
509	山东管理学院	5	20.34
510	安阳学院	2	20.00
511	陕西国际商贸学院	8	19.94

序号	学校名称	奖项数量	总分
512	河北环境工程学院	7	19.79
513	武汉学院	18	19.73
514	齐鲁师范学院	4	19.71
515	内蒙古师范大学鸿德学院	1	19.70
516	山东协和学院	9	19.63
517	福州理工学院	1	19.60
518	首都师范大学科德学院	3	19.59
519	陕西学前师范学院	1	19.52
520	陕西科技大学镐京学院	2	19.50
521	聊城大学东昌学院	3	19.40
522	黑龙江财经学院	3	19.18
523	安徽医科大学临床医学院	1	19.14
523	山西师范大学现代文理学院	1	19.14
525	西南科技大学城市学院	7	19.13
526	上海立达学院	19	18.95
527	山东财经大学东方学院	2	18.71
528	江西财经大学现代经济管理学院	3	18.69
529	天津理工大学中环信息学院	2	18.68
530	南京中医药大学翰林学院	1	18.66

续表　　　　　　　　　　　　　　　　续表

序号	学校名称	奖项数量	总分	序号	学校名称	奖项数量	总分
531	商丘学院	10	18.64	552	福建技术师范学院	1	15.87
532	厦门工学院	2	18.50	552	广西职业师范学院	1	15.87
533	江苏大学京江学院	2	18.36	552	滇西应用技术大学	1	15.87
534	廊坊师范学院	8	18.13	556	广西民族师范学院	11	15.78
535	湖南工程学院应用技术学院	1	18.05	557	江西农业大学南昌商学院	3	15.59
536	湖南信息学院	10	18.00	558	福建警察学院	1	15.54
537	豫章师范学院	1	17.97	558	湖北大学知行学院	8	15.54
538	广东外语外贸大学南国商学院	6	17.77	560	湖北工程学院新技术学院	16	15.19
539	贵州财经大学商务学院	1	17.40	561	温州肯恩大学	1	14.62
540	天津天狮学院	2	17.38	562	中南林业科技大学涉外学院	2	14.46
541	云南警官学院	4	17.04	563	河北水利电力学院	2	14.41
542	华南农业大学珠江学院	9	16.91	564	安徽文达信息工程学院	7	14.07
543	甘肃民族师范学院	3	16.78	565	山西应用科技学院	10	14.02
544	四川民族学院	11	16.74	566	北京电影学院现代创意媒体学院	2	13.91
545	江汉大学文理学院	10	16.61	567	南京审计大学金审学院	7	13.63
546	保定理工学院	11	16.60	568	郑州财经学院	2	13.41
547	西安交通工程学院	1	16.52	569	西北大学现代学院	4	13.27
548	青岛农业大学海都学院	2	16.38	570	山东政法学院	5	13.09
549	哈尔滨信息工程学院	6	16.29	571	辽宁师范大学海华学院	8	12.88
550	陕西服装工程学院	2	16.23	572	郑州工商学院	8	12.03
551	辽宁何氏医学院	7	16.16	573	江西科技师范大学理工学院	2	11.83
552	青海大学昆仑学院	1	15.87				

续表

序号	学校名称	奖项数量	总分
574	武汉体育学院体育科技学院	5	11.70
575	贵州师范大学求是学院	5	11.69
576	北京工商大学嘉华学院	4	11.68
577	安徽农业大学经济技术学院	4	11.52
578	吉林警察学院	7	11.25
579	辽宁传媒学院	2	11.24
580	浙江海洋大学东海科学技术学院	2	11.22
580	四川警察学院	2	11.22
582	成都文理学院	3	10.74
583	山东现代学院	1	10.12
583	黑龙江工商学院	1	10.12
585	昌吉学院	7	10.06
586	哈尔滨音乐学院	2	9.88
587	亳州学院	10	9.74
588	河北科技学院	3	8.92
589	大连工业大学艺术与信息工程学院	1	8.69
589	四川工业科技学院	1	8.69

续表

序号	学校名称	奖项数量	总分
589	西安科技大学高新学院	1	8.69
592	泉州信息工程学院	3	8.02
593	贵州大学科技学院	5	7.93
594	湖南警察学院	1	7.69
594	哈尔滨远东理工学院	3	7.69
594	常州大学怀德学院	1	7.69
597	吉林师范大学博达学院	7	7.58
598	北京吉利学院	1	7.47
599	安徽财经大学商学院	9	7.44
600	河北外国语学院	2	6.48
601	石家庄铁道大学四方学院	1	6.44
602	福州工商学院	1	6.26
603	江西服装学院	1	5.45
604	河北师范大学汇华学院	6	5.12
605	湖南文理学院芙蓉学院	4	4.63
606	湖北师范大学文理学院	1	3.27

11

全国普通高校大学生竞赛状态数据（高职）

11.1 2015—2019年全国普通高校学科竞赛排行榜（高职）

续表

序号	学校名称	奖项数量	总分	序号	学校名称	奖项数量	总分
1	金华职业技术学院	306	100.00	18	安徽机电职业技术学院	141	83.71
2	山东商业职业技术学院	135	91.93	19	长春职业技术学院	226	83.61
3	北京工业职业技术学院	209	91.92	20	安徽商贸职业技术学院	161	83.58
4	北京电子科技职业学院	157	90.78	21	郑州铁路职业技术学院	90	83.39
5	长沙民政职业技术学院	203	90.64	22	安徽职业技术学院	167	82.76
6	芜湖职业技术学院	146	90.27	23	柳州铁道职业技术学院	206	82.49
7	南京工业职业技术学院	136	89.69	24	天津市职业大学	163	81.23
8	重庆电子工程职业学院	215	88.76	25	江西环境工程职业学院	116	81.02
9	广东轻工职业技术学院	331	88.70	26	重庆工程职业技术学院	187	80.97
10	福建船政交通职业学院	264	88.66	27	黄河水利职业技术学院	141	80.02
11	福建信息职业技术学院	233	88.07	28	潍坊职业学院	128	79.53
12	深圳职业技术学院	219	87.99	29	无锡职业技术学院	102	79.48
13	安徽工商职业学院	204	87.79	30	顺德职业技术学院	161	79.24
14	北京信息职业技术学院	157	87.12	31	南京信息职业技术学院	85	78.98
15	江西应用技术职业学院	168	86.14	32	重庆三峡职业学院	135	78.68
16	陕西工业职业技术学院	260	86.00	33	上海电子信息职业技术学院	130	78.60
17	重庆工业职业技术学院	203	85.91	34	山东交通职业学院	96	78.38
				35	山西职业技术学院	171	77.84
				36	无锡商业职业技术学院	111	77.58

序号	学校名称	奖项数量	总分	序号	学校名称	奖项数量	总分
37	烟台职业学院	109	77.37	55	贵州交通职业技术学院	132	74.12
38	浙江机电职业技术学院	71	77.34	56	河南职业技术学院	121	73.76
39	湖南工业职业技术学院	129	77.11	57	安徽水利水电职业技术学院	95	73.55
40	江西外语外贸职业学院	89	76.68	58	安徽工业经济职业技术学院	115	73.15
41	淮安信息职业技术学院	80	76.43	59	山东电子职业技术学院	86	73.02
42	武汉软件工程职业学院	141	76.40	60	南宁职业技术学院	190	72.72
43	重庆城市管理职业学院	124	76.16	61	漳州职业技术学院	125	72.68
44	浙江商业职业技术学院	101	76.14	62	江西现代职业技术学院	145	72.64
45	兰州石化职业技术学院	125	76.04	63	河源职业技术学院	84	72.62
46	淄博职业学院	138	75.96	64	宁波职业技术学院	72	72.48
47	深圳信息职业技术学院	115	75.92	64	常州机电职业技术学院	67	72.48
48	河南经贸职业学院	135	75.73	66	成都航空职业技术学院	98	72.07
49	常州信息职业技术学院	98	75.72	67	浙江工业职业技术学院	55	71.99
50	河南工业职业技术学院	182	75.36	68	安徽国际商务职业学院	89	71.87
51	安徽财贸职业学院	99	74.99	69	重庆工商职业学院	127	71.81
52	江苏联合职业技术学院	97	74.43	70	广东科学技术职业学院	112	71.71
53	威海职业学院	129	74.29	71	湖南汽车工程职业学院	76	71.31
54	九江职业技术学院	120	74.24	72	南京交通职业技术学院	76	71.25

续表

序号	学校名称	奖项数量	总分
73	广州番禺职业技术学院	76	71.14
74	杨凌职业技术学院	89	71.09
75	山东科技职业学院	72	71.02
76	常州工业职业技术学院	81	71.01
77	江西财经职业学院	77	70.93
78	西安铁路职业技术学院	74	70.90
79	福州职业技术学院	113	70.43
80	广东机电职业技术学院	94	70.42
81	武汉交通职业学院	78	70.15
82	浙江经贸职业技术学院	75	70.13
83	日照职业技术学院	83	70.10
84	长春汽车工业高等专科学校	49	69.75
85	杭州科技职业技术学院	58	69.73
86	湖南化工职业技术学院	74	69.72
87	陕西铁路工程职业技术学院	61	69.38
88	山东商务职业学院	71	69.35
89	天津电子信息职业技术学院	88	69.27
89	北京劳动保障职业学院	64	69.27
91	浙江工贸职业技术学院	48	69.26

续表

序号	学校名称	奖项数量	总分
92	武汉职业技术学院	86	69.22
93	江苏建筑职业技术学院	78	69.21
94	南京旅游职业学院	43	69.04
95	重庆交通职业学院	86	68.98
96	东莞职业技术学院	81	68.96
97	陕西国防工业职业技术学院	97	68.95
98	辽宁省交通高等专科学校	81	68.91
99	江苏农林职业技术学院	40	68.82
100	湖南商务职业技术学院	81	68.78
101	山西省财政税务专科学校	94	68.70
102	贵州电子信息职业技术学院	129	68.68
103	南京铁道职业技术学院	58	68.39
104	安徽电子信息职业技术学院	102	68.38
105	东营职业学院	91	68.20
106	昆明冶金高等专科学校	69	68.11
107	许昌职业技术学院	108	68.10
108	济南职业学院	67	68.06
109	广西交通职业技术学院	84	67.97
110	青岛酒店管理职业技术学院	44	67.89

续表

序号	学校名称	奖项数量	总分
111	海南经贸职业技术学院	90	67.86
112	山东职业学院	51	67.70
113	浙江纺织服装职业技术学院	51	67.63
114	山西工程职业学院	73	67.61
115	杭州职业技术学院	66	67.55
116	辽宁机电职业技术学院	81	67.46
117	中山职业技术学院	84	67.37
118	北京财贸职业学院	72	67.29
119	浙江经济职业技术学院	67	67.26
120	大连职业技术学院	78	67.10
121	成都职业技术学院	106	67.04
122	海南软件职业技术学院	83	66.86
123	闽西职业技术学院	77	66.85
124	四川交通职业技术学院	103	66.80
125	成都纺织高等专科学校	72	66.78
126	江苏经贸职业技术学院	42	66.73
127	北京青年政治学院	73	66.61
128	苏州工业园区服务外包职业学院	52	66.58
129	绍兴职业技术学院	54	66.37
130	广州工程技术职业学院	70	66.26

续表

序号	学校名称	奖项数量	总分
131	黑龙江农业工程职业学院	79	66.13
132	上海工艺美术职业学院	87	66.11
133	武汉船舶职业技术学院	59	66.10
134	山东水利职业学院	41	65.97
135	天津现代职业技术学院	45	65.95
135	江苏信息职业技术学院	56	65.95
137	丽水职业技术学院	43	65.93
138	江西旅游商贸职业学院	55	65.75
139	武汉城市职业学院	71	65.64
140	咸宁职业技术学院	54	65.55
141	温州职业技术学院	54	65.54
142	广西机电职业技术学院	65	65.51
143	兰州职业技术学院	73	65.46
144	广州民航职业技术学院	29	65.36
144	广西理工职业技术学院	97	65.36
146	广西职业技术学院	62	64.92
147	天津轻工职业技术学院	56	64.90
148	浙江旅游职业学院	38	64.79
149	江苏海事职业技术学院	50	64.77

续表

序号	学校名称	奖项数量	总分
150	湖南工程职业技术学院	65	64.72
150	长沙商贸旅游职业技术学院	62	64.72
152	浙江建设职业技术学院	44	64.67
153	义乌工商职业技术学院	58	64.62
154	上海城建职业学院	80	64.49
155	山西机电职业技术学院	84	64.47
156	黑龙江职业学院	99	64.25
157	辽宁生态工程职业学院	71	64.24
158	邢台职业技术学院	91	64.07
159	佛山职业技术学院	70	64.03
160	湖南铁道职业技术学院	67	63.98
161	烟台汽车工程职业学院	37	63.96
161	柳州职业技术学院	95	63.96
163	哈尔滨职业技术学院	67	63.85
164	扬州工业职业技术学院	46	63.78
165	湖南交通职业技术学院	69	63.65
166	四川建筑职业技术学院	46	63.37
167	湖南财经工业职业技术学院	43	63.22

续表

序号	学校名称	奖项数量	总分
168	浙江交通职业技术学院	62	63.14
169	湖南机电职业技术学院	77	63.11
170	德州职业技术学院	46	62.96
171	青岛职业技术学院	61	62.84
172	常州工程职业技术学院	32	62.30
173	重庆航天职业技术学院	44	62.27
174	滨州职业学院	35	62.24
175	吉林电子信息职业技术学院	79	62.11
176	广东交通职业技术学院	50	62.09
177	新疆农业职业技术学院	55	62.08
178	嘉兴职业技术学院	44	62.01
179	徽商职业学院	45	61.95
180	襄阳职业技术学院	40	61.77
181	南京科技职业学院	41	61.70
182	湖北三峡职业技术学院	43	61.56
182	江苏工程职业技术学院	38	61.56
184	广西水利电力职业技术学院	46	61.37
185	黎明职业大学	104	61.09
186	安徽国防科技职业学院	45	60.94

续表

序号	学校名称	奖项数量	总分
187	兰州资源环境职业技术学院	55	60.89
188	宁夏工商职业技术学院	51	60.83
188	厦门城市职业学院	143	60.83
190	天津机电职业技术学院	51	60.73
190	辽宁经济职业技术学院	81	60.73
192	重庆工贸职业技术学院	57	60.66
193	广东农工商职业技术学院	59	60.60
194	宁波城市职业技术学院	53	60.54
195	湖北科技职业学院	58	60.51
196	广西电力职业技术学院	46	60.30
197	天津渤海职业技术学院	39	60.06
198	湖北生物科技职业学院	60	60.02
199	苏州工业职业技术学院	52	59.99
200	天津交通职业学院	33	59.97
201	石家庄职业技术学院	29	59.93
202	福建林业职业技术学院	47	59.82
203	吉林工业职业技术学院	58	59.81

续表

序号	学校名称	奖项数量	总分
204	济源职业技术学院	68	59.69
205	重庆财经职业学院	69	59.68
206	沈阳职业技术学院	83	59.67
207	淮南联合大学	36	59.64
208	咸阳职业技术学院	91	59.60
208	浙江工商职业技术学院	21	59.60
210	湖南大众传媒职业技术学院	51	59.46
211	北京北大方正软件职业技术学院	36	59.41
212	陕西财经职业技术学院	52	59.38
213	湖北生态工程职业技术学院	32	59.35
214	合肥职业技术学院	50	59.29
215	山东劳动职业技术学院	31	59.02
215	浙江金融职业学院	35	59.02
217	四川信息职业技术学院	58	58.94
218	北京戏曲艺术职业学院	21	58.60
219	江苏城乡建设职业学院	32	58.53
220	湖南科技职业学院	90	58.46
221	北京农业职业学院	61	58.43
222	江苏财经职业技术学院	36	58.27
223	重庆化工职业学院	43	58.21

序号	学校名称	奖项数量	总分
224	北京交通运输职业学院	36	58.15
225	四川邮电职业技术学院	49	58.14
226	内蒙古机电职业技术学院	30	58.09
227	湖北水利水电职业技术学院	39	58.07
228	安徽城市管理职业学院	73	58.06
229	湖南理工职业技术学院	34	57.90
230	湖北职业技术学院	33	57.69
231	陕西交通职业技术学院	67	57.67
232	聊城职业技术学院	42	57.53
233	江苏商贸职业学院	30	57.47
234	辽宁城市建设职业技术学院	20	57.46
235	珠海城市职业技术学院	41	57.39
236	上海交通职业技术学院	49	57.34
237	黑龙江农业经济职业学院	49	57.29
238	南通职业大学	27	57.22
239	四川工程职业技术学院	20	57.12
240	西藏职业技术学院	31	57.09
241	广东工贸职业技术学院	52	57.06

序号	学校名称	奖项数量	总分
242	贵州轻工职业技术学院	48	57.01
243	湖南工艺美术职业学院	31	56.99
244	湖北城市建设职业技术学院	44	56.97
245	泸州职业技术学院	56	56.81
246	湖南现代物流职业技术学院	29	56.80
246	承德石油高等专科学校	23	56.80
248	黑龙江林业职业技术学院	36	56.34
249	河南水利与环境职业学院	29	56.25
250	闽江师范高等专科学校	34	56.22
251	天津商务职业学院	48	56.10
252	海南职业技术学院	60	56.07
253	河北工业职业技术学院	62	56.01
254	湖南电气职业技术学院	26	55.90
255	湖南网络工程职业学院	48	55.87
256	内蒙古商贸职业学院	49	55.85
257	上海工商职业技术学院	47	55.67
258	江苏医药职业学院	24	55.59
259	黄冈职业技术学院	60	55.58

续表

序号	学校名称	奖项数量	总分
260	郑州旅游职业学院	27	55.56
261	江西机电职业技术学院	39	55.52
262	新乡职业技术学院	37	55.47
263	安徽交通职业技术学院	23	55.46
264	海南科技职业大学	27	55.30
265	常州纺织服装职业技术学院	28	55.14
266	山西金融职业学院	41	55.09
266	岳阳职业技术学院	22	55.09
268	天津国土资源和房屋职业学院	55	55.03
269	广西工业职业技术学院	47	54.90
270	山东旅游职业学院	16	54.83
271	徐州工业职业技术学院	23	54.64
272	山东理工职业学院	38	54.62
273	广西建设职业技术学院	67	54.61
274	广西农业职业技术学院	48	54.60
275	重庆电力高等专科学校	30	54.49
276	山东工业职业学院	32	54.47
276	大同煤炭职业技术学院	15	54.47
278	安徽电气工程职业技术学院	20	54.31

续表

序号	学校名称	奖项数量	总分
279	马鞍山职业技术学院	32	54.28
280	山东外贸职业学院	37	54.26
281	河南应用技术职业学院	35	54.25
282	重庆商务职业学院	34	54.13
283	衢州职业技术学院	32	54.12
284	锡林郭勒职业学院	28	54.11
285	江西交通职业技术学院	38	54.10
286	北京政法职业学院	28	54.04
287	克拉玛依职业技术学院	22	53.93
288	重庆科创职业学院	40	53.91
289	上海农林职业技术学院	40	53.86
290	苏州农业职业技术学院	24	53.82
291	沙洲职业工学院	21	53.78
291	安徽涉外经济职业学院	28	53.78
293	辽宁农业职业技术学院	37	53.69
294	河南交通职业技术学院	33	53.67
295	广州城建职业学院	46	53.64
296	厦门海洋职业技术学院	38	53.58
297	江苏农牧科技职业学院	15	53.45

续表

序号	学校名称	奖项数量	总分
298	长沙环境保护职业技术学院	36	53.39
299	遵义职业技术学院	38	53.38
300	辽宁轻工职业学院	34	53.34
301	晋城职业技术学院	55	53.33
302	烟台工程职业技术学院	29	53.18
303	玉溪农业职业技术学院	24	53.17
304	扬州市职业大学	33	53.16
305	上海东海职业技术学院	50	53.14
306	浙江国际海运职业技术学院	23	53.00
307	湖州职业技术学院	25	52.86
308	北京京北职业技术学院	20	52.78
309	太原旅游职业学院	30	52.77
310	广东环境保护工程职业学院	41	52.72
310	陕西旅游烹饪职业学院	15	52.72
310	山西水利职业技术学院	38	52.72
313	河北化工医药职业技术学院	42	52.69
314	湖南城建职业技术学院	31	52.55
315	福建卫生职业技术学院	21	52.44

续表

序号	学校名称	奖项数量	总分
316	湖南铁路科技职业技术学院	23	52.37
317	安庆职业技术学院	25	52.36
317	广东理工职业学院	49	52.36
319	上海思博职业技术学院	65	52.34
320	内蒙古电子信息职业技术学院	54	52.18
321	宁夏职业技术学院	54	52.12
322	浙江警官职业学院	11	52.08
323	福建农业职业技术学院	30	52.06
324	福建对外经济贸易职业技术学院	12	51.96
325	绵阳职业技术学院	38	51.89
326	苏州经贸职业技术学院	24	51.83
327	四川财经职业学院	41	51.79
328	陕西能源职业技术学院	36	51.70
329	浙江艺术职业学院	16	51.66
330	西安职业技术学院	35	51.62
331	郑州财税金融职业学院	25	51.57
332	马鞍山师范高等专科学校	28	51.56
333	中山火炬职业技术学院	37	51.52
334	潍坊工程职业学院	43	51.49
335	苏州职业大学	31	51.44

续表

续表

序号	学校名称	奖项数量	总分
336	辽宁政法职业学院	15	51.37
337	重庆三峡医药高等专科学校	24	51.27
338	长江职业学院	51	51.26
339	辽宁石化职业技术学院	30	51.22
340	上海中侨职业技术学院	46	51.17
341	仙桃职业学院	41	51.07
342	黑龙江建筑职业技术学院	27	50.95
343	广州铁路职业技术学院	18	50.94
344	成都工贸职业技术学院	32	50.80
345	重庆旅游职业学院	28	50.78
346	上海科学技术职业学院	18	50.77
347	湖南水利水电职业技术学院	25	50.72
348	唐山工业职业技术学院	26	50.64
349	广西工商职业技术学院	19	50.47
350	广东水利电力职业技术学院	47	50.33
351	江西司法警官职业学院	10	50.32
352	长沙航空职业技术学院	18	50.23

序号	学校名称	奖项数量	总分
353	湄洲湾职业技术学院	19	50.14
354	湖南民族职业学院	21	50.04
355	江门职业技术学院	47	49.97
356	河北女子职业技术学院	36	49.95
357	广东岭南职业技术学院	38	49.91
358	成都工业职业技术学院	42	49.87
358	福建水利电力职业技术学院	35	49.87
360	上饶职业技术学院	10	49.83
361	四川水利职业技术学院	43	49.80
362	湖北交通职业技术学院	30	49.60
363	河南测绘职业学院	12	49.56
363	广东省外语艺术职业学院	28	49.56
365	北京经济管理职业学院	14	49.54
366	广东科贸职业学院	61	49.48
367	江西工业贸易职业技术学院	28	49.34
368	贵州职业技术学院	22	49.30
369	安徽中澳科技职业学院	19	49.29
370	莱芜职业技术学院	29	49.27
371	黄山职业技术学院	3	49.22

续表

序号	学校名称	奖项数量	总分
371	四川航天职业技术学院	33	49.22
373	陕西艺术职业学院	19	49.21
374	新疆生产建设兵团兴新职业技术学院	24	49.13
375	石家庄铁路职业技术学院	26	49.10
375	郑州信息科技职业学院	42	49.10
377	河南建筑职业技术学院	35	49.06
378	广东职业技术学院	31	48.90
379	浙江育英职业技术学院	21	48.88
380	鹤壁职业技术学院	22	48.77
380	西安航空职业技术学院	47	48.77
382	上海出版印刷高等专科学校	43	48.69
383	铜仁职业技术学院	22	48.65
384	亳州职业技术学院	20	48.64
385	枣庄职业学院	15	48.56
386	黑龙江商业职业学院	24	48.54
386	新疆石河子职业技术学院	28	48.54
388	陕西职业技术学院	26	48.34
389	枣庄科技职业学院	28	48.33
390	江西新能源科技职业学院	23	48.30

续表

序号	学校名称	奖项数量	总分
391	上海震旦职业学院	24	48.29
392	海南外国语职业学院	19	48.25
393	辽宁现代服务职业技术学院	26	48.19
394	上海邦德职业技术学院	14	48.18
395	山西交通职业技术学院	28	48.12
396	广西国际商务职业技术学院	43	48.06
397	山东中医药高等专科学校	12	47.99
398	泉州医学高等专科学校	17	47.85
399	四川艺术职业学院	26	47.71
399	廊坊职业技术学院	26	47.71
401	天津石油职业技术学院	24	47.59
402	河北艺术职业学院	23	47.48
403	湖南艺术职业学院	41	47.34
404	天津医学高等专科学校	17	47.33
404	漳州理工职业学院	7	47.33
406	重庆建筑工程职业学院	31	47.23
407	宜宾职业技术学院	35	47.21
408	无锡科技职业学院	18	47.16
409	铜陵职业技术学院	36	46.98

续表

序号	学校名称	奖项数量	总分
410	甘肃交通职业技术学院	30	46.94
411	湖南信息职业技术学院	28	46.89
412	四川化工职业技术学院	26	46.82
413	宜春职业技术学院	13	46.57
414	天津滨海职业学院	24	46.46
415	滁州职业技术学院	29	46.33
416	重庆水利电力职业技术学院	32	46.32
416	云南林业职业技术学院	26	46.32
418	陇南师范高等专科学校	15	46.26
419	辽宁建筑职业学院	29	46.22
420	长春金融高等专科学校	24	46.20
421	开封大学	28	46.15
421	福建生物工程职业技术学院	15	46.15
423	苏州健雄职业技术学院	16	46.13
424	乌鲁木齐职业大学	16	45.96
425	江苏城市职业学院	20	45.90
426	河北软件职业技术学院	24	45.88
427	湖南安全技术职业学院	17	45.86
428	西安电力高等专科学校	12	45.82

续表

序号	学校名称	奖项数量	总分
429	成都农业科技职业学院	31	45.80
429	长沙职业技术学院	45	45.80
431	山西旅游职业学院	21	45.70
432	三明医学科技职业学院	14	45.69
433	云南国防工业职业技术学院	15	45.52
434	广东食品药品职业学院	17	45.51
435	山西戏剧职业学院	14	45.49
436	南通科技职业学院	19	45.47
437	苏州信息职业技术学院	22	45.46
438	西宁城市职业技术学院	22	45.26
439	广西经贸职业技术学院	41	45.21
440	吉林铁道职业技术学院	51	45.16
441	合肥通用职业技术学院	12	45.12
442	甘肃建筑职业技术学院	20	45.08
443	晋中师范高等专科学校	14	45.06
444	三亚航空旅游职业学院	14	44.93
445	四川现代职业学院	27	44.89
446	内蒙古化工职业学院	10	44.87

续表

序号	学校名称	奖项数量	总分
447	山东工程职业技术大学	4	44.75
448	新疆职业大学	22	44.67
449	上海行健职业学院	22	44.62
450	保定职业技术学院	24	44.56
450	福建电力职业技术学院	19	44.56
452	厦门南洋职业学院	9	44.54
452	武汉警官职业学院	13	44.54
454	温州科技职业学院	15	44.46
455	黔东南民族职业技术学院	25	44.40
456	山西药科职业学院	12	44.38
457	永州职业技术学院	22	44.36
458	广州科技职业技术大学	6	44.30
458	周口职业技术学院	10	44.30
460	山西林业职业技术学院	17	44.14
461	陕西工商职业学院	23	43.86
461	重庆房地产职业学院	25	43.86
463	广州科技贸易职业学院	13	43.85
464	江苏卫生健康职业学院	10	43.77
465	武汉铁路职业技术学院	19	43.65
466	湖南软件职业学院	22	43.58

续表

序号	学校名称	奖项数量	总分
467	天津生物工程职业技术学院	10	43.56
468	重庆能源职业学院	21	43.55
469	上海工商外国语职业学院	11	43.46
470	上海济光职业技术学院	25	43.41
471	广西金融职业技术学院	8	43.34
472	黔南民族职业技术学院	13	43.33
472	浙江横店影视职业学院	20	43.33
474	安徽警官职业学院	10	43.32
475	毕节医学高等专科学校	7	43.31
476	湖北财税职业学院	13	43.29
477	重庆公共运输职业学院	12	43.28
478	保定电力职业技术学院	2	43.26
479	广西现代职业技术学院	22	43.25
480	江西卫生职业学院	12	43.23
481	台州职业技术学院	22	43.22
482	宁夏警官职业学院	9	43.19
483	贵阳职业技术学院	21	43.08
484	海南政法职业学院	15	42.96
485	云南交通职业技术学院	23	42.93

续表

序号	学校名称	奖项数量	总分
486	太原城市职业技术学院	24	42.92
487	新疆交通职业技术学院	14	42.90
488	漳州科技职业学院	12	42.88
489	贵州工业职业技术学院	19	42.82
490	河南工业贸易职业学院	12	42.80
491	宁夏财经职业技术学院	20	42.77
491	三峡旅游职业技术学院	16	42.77
491	山东城市建设职业学院	12	42.77
494	荆州职业技术学院	31	42.74
495	石家庄邮电职业技术学院	11	42.72
496	青海柴达木职业技术学院	9	42.71
497	济宁职业技术学院	15	42.61
498	四川商务职业学院	24	42.59
499	成都艺术职业大学	28	42.56
499	惠州城市职业学院	38	42.56
501	常德职业技术学院	16	42.46
502	福州黎明职业技术学院	10	42.31
502	安徽邮电职业技术学院	10	42.31
504	四川工商职业技术学院	15	42.29

续表

序号	学校名称	奖项数量	总分
504	济南工程职业技术学院	10	42.29
506	武汉电力职业技术学院	9	42.26
507	安徽医学高等专科学校	11	42.22
508	晋中职业技术学院	40	42.19
509	重庆机电职业技术大学	13	42.17
510	安徽艺术职业学院	23	42.09
511	山西艺术职业学院	9	42.00
512	秦皇岛职业技术学院	27	41.91
513	湖南生物机电职业技术学院	19	41.86
514	湖北艺术职业学院	8	41.84
514	南京机电职业技术学院	17	41.84
516	湖南食品药品职业学院	9	41.66
516	广东创新科技职业学院	17	41.66
518	盐城幼儿师范高等专科学校	4	41.64
519	池州职业技术学院	17	41.56
520	厦门软件职业技术学院	19	41.55
521	青海建筑职业技术学院	10	41.54
522	四川职业技术学院	22	41.53
522	郑州职业技术学院	7	41.53

序号	学校名称	奖项数量	总分
522	定西师范高等专科学校	6	41.53
525	广安职业技术学院	19	41.48
526	湖南高速铁路职业技术学院	14	41.30
526	浙江广厦建设职业技术学院	18	41.30
526	川北幼儿师范高等专科学校	13	41.30
529	武汉信息传播职业技术学院	17	41.28
530	邯郸职业技术学院	10	41.26
531	河南机电职业学院	27	41.24
532	泉州轻工职业学院	12	41.20
533	山东信息职业技术学院	16	41.14
534	湖南环境生物职业技术学院	22	41.08
535	四川托普信息技术职业学院	13	41.05
535	贵州航天职业技术学院	18	41.05
537	大连汽车职业技术学院	20	41.00
538	安徽审计职业学院	6	40.96
539	上海民航职业技术学院	11	40.87
540	天津工程职业技术学院	9	40.82
541	渭南职业技术学院	14	40.79

序号	学校名称	奖项数量	总分
541	厦门华天涉外职业技术学院	7	40.79
541	长沙卫生职业学院	7	40.79
541	天津城市建设管理职业技术学院	9	40.79
545	包头轻工职业技术学院	4	40.77
546	山东轻工职业学院	13	40.75
547	重庆医药高等专科学校	13	40.74
548	商丘职业技术学院	10	40.59
549	广东建设职业技术学院	22	40.57
550	天津铁道职业技术学院	10	40.56
551	合肥信息技术职业学院	7	40.54
552	南通航运职业技术学院	12	40.53
553	江西信息应用职业技术学院	19	40.52
554	辽宁装备制造职业技术学院	11	40.51
555	青海交通职业技术学院	11	40.36
555	四川城市职业学院	16	40.36
555	江西建设职业技术学院	14	40.36
558	民办合肥财经职业学院	4	40.34

续表

序号	学校名称	奖项数量	总分
559	广西生态工程职业技术学院	19	40.29
560	泰山职业技术学院	10	40.26
561	黑龙江信息技术职业学院	12	40.24
562	无锡工艺职业技术学院	21	40.21
563	吉安职业技术学院	18	40.20
564	新疆轻工职业技术学院	22	40.16
565	上海电影艺术职业学院	7	40.12
565	辽宁广告职业学院	13	40.12
567	山东畜牧兽医职业学院	7	40.05
568	沧州医学高等专科学校	8	40.03
569	漳州卫生职业学院	12	39.90
570	无锡城市职业技术学院	6	39.84
571	湖北轻工职业技术学院	21	39.82
572	南京城市职业学院	14	39.81
573	广东文艺职业学院	15	39.74
574	桂林师范高等专科学校	11	39.72
575	长垣烹饪职业技术学院	15	39.67
575	泰州职业技术学院	16	39.67
577	江西制造职业技术学院	15	39.64

续表

序号	学校名称	奖项数量	总分
578	浙江同济科技职业学院	14	39.63
579	临沂职业学院	20	39.62
579	山西建筑职业技术学院	11	39.62
581	锦州师范高等专科学校	12	39.60
582	湖南中医药高等专科学校	10	39.59
583	湖南邮电职业技术学院	6	39.55
584	甘肃林业职业技术学院	20	39.46
585	河北机电职业技术学院	18	39.41
586	四川华新现代职业学院	12	39.39
587	辽宁轨道交通职业学院	7	39.33
588	江西工程职业学院	6	39.29
588	安顺职业技术学院	18	39.29
590	湖南国防工业职业技术学院	4	39.28
591	延安职业技术学院	14	39.22
592	陕西机电职业技术学院	13	39.13
593	漯河职业技术学院	15	39.11
594	辽宁工程职业学院	4	39.08
595	天津城市职业学院	20	39.07
596	四川国际标榜职业学院	7	39.02

续表

序号	学校名称	奖项数量	总分
597	黑龙江交通职业技术学院	6	38.97
597	上海旅游高等专科学校	8	38.97
599	黑龙江农垦职业学院	9	38.96
600	安徽中医药高等专科学校	8	38.89
601	泉州职业技术大学	12	38.88
601	广西卫生职业技术学院	8	38.88
603	乌海职业技术学院	10	38.81
604	唐山职业技术学院	23	38.75
605	辽宁地质工程职业学院	9	38.74
606	武昌职业学院	5	38.68
607	湖北工业职业技术学院	8	38.54
608	河北旅游职业学院	9	38.52
609	滁州城市职业学院	9	38.50
610	盘锦职业技术学院	16	38.46
611	山西警官职业学院	7	38.45
612	河南农业职业学院	19	38.41
612	长春医学高等专科学校	15	38.41
614	广东女子职业技术学院	15	38.39
615	辽宁职业学院	16	38.32
615	贵州电力职业技术学院	4	38.32

续表

序号	学校名称	奖项数量	总分
617	内蒙古建筑职业技术学院	16	38.31
618	乐山职业技术学院	13	38.30
619	江西农业工程职业学院	13	38.23
620	西安高新科技职业学院	9	38.16
620	云南国土资源职业学院	22	38.16
622	北京汇佳职业学院	4	37.79
623	平顶山工业职业技术学院	13	37.77
624	张家界航空工业职业技术学院	11	37.71
625	重庆安全技术职业学院	21	37.68
626	新疆天山职业技术学院	18	37.57
627	六盘水职业技术学院	10	37.50
628	徐州幼儿师范高等专科学校	5	37.47
629	杭州万向职业技术学院	9	37.44
630	通辽职业学院	8	37.42
631	松原职业技术学院	8	37.41
632	衡水职业技术学院	8	37.37
632	阿克苏职业技术学院	10	37.37
632	安徽新闻出版职业技术学院	22	37.37

序号	学校名称	奖项数量	总分
635	威海海洋职业学院	8	37.36
636	福建艺术职业学院	10	37.32
637	淮南职业技术学院	5	37.30
638	天津工业职业学院	8	37.29
639	南通师范高等专科学校	5	37.20
640	运城职业技术学院	22	37.17
640	黑龙江护理高等专科学校	11	37.17
642	郑州幼儿师范高等专科学校	7	37.13
643	南充职业技术学院	9	37.02
644	黑龙江艺术职业学院	8	36.94
644	宝鸡职业技术学院	12	36.94
646	惠州卫生职业技术学院	6	36.91
647	苏州卫生职业技术学院	7	36.86
648	泉州幼儿师范高等专科学校	8	36.84
649	辽宁金融职业学院	21	36.79
650	昌吉职业技术学院	16	36.78
651	包头职业技术学院	4	36.76
651	湖北工程职业学院	6	36.76
651	湖南有色金属职业技术学院	6	36.76
654	汉中职业技术学院	10	36.75
655	广州城市职业学院	21	36.73

序号	学校名称	奖项数量	总分
656	西安信息职业大学	8	36.62
657	鄂州职业大学	24	36.60
658	呼和浩特职业学院	8	36.50
659	黑龙江生物科技职业学院	14	36.49
660	荆州理工职业学院	4	36.44
661	四川电力职业技术学院	4	36.36
662	江西泰豪动漫职业学院	9	36.34
663	长江工程职业技术学院	20	36.33
664	海南工商职业学院	8	36.30
665	广东南华工商职业学院	28	36.25
666	贵州盛华职业学院	2	36.24
667	皖西卫生职业学院	10	36.14
667	昆明铁道职业技术学院	10	36.14
669	浙江医药高等专科学校	8	36.11
670	贵州工商职业学院	16	36.05
671	盐城工业职业技术学院	9	36.04
672	重庆信息技术职业学院	7	36.03
673	黑龙江旅游职业技术学院	13	35.85
674	福建幼儿师范高等专科学校	7	35.81

续表

序号	学校名称	奖项数量	总分
675	广东工程职业技术学院	13	35.79
676	四川文化产业职业学院	34	35.75
677	江西艺术职业学院	6	35.61
678	天津艺术职业学院	3	35.58
679	湖北国土资源职业学院	12	35.48
680	九州职业技术学院	1	35.31
681	郴州职业技术学院	9	35.18
682	九江职业大学	12	35.17
683	云南工程职业学院	4	35.06
684	台州科技职业学院	10	35.02
684	北京卫生职业学院	10	35.02
686	阜阳职业技术学院	4	34.99
687	湖北中医药高等专科学校	8	34.95
688	运城幼儿师范高等专科学校	7	34.94
689	武汉工程职业技术学院	12	34.91
690	云南城市建设职业学院	2	34.87
690	甘肃有色冶金职业技术学院	5	34.87
692	宁波卫生职业技术学院	8	34.82
692	惠州经济职业技术学院	12	34.82

续表

序号	学校名称	奖项数量	总分
694	贵阳幼儿师范高等专科学校	9	34.81
695	郑州电力高等专科学校	7	34.76
696	吉林交通职业技术学院	10	34.74
697	石家庄理工职业学院	9	34.72
698	重庆幼儿师范高等专科学校	9	34.61
699	甘肃机电职业技术学院	5	34.60
700	贵阳护理职业学院	9	34.57
700	河北交通职业技术学院	13	34.57
700	北海职业学院	42	34.57
703	江西师范高等专科学校	4	34.55
704	肇庆医学高等专科学校	7	34.46
705	贵州农业职业学院	8	34.39
706	江苏安全技术职业学院	1	34.20
707	浙江舟山群岛新区旅游与健康职业学院	4	34.17
708	大连枫叶职业技术学院	13	34.05
709	天津海运职业学院	8	33.94
710	山东司法警官职业学院	3	33.84

续表　　　　　　　　　　　　　　　　续表

序号	学校名称	奖项数量	总分	序号	学校名称	奖项数量	总分
710	辽源职业技术学院	9	33.84	730	榆林职业技术学院	12	33.01
710	重庆文化艺术职业学院	15	33.84	731	陕西航空职业技术学院	2	32.95
713	重庆城市职业学院	10	33.81	732	济南护理职业学院	6	32.91
714	重庆青年职业技术学院	14	33.80	733	山东传媒职业学院	32	32.88
715	山西经贸职业学院	1	33.73	734	广东舞蹈戏剧职业学院	2	32.86
716	昆明卫生职业学院	7	33.71	735	伊犁职业技术学院	8	32.85
717	河北政法职业学院	8	33.66	735	甘肃工业职业技术学院	20	32.85
717	巴音郭楞职业技术学院	5	33.66	735	四川幼儿师范高等专科学校	5	32.85
719	安徽粮食工程职业学院	2	33.47	738	安徽工业职业技术学院	7	32.75
720	大庆医学高等专科学校	9	33.44	739	石家庄幼儿师范高等专科学校	7	32.73
721	合肥幼儿师范高等专科学校	8	33.32	739	广东工商职业技术大学	7	32.73
722	浙江农业商贸职业学院	12	33.31	741	广东松山职业技术学院	17	32.68
723	内蒙古交通职业技术学院	8	33.28	741	山西青年职业学院	4	32.68
724	铁岭卫生职业学院	9	33.25	743	广东邮电职业技术学院	7	32.61
725	淮北职业技术学院	10	33.16	744	黑龙江生态工程职业学院	3	32.57
726	江汉艺术职业学院	6	33.09	745	朔州职业技术学院	6	32.41
727	青海卫生职业技术学院	6	33.07	746	甘肃卫生职业学院	8	32.40
728	云南文化艺术职业学院	6	33.04	747	石家庄信息工程职业学院	27	32.32
729	宁夏建设职业技术学院	7	33.03	748	兴安职业技术学院	7	32.24

续表

序号	学校名称	奖项数量	总分
749	辽宁医药职业学院	6	32.21
750	河南艺术职业学院	4	32.17
751	渤海船舶职业学院	10	32.16
752	柳州城市职业学院	17	32.09
753	邵阳职业技术学院	9	32.07
754	信阳职业技术学院	11	32.01
755	广州南洋理工职业学院	6	31.95
756	铜仁幼儿师范高等专科学校	5	31.84
757	江海职业技术学院	7	31.82
758	哈尔滨铁道职业技术学院	5	31.73
759	云南旅游职业学院	7	31.72
760	汕尾职业技术学院	24	31.68
760	宁夏民族职业技术学院	7	31.68
762	广东碧桂园职业学院	9	31.63
763	江西中医药高等专科学校	6	31.48
764	甘肃能源化工职业学院	2	31.46
764	鄂尔多斯生态环境职业学院	2	31.46
764	庆阳职业技术学院	2	31.46
767	重庆电讯职业学院	22	31.26
768	包头铁道职业技术学院	6	31.20

续表

序号	学校名称	奖项数量	总分
769	忻州职业技术学院	8	31.19
770	广西幼儿师范高等专科学校	12	31.17
771	临汾职业技术学院	3	31.07
772	厦门兴才职业技术学院	7	31.06
773	白银矿冶职业技术学院	4	31.03
773	鄂尔多斯职业学院	4	31.03
775	德宏师范高等专科学校	2	31.00
775	罗定职业技术学院	2	31.00
777	贵州水利水电职业技术学院	9	30.97
778	四川长江职业学院	11	30.86
779	辽宁铁道职业技术学院	10	30.85
780	襄阳汽车职业技术学院	1	30.81
781	抚顺职业技术学院	4	30.79
782	厦门演艺职业学院	2	30.77
783	广东文理职业学院	5	30.68
784	广东青年职业学院	15	30.65
785	湖北幼儿师范高等专科学校	2	30.58
785	达州职业技术学院	2	30.58
785	四川卫生康复职业学院	2	30.58
785	泉州经贸职业技术学院	4	30.58

续表

续表

序号	学校名称	奖项数量	总分
789	陕西邮电职业技术学院	6	30.57
789	延边职业技术学院	6	30.57
789	大庆职业学院	8	30.57
792	淄博师范高等专科学校	2	30.55
793	恩施职业技术学院	4	30.52
794	黑龙江农垦科技职业学院	9	30.50
795	江西水利职业学院	15	30.46
796	广东生态工程职业学院	9	30.41
797	漳州城市职业学院	4	30.39
798	广东南方职业学院	5	30.24
799	南京视觉艺术职业学院	15	30.18
799	安阳职业技术学院	6	30.18
801	兰州现代职业学院	2	30.07
802	苏州工艺美术职业技术学院	7	30.05
803	青海畜牧兽医职业技术学院	3	29.99
804	苏州高博软件技术职业学院	9	29.95
805	青岛港湾职业技术学院	3	29.86
806	山东电力高等专科学校	1	29.80
807	贵州城市职业学院	9	29.79
808	江苏护理职业学院	2	29.77

序号	学校名称	奖项数量	总分
809	共青科技职业学院	5	29.74
810	北京经济技术职业学院	12	29.72
811	正德职业技术学院	2	29.54
812	甘肃畜牧工程职业技术学院	2	29.44
812	安徽冶金科技职业学院	4	29.44
812	承德护理职业学院	1	29.44
812	湖南体育职业学院	1	29.44
816	湖南劳动人事职业学院	2	29.41
817	宣城职业技术学院	5	29.39
818	潍坊护理职业学院	3	29.36
819	内江职业技术学院	9	29.32
820	钟山职业技术学院	1	29.21
821	湖南外贸职业学院	6	29.19
822	甘肃农业职业技术学院	5	29.00
823	石家庄工商职业学院	8	28.95
824	江苏食品药品职业技术学院	5	28.88
825	六安职业技术学院	5	28.84
826	长沙南方职业学院	4	28.77
826	清远职业技术学院	6	28.77
828	湖南石油化工职业技术学院	6	28.59

续表

序号	学校名称	奖项数量	总分
829	河北对外经贸职业学院	5	28.56
830	德州科技职业学院	4	28.37
831	江西工业职业技术学院	7	28.29
832	浙江安防职业技术学院	6	28.20
833	广州卫生职业技术学院	3	28.16
834	漯河医学高等专科学校	3	28.01
835	广州华立科技职业学院	14	27.93
836	德宏职业学院	4	27.86
837	山东经贸职业学院	2	27.65
838	抚顺师范高等专科学校	2	27.63
838	曲靖医学高等专科学校	2	27.63
838	新疆应用职业技术学院	4	27.63
838	三门峡职业技术学院	4	27.63
838	河北司法警官职业学院	4	27.63
838	河北能源职业技术学院	4	27.63
844	黑龙江幼儿师范高等专科学校	7	27.42
844	长春师范高等专科学校	7	27.42

续表

序号	学校名称	奖项数量	总分
846	泉州海洋职业学院	2	27.41
847	嘉兴南洋职业技术学院	3	27.39
848	湖南三一工业职业技术学院	2	27.37
849	科尔沁艺术职业学院	5	27.25
849	许昌电气职业学院	5	27.25
851	湘西民族职业技术学院	5	27.10
852	怀化职业技术学院	2	26.98
853	浙江东方职业技术学院	7	26.97
854	毕节职业技术学院	8	26.88
855	河北建材职业技术学院	5	26.85
856	广东酒店管理职业技术学院	7	26.82
857	江西航空职业技术学院	3	26.78
858	江苏航空职业技术学院	5	26.66
859	河南信息统计职业学院	5	26.50
860	云南机电职业技术学院	6	26.49
861	江苏旅游职业学院	1	26.46
861	哈尔滨应用职业技术学院	1	26.46
861	新疆铁道职业技术学院	1	26.46

续表

序号	学校名称	奖项数量	总分
864	安徽林业职业技术学院	3	26.44
864	辽阳职业技术学院	3	26.44
866	江西医学高等专科学校	2	26.43
867	南阳职业学院	2	26.32
868	宁夏艺术职业学院	5	26.26
869	山东服装职业学院	5	26.24
870	武汉民政职业学院	3	26.19
871	山东外事职业大学	1	26.15
872	山西电力职业技术学院	1	26.07
872	丽江师范高等专科学校	1	26.07
874	保险职业学院	2	26.00
875	河北劳动关系职业学院	2	25.91
876	眉山职业技术学院	8	25.87
877	张家口职业技术学院	1	25.81
877	甘肃财贸职业学院	1	25.81
879	娄底职业技术学院	13	25.77
880	上海海事职业技术学院	1	25.71
880	长白山职业技术学院	1	25.71
880	洛阳科技职业学院	1	25.71
880	北京科技经营管理学院	1	25.71

续表

序号	学校名称	奖项数量	总分
880	湖南司法警官职业学院	3	25.71
880	宁德职业技术学院	3	25.71
880	昆明工业职业技术学院	3	25.71
880	河南检察职业学院	3	25.71
880	广东司法警官职业学院	3	25.71
880	四川机电职业技术学院	3	25.71
880	哈尔滨科学技术职业学院	3	25.71
880	广东行政职业学院	3	25.71
880	四川西南航空职业学院	3	25.71
893	民办四川天一学院	8	25.70
894	私立华联学院	2	25.63
894	四川三河职业学院	1	25.63
894	山西体育职业学院	1	25.63
894	江西生物科技职业学院	1	25.63
898	江西工业工程职业技术学院	8	25.55
899	漯河食品职业学院	5	25.42
900	天津滨海汽车工程职业学院	1	25.28
900	湛江幼儿师范专科学校	1	25.28
902	苏州工业园区职业技术学院	4	25.25

续表

序号	学校名称	奖项数量	总分
903	四川科技职业学院	3	25.12
904	江西陶瓷工艺美术职业技术学院	10	25.02
905	西安汽车职业大学	1	24.79
906	珠海艺术职业学院	7	24.77
907	云南农业职业技术学院	5	24.60
908	山东铝业职业学院	1	24.47
909	浙江邮电职业技术学院	4	24.34
910	上饶幼儿师范高等专科学校	4	24.20
911	四川电子机械职业技术学院	9	24.06
912	苏州托普信息职业技术学院	2	23.89
913	内蒙古警察职业学院	6	23.88
914	哈密职业技术学院	1	23.79
915	济南幼儿师范高等专科学校	2	23.73
915	运城护理职业学院	2	23.73
917	浙江特殊教育职业学院	5	23.69
918	湘潭医卫职业技术学院	2	23.55
918	徐州生物工程职业技术学院	2	23.55
918	湘南幼儿师范高等专科学校	2	23.55
921	广西工程职业学院	7	23.49

续表

序号	学校名称	奖项数量	总分
922	安徽黄梅戏艺术职业学院	1	23.48
923	永城职业学院	6	23.45
924	郑州信息工程职业学院	1	23.41
925	山西老区职业技术学院	2	23.39
926	山东药品食品职业学院	2	23.23
926	安康职业技术学院	2	23.23
926	长春信息技术职业学院	3	23.23
926	辽宁冶金职业技术学院	2	23.23
926	齐齐哈尔高等师范专科学校	2	23.23
926	大理护理职业学院	2	23.23
926	开封文化艺术职业学院	2	23.23
926	汕头职业技术学院	2	23.23
934	平顶山职业技术学院	1	23.12
935	昆山登云科技职业学院	1	22.93
936	贵州电子商务职业技术学院	5	22.86
936	云南能源职业技术学院	7	22.86
938	濮阳职业技术学院	7	22.71
939	运城师范高等专科学校	3	22.68

续表

序号	学校名称	奖项数量	总分
940	泉州华光职业学院	9	22.53
941	天津工艺美术职业学院	4	22.40
942	广西英华国际职业学院	7	22.33
943	重庆电信职业学院	11	21.92
944	云南财经职业学院	4	21.87
944	焦作师范高等专科学校	4	21.87
944	辽宁理工职业学院	4	21.87
944	哈尔滨幼儿师范高等专科学校	4	21.87
944	神木职业技术学院	4	21.87
949	益阳医学高等专科学校	2	21.86
950	郑州理工职业学院	2	21.60
951	闽北职业技术学院	4	21.58
952	沧州职业技术学院	4	21.25
953	福建华南女子职业学院	2	21.22
953	雅安职业技术学院	2	21.22
953	四川中医药高等专科学校	2	21.22
956	安徽广播影视职业技术学院	6	21.21
957	四川护理职业学院	2	21.06
957	邢台医学高等专科学校	2	21.06
959	江西冶金职业技术学院	4	21.02

续表

序号	学校名称	奖项数量	总分
960	揭阳职业技术学院	4	20.85
961	上海工会管理职业学院	2	20.82
962	广州华商职业学院	5	20.55
963	扎兰屯职业学院	3	20.35
963	酒泉职业技术学院	3	20.35
963	铁岭师范高等专科学校	3	20.35
963	湖南幼儿师范高等专科学校	4	20.35
963	益阳职业技术学院	3	20.35
963	苏州幼儿师范高等专科学校	3	20.35
963	四川汽车职业技术学院	3	20.35
963	厦门东海职业技术学院	1	20.35
963	河南护理职业学院	1	20.35
972	云南新兴职业学院	3	20.17
973	南阳医学高等专科学校	1	19.80
973	河南质量工程职业学院	3	19.80
975	江西软件职业技术大学	4	19.71
976	宿迁泽达职业技术学院	3	19.58
976	金肯职业技术学院	3	19.58
978	吉林工程职业学院	1	19.53
978	菏泽家政职业学院	1	19.53

续表

序号	学校名称	奖项数量	总分
978	泰山护理职业学院	1	19.53
978	白城医学高等专科学校	1	19.53
978	河南科技职业大学	1	19.53
978	陕西青年职业学院	1	19.53
978	云南外事外语职业学院	1	19.53
978	新疆建设职业技术学院	1	19.53
986	阳江职业技术学院	3	18.54
987	江阴职业技术学院	2	18.39
988	武汉商贸职业学院	3	18.11
989	阜阳幼儿师范高等专科学校	2	17.89
989	茂名职业技术学院	2	17.89
989	山西运城农业职业技术学院	2	17.89
989	北京社会管理职业学院	2	17.89
989	安阳幼儿师范高等专科学校	2	17.89
994	云南轻纺职业学院	2	17.02
994	云南经贸外事职业学院	2	17.02
994	吉林科技职业技术学院	2	17.02
994	福州英华职业学院	2	17.02
994	民办合肥经济技术职业学院	2	17.02

续表

序号	学校名称	奖项数量	总分
994	连云港师范高等专科学校	2	17.02
1000	陕西电子信息职业技术学院	1	16.32
1000	苏州百年职业学院	1	16.32
1000	石家庄科技工程职业学院	2	16.32
1003	福州墨尔本理工职业学院	2	16.25
1004	硅湖职业技术学院	1	15.84
1005	民办万博科技职业学院	2	15.81
1006	赣南卫生健康职业学院	1	15.46
1006	辽宁民族师范高等专科学校	1	15.46
1006	广东江门中医药职业学院	1	15.46
1006	黔西南民族职业技术学院	1	15.46
1006	朝阳师范高等专科学校	1	15.46
1006	南阳农业职业学院	1	15.46
1006	遵义医药高等专科学校	1	15.46
1013	大理农林职业技术学院	1	15.04
1013	新疆师范高等专科学校	2	15.04
1013	镇江市高等专科学校	1	15.04

续表

序号	学校名称	奖项数量	总分
1013	呼伦贝尔职业技术学院	1	15.04
1013	焦作大学	1	15.04
1018	广西演艺职业学院	4	14.79
1019	广西体育高等专科学校	1	14.35
1019	郑州电子信息职业技术学院	1	14.35
1021	山东胜利职业学院	2	14.31
1022	郑州电力职业技术学院	1	14.03
1022	广州涉外经济职业技术学院	1	14.03
1024	三亚理工职业学院	2	12.40
1024	南昌职业大学	1	12.40
1024	烟台黄金职业学院	1	12.40
1027	山西国际商务职业学院	1	12.03
1027	江西传媒职业学院	1	12.03

续表

序号	学校名称	奖项数量	总分
1029	百色职业学院	3	11.22
1030	重庆艺术工程职业学院	2	10.44
1030	贵州电子科技职业学院	1	10.44
1030	山东外国语职业技术大学	1	10.44
1030	山西管理职业学院	1	10.44
1030	武汉外语外事职业学院	1	10.44
1035	无锡南洋职业技术学院	1	8.78
1035	北京科技职业学院	1	8.78
1037	广州华南商贸职业学院	1	8.52
1038	潮汕职业技术学院	3	5.87
1039	广州康大职业技术学院	1	4.46

11.2 2019年全国普通高校学科竞赛排行榜（高职）

续表

序号	学校名称	奖项数量	总分	序号	学校名称	奖项数量	总分
1	深圳职业技术学院	110	100.00	17	金华职业技术学院	75	80.36
2	郑州铁路职业技术学院	33	89.97	18	安徽机电职业技术学院	50	80.12
3	长沙民政职业技术学院	62	86.85	19	重庆电子工程职业学院	82	79.98
4	芜湖职业技术学院	50	86.68	20	深圳信息职业技术学院	41	79.88
5	常州信息职业技术学院	48	86.16	21	安徽工商职业学院	59	79.45
6	安徽职业技术学院	63	85.42	22	福建信息职业技术学院	67	78.84
7	武汉软件工程职业学院	81	84.59	23	武汉交通职业学院	39	77.59
8	江西环境工程职业学院	23	84.55	24	广东轻工职业技术学院	75	76.94
9	南京工业职业技术学院	41	84.21	25	河南工业职业技术学院	77	76.81
10	南京信息职业技术学院	43	83.70	26	北京电子科技职业学院	25	76.52
11	兰州石化职业技术学院	54	83.61	27	湖南工业职业技术学院	46	75.73
12	重庆工业职业技术学院	51	82.94	28	义乌工商职业技术学院	28	75.54
13	辽宁机电职业技术学院	28	82.80	29	无锡职业技术学院	28	75.45
14	成都航空职业技术学院	38	81.10	30	陕西工业职业技术学院	76	74.96
15	安徽财贸职业学院	39	80.73	31	黄河水利职业技术学院	70	74.89
16	浙江机电职业技术学院	20	80.72	32	江西外语外贸职业学院	32	74.63

续表   续表

序号	学校名称	奖项数量	总分	序号	学校名称	奖项数量	总分
33	山东商业职业技术学院	22	74.52	51	贵州交通职业技术学院	42	69.70
34	浙江工业职业技术学院	7	74.28	52	湖南科技职业学院	64	69.62
35	江西应用技术职业学院	31	73.63	53	南京交通职业技术学院	19	69.55
36	潍坊职业学院	56	73.40	54	扬州工业职业技术学院	15	69.54
37	无锡商业职业技术学院	43	73.26	55	淄博职业学院	59	69.53
38	淮安信息职业技术学院	21	72.21	56	浙江纺织服装职业技术学院	16	69.52
39	安徽商贸职业技术学院	41	72.17	57	襄阳职业技术学院	17	69.46
40	宁波职业技术学院	25	71.72	58	重庆工程职业技术学院	52	69.04
41	武汉职业技术学院	28	71.62	59	安徽国际商务职业学院	28	69.03
42	广西水利电力职业技术学院	26	71.57	60	闽西职业技术学院	33	68.63
43	杭州职业技术学院	22	71.54	61	西安航空职业技术学院	47	68.44
44	广东科学技术职业学院	47	71.43	62	山西工程职业学院	36	68.39
45	广州番禺职业技术学院	25	70.91	63	重庆交通职业学院	25	68.25
46	山西职业技术学院	52	70.73	64	广西交通职业技术学院	29	68.23
47	长沙航空职业技术学院	18	70.48	65	天津市职业大学	32	68.12
48	江苏经贸职业技术学院	18	70.22	66	安徽电子信息职业技术学院	23	67.92
49	湖北三峡职业技术学院	19	70.09	67	淮南联合大学	17	67.85
50	重庆城市管理职业学院	33	69.89	68	柳州职业技术学院	24	67.77
				69	江西机电职业技术学院	22	67.69

续表

序号	学校名称	奖项数量	总分
70	昆明冶金高等专科学校	19	67.66
71	四川工程职业技术学院	11	67.63
72	浙江育英职业技术学院	19	67.54
72	河南职业技术学院	33	67.54
74	南京铁道职业技术学院	26	67.38
75	北京工业职业技术学院	37	67.34
76	中山职业技术学院	34	67.04
76	柳州铁道职业技术学院	36	67.04
78	合肥职业技术学院	23	66.95
79	顺德职业技术学院	44	66.74
80	厦门海洋职业技术学院	23	66.70
81	潍坊工程职业学院	32	66.69
82	重庆工商职业学院	41	66.62
83	浙江商业职业技术学院	23	66.50
84	山东职业学院	15	66.48
85	天津轻工职业技术学院	18	66.43
86	黎明职业大学	53	66.22
87	兰州资源环境职业技术学院	32	66.07
88	绍兴职业技术学院	21	66.06
89	徽商职业学院	15	66.03

续表

序号	学校名称	奖项数量	总分
90	长春职业技术学院	54	65.85
91	上海城建职业学院	26	65.70
92	青岛职业技术学院	26	65.69
93	咸阳职业技术学院	42	65.62
94	安徽工业经济职业技术学院	28	65.40
95	九江职业技术学院	42	65.37
96	东莞职业技术学院	20	65.29
97	山西机电职业技术学院	27	65.22
97	河南经贸职业学院	35	65.22
97	广西电力职业技术学院	9	65.22
100	许昌职业技术学院	35	65.01
101	苏州工业职业技术学院	27	64.97
102	湖南交通职业技术学院	21	64.95
103	重庆三峡职业学院	28	64.71
104	福建船政交通职业学院	56	64.55
105	河北工业职业技术学院	32	64.43
106	贵州电子信息职业技术学院	39	64.29
107	江西旅游商贸职业学院	18	64.22
108	马鞍山师范高等专科学校	15	64.13

续表

序号	学校名称	奖项数量	总分
109	湖南铁路科技职业技术学院	12	63.96
110	四川交通职业技术学院	52	63.89
111	成都职业技术学院	37	63.67
111	黄山职业技术学院	1	63.67
113	湖南汽车工程职业学院	16	63.64
114	兰州职业技术学院	15	63.57
115	邢台职业技术学院	48	63.46
116	山东交通职业学院	19	63.42
117	杨凌职业技术学院	15	63.40
118	闽江师范高等专科学校	12	63.12
119	厦门城市职业学院	95	63.07
120	湖南化工职业技术学院	25	63.06
121	浙江经贸职业技术学院	24	63.03
121	重庆航天职业技术学院	12	63.03
123	长春汽车工业高等专科学校	11	63.01
124	宁夏工商职业技术学院	13	62.94
125	湖南商务职业技术学院	19	62.89
126	威海职业学院	37	62.86
127	武汉船舶职业技术学院	22	62.85

续表

序号	学校名称	奖项数量	总分
128	德州职业技术学院	20	62.79
129	烟台职业学院	28	62.73
130	莱芜职业技术学院	19	62.53
131	江苏农林职业技术学院	8	62.33
132	江西现代职业技术学院	48	62.32
133	湖南电气职业技术学院	10	62.31
134	广东交通职业技术学院	16	62.27
135	浙江经济职业技术学院	15	62.23
136	海南经贸职业技术学院	21	62.04
136	温州职业技术学院	14	62.04
138	江苏联合职业技术学院	24	61.93
139	河北软件职业技术学院	16	61.52
140	常州机电职业技术学院	17	61.51
141	海南软件职业技术学院	28	61.37
141	江苏信息职业技术学院	21	61.37
143	湖南铁道职业技术学院	24	61.32
144	苏州经贸职业技术学院	12	61.31

续表

序号	学校名称	奖项数量	总分
145	成都纺织高等专科学校	24	61.17
146	湖南机电职业技术学院	22	61.16
147	湖南软件职业学院	20	60.98
148	石家庄铁路职业技术学院	14	60.97
148	杭州科技职业技术学院	17	60.97
150	湖南理工职业技术学院	10	60.88
151	广西职业技术学院	16	60.64
152	重庆财经职业学院	27	60.56
153	哈尔滨职业技术学院	14	60.46
154	陕西职业技术学院	11	60.44
155	安徽城市管理职业学院	43	60.35
156	泸州职业技术学院	31	60.30
157	中山火炬职业技术学院	25	60.11
158	重庆科创职业学院	23	60.00
158	安徽水利水电职业技术学院	24	60.00
160	上海电子信息职业技术学院	27	59.94
161	长江职业学院	18	59.90
161	山东电子职业技术学院	23	59.90
163	辽宁轻工职业学院	10	59.86

续表

序号	学校名称	奖项数量	总分
164	新疆农业职业技术学院	10	59.83
165	广东机电职业技术学院	17	59.76
166	上海工艺美术职业学院	43	59.71
167	成都工业职业技术学院	21	59.69
168	北京经济管理职业学院	8	59.57
169	陕西能源职业技术学院	15	59.50
170	长沙商贸旅游职业技术学院	10	59.39
171	安徽交通职业技术学院	12	59.36
172	聊城职业技术学院	19	59.26
173	晋中职业技术学院	40	59.20
174	内蒙古机电职业技术学院	3	59.15
175	陕西国防工业职业技术学院	22	59.14
176	山东科技职业学院	26	59.00
177	重庆电力高等专科学校	5	58.91
178	广西机电职业技术学院	11	58.90
179	漳州职业技术学院	20	58.86
180	南宁职业技术学院	46	58.67
181	河南建筑职业技术学院	15	58.58

续表

续表

序号	学校名称	奖项数量	总分	序号	学校名称	奖项数量	总分
182	宁波城市职业技术学院	17	58.43	200	广西理工职业技术学院	22	56.97
183	西安铁路职业技术学院	22	58.39	201	浙江交通职业技术学院	13	56.92
184	江苏城市职业学院	18	58.37	202	江西工业贸易职业技术学院	13	56.87
185	武汉城市职业学院	17	58.35	203	成都工贸职业技术学院	17	56.85
186	北京财贸职业学院	14	58.16	204	大连职业技术学院	18	56.84
187	黄冈职业技术学院	19	57.98	205	常州工业职业技术学院	24	56.73
188	陕西铁路工程职业技术学院	15	57.87	206	福州职业技术学院	31	56.51
189	吉林工业职业技术学院	9	57.77	207	济源职业技术学院	30	56.48
190	山东信息职业技术学院	16	57.73	208	扬州市职业大学	21	56.40
191	湄洲湾职业技术学院	5	57.69	209	四川信息职业技术学院	14	56.26
192	马鞍山职业技术学院	13	57.63	210	广西现代职业技术学院	16	56.23
193	东营职业学院	41	57.62	211	广西农业职业技术学院	20	55.82
194	苏州健雄职业技术学院	9	57.60	212	济南职业学院	13	55.66
195	湖南现代物流职业技术学院	8	57.58	213	西宁城市职业技术学院	9	55.65
196	湖南财经工业职业技术学院	11	57.41	214	江西制造职业技术学院	13	55.57
197	湖北生物科技职业学院	21	57.26	215	湖北生态工程职业技术学院	11	55.56
198	大同煤炭职业技术学院	7	57.14	215	山东商务职业学院	17	55.56
199	北京信息职业技术学院	22	57.11	217	北京劳动保障职业学院	12	55.54

续表

序号	学校名称	奖项数量	总分
218	保定电力职业技术学院	1	55.49
219	承德石油高等专科学校	10	55.34
220	山西省财政税务专科学校	16	55.33
221	成都农业科技职业学院	17	55.32
222	青岛酒店管理职业技术学院	12	55.21
223	永州职业技术学院	13	55.20
224	吉林电子信息职业技术学院	19	55.17
225	浙江工贸职业技术学院	11	54.98
226	湖北科技职业学院	18	54.80
227	广州工程技术职业学院	13	54.77
228	咸宁职业技术学院	16	54.75
229	西藏职业技术学院	6	54.68
230	天津滨海职业学院	16	54.61
231	河南机电职业学院	19	54.19
232	天津交通职业学院	10	54.17
233	克拉玛依职业技术学院	7	54.15
234	佛山职业技术学院	18	54.06
235	广州城建职业学院	18	53.97
236	江西新能源科技职业学院	16	53.89

续表

序号	学校名称	奖项数量	总分
237	上海思博职业技术学院	26	53.81
238	江苏商贸职业学院	11	53.78
239	滨州职业学院	5	53.75
240	苏州职业大学	14	53.74
241	长沙职业技术学院	25	53.72
242	安庆职业技术学院	5	53.56
243	广东水利电力职业技术学院	19	53.48
244	苏州农业职业技术学院	8	53.43
245	辽宁省交通高等专科学校	11	53.38
246	江西财经职业学院	11	53.11
247	黑龙江职业学院	21	53.02
248	宁夏职业技术学院	24	52.95
249	浙江艺术职业学院	5	52.91
250	济宁职业技术学院	7	52.87
251	宜宾职业技术学院	25	52.84
252	南京旅游职业学院	7	52.77
253	商丘职业技术学院	6	52.74
254	上海出版印刷高等专科学校	34	52.73
255	浙江广厦建设职业技术学院	16	52.68
256	湖南环境生物职业技术学院	12	52.50
257	浙江建设职业技术学院	8	52.45

续表

序号	学校名称	奖项数量	总分
258	广东理工职业学院	27	52.42
259	吉林铁道职业技术学院	30	52.39
259	天津电子信息职业技术学院	27	52.39
261	重庆水利电力职业技术学院	17	52.37
262	福建生物工程职业技术学院	4	52.25
262	南京机电职业技术学院	14	52.25
264	四川建筑职业技术学院	10	52.22
265	安徽国防科技职业学院	10	52.16
266	锡林郭勒职业学院	9	52.03
267	南充职业技术学院	9	51.96
268	江苏建筑职业技术学院	15	51.92
269	贵州职业技术学院	10	51.80
270	石家庄职业技术学院	7	51.78
271	天津商务职业学院	17	51.77
272	河源职业技术学院	22	51.74
272	广西生态工程职业技术学院	11	51.74
274	日照职业技术学院	8	51.70
275	广东文艺职业学院	11	51.68
276	合肥信息技术职业学院	4	51.65

续表

序号	学校名称	奖项数量	总分
277	广东工贸职业技术学院	13	51.62
278	遵义职业技术学院	16	51.61
279	邯郸职业技术学院	7	51.60
280	四川航天职业技术学院	15	51.56
280	江苏海事职业技术学院	14	51.56
282	滁州城市职业学院	3	51.53
283	烟台工程职业技术学院	17	51.17
284	贵州盛华职业学院	2	50.86
285	辽宁石化职业技术学院	8	50.78
286	常州纺织服装职业技术学院	7	50.76
287	重庆商务职业学院	12	50.70
288	广东农工商职业技术学院	12	50.22
289	辽宁轨道交通职业学院	4	50.21
290	苏州信息职业技术学院	12	50.09
291	常州工程职业技术学院	7	50.04
292	上海东海职业技术学院	13	50.02
293	重庆房地产职业学院	18	49.66
294	湖南大众传媒职业技术学院	16	49.50

续表

序号	学校名称	奖项数量	总分
295	天津机电职业技术学院	9	49.45
296	惠州城市职业学院	33	49.36
297	南通科技职业学院	7	49.26
298	上海中侨职业技术学院	29	49.21
299	江门职业技术学院	20	49.15
300	四川水利职业技术学院	18	49.14
301	天津现代职业技术学院	6	49.11
302	海南职业技术学院	17	49.01
302	江西交通职业技术学院	11	49.01
304	沈阳职业技术学院	22	49.00
305	河北机电职业技术学院	14	48.99
306	四川文化产业职业学院	31	48.95
307	山东轻工职业学院	11	48.82
308	郑州电力高等专科学校	7	48.78
309	苏州工业园区服务外包职业学院	8	48.73
310	烟台汽车工程职业学院	7	48.59
311	江西工程职业学院	5	48.58
312	贵州轻工职业技术学院	7	48.57
313	河北交通职业技术学院	13	48.51

续表

序号	学校名称	奖项数量	总分
313	北海职业学院	38	48.51
315	河南交通职业技术学院	4	48.40
316	昆明铁道职业技术学院	6	48.25
317	广东食品药品职业学院	3	48.22
318	周口职业技术学院	5	48.03
318	陕西交通职业技术学院	18	48.03
318	晋城职业技术学院	18	48.03
321	北京青年政治学院	12	48.02
321	湖北交通职业技术学院	14	48.02
321	山东工业职业学院	6	48.02
324	江苏安全技术职业学院	1	47.99
325	湖南艺术职业学院	22	47.88
325	枣庄科技职业学院	9	47.88
327	云南林业职业技术学院	15	47.73
328	包头职业技术学院	3	47.71
329	广东创新科技职业学院	14	47.68
330	云南国防工业职业技术学院	11	47.54
331	重庆化工职业学院	7	47.51
331	重庆公共运输职业学院	9	47.51
333	江苏医药职业学院	5	47.48

续表 续表

序号	学校名称	奖项数量	总分	序号	学校名称	奖项数量	总分
334	江西泰豪动漫职业学院	6	47.45	353	长春金融高等专科学校	5	46.92
335	内蒙古商贸职业学院	8	47.44	354	长江工程职业技术学院	14	46.88
336	湖北水利水电职业技术学院	4	47.41	355	安徽新闻出版职业技术学院	18	46.63
337	山西经贸职业学院	1	47.33	355	广州民航职业技术学院	5	46.63
337	青海建筑职业技术学院	1	47.33	357	广东省外语艺术职业学院	14	46.57
337	安徽电气工程职业技术学院	1	47.33	358	运城职业技术学院	12	46.50
337	包头轻工职业技术学院	1	47.33	359	珠海城市职业技术学院	7	46.45
341	天津铁道职业技术学院	4	47.28	359	湖南网络工程职业学院	11	46.45
342	嘉兴职业技术学院	12	47.24	359	辽宁建筑职业学院	11	46.45
343	铜陵职业技术学院	8	47.20	359	河南农业职业学院	11	46.45
344	温州科技职业学院	5	47.17	359	仙桃职业学院	11	46.45
345	唐山工业职业技术学院	8	47.15	364	海南科技职业大学	2	46.42
345	广东科贸职业学院	24	47.15	365	济南工程职业技术学院	7	46.40
347	江西师范高等专科学校	3	47.12	366	山东劳动职业技术学院	8	46.29
347	西安职业技术学院	9	47.12	367	川北幼儿师范高等专科学校	7	46.26
349	辽宁经济职业技术学院	16	47.10	368	北京农业职业学院	9	46.20
350	江西建设职业技术学院	6	47.07	369	山西林业职业技术学院	6	46.19
351	泉州医学高等专科学校	4	47.06	370	广东职业技术学院	12	46.18
352	山东理工职业学院	10	46.99	371	湖南民族职业学院	10	46.10

续表

序号	学校名称	奖项数量	总分
372	黑龙江农业工程职业学院	10	46.07
373	浙江金融职业学院	2	46.05
374	上海农林职业技术学院	9	46.00
375	广州铁路职业技术学院	5	45.89
376	上海震旦职业学院	4	45.88
376	湖北财税职业学院	4	45.88
376	四川财经职业学院	12	45.88
376	陕西艺术职业学院	6	45.88
380	山东传媒职业学院	31	45.79
381	广东邮电职业技术学院	7	45.77
382	湖南工程职业技术学院	20	45.74
383	衢州职业技术学院	7	45.50
384	三明医学科技职业学院	5	45.39
385	石家庄信息工程职业学院	27	45.36
386	郑州信息科技职业学院	15	45.32
387	重庆能源职业学院	7	45.30
387	甘肃林业职业技术学院	11	45.30
387	山西旅游职业学院	9	45.30
387	福建林业职业技术学院	7	45.30
391	海南政法职业学院	5	45.19

续表

序号	学校名称	奖项数量	总分
392	武汉铁路职业技术学院	7	45.03
393	湖北职业技术学院	8	45.00
394	徐州工业职业技术学院	9	44.94
395	广东环境保护工程职业学院	13	44.70
396	太原城市职业技术学院	10	44.69
397	合肥通用职业技术学院	10	44.49
398	汕尾职业技术学院	24	44.46
399	重庆幼儿师范高等专科学校	6	44.36
399	浙江国际海运职业技术学院	10	44.36
401	铜仁职业技术学院	8	44.29
402	黑龙江林业职业技术学院	5	44.22
403	辽宁生态工程职业学院	9	44.21
404	广西经贸职业技术学院	13	44.06
404	台州职业技术学院	11	44.06
404	福建农业职业技术学院	7	44.06
407	山东外贸职业学院	9	43.94
408	甘肃有色冶金职业技术学院	4	43.93
409	昌吉职业技术学院	8	43.90
410	南通职业大学	5	43.74

续表

续表

序号	学校名称	奖项数量	总分
411	保定职业技术学院	8	43.58
412	岳阳职业技术学院	6	43.55
413	绵阳职业技术学院	18	43.53
414	郑州旅游职业学院	2	43.49
415	贵州工商职业学院	7	43.46
415	辽宁农业职业技术学院	3	43.46
417	重庆医药高等专科学校	4	43.39
417	陕西财经职业技术学院	8	43.39
419	广西建设职业技术学院	21	43.34
420	四川邮电职业技术学院	17	43.29
421	上海济光职业技术学院	11	43.27
422	襄阳汽车职业技术学院	1	43.23
423	广东碧桂园职业学院	7	43.21
424	上饶职业技术学院	5	43.14
425	泰州职业技术学院	10	43.03
426	陇南师范高等专科学校	3	42.91
426	福建水利电力职业技术学院	9	42.91
428	重庆城市职业学院	9	42.84
429	山西药科职业学院	3	42.80

序号	学校名称	奖项数量	总分
430	黑龙江建筑职业技术学院	12	42.77
431	江西水利职业学院	15	42.74
432	天津渤海职业技术学院	7	42.70
432	山东中医药高等专科学校	3	42.70
432	枣庄职业学院	3	42.70
432	四川幼儿师范高等专科学校	3	42.70
432	重庆三峡医药高等专科学校	3	42.70
432	天津工业职业学院	3	42.70
432	新乡职业技术学院	9	42.70
432	江苏工程职业技术学院	5	42.70
440	晋中师范高等专科学校	4	42.64
440	漳州城市职业学院	4	42.64
442	桂林师范高等专科学校	2	42.48
443	南京科技职业学院	14	42.47
444	浙江同济科技职业学院	6	42.40
445	宁夏建设职业技术学院	6	42.37
446	青海柴达木职业技术学院	1	42.27
447	石家庄理工职业学院	7	42.26

续表

序号	学校名称	奖项数量	总分
448	河北化工医药职业技术学院	10	42.25
449	兰州现代职业学院	2	42.19
449	定西师范高等专科学校	2	42.19
451	甘肃工业职业技术学院	13	42.05
452	苏州高博软件技术职业学院	9	42.02
453	内蒙古电子信息职业技术学院	14	41.97
453	山东水利职业学院	6	41.97
455	广东岭南职业技术学院	14	41.84
456	西安电力高等专科学校	1	41.82
456	山东电力高等专科学校	1	41.82
456	甘肃机电职业技术学院	1	41.82
459	广西幼儿师范高等专科学校	9	41.80
460	共青科技职业学院	5	41.73
461	四川现代职业学院	17	41.71
462	贵州航天职业技术学院	7	41.63
463	平顶山工业职业技术学院	8	41.52
464	正德职业技术学院	2	41.45
465	武汉工程职业技术学院	7	41.39

续表

序号	学校名称	奖项数量	总分
466	湖南体育职业学院	1	41.31
466	安徽审计职业学院	1	41.31
466	厦门演艺职业学院	1	41.31
466	承德护理职业学院	1	41.31
470	湖南城建职业技术学院	6	41.28
471	湖南水利水电职业技术学院	7	41.26
472	吉安职业技术学院	11	41.20
472	柳州城市职业学院	9	41.20
472	广西工业职业技术学院	9	41.20
472	潍坊护理职业学院	3	41.20
472	北京北大方正软件职业技术学院	7	41.20
472	信阳职业技术学院	7	41.20
472	榆林职业技术学院	7	41.20
472	四川化工职业技术学院	7	41.20
472	安徽中澳科技职业学院	5	41.20
481	九江职业大学	7	41.12
482	无锡科技职业学院	7	40.90
483	重庆建筑工程职业学院	7	40.77
484	广东建设职业技术学院	7	40.67
485	湖北城市建设职业技术学院	11	40.64

续表

续表

序号	学校名称	奖项数量	总分	序号	学校名称	奖项数量	总分
485	无锡工艺职业技术学院	14	40.64	504	海南外国语职业学院	3	39.89
487	荆州职业技术学院	9	40.56	505	广东松山职业技术学院	11	39.86
488	江苏食品药品职业技术学院	5	40.53	506	德州科技职业学院	4	39.81
489	鄂州职业大学	9	40.50	507	宣城职业技术学院	3	39.75
490	重庆工贸职业技术学院	10	40.38	508	四川城市职业学院	7	39.71
490	湖北国土资源职业学院	6	40.38	509	临沂职业学院	15	39.70
490	上海工商职业技术学院	6	40.38	510	漯河职业技术学院	6	39.60
490	辽宁金融职业学院	6	40.38	511	河南艺术职业学院	3	39.59
490	黑龙江商业职业学院	4	40.38	512	河北女子职业技术学院	11	39.52
490	淮南职业技术学院	4	40.38	512	上海交通职业技术学院	11	39.52
490	池州职业技术学院	4	40.38	514	宝鸡职业技术学院	5	39.51
490	长沙南方职业学院	4	40.38	514	贵州水利水电职业技术学院	7	39.51
490	肇庆医学高等专科学校	4	40.38	514	广州卫生职业技术学院	3	39.51
490	黑龙江农垦职业学院	4	40.38	517	浙江工商职业技术学院	4	39.30
500	广西国际商务职业技术学院	9	40.35	518	浙江旅游职业学院	5	39.28
501	广州科技职业技术大学	1	40.31	519	四川职业技术学院	13	39.24
501	新疆天山职业技术学院	1	40.31	520	广州华立科技职业学院	14	39.20
503	黑龙江农垦科技职业学院	5	40.00	521	德宏职业学院	4	39.10
				522	乌鲁木齐职业大学	7	39.04
				523	湖南工艺美术职业学院	6	38.98

续表

序号	学校名称	奖项数量	总分
524	南京视觉艺术职业学院	14	38.86
525	浙江横店影视职业学院	8	38.76
526	上海民航职业技术学院	4	38.73
527	武汉信息传播职业技术学院	7	38.60
528	盘锦职业技术学院	10	38.59
529	北京戏曲艺术职业学院	2	38.58
529	湖北艺术职业学院	2	38.58
529	黑龙江旅游职业技术学院	6	38.58
529	亳州职业技术学院	4	38.58
529	泰山职业技术学院	4	38.58
529	山东城市建设职业学院	4	38.58
535	乐山职业技术学院	4	38.44
536	广东青年职业学院	12	38.31
537	江西农业工程职业学院	3	38.14
537	青海卫生职业技术学院	3	38.14
539	六安职业技术学院	4	38.00
540	浙江东方职业技术学院	7	37.85
541	河北建材职业技术学院	4	37.68
541	山西建筑职业技术学院	4	37.68

续表

序号	学校名称	奖项数量	总分
543	广东酒店管理职业技术学院	7	37.64
544	长春医学高等专科学校	5	37.58
544	山西交通职业技术学院	3	37.58
544	江西航空职业技术学院	3	37.58
544	运城幼儿师范高等专科学校	3	37.58
544	徐州幼儿师范高等专科学校	3	37.58
544	泉州幼儿师范高等专科学校	3	37.58
544	湖南有色金属职业技术学院	3	37.58
544	湖北工程职业学院	3	37.58
544	大连汽车职业技术学院	3	37.58
544	湖南石油化工职业技术学院	3	37.58
544	江西卫生职业学院	3	37.58
544	郑州幼儿师范高等专科学校	3	37.58
544	南通航运职业技术学院	3	37.58
544	荆州理工职业学院	3	37.58
544	湖北中医药高等专科学校	3	37.58
559	江苏航空职业技术学院	5	37.41

续表

序号	学校名称	奖项数量	总分
560	广安职业技术学院	9	37.24
561	河南信息统计职业学院	5	37.19
562	云南机电职业技术学院	6	37.17
563	云南交通职业技术学院	7	36.99
564	南阳职业学院	2	36.94
565	甘肃建筑职业技术学院	5	36.91
566	江海职业技术学院	5	36.78
567	广东南方职业学院	4	36.51
568	甘肃交通职业技术学院	8	36.49
568	陕西工商职业学院	8	36.49
568	开封大学	13	36.49
568	保险职业学院	2	36.49
568	恩施职业技术学院	2	36.49
568	江苏卫生健康职业学院	2	36.49
568	天津国土资源和房屋职业学院	4	36.49
568	福建卫生职业技术学院	4	36.49
568	长沙环境保护职业技术学院	4	36.49
577	河北劳动关系职业学院	2	36.35
578	张家口职业技术学院	1	36.22

续表

序号	学校名称	奖项数量	总分
578	甘肃财贸职业学院	1	36.22
580	湖南安全技术职业学院	3	36.17
581	民办四川天一学院	8	36.06
581	滁州职业技术学院	5	36.06
583	成都艺术职业大学	9	36.04
584	湖北工业职业技术学院	1	35.96
584	黔东南民族职业技术学院	1	35.96
584	新疆交通职业技术学院	1	35.96
584	三亚航空旅游职业学院	1	35.96
584	山西体育职业学院	1	35.96
584	武汉电力职业技术学院	1	35.96
584	山东经贸职业学院	1	35.96
584	甘肃畜牧工程职业技术学院	1	35.96
584	哈尔滨铁道职业技术学院	1	35.96
584	江西生物科技职业学院	1	35.96
584	四川三河职业学院	1	35.96
584	黑龙江交通职业技术学院	1	35.96
596	江西工业工程职业技术学院	8	35.85
597	无锡城市职业技术学院	3	35.73

续表

序号	学校名称	奖项数量	总分
598	河北艺术职业学院	9	35.72
599	四川工商职业技术学院	3	35.66
599	盐城幼儿师范高等专科学校	1	35.66
601	重庆安全技术职业学院	9	35.55
601	四川国际标榜职业学院	3	35.55
603	云南工程职业学院	1	35.48
603	陕西航空职业技术学院	1	35.48
603	漳州科技职业学院	1	35.48
603	包头铁道职业技术学院	1	35.48
603	湛江幼儿师范专科学校	1	35.48
603	天津滨海汽车工程职业学院	1	35.48
603	淄博师范高等专科学校	1	35.48
610	苏州工业园区职业技术学院	4	35.44
611	唐山职业技术学院	8	35.38
612	黑龙江农业经济职业学院	7	35.29
612	丽水职业技术学院	7	35.29
612	广东女子职业技术学院	5	35.29
612	宜春职业技术学院	5	35.29

续表

序号	学校名称	奖项数量	总分
612	宁夏民族职业技术学院	3	35.29
617	江西陶瓷工艺美术职业技术学院	7	35.10
618	重庆文化艺术职业学院	6	34.85
619	四川商务职业学院	6	34.79
620	河南应用技术职业学院	7	34.58
621	山东铝业职业学院	1	34.34
622	广州城市职业学院	4	34.24
623	浙江邮电职业技术学院	4	34.16
624	浙江农业商贸职业学院	6	34.10
625	内江职业技术学院	5	34.02
626	北京经济技术职业学院	11	33.97
627	北京政法职业学院	6	33.96
627	安徽林业职业技术学院	2	33.96
627	皖西卫生职业学院	2	33.96
627	合肥幼儿师范高等专科学校	4	33.96
627	上饶幼儿师范高等专科学校	4	33.96
632	辽阳职业技术学院	2	33.95
632	安徽中医药高等专科学校	2	33.95
632	山西艺术职业学院	2	33.95

续表

序号	学校名称	奖项数量	总分
635	四川电子机械职业技术学院	9	33.76
636	广东南华工商职业学院	11	33.47
637	浙江特殊教育职业学院	5	33.24
638	秦皇岛职业技术学院	6	33.10
639	天津城市职业学院	6	33.03
640	广西工程职业学院	7	32.96
641	安徽黄梅戏艺术职业学院	1	32.95
641	南京城市职业学院	6	32.95
643	永城职业学院	6	32.90
644	郑州信息工程职业学院	1	32.85
645	广州科技贸易职业学院	7	32.84
646	上海邦德职业技术学院	5	32.45
646	湖南信息职业技术学院	5	32.45
646	太原旅游职业学院	5	32.45
646	陕西机电职业技术学院	5	32.45
646	三峡旅游职业技术学院	5	32.45
646	新疆石河子职业技术学院	5	32.45
646	贵阳幼儿师范高等专科学校	5	32.45

续表

序号	学校名称	奖项数量	总分
646	新疆职业大学	5	32.45
654	浙江医药高等专科学校	1	32.44
654	平顶山职业技术学院	1	32.44
654	北京京北职业技术学院	1	32.44
654	苏州卫生职业技术学院	1	32.44
654	私立华联学院	1	32.44
654	常德职业技术学院	3	32.44
660	广西工商职业技术学院	6	32.19
661	广东生态工程职业学院	5	32.07
661	江苏财经职业技术学院	5	32.07
661	贵州电子商务职业技术学院	5	32.07
661	西安高新科技职业学院	5	32.07
661	云南能源职业技术学院	7	32.07
666	濮阳职业技术学院	7	31.87
667	安徽冶金科技职业学院	3	31.73
668	湖南劳动人事职业学院	1	31.64
669	泉州华光职业学院	8	31.45
669	渭南职业技术学院	3	31.45

续表

序号	学校名称	奖项数量	总分
671	天津工艺美术职业学院	4	31.44
672	郑州财税金融职业学院	5	31.33
673	安徽艺术职业学院	5	31.26
674	泉州职业技术大学	6	31.23
675	湖南生物机电职业技术学院	3	31.07
676	重庆电讯职业学院	11	31.02
677	淮北职业技术学院	4	30.83
678	四川艺术职业学院	5	30.77
679	珠海艺术职业学院	5	30.76
679	重庆电信职业学院	10	30.76
681	云南财经职业学院	4	30.69
681	朔州职业技术学院	4	30.69
681	焦作师范高等专科学校	4	30.69
681	河北对外经贸职业学院	4	30.69
681	宁夏财经职业技术学院	4	30.69
681	贵阳职业技术学院	4	30.69
681	新疆轻工职业技术学院	4	30.69
681	神木职业技术学院	4	30.69
681	哈尔滨幼儿师范高等专科学校	4	30.69
681	乌海职业技术学院	4	30.69
681	辽宁理工职业学院	4	30.69

续表

序号	学校名称	奖项数量	总分
681	廊坊职业技术学院	4	30.69
681	六盘水职业技术学院	4	30.69
694	益阳医学高等专科学校	2	30.68
694	沧州医学高等专科学校	2	30.68
694	甘肃卫生职业学院	2	30.68
694	北京卫生职业学院	2	30.68
694	湖南食品药品职业学院	2	30.68
694	武汉民政职业学院	2	30.68
694	广西卫生职业技术学院	2	30.68
701	广东工程职业技术学院	8	30.65
702	郑州理工职业学院	2	30.31
703	惠州经济职业技术学院	4	30.04
704	广西英华国际职业学院	3	29.97
705	沧州职业技术学院	4	29.83
706	安徽广播影视职业技术学院	5	29.76
707	渤海船舶职业学院	4	29.49
707	江西冶金职业技术学院	4	29.49
709	福建艺术职业学院	4	29.39
710	重庆青年职业技术学院	5	29.04

续表 续表

序号	学校名称	奖项数量	总分	序号	学校名称	奖项数量	总分
711	广州华商职业学院	5	28.84	715	四川汽车职业技术学院	3	28.56
712	湖州职业技术学院	4	28.81	715	内蒙古警察职业学院	3	28.56
713	云南国土资源职业学院	4	28.80	715	沙洲职业工学院	3	28.56
713	娄底职业技术学院	2	28.80	715	铁岭师范高等专科学校	3	28.56
715	大连枫叶职业技术学院	3	28.56	715	湖北轻工职业技术学院	3	28.56
715	湖南幼儿师范高等专科学校	3	28.56	715	石家庄幼儿师范高等专科学校	3	28.56
715	天津石油职业技术学院	3	28.56	715	湖南高速铁路职业技术学院	3	28.56
715	苏州工艺美术职业技术学院	3	28.56	715	江西工业职业技术学院	3	28.56
715	酒泉职业技术学院	3	28.56	715	浙江安防职业技术学院	3	28.56
715	长春师范高等专科学校	3	28.56	715	天津海运职业学院	3	28.56
715	北京交通运输职业学院	3	28.56	715	河南水利与环境职业学院	3	28.56
715	益阳职业技术学院	3	28.56	715	黑龙江幼儿师范高等专科学校	3	28.56
715	呼和浩特职业学院	3	28.56	715	苏州幼儿师范高等专科学校	3	28.56
715	汉中职业技术学院	3	28.56	715	毕节职业技术学院	3	28.56
715	扎兰屯职业学院	3	28.56	715	安阳职业技术学院	3	28.56
715	张家界航空工业职业技术学院	3	28.56	745	河南护理职业学院	1	28.55
715	江西信息应用职业技术学院	3	28.56	745	济南幼儿师范高等专科学校	1	28.55
715	延安职业技术学院	3	28.56	745	大庆医学高等专科学校	1	28.55
715	辽宁地质工程职业学院	3	28.56				

续表

序号	学校名称	奖项数量	总分
745	福建幼儿师范高等专科学校	1	28.55
745	怀化职业技术学院	1	28.55
745	重庆旅游职业学院	1	28.55
745	厦门东海职业技术学院	1	28.55
745	云南文化艺术职业学院	1	28.55
745	运城护理职业学院	1	28.55
754	广州南洋理工职业学院	2	28.41
754	宁夏艺术职业学院	2	28.41
756	广东文理职业学院	4	27.95
757	四川长江职业学院	5	27.60
758	上海工商外国语职业学院	5	27.49
759	宿迁泽达职业技术学院	3	27.47
759	金肯职业技术学院	3	27.47
761	揭阳职业技术学院	3	27.04
762	四川华新现代职业学院	3	26.45
763	嘉兴南洋职业技术学院	2	26.43
764	阳江职业技术学院	3	26.02
765	江西软件职业技术大学	3	25.88
766	科尔沁艺术职业学院	2	25.80
766	闽北职业技术学院	2	25.80

续表

序号	学校名称	奖项数量	总分
766	贵州工业职业技术学院	2	25.80
766	新疆生产建设兵团兴新职业技术学院	2	25.80
766	甘肃农业职业技术学院	2	25.80
766	鹤壁职业技术学院	2	25.80
766	湖南邮电职业技术学院	2	25.80
766	上海行健职业学院	2	25.80
766	上海电影艺术职业学院	2	25.80
766	贵阳护理职业学院	2	25.80
766	辽宁装备制造职业技术学院	2	25.80
766	江阴职业技术学院	2	25.80
766	辽宁城市建设职业技术学院	2	25.80
766	邵阳职业技术学院	2	25.80
766	云南旅游职业学院	2	25.80
766	山西水利职业技术学院	2	25.80
766	云南新兴职业学院	2	25.80
766	贵州农业职业学院	2	25.80
766	黑龙江艺术职业学院	2	25.80
766	石家庄邮电职业技术学院	2	25.80
766	许昌电气职业学院	2	25.80

续表

序号	学校名称	奖项数量	总分
766	杭州万向职业技术学院	2	25.80
766	内蒙古建筑职业技术学院	2	25.80
789	武汉商贸职业学院	3	25.41
789	石家庄工商职业学院	3	25.41
791	清远职业技术学院	2	24.61
792	云南经贸外事职业学院	2	23.89
792	连云港师范高等专科学校	2	23.89
792	吉林科技职业技术学院	2	23.89
792	福州英华职业学院	2	23.89
792	民办合肥经济技术职业学院	2	23.89
792	云南轻纺职业学院	2	23.89
792	盐城工业职业技术学院	2	23.89
799	四川科技职业学院	2	23.81
800	陕西电子信息职业技术学院	1	22.91
800	浙江警官职业学院	1	22.91
800	苏州百年职业学院	1	22.91
800	江苏农牧科技职业学院	1	22.91
800	石家庄科技工程职业学院	1	22.91
800	湖南三一工业职业技术学院	1	22.91

续表

序号	学校名称	奖项数量	总分
806	硅湖职业技术学院	1	22.23
806	玉溪农业职业技术学院	1	22.23
808	郑州职业技术学院	3	21.88
809	河北旅游职业学院	1	21.70
809	铁岭卫生职业学院	1	21.70
809	辽宁政法职业学院	1	21.70
809	宁波卫生职业技术学院	1	21.70
809	泉州海洋职业学院	1	21.70
809	漳州卫生职业学院	1	21.70
809	南阳农业职业学院	1	21.70
809	黔西南民族职业技术学院	1	21.70
809	厦门兴才职业技术学院	1	21.70
809	惠州卫生职业技术学院	1	21.70
809	辽宁职业学院	1	21.70
809	遵义医药高等专科学校	1	21.70
809	民办万博科技职业学院	1	21.70
809	赣南卫生健康职业学院	1	21.70
809	辽宁民族师范高等专科学校	1	21.70
809	江西中医药高等专科学校	1	21.70
809	松原职业技术学院	1	21.70

续表

序号	学校名称	奖项数量	总分
809	雅安职业技术学院	1	21.70
809	江苏护理职业学院	1	21.70
809	福建华南女子职业学院	1	21.70
809	朝阳师范高等专科学校	1	21.70
809	衡水职业技术学院	1	21.70
809	山西戏剧职业学院	1	21.70
809	广东江门中医药职业学院	1	21.70
809	黑龙江护理高等专科学校	1	21.70
809	临汾职业技术学院	1	21.70
809	阿克苏职业技术学院	1	21.70
809	天津医学高等专科学校	1	21.70
809	四川中医药高等专科学校	1	21.70
809	辽宁医药职业学院	1	21.70
809	漯河医学高等专科学校	1	21.70
840	眉山职业技术学院	4	21.38
841	广西演艺职业学院	3	20.76
842	郑州电子信息职业技术学院	1	20.13
842	广西体育高等专科学校	1	20.13
842	上海工会管理职业学院	1	20.13

续表

序号	学校名称	奖项数量	总分
845	重庆信息技术职业学院	2	20.09
845	四川托普信息技术职业学院	2	20.09
845	山东胜利职业学院	2	20.09
848	广州涉外经济职业技术学院	1	19.69
848	郑州电力职业技术学院	1	19.69
850	辽宁铁道职业技术学院	2	17.42
850	忻州职业技术学院	4	17.42
850	云南农业职业技术学院	2	17.42
853	烟台黄金职业学院	1	17.40
853	南昌职业大学	1	17.40
853	漯河食品职业学院	1	17.40
853	三亚理工职业学院	1	17.40
857	云南城市建设职业学院	1	16.89
857	山东服装职业学院	1	16.89
857	上海科学技术职业学院	1	16.89
857	山西国际商务职业学院	1	16.89
857	江西传媒职业学院	1	16.89
862	锦州师范高等专科学校	2	16.21
863	山西管理职业学院	1	14.65

续表

序号	学校名称	奖项数量	总分
863	山东外国语职业技术大学	1	14.65
863	重庆艺术工程职业学院	2	14.65
863	武汉外语外事职业学院	1	14.65
863	重庆机电职业技术大学	1	14.65
863	苏州托普信息职业技术学院	1	14.65
863	广东工商职业技术大学	2	14.65
863	贵州电子科技职业学院	1	14.65

续表

序号	学校名称	奖项数量	总分
863	巴音郭楞职业技术学院	1	14.65
872	辽宁广告职业学院	1	12.32
872	安徽粮食工程职业学院	1	12.32
872	无锡南洋职业技术学院	1	12.32
872	江西艺术职业学院	1	12.32
872	北京科技职业学院	1	12.32
872	山西金融职业学院	1	12.32

11.3 2015—2019年全国示范性高职院校学科竞赛排行榜

续表

序号	学校名称	奖项数量	总分
1	金华职业技术学院	306	100.00
2	山东商业职业技术学院	135	91.93
3	北京工业职业技术学院	209	91.92
4	北京电子科技职业学院	157	90.78
5	长沙民政职业技术学院	203	90.64
6	芜湖职业技术学院	146	90.27
7	南京工业职业技术学院	136	89.69

序号	学校名称	奖项数量	总分
8	重庆电子工程职业学院	215	88.76
9	广东轻工职业技术学院	331	88.70
10	福建船政交通职业学院	264	88.66
11	深圳职业技术学院	219	87.99
12	陕西工业职业技术学院	260	86.00
13	重庆工业职业技术学院	203	85.91
14	长春职业技术学院	226	83.61

续表

序号	学校名称	奖项数量	总分
15	安徽职业技术学院	167	82.76
16	天津市职业大学	163	81.23
17	重庆工程职业技术学院	187	80.97
18	黄河水利职业技术学院	141	80.02
19	无锡职业技术学院	102	79.48
20	浙江机电职业技术学院	71	77.34
21	湖南工业职业技术学院	129	77.11
22	兰州石化职业技术学院	125	76.04
23	淄博职业学院	138	75.96
24	常州信息职业技术学院	98	75.72
25	威海职业学院	129	74.29
26	九江职业技术学院	120	74.24
27	贵州交通职业技术学院	132	74.12
28	河南职业技术学院	121	73.76
29	安徽水利水电职业技术学院	95	73.55
30	南宁职业技术学院	190	72.72
31	漳州职业技术学院	125	72.68
32	宁波职业技术学院	72	72.48
33	成都航空职业技术学院	98	72.07
34	广州番禺职业技术学院	76	71.14

续表

序号	学校名称	奖项数量	总分
35	杨凌职业技术学院	89	71.09
36	山东科技职业学院	72	71.02
37	日照职业技术学院	83	70.10
38	长春汽车工业高等专科学校	49	69.75
39	天津电子信息职业技术学院	88	69.27
40	武汉职业技术学院	86	69.22
41	江苏建筑职业技术学院	78	69.21
42	辽宁省交通高等专科学校	81	68.91
43	江苏农林职业技术学院	40	68.82
44	山西省财政税务专科学校	94	68.70
45	昆明冶金高等专科学校	69	68.11
46	北京财贸职业学院	72	67.29
47	大连职业技术学院	78	67.10
48	四川交通职业技术学院	103	66.80
49	黑龙江农业工程职业学院	79	66.13
50	上海工艺美术职业学院	87	66.11
51	武汉船舶职业技术学院	59	66.10
52	温州职业技术学院	54	65.54
53	广州民航职业技术学院	29	65.36

续表 续表

序号	学校名称	奖项数量	总分	序号	学校名称	奖项数量	总分
54	邢台职业技术学院	91	64.07	73	克拉玛依职业技术学院	22	53.93
55	湖南铁道职业技术学院	67	63.98	74	辽宁农业职业技术学院	37	53.69
56	柳州职业技术学院	95	63.96	75	宁夏职业技术学院	54	52.12
57	湖南交通职业技术学院	69	63.65	76	浙江警官职业学院	11	52.08
58	四川建筑职业技术学院	46	63.37	77	绵阳职业技术学院	38	51.89
59	青岛职业技术学院	61	62.84	78	黑龙江建筑职业技术学院	27	50.95
60	新疆农业职业技术学院	55	62.08	79	石家庄铁路职业技术学院	26	49.10
61	江苏工程职业技术学院	38	61.56	80	西安航空职业技术学院	47	48.77
62	吉林工业职业技术学院	58	59.81	81	新疆石河子职业技术学院	28	48.54
63	沈阳职业技术学院	83	59.67	82	天津医学高等专科学校	17	47.33
64	浙江金融职业学院	35	59.02	83	永州职业技术学院	22	44.36
65	北京农业职业学院	61	58.43	84	武汉铁路职业技术学院	19	43.65
66	湖北职业技术学院	33	57.69	85	云南交通职业技术学院	23	42.93
67	黑龙江农业经济职业学院	49	57.29	86	宁夏财经职业技术学院	20	42.77
68	四川工程职业技术学院	20	57.12	87	商丘职业技术学院	10	40.59
69	西藏职业技术学院	31	57.09	88	甘肃林业职业技术学院	20	39.46
70	承德石油高等专科学校	23	56.80	89	上海旅游高等专科学校	8	38.97
71	海南职业技术学院	60	56.07	90	内蒙古建筑职业技术学院	16	38.31
72	河北工业职业技术学院	62	56.01				

<table>
<tr><th>序号</th><th>学校名称</th><th>奖项数量</th><th>总分</th><th>序号</th><th>学校名称</th><th>奖项数量</th><th>总分</th></tr>
<tr><td>91</td><td>平顶山工业职业技术学院</td><td>13</td><td>37.77</td><td>94</td><td>大庆职业学院</td><td>8</td><td>30.57</td></tr>
<tr><td>92</td><td>包头职业技术学院</td><td>4</td><td>36.76</td><td>95</td><td>青海畜牧兽医职业技术学院</td><td>3</td><td>29.99</td></tr>
<tr><td>93</td><td>四川电力职业技术学院</td><td>4</td><td>36.36</td><td>96</td><td>苏州工业园区职业技术学院</td><td>4</td><td>25.25</td></tr>
</table>

续表（左上）续表（右上）

11.4 2015—2019年全国骨干高职院校学科竞赛排行榜

续表

<table>
<tr><th>序号</th><th>学校名称</th><th>奖项数量</th><th>总分</th><th>序号</th><th>学校名称</th><th>奖项数量</th><th>总分</th></tr>
<tr><td>1</td><td>福建信息职业技术学院</td><td>233</td><td>88.07</td><td>13</td><td>重庆城市管理职业学院</td><td>124</td><td>76.16</td></tr>
<tr><td>2</td><td>北京信息职业技术学院</td><td>157</td><td>87.12</td><td>14</td><td>深圳信息职业技术学院</td><td>115</td><td>75.92</td></tr>
<tr><td>3</td><td>江西应用技术职业学院</td><td>168</td><td>86.14</td><td>15</td><td>河南工业职业技术学院</td><td>182</td><td>75.36</td></tr>
<tr><td>4</td><td>安徽机电职业技术学院</td><td>141</td><td>83.71</td><td>16</td><td>江西现代职业技术学院</td><td>145</td><td>72.64</td></tr>
<tr><td>5</td><td>安徽商贸职业技术学院</td><td>161</td><td>83.58</td><td>17</td><td>常州机电职业技术学院</td><td>67</td><td>72.48</td></tr>
<tr><td>6</td><td>郑州铁路职业技术学院</td><td>90</td><td>83.39</td><td>18</td><td>重庆工商职业学院</td><td>127</td><td>71.81</td></tr>
<tr><td>7</td><td>顺德职业技术学院</td><td>161</td><td>79.24</td><td>19</td><td>广东科学技术职业学院</td><td>112</td><td>71.71</td></tr>
<tr><td>8</td><td>南京信息职业技术学院</td><td>85</td><td>78.98</td><td>20</td><td>江西财经职业学院</td><td>77</td><td>70.93</td></tr>
<tr><td>9</td><td>上海电子信息职业技术学院</td><td>130</td><td>78.60</td><td>21</td><td>陕西铁路工程职业技术学院</td><td>61</td><td>69.38</td></tr>
<tr><td>10</td><td>山西职业技术学院</td><td>171</td><td>77.84</td><td>22</td><td>北京劳动保障职业学院</td><td>64</td><td>69.27</td></tr>
<tr><td>11</td><td>烟台职业学院</td><td>109</td><td>77.37</td><td>23</td><td>陕西国防工业职业技术学院</td><td>97</td><td>68.95</td></tr>
<tr><td>12</td><td>武汉软件工程职业学院</td><td>141</td><td>76.40</td><td>24</td><td>东营职业学院</td><td>91</td><td>68.20</td></tr>
</table>

续表

序号	学校名称	奖项数量	总分
25	济南职业学院	67	68.06
26	海南经贸职业技术学院	90	67.86
27	山东职业学院	51	67.70
28	杭州职业技术学院	66	67.55
29	浙江经济职业技术学院	67	67.26
30	成都职业技术学院	106	67.04
31	闽西职业技术学院	77	66.85
32	成都纺织高等专科学校	72	66.78
33	江苏经贸职业技术学院	42	66.73
34	天津现代职业技术学院	45	65.95
35	广西机电职业技术学院	65	65.51
36	广西职业技术学院	62	64.92
37	天津轻工职业技术学院	56	64.90
38	浙江旅游职业学院	38	64.79
39	浙江建设职业技术学院	44	64.67
40	黑龙江职业学院	99	64.25
41	哈尔滨职业技术学院	67	63.85
42	浙江交通职业技术学院	62	63.14
43	滨州职业学院	35	62.24

续表

序号	学校名称	奖项数量	总分
44	广东交通职业技术学院	50	62.09
45	襄阳职业技术学院	40	61.77
46	南京科技职业学院	41	61.70
47	广西水利电力职业技术学院	46	61.37
48	兰州资源环境职业技术学院	55	60.89
49	宁夏工商职业技术学院	51	60.83
50	天津交通职业学院	33	59.97
51	福建林业职业技术学院	47	59.82
52	湖南大众传媒职业技术学院	51	59.46
53	湖南科技职业学院	90	58.46
54	四川邮电职业技术学院	49	58.14
55	内蒙古机电职业技术学院	30	58.09
56	湖南工艺美术职业学院	31	56.99
57	黄冈职业技术学院	60	55.58
58	安徽交通职业技术学院	23	55.46
59	重庆电力高等专科学校	30	54.49
60	安徽电气工程职业技术学院	20	54.31
61	江西交通职业技术学院	38	54.10

续表

序号	学校名称	奖项数量	总分
62	江苏农牧科技职业学院	15	53.45
63	河北化工医药职业技术学院	42	52.69
64	中山火炬职业技术学院	37	51.52
65	辽宁石化职业技术学院	30	51.22
66	广州铁路职业技术学院	18	50.94
67	唐山工业职业技术学院	26	50.64
68	广东水利电力职业技术学院	47	50.33
69	上海出版印刷高等专科学校	43	48.69
70	铜仁职业技术学院	22	48.65
71	陕西职业技术学院	26	48.34
72	泉州医学高等专科学校	17	47.85
73	宜宾职业技术学院	35	47.21
74	乌鲁木齐职业大学	16	45.96
75	内蒙古化工职业学院	10	44.87
76	秦皇岛职业技术学院	27	41.91
77	邯郸职业技术学院	10	41.26
78	南通航运职业技术学院	12	40.53
79	青海交通职业技术学院	11	40.36

续表

序号	学校名称	奖项数量	总分
80	新疆轻工职业技术学院	22	40.16
81	山东畜牧兽医职业学院	7	40.05
82	山西建筑职业技术学院	11	39.62
83	湖北工业职业技术学院	8	38.54
84	河南农业职业学院	19	38.41
85	辽宁职业学院	16	38.32
86	鄂州职业大学	24	36.60
87	阜阳职业技术学院	4	34.99
88	吉林交通职业技术学院	10	34.74
89	渤海船舶职业学院	10	32.16
90	哈尔滨铁道职业技术学院	5	31.73
91	苏州工艺美术职业技术学院	7	30.05
92	青岛港湾职业技术学院	3	29.86
93	江苏食品药品职业技术学院	5	28.88
94	云南机电职业技术学院	6	26.49
95	娄底职业技术学院	13	25.77
96	四川机电职业技术学院	3	25.71
97	酒泉职业技术学院	3	20.35

11.5 2015—2019年全国一般高职院校学科竞赛排行榜

续表

序号	学校名称	奖项数量	总分	序号	学校名称	奖项数量	总分
1	安徽工商职业学院	204	87.79	19	湖南汽车工程职业学院	76	71.31
2	柳州铁道职业技术学院	206	82.49	20	南京交通职业技术学院	76	71.25
3	江西环境工程职业学院	116	81.02	21	常州工业职业技术学院	81	71.01
4	潍坊职业学院	128	79.53	22	西安铁路职业技术学院	74	70.90
5	重庆三峡职业学院	135	78.68	23	福州职业技术学院	113	70.43
6	山东交通职业学院	96	78.38	24	广东机电职业技术学院	94	70.42
7	无锡商业职业技术学院	111	77.58	25	武汉交通职业学院	78	70.15
8	江西外语外贸职业学院	89	76.68	26	浙江经贸职业技术学院	75	70.13
9	淮安信息职业技术学院	80	76.43	27	杭州科技职业技术学院	58	69.73
10	浙江商业职业技术学院	101	76.14	28	湖南化工职业技术学院	74	69.72
11	河南经贸职业学院	135	75.73	29	山东商务职业学院	71	69.35
12	安徽财贸职业学院	99	74.99	30	浙江工贸职业技术学院	48	69.26
13	江苏联合职业技术学院	97	74.43	31	南京旅游职业学院	43	69.04
14	安徽工业经济职业技术学院	115	73.15	32	重庆交通职业学院	86	68.98
15	山东电子职业技术学院	86	73.02	33	东莞职业技术学院	81	68.96
16	河源职业技术学院	84	72.62	34	湖南商务职业技术学院	81	68.78
17	浙江工业职业技术学院	55	71.99	35	贵州电子信息职业技术学院	129	68.68
18	安徽国际商务职业学院	89	71.87				

续表

序号	学校名称	奖项数量	总分
36	南京铁道职业技术学院	58	68.39
37	安徽电子信息职业技术学院	102	68.38
38	许昌职业技术学院	108	68.10
39	广西交通职业技术学院	84	67.97
40	青岛酒店管理职业技术学院	44	67.89
41	浙江纺织服装职业技术学院	51	67.63
42	山西工程职业学院	73	67.61
43	辽宁机电职业技术学院	81	67.46
44	中山职业技术学院	84	67.37
45	海南软件职业技术学院	83	66.86
46	北京青年政治学院	73	66.61
47	苏州工业园区服务外包职业学院	52	66.58
48	绍兴职业技术学院	54	66.37
49	广州工程技术职业学院	70	66.26
50	山东水利职业学院	41	65.97
51	江苏信息职业技术学院	56	65.95
52	丽水职业技术学院	43	65.93
53	江西旅游商贸职业学院	55	65.75
54	武汉城市职业学院	71	65.64

续表

序号	学校名称	奖项数量	总分
55	咸宁职业技术学院	54	65.55
56	兰州职业技术学院	73	65.46
57	广西理工职业技术学院	97	65.36
58	江苏海事职业技术学院	50	64.77
59	湖南工程职业技术学院	65	64.72
59	长沙商贸旅游职业技术学院	62	64.72
61	义乌工商职业技术学院	58	64.62
62	上海城建职业学院	80	64.49
63	山西机电职业技术学院	84	64.47
64	辽宁生态工程职业学院	71	64.24
65	佛山职业技术学院	70	64.03
66	烟台汽车工程职业学院	37	63.96
67	扬州工业职业技术学院	46	63.78
68	湖南财经工业职业技术学院	43	63.22
69	湖南机电职业技术学院	77	63.11
70	德州职业技术学院	46	62.96
71	常州工程职业技术学院	32	62.30
72	重庆航天职业技术学院	44	62.27

续表　　　　　　　　　　　　　　　　续表

序号	学校名称	奖项数量	总分	序号	学校名称	奖项数量	总分
73	吉林电子信息职业技术学院	79	62.11	91	济源职业技术学院	68	59.69
74	嘉兴职业技术学院	44	62.01	92	重庆财经职业学院	69	59.68
75	徽商职业学院	45	61.95	93	淮南联合大学	36	59.64
76	湖北三峡职业技术学院	43	61.56	94	咸阳职业技术学院	91	59.60
77	黎明职业大学	104	61.09	94	浙江工商职业技术学院	21	59.60
78	安徽国防科技职业学院	45	60.94	96	北京北大方正软件职业技术学院	36	59.41
79	厦门城市职业学院	143	60.83	97	陕西财经职业技术学院	52	59.38
80	天津机电职业技术学院	51	60.73	98	湖北生态工程职业技术学院	32	59.35
80	辽宁经济职业技术学院	81	60.73	99	合肥职业技术学院	50	59.29
82	重庆工贸职业技术学院	57	60.66	100	山东劳动职业技术学院	31	59.02
83	广东农工商职业技术学院	59	60.60	101	四川信息职业技术学院	58	58.94
84	宁波城市职业技术学院	53	60.54	102	北京戏曲艺术职业学院	21	58.60
85	湖北科技职业学院	58	60.51	103	江苏城乡建设职业学院	32	58.53
86	广西电力职业技术学院	46	60.30	104	江苏财经职业技术学院	36	58.27
87	天津渤海职业技术学院	39	60.06	105	重庆化工职业学院	43	58.21
88	湖北生物科技职业学院	60	60.02	106	北京交通运输职业学院	36	58.15
89	苏州工业职业技术学院	52	59.99	107	湖北水利水电职业技术学院	39	58.07
90	石家庄职业技术学院	29	59.93	108	安徽城市管理职业学院	73	58.06

序号	学校名称	奖项数量	总分
109	湖南理工职业技术学院	34	57.90
110	陕西交通职业技术学院	67	57.67
111	聊城职业技术学院	42	57.53
112	江苏商贸职业学院	30	57.47
113	辽宁城市建设职业技术学院	20	57.46
114	珠海城市职业技术学院	41	57.39
115	上海交通职业技术学院	49	57.34
116	南通职业大学	27	57.22
117	广东工贸职业技术学院	52	57.06
118	贵州轻工职业技术学院	48	57.01
119	湖北城市建设职业技术学院	44	56.97
120	泸州职业技术学院	56	56.81
121	湖南现代物流职业技术学院	29	56.80
122	黑龙江林业职业技术学院	36	56.34
123	河南水利与环境职业学院	29	56.25
124	闽江师范高等专科学校	34	56.22
125	天津商务职业学院	48	56.10
126	湖南电气职业技术学院	26	55.90

序号	学校名称	奖项数量	总分
127	湖南网络工程职业学院	48	55.87
128	内蒙古商贸职业学院	49	55.85
129	上海工商职业技术学院	47	55.67
130	江苏医药职业学院	24	55.59
131	郑州旅游职业学院	27	55.56
132	江西机电职业技术学院	39	55.52
133	新乡职业技术学院	37	55.47
134	海南科技职业大学	27	55.30
135	常州纺织服装职业技术学院	28	55.14
136	山西金融职业学院	41	55.09
136	岳阳职业技术学院	22	55.09
138	天津国土资源和房屋职业学院	55	55.03
139	广西工业职业技术学院	47	54.90
140	山东旅游职业学院	16	54.83
141	徐州工业职业技术学院	23	54.64
142	山东理工职业学院	38	54.62
143	广西建设职业技术学院	67	54.61
144	广西农业职业技术学院	48	54.60
145	山东工业职业学院	32	54.47
145	大同煤炭职业技术学院	15	54.47

续表

续表

序号	学校名称	奖项数量	总分	序号	学校名称	奖项数量	总分
147	马鞍山职业技术学院	32	54.28	167	玉溪农业职业技术学院	24	53.17
148	山东外贸职业学院	37	54.26	168	扬州市职业大学	33	53.16
149	河南应用技术职业学院	35	54.25	169	上海东海职业技术学院	50	53.14
150	重庆商务职业学院	34	54.13	170	浙江国际海运职业技术学院	23	53.00
151	衢州职业技术学院	32	54.12	171	湖州职业技术学院	25	52.86
152	锡林郭勒职业学院	28	54.11	172	北京京北职业技术学院	20	52.78
153	北京政法职业学院	28	54.04	173	太原旅游职业学院	30	52.77
154	重庆科创职业学院	40	53.91	174	广东环境保护工程职业学院	41	52.72
155	上海农林职业技术学院	40	53.86	174	陕西旅游烹饪职业学院	15	52.72
156	苏州农业职业技术学院	24	53.82	174	山西水利职业技术学院	38	52.72
157	沙洲职业工学院	21	53.78	177	湖南城建职业技术学院	31	52.55
157	安徽涉外经济职业学院	28	53.78	178	福建卫生职业技术学院	21	52.44
159	河南交通职业技术学院	33	53.67	179	湖南铁路科技职业技术学院	23	52.37
160	广州城建职业学院	46	53.64	180	安庆职业技术学院	25	52.36
161	厦门海洋职业技术学院	38	53.58	180	广东理工职业学院	49	52.36
162	长沙环境保护职业技术学院	36	53.39	182	上海思博职业技术学院	65	52.34
163	遵义职业技术学院	38	53.38	183	内蒙古电子信息职业技术学院	54	52.18
164	辽宁轻工职业学院	34	53.34	184	福建农业职业技术学院	30	52.06
165	晋城职业技术学院	55	53.33				
166	烟台工程职业技术学院	29	53.18				

序号	学校名称	奖项数量	总分
185	福建对外经济贸易职业技术学院	12	51.96
186	苏州经贸职业技术学院	24	51.83
187	四川财经职业学院	41	51.79
188	陕西能源职业技术学院	36	51.70
189	浙江艺术职业学院	16	51.66
190	西安职业技术学院	35	51.62
191	郑州财税金融职业学院	25	51.57
192	马鞍山师范高等专科学校	28	51.56
193	潍坊工程职业学院	43	51.49
194	苏州职业大学	31	51.44
195	辽宁政法职业学院	15	51.37
196	重庆三峡医药高等专科学校	24	51.27
197	长江职业学院	51	51.26
198	上海中侨职业技术学院	46	51.17
199	仙桃职业学院	41	51.07
200	成都工贸职业技术学院	32	50.80
201	重庆旅游职业学院	28	50.78
202	上海科学技术职业学院	18	50.77
203	湖南水利水电职业技术学院	25	50.72

序号	学校名称	奖项数量	总分
204	广西工商职业技术学院	19	50.47
205	江西司法警官职业学院	10	50.32
206	长沙航空职业技术学院	18	50.23
207	湄洲湾职业技术学院	19	50.14
208	湖南民族职业学院	21	50.04
209	江门职业技术学院	47	49.97
210	河北女子职业技术学院	36	49.95
211	广东岭南职业技术学院	38	49.91
212	成都工业职业技术学院	42	49.87
212	福建水利电力职业技术学院	35	49.87
214	上饶职业技术学院	10	49.83
215	四川水利职业技术学院	43	49.80
216	湖北交通职业技术学院	30	49.60
217	河南测绘职业学院	12	49.56
217	广东省外语艺术职业学院	28	49.56
219	北京经济管理职业学院	14	49.54
220	广东科贸职业学院	61	49.48
221	江西工业贸易职业技术学院	28	49.34

续表

续表

序号	学校名称	奖项数量	总分	序号	学校名称	奖项数量	总分
222	贵州职业技术学院	22	49.30	242	上海邦德职业技术学院	14	48.18
223	安徽中澳科技职业学院	19	49.29	243	山西交通职业技术学院	28	48.12
224	莱芜职业技术学院	29	49.27	244	广西国际商务职业技术学院	43	48.06
225	黄山职业技术学院	3	49.22	245	山东中医药高等专科学校	12	47.99
225	四川航天职业技术学院	33	49.22	246	四川艺术职业学院	26	47.71
227	陕西艺术职业学院	19	49.21	246	廊坊职业技术学院	26	47.71
228	新疆生产建设兵团兴新职业技术学院	24	49.13	248	天津石油职业技术学院	24	47.59
229	郑州信息科技职业学院	42	49.10	249	河北艺术职业学院	23	47.48
230	河南建筑职业技术学院	35	49.06	250	湖南艺术职业学院	41	47.34
231	广东职业技术学院	31	48.90	251	漳州理工职业学院	7	47.33
232	浙江育英职业技术学院	21	48.88	252	重庆建筑工程职业学院	31	47.23
233	鹤壁职业技术学院	22	48.77	253	无锡科技职业学院	18	47.16
234	亳州职业技术学院	20	48.64	254	铜陵职业技术学院	36	46.98
235	枣庄职业学院	15	48.56	255	甘肃交通职业技术学院	30	46.94
236	黑龙江商业职业学院	24	48.54	256	湖南信息职业技术学院	28	46.89
237	枣庄科技职业学院	28	48.33	257	四川化工职业技术学院	26	46.82
238	江西新能源科技职业学院	23	48.30	258	宜春职业技术学院	13	46.57
239	上海震旦职业学院	24	48.29	259	天津滨海职业学院	24	46.46
240	海南外国语职业学院	19	48.25	260	滁州职业技术学院	29	46.33
241	辽宁现代服务职业技术学院	26	48.19	261	重庆水利电力职业技术学院	32	46.32

续表

序号	学校名称	奖项数量	总分
261	云南林业职业技术学院	26	46.32
263	陇南师范高等专科学校	15	46.26
264	辽宁建筑职业学院	29	46.22
265	长春金融高等专科学校	24	46.20
266	开封大学	28	46.15
266	福建生物工程职业技术学院	15	46.15
268	苏州健雄职业技术学院	16	46.13
269	江苏城市职业学院	20	45.90
270	河北软件职业技术学院	24	45.88
271	湖南安全技术职业学院	17	45.86
272	西安电力高等专科学校	12	45.82
273	成都农业科技职业学院	31	45.80
273	长沙职业技术学院	45	45.80
275	山西旅游职业学院	21	45.70
276	三明医学科技职业学院	14	45.69
277	云南国防工业职业技术学院	15	45.52
278	广东食品药品职业学院	17	45.51
279	山西戏剧职业学院	14	45.49

续表

序号	学校名称	奖项数量	总分
280	南通科技职业学院	19	45.47
281	苏州信息职业技术学院	22	45.46
282	西宁城市职业技术学院	22	45.26
283	广西经贸职业技术学院	41	45.21
284	吉林铁道职业技术学院	51	45.16
285	合肥通用职业技术学院	12	45.12
286	甘肃建筑职业技术学院	20	45.08
287	晋中师范高等专科学校	14	45.06
288	三亚航空旅游职业学院	14	44.93
289	四川现代职业学院	27	44.89
290	山东工程职业技术大学	4	44.75
291	新疆职业大学	22	44.67
292	上海行健职业学院	22	44.62
293	保定职业技术学院	24	44.56
293	福建电力职业技术学院	19	44.56
295	厦门南洋职业学院	9	44.54
295	武汉警官职业学院	13	44.54
297	温州科技职业学院	15	44.46
298	黔东南民族职业技术学院	25	44.40

序号	学校名称	奖项数量	总分
299	山西药科职业学院	12	44.38
300	广州科技职业技术大学	6	44.30
300	周口职业技术学院	10	44.30
302	山西林业职业技术学院	17	44.14
303	陕西工商职业学院	23	43.86
303	重庆房地产职业学院	25	43.86
305	广州科技贸易职业学院	13	43.85
306	江苏卫生健康职业学院	10	43.77
307	湖南软件职业学院	22	43.58
308	天津生物工程职业技术学院	10	43.56
309	重庆能源职业学院	21	43.55
310	上海工商外国语职业学院	11	43.46
311	上海济光职业技术学院	25	43.41
312	广西金融职业技术学院	8	43.34
313	黔南民族职业技术学院	13	43.33
313	浙江横店影视职业学院	20	43.33
315	安徽警官职业学院	10	43.32
316	毕节医学高等专科学校	7	43.31
317	湖北财税职业学院	13	43.29

序号	学校名称	奖项数量	总分
318	重庆公共运输职业学院	12	43.28
319	保定电力职业技术学院	2	43.26
320	广西现代职业技术学院	22	43.25
321	江西卫生职业学院	12	43.23
322	台州职业技术学院	22	43.22
323	宁夏警官职业学院	9	43.19
324	贵阳职业技术学院	21	43.08
325	海南政法职业学院	15	42.96
326	太原城市职业技术学院	24	42.92
327	新疆交通职业技术学院	14	42.90
328	漳州科技职业学院	12	42.88
329	贵州工业职业技术学院	19	42.82
330	河南工业贸易职业学院	12	42.80
331	三峡旅游职业技术学院	16	42.77
331	山东城市建设职业学院	12	42.77
333	荆州职业技术学院	31	42.74
334	石家庄邮电职业技术学院	11	42.72
335	青海柴达木职业技术学院	9	42.71
336	济宁职业技术学院	15	42.61

续表

序号	学校名称	奖项数量	总分
337	四川商务职业学院	24	42.59
338	成都艺术职业大学	28	42.56
338	惠州城市职业学院	38	42.56
340	常德职业技术学院	16	42.46
341	福州黎明职业技术学院	10	42.31
341	安徽邮电职业技术学院	10	42.31
343	四川工商职业技术学院	15	42.29
343	济南工程职业技术学院	10	42.29
345	武汉电力职业技术学院	9	42.26
346	安徽医学高等专科学校	11	42.22
347	晋中职业技术学院	40	42.19
348	重庆机电职业技术大学	13	42.17
349	安徽艺术职业学院	23	42.09
350	山西艺术职业学院	9	42.00
351	湖南生物机电职业技术学院	19	41.86
352	湖北艺术职业学院	8	41.84
352	南京机电职业技术学院	17	41.84
354	湖南食品药品职业学院	9	41.66
354	广东创新科技职业学院	17	41.66

续表

序号	学校名称	奖项数量	总分
356	盐城幼儿师范高等专科学校	4	41.64
357	池州职业技术学院	17	41.56
358	厦门软件职业技术学院	19	41.55
359	青海建筑职业技术学院	10	41.54
360	四川职业技术学院	22	41.53
360	郑州职业技术学院	7	41.53
360	定西师范高等专科学校	6	41.53
363	广安职业技术学院	19	41.48
364	湖南高速铁路职业技术学院	14	41.30
364	浙江广厦建设职业技术学院	18	41.30
364	川北幼儿师范高等专科学校	13	41.30
367	武汉信息传播职业技术学院	17	41.28
368	河南机电职业学院	27	41.24
369	泉州轻工职业学院	12	41.20
370	山东信息职业技术学院	16	41.14
371	湖南环境生物职业技术学院	22	41.08
372	四川托普信息技术职业学院	13	41.05
372	贵州航天职业技术学院	18	41.05

续表

序号	学校名称	奖项数量	总分
374	大连汽车职业技术学院	20	41.00
375	安徽审计职业学院	6	40.96
376	上海民航职业技术学院	11	40.87
377	天津工程职业技术学院	9	40.82
378	渭南职业技术学院	14	40.79
378	厦门华天涉外职业技术学院	7	40.79
378	长沙卫生职业学院	7	40.79
378	天津城市建设管理职业技术学院	9	40.79
382	包头轻工职业技术学院	4	40.77
383	山东轻工职业学院	13	40.75
384	重庆医药高等专科学校	13	40.74
385	广东建设职业技术学院	22	40.57
386	天津铁道职业技术学院	10	40.56
387	合肥信息技术职业学院	7	40.54
388	江西信息应用职业技术学院	19	40.52
389	辽宁装备制造职业技术学院	11	40.51
390	四川城市职业学院	16	40.36
390	江西建设职业技术学院	14	40.36

续表

序号	学校名称	奖项数量	总分
392	民办合肥财经职业学院	4	40.34
393	广西生态工程职业技术学院	19	40.29
394	泰山职业技术学院	10	40.26
395	黑龙江信息技术职业学院	12	40.24
396	无锡工艺职业技术学院	21	40.21
397	吉安职业技术学院	18	40.20
398	上海电影艺术职业学院	7	40.12
398	辽宁广告职业学院	13	40.12
400	沧州医学高等专科学校	8	40.03
401	漳州卫生职业学院	12	39.90
402	无锡城市职业技术学院	6	39.84
403	湖北轻工职业技术学院	21	39.82
404	南京城市职业学院	14	39.81
405	广东文艺职业学院	15	39.74
406	桂林师范高等专科学校	11	39.72
407	长垣烹饪职业技术学院	15	39.67
407	泰州职业技术学院	16	39.67
409	江西制造职业技术学院	15	39.64
410	浙江同济科技职业学院	14	39.63

续表

序号	学校名称	奖项数量	总分
411	临沂职业学院	20	39.62
412	锦州师范高等专科学校	12	39.60
413	湖南中医药高等专科学校	10	39.59
414	湖南邮电职业技术学院	6	39.55
415	河北机电职业技术学院	18	39.41
416	四川华新现代职业学院	12	39.39
417	辽宁轨道交通职业学院	7	39.33
418	江西工程职业学院	6	39.29
418	安顺职业技术学院	18	39.29
420	湖南国防工业职业技术学院	4	39.28
421	延安职业技术学院	14	39.22
422	陕西机电职业技术学院	13	39.13
423	漯河职业技术学院	15	39.11
424	辽宁工程职业学院	4	39.08
425	天津城市职业学院	20	39.07
426	四川国际标榜职业学院	7	39.02
427	黑龙江交通职业技术学院	6	38.97
428	黑龙江农垦职业学院	9	38.96
429	安徽中医药高等专科学校	8	38.89

续表

序号	学校名称	奖项数量	总分
430	泉州职业技术大学	12	38.88
430	广西卫生职业技术学院	8	38.88
432	乌海职业技术学院	10	38.81
433	唐山职业技术学院	23	38.75
434	辽宁地质工程职业学院	9	38.74
435	武昌职业学院	5	38.68
436	河北旅游职业学院	9	38.52
437	滁州城市职业学院	9	38.50
438	盘锦职业技术学院	16	38.46
439	山西警官职业学院	7	38.45
440	长春医学高等专科学校	15	38.41
441	广东女子职业技术学院	15	38.39
442	贵州电力职业技术学院	4	38.32
443	乐山职业技术学院	13	38.30
444	江西农业工程职业学院	13	38.23
445	西安高新科技职业学院	9	38.16
445	云南国土资源职业学院	22	38.16
447	北京汇佳职业学院	4	37.79
448	张家界航空工业职业技术学院	11	37.71
449	重庆安全技术职业学院	21	37.68

续表　　　　　　　　　　　　　续表

序号	学校名称	奖项数量	总分	序号	学校名称	奖项数量	总分
450	新疆天山职业技术学院	18	37.57	471	苏州卫生职业技术学院	7	36.86
451	六盘水职业技术学院	10	37.50	472	泉州幼儿师范高等专科学校	8	36.84
452	徐州幼儿师范高等专科学校	5	37.47	473	辽宁金融职业学院	21	36.79
453	杭州万向职业技术学院	9	37.44	474	昌吉职业技术学院	16	36.78
454	通辽职业学院	8	37.42	475	湖北工程职业学院	6	36.76
455	松原职业技术学院	8	37.41	475	湖南有色金属职业技术学院	6	36.76
456	衡水职业技术学院	8	37.37	477	汉中职业技术学院	10	36.75
456	阿克苏职业技术学院	10	37.37	478	广州城市职业学院	21	36.73
456	安徽新闻出版职业技术学院	22	37.37	479	西安信息职业大学	8	36.62
459	威海海洋职业学院	8	37.36	480	呼和浩特职业学院	8	36.50
460	福建艺术职业学院	10	37.32	481	黑龙江生物科技职业学院	14	36.49
461	淮南职业技术学院	5	37.30	482	荆州理工职业学院	4	36.44
462	天津工业职业学院	8	37.29	483	江西泰豪动漫职业学院	9	36.34
463	南通师范高等专科学校	5	37.20	484	长江工程职业技术学院	20	36.33
464	运城职业技术学院	22	37.17	485	海南工商职业学院	8	36.30
464	黑龙江护理高等专科学校	11	37.17	486	广东南华工商职业学院	28	36.25
466	郑州幼儿师范高等专科学校	7	37.13	487	贵州盛华职业学院	2	36.24
467	南充职业技术学院	9	37.02	488	皖西卫生职业学院	10	36.14
468	黑龙江艺术职业学院	8	36.94	488	昆明铁道职业技术学院	10	36.14
468	宝鸡职业技术学院	12	36.94	490	浙江医药高等专科学校	8	36.11
470	惠州卫生职业技术学院	6	36.91				

续表

序号	学校名称	奖项数量	总分
491	贵州工商职业学院	16	36.05
492	盐城工业职业技术学院	9	36.04
493	重庆信息技术职业学院	7	36.03
494	黑龙江旅游职业技术学院	13	35.85
495	福建幼儿师范高等专科学校	7	35.81
496	广东工程职业技术学院	13	35.79
497	四川文化产业职业学院	34	35.75
498	江西艺术职业学院	6	35.61
499	天津艺术职业学院	3	35.58
500	湖北国土资源职业学院	12	35.48
501	九州职业技术学院	1	35.31
502	郴州职业技术学院	9	35.18
503	九江职业大学	12	35.17
504	云南工程职业学院	4	35.06
505	台州科技职业学院	10	35.02
505	北京卫生职业学院	10	35.02
507	湖北中医药高等专科学校	8	34.95
508	运城幼儿师范高等专科学校	7	34.94
509	武汉工程职业技术学院	12	34.91

续表

序号	学校名称	奖项数量	总分
510	云南城市建设职业学院	2	34.87
510	甘肃有色冶金职业技术学院	5	34.87
512	宁波卫生职业技术学院	8	34.82
512	惠州经济职业技术学院	12	34.82
514	贵阳幼儿师范高等专科学校	9	34.81
515	郑州电力高等专科学校	7	34.76
516	石家庄理工职业学院	9	34.72
517	重庆幼儿师范高等专科学校	9	34.61
518	甘肃机电职业技术学院	5	34.60
519	贵阳护理职业学院	9	34.57
519	河北交通职业技术学院	13	34.57
519	北海职业学院	42	34.57
522	江西师范高等专科学校	4	34.55
523	肇庆医学高等专科学校	7	34.46
524	贵州农业职业学院	8	34.39
525	江苏安全技术职业学院	1	34.20
526	浙江舟山群岛新区旅游与健康职业学院	4	34.17

续表

序号	学校名称	奖项数量	总分
527	大连枫叶职业技术学院	13	34.05
528	天津海运职业学院	8	33.94
529	山东司法警官职业学院	3	33.84
529	辽源职业技术学院	9	33.84
529	重庆文化艺术职业学院	15	33.84
532	重庆城市职业学院	10	33.81
533	重庆青年职业技术学院	14	33.80
534	山西经贸职业学院	1	33.73
535	昆明卫生职业学院	7	33.71
536	河北政法职业学院	8	33.66
536	巴音郭楞职业技术学院	5	33.66
538	安徽粮食工程职业学院	2	33.47
539	大庆医学高等专科学校	9	33.44
540	合肥幼儿师范高等专科学校	8	33.32
541	浙江农业商贸职业学院	12	33.31
542	内蒙古交通职业技术学院	8	33.28
543	铁岭卫生职业学院	9	33.25
544	淮北职业技术学院	10	33.16
545	江汉艺术职业学院	6	33.09

续表

序号	学校名称	奖项数量	总分
546	青海卫生职业技术学院	6	33.07
547	云南文化艺术职业学院	6	33.04
548	宁夏建设职业技术学院	7	33.03
549	榆林职业技术学院	12	33.01
550	陕西航空职业技术学院	2	32.95
551	济南护理职业学院	6	32.91
552	山东传媒职业学院	32	32.88
553	广东舞蹈戏剧职业学院	2	32.86
554	伊犁职业技术学院	8	32.85
554	甘肃工业职业技术学院	20	32.85
554	四川幼儿师范高等专科学校	5	32.85
557	安徽工业职业技术学院	7	32.75
558	石家庄幼儿师范高等专科学校	7	32.73
558	广东工商职业技术大学	7	32.73
560	广东松山职业技术学院	17	32.68
560	山西青年职业学院	4	32.68
562	广东邮电职业技术学院	7	32.61
563	黑龙江生态工程职业学院	3	32.57

序号	学校名称	奖项数量	总分
564	朔州职业技术学院	6	32.41
565	甘肃卫生职业学院	8	32.40
566	石家庄信息工程职业学院	27	32.32
567	兴安职业技术学院	7	32.24
568	辽宁医药职业学院	6	32.21
569	河南艺术职业学院	4	32.17
570	柳州城市职业学院	17	32.09
571	邵阳职业技术学院	9	32.07
572	信阳职业技术学院	11	32.01
573	广州南洋理工职业学院	6	31.95
574	铜仁幼儿师范高等专科学校	5	31.84
575	江海职业技术学院	7	31.82
576	云南旅游职业学院	7	31.72
577	汕尾职业技术学院	24	31.68
577	宁夏民族职业技术学院	7	31.68
579	广东碧桂园职业学院	9	31.63
580	江西中医药高等专科学校	6	31.48
581	甘肃能源化工职业学院	2	31.46
581	鄂尔多斯生态环境职业学院	2	31.46
581	庆阳职业技术学院	2	31.46
584	重庆电讯职业学院	22	31.26

序号	学校名称	奖项数量	总分
585	包头铁道职业技术学院	6	31.20
586	忻州职业技术学院	8	31.19
587	广西幼儿师范高等专科学校	12	31.17
588	临汾职业技术学院	3	31.07
589	厦门兴才职业技术学院	7	31.06
590	白银矿冶职业技术学院	4	31.03
590	鄂尔多斯职业学院	4	31.03
592	德宏师范高等专科学校	2	31.00
592	罗定职业技术学院	2	31.00
594	贵州水利水电职业技术学院	9	30.97
595	四川长江职业学院	11	30.86
596	辽宁铁道职业技术学院	10	30.85
597	襄阳汽车职业技术学院	1	30.81
598	抚顺职业技术学院	4	30.79
599	厦门演艺职业学院	2	30.77
600	广东文理职业学院	5	30.68
601	广东青年职业学院	15	30.65
602	湖北幼儿师范高等专科学校	2	30.58
602	达州职业技术学院	2	30.58
602	四川卫生康复职业学院	2	30.58

续表

续表

序号	学校名称	奖项数量	总分	序号	学校名称	奖项数量	总分
602	泉州经贸职业技术学院	4	30.58	625	甘肃畜牧工程职业技术学院	2	29.44
606	陕西邮电职业技术学院	6	30.57	625	安徽冶金科技职业学院	4	29.44
606	延边职业技术学院	6	30.57	625	承德护理职业学院	1	29.44
608	淄博师范高等专科学校	2	30.55	625	湖南体育职业学院	1	29.44
609	恩施职业技术学院	4	30.52	629	湖南劳动人事职业学院	2	29.41
610	黑龙江农垦科技职业学院	9	30.50	630	宣城职业技术学院	5	29.39
611	江西水利职业学院	15	30.46	631	潍坊护理职业学院	3	29.36
612	广东生态工程职业学院	9	30.41	632	内江职业技术学院	9	29.32
613	漳州城市职业学院	4	30.39	633	钟山职业技术学院	1	29.21
614	广东南方职业学院	5	30.24	634	湖南外贸职业学院	6	29.19
615	南京视觉艺术职业学院	15	30.18	635	甘肃农业职业技术学院	5	29.00
615	安阳职业技术学院	6	30.18	636	石家庄工商职业学院	8	28.95
617	兰州现代职业学院	2	30.07	637	六安职业技术学院	5	28.84
618	苏州高博软件技术职业学院	9	29.95	638	长沙南方职业学院	4	28.77
619	山东电力高等专科学校	1	29.80	638	清远职业技术学院	6	28.77
620	贵州城市职业学院	9	29.79	640	湖南石油化工职业技术学院	6	28.59
621	江苏护理职业学院	2	29.77	641	河北对外经贸职业学院	5	28.56
622	共青科技职业学院	5	29.74	642	德州科技职业学院	4	28.37
623	北京经济技术职业学院	12	29.72	643	江西工业职业技术学院	7	28.29
624	正德职业技术学院	2	29.54	644	浙江安防职业技术学院	6	28.20

续表

序号	学校名称	奖项数量	总分
645	广州卫生职业技术学院	3	28.16
646	漯河医学高等专科学校	3	28.01
647	广州华立科技职业学院	14	27.93
648	德宏职业学院	4	27.86
649	山东经贸职业学院	2	27.65
650	抚顺师范高等专科学校	2	27.63
650	曲靖医学高等专科学校	2	27.63
650	新疆应用职业技术学院	4	27.63
650	三门峡职业技术学院	4	27.63
650	河北司法警官职业学院	4	27.63
650	河北能源职业技术学院	4	27.63
656	黑龙江幼儿师范高等专科学校	7	27.42
656	长春师范高等专科学校	7	27.42
658	泉州海洋职业学院	2	27.41
659	嘉兴南洋职业技术学院	3	27.39
660	湖南三一工业职业技术学院	2	27.37
661	科尔沁艺术职业学院	5	27.25
661	许昌电气职业学院	5	27.25

续表

序号	学校名称	奖项数量	总分
663	湘西民族职业技术学院	5	27.10
664	怀化职业技术学院	2	26.98
665	浙江东方职业技术学院	7	26.97
666	毕节职业技术学院	8	26.88
667	河北建材职业技术学院	5	26.85
668	广东酒店管理职业技术学院	7	26.82
669	江西航空职业技术学院	3	26.78
670	江苏航空职业技术学院	5	26.66
671	河南信息统计职业学院	5	26.50
672	江苏旅游职业学院	1	26.46
672	哈尔滨应用职业技术学院	1	26.46
672	新疆铁道职业技术学院	1	26.46
675	安徽林业职业技术学院	3	26.44
675	辽阳职业技术学院	3	26.44
677	江西医学高等专科学校	2	26.43
678	南阳职业学院	2	26.32
679	宁夏艺术职业学院	5	26.26
680	山东服装职业学院	5	26.24
681	武汉民政职业学院	3	26.19

续表

序号	学校名称	奖项数量	总分
682	山东外事职业大学	1	26.15
683	山西电力职业技术学院	1	26.07
683	丽江师范高等专科学校	1	26.07
685	保险职业学院	2	26.00
686	河北劳动关系职业学院	2	25.91
687	眉山职业技术学院	8	25.87
688	张家口职业技术学院	1	25.81
688	甘肃财贸职业学院	1	25.81
690	上海海事职业技术学院	1	25.71
690	长白山职业技术学院	1	25.71
690	洛阳科技职业学院	1	25.71
690	北京科技经营管理学院	1	25.71
690	湖南司法警官职业学院	3	25.71
690	宁德职业技术学院	3	25.71
690	昆明工业职业技术学院	3	25.71
690	河南检察职业学院	3	25.71
690	广东司法警官职业学院	3	25.71
690	哈尔滨科学技术职业学院	3	25.71
690	广东行政职业学院	3	25.71
690	四川西南航空职业学院	3	25.71

续表

序号	学校名称	奖项数量	总分
702	民办四川天一学院	8	25.70
703	私立华联学院	2	25.63
703	四川三河职业学院	1	25.63
703	山西体育职业学院	1	25.63
703	江西生物科技职业学院	1	25.63
707	江西工业工程职业技术学院	8	25.55
708	漯河食品职业学院	5	25.42
709	天津滨海汽车工程职业学院	1	25.28
709	湛江幼儿师范专科学校	1	25.28
711	四川科技职业学院	3	25.12
712	江西陶瓷工艺美术职业技术学院	10	25.02
713	西安汽车职业大学	1	24.79
714	珠海艺术职业学院	7	24.77
715	云南农业职业技术学院	5	24.60
716	山东铝业职业学院	1	24.47
717	浙江邮电职业技术学院	4	24.34
718	上饶幼儿师范高等专科学校	4	24.20
719	四川电子机械职业技术学院	9	24.06
720	苏州托普信息职业技术学院	2	23.89

续表

序号	学校名称	奖项数量	总分
721	内蒙古警察职业学院	6	23.88
722	哈密职业技术学院	1	23.79
723	济南幼儿师范高等专科学校	2	23.73
723	运城护理职业学院	2	23.73
725	浙江特殊教育职业学院	5	23.69
726	湘潭医卫职业技术学院	2	23.55
726	徐州生物工程职业技术学院	2	23.55
726	湘南幼儿师范高等专科学校	2	23.55
729	广西工程职业学院	7	23.49
730	安徽黄梅戏艺术职业学院	1	23.48
731	永城职业学院	6	23.45
732	郑州信息工程职业学院	1	23.41
733	山西老区职业技术学院	2	23.39
734	山东药品食品职业学院	2	23.23
734	安康职业技术学院	2	23.23
734	长春信息技术职业学院	3	23.23
734	辽宁冶金职业技术学院	2	23.23
734	齐齐哈尔高等师范专科学校	2	23.23

续表

序号	学校名称	奖项数量	总分
734	大理护理职业学院	2	23.23
734	开封文化艺术职业学院	2	23.23
734	汕头职业技术学院	2	23.23
742	平顶山职业技术学院	1	23.12
743	昆山登云科技职业学院	1	22.93
744	贵州电子商务职业技术学院	5	22.86
744	云南能源职业技术学院	7	22.86
746	濮阳职业技术学院	7	22.71
747	运城师范高等专科学校	3	22.68
748	泉州华光职业学院	9	22.53
749	天津工艺美术职业学院	4	22.40
750	广西英华国际职业学院	7	22.33
751	重庆电信职业学院	11	21.92
752	云南财经职业学院	4	21.87
752	焦作师范高等专科学校	4	21.87
752	辽宁理工职业学院	4	21.87
752	哈尔滨幼儿师范高等专科学校	4	21.87
752	神木职业技术学院	4	21.87
757	益阳医学高等专科学校	2	21.86
758	郑州理工职业学院	2	21.60

续表

序号	学校名称	奖项数量	总分
759	闽北职业技术学院	4	21.58
760	沧州职业技术学院	4	21.25
761	福建华南女子职业学院	2	21.22
761	雅安职业技术学院	2	21.22
761	四川中医药高等专科学校	2	21.22
764	安徽广播影视职业技术学院	6	21.21
765	四川护理职业学院	2	21.06
765	邢台医学高等专科学校	2	21.06
767	江西冶金职业技术学院	4	21.02
768	揭阳职业技术学院	4	20.85
769	上海工会管理职业学院	2	20.82
770	广州华商职业学院	5	20.55
771	扎兰屯职业学院	3	20.35
771	铁岭师范高等专科学校	3	20.35
771	湖南幼儿师范高等专科学校	4	20.35
771	益阳职业技术学院	3	20.35
771	苏州幼儿师范高等专科学校	3	20.35
771	四川汽车职业技术学院	3	20.35
771	厦门东海职业技术学院	1	20.35

续表

序号	学校名称	奖项数量	总分
771	河南护理职业学院	1	20.35
779	云南新兴职业学院	3	20.17
780	南阳医学高等专科学校	1	19.80
780	河南质量工程职业学院	3	19.80
782	江西软件职业技术大学	4	19.71
783	宿迁泽达职业技术学院	3	19.58
783	金肯职业技术学院	3	19.58
785	吉林工程职业学院	1	19.53
785	菏泽家政职业学院	1	19.53
785	泰山护理职业学院	1	19.53
785	白城医学高等专科学校	1	19.53
785	河南科技职业大学	1	19.53
785	陕西青年职业学院	1	19.53
785	云南外事外语职业学院	1	19.53
785	新疆建设职业技术学院	1	19.53
793	阳江职业技术学院	3	18.54
794	江阴职业技术学院	2	18.39
795	武汉商贸职业学院	3	18.11
796	阜阳幼儿师范高等专科学校	2	17.89
796	茂名职业技术学院	2	17.89

续表

序号	学校名称	奖项数量	总分
796	山西运城农业职业技术学院	2	17.89
796	北京社会管理职业学院	2	17.89
796	安阳幼儿师范高等专科学校	2	17.89
801	云南轻纺职业学院	2	17.02
801	云南经贸外事职业学院	2	17.02
801	吉林科技职业技术学院	2	17.02
801	福州英华职业学院	2	17.02
801	民办合肥经济技术职业学院	2	17.02
801	连云港师范高等专科学校	2	17.02
807	陕西电子信息职业技术学院	1	16.32
807	苏州百年职业学院	1	16.32
807	石家庄科技工程职业学院	2	16.32
810	福州墨尔本理工职业学院	2	16.25
811	硅湖职业技术学院	1	15.84
812	民办万博科技职业学院	2	15.81
813	赣南卫生健康职业学院	1	15.46
813	辽宁民族师范高等专科学校	1	15.46

续表

序号	学校名称	奖项数量	总分
813	广东江门中医药职业学院	1	15.46
813	黔西南民族职业技术学院	1	15.46
813	朝阳师范高等专科学校	1	15.46
813	南阳农业职业学院	1	15.46
813	遵义医药高等专科学校	1	15.46
820	大理农林职业技术学院	1	15.04
820	新疆师范高等专科学校	2	15.04
820	镇江市高等专科学校	1	15.04
820	呼伦贝尔职业技术学院	1	15.04
820	焦作大学	1	15.04
825	广西演艺职业学院	4	14.79
826	广西体育高等专科学校	1	14.35
826	郑州电子信息职业技术学院	1	14.35
828	山东胜利职业学院	2	14.31
829	郑州电力职业技术学院	1	14.03
829	广州涉外经济职业技术学院	1	14.03
831	三亚理工职业学院	2	12.40
831	南昌职业大学	1	12.40
831	烟台黄金职业学院	1	12.40

续表

序号	学校名称	奖项数量	总分
834	山西国际商务职业学院	1	12.03
834	江西传媒职业学院	1	12.03
836	百色职业学院	3	11.22
837	重庆艺术工程职业学院	2	10.44
837	贵州电子科技职业学院	1	10.44
837	山东外国语职业技术大学	1	10.44
837	山西管理职业学院	1	10.44

续表

序号	学校名称	奖项数量	总分
837	武汉外语外事职业学院	1	10.44
842	无锡南洋职业技术学院	1	8.78
842	北京科技职业学院	1	8.78
844	广州华南商贸职业学院	1	8.52
845	潮汕职业技术学院	3	5.87
846	广州康大职业技术学院	1	4.46

11.6 2015—2019年全国高水平高职院校学科竞赛排行榜

续表

序号	学校名称	奖项数量	总分	序号	学校名称	奖项数量	总分
1	金华职业技术学院	306	100.00	18	安徽商贸职业技术学院	161	83.58
2	山东商业职业技术学院	135	91.93	19	郑州铁路职业技术学院	90	83.39
3	北京工业职业技术学院	209	91.92	20	天津市职业大学	163	81.23
4	北京电子科技职业学院	157	90.78	21	江西环境工程职业学院	116	81.02
5	长沙民政职业技术学院	203	90.64	22	重庆工程职业技术学院	187	80.97
6	芜湖职业技术学院	146	90.27	23	黄河水利职业技术学院	141	80.02
7	重庆电子工程职业学院	215	88.76	24	潍坊职业学院	128	79.53
8	广东轻工职业技术学院	331	88.70	25	无锡职业技术学院	102	79.48
9	福建船政交通职业学院	264	88.66	26	顺德职业技术学院	161	79.24
10	福建信息职业技术学院	233	88.07	27	南京信息职业技术学院	85	78.98
11	深圳职业技术学院	219	87.99	28	重庆三峡职业学院	135	78.68
12	北京信息职业技术学院	157	87.12	29	山东交通职业学院	96	78.38
13	江西应用技术职业学院	168	86.14	30	山西职业技术学院	171	77.84
14	陕西工业职业技术学院	260	86.00	31	无锡商业职业技术学院	111	77.58
15	重庆工业职业技术学院	203	85.91	32	烟台职业学院	109	77.37
16	安徽机电职业技术学院	141	83.71	33	浙江机电职业技术学院	71	77.34
17	长春职业技术学院	226	83.61	34	湖南工业职业技术学院	129	77.11
				35	江西外语外贸职业学院	89	76.68

续表

序号	学校名称	奖项数量	总分
36	重庆城市管理职业学院	124	76.16
37	浙江商业职业技术学院	101	76.14
38	兰州石化职业技术学院	125	76.04
39	淄博职业学院	138	75.96
40	深圳信息职业技术学院	115	75.92
41	常州信息职业技术学院	98	75.72
42	河南工业职业技术学院	182	75.36
43	威海职业学院	129	74.29
44	九江职业技术学院	120	74.24
45	贵州交通职业技术学院	132	74.12
46	河南职业技术学院	121	73.76
47	安徽水利水电职业技术学院	95	73.55
48	南宁职业技术学院	190	72.72
49	漳州职业技术学院	125	72.68
50	宁波职业技术学院	72	72.48
50	常州机电职业技术学院	67	72.48
52	成都航空职业技术学院	98	72.07
53	重庆工商职业学院	127	71.81
54	广东科学技术职业学院	112	71.71

续表

序号	学校名称	奖项数量	总分
55	湖南汽车工程职业学院	76	71.31
56	广州番禺职业技术学院	76	71.14
57	杨凌职业技术学院	89	71.09
58	山东科技职业学院	72	71.02
59	江西财经职业学院	77	70.93
60	福州职业技术学院	113	70.43
61	广东机电职业技术学院	94	70.42
62	浙江经贸职业技术学院	75	70.13
63	日照职业技术学院	83	70.10
64	长春汽车工业高等专科学校	49	69.75
65	湖南化工职业技术学院	74	69.72
66	陕西铁路工程职业技术学院	61	69.38
67	天津电子信息职业技术学院	88	69.27
67	北京劳动保障职业学院	64	69.27
69	浙江工贸职业技术学院	48	69.26
70	武汉职业技术学院	86	69.22
71	江苏建筑职业技术学院	78	69.21
72	东莞职业技术学院	81	68.96
73	陕西国防工业职业技术学院	97	68.95

续表

序号	学校名称	奖项数量	总分
74	辽宁省交通高等专科学校	81	68.91
75	江苏农林职业技术学院	40	68.82
76	山西省财政税务专科学校	94	68.70
77	南京铁道职业技术学院	58	68.39
78	东营职业学院	91	68.20
79	昆明冶金高等专科学校	69	68.11
80	许昌职业技术学院	108	68.10
81	济南职业学院	67	68.06
82	青岛酒店管理职业技术学院	44	67.89
83	海南经贸职业技术学院	90	67.86
84	山东职业学院	51	67.70
85	山西工程职业学院	73	67.61
86	杭州职业技术学院	66	67.55
87	辽宁机电职业技术学院	81	67.46
88	北京财贸职业学院	72	67.29
89	浙江经济职业技术学院	67	67.26
90	成都职业技术学院	106	67.04
91	四川交通职业技术学院	103	66.80
92	成都纺织高等专科学校	72	66.78

续表

序号	学校名称	奖项数量	总分
93	江苏经贸职业技术学院	42	66.73
94	黑龙江农业工程职业学院	79	66.13
95	上海工艺美术职业学院	87	66.11
96	武汉船舶职业技术学院	59	66.10
97	天津现代职业技术学院	45	65.95
98	温州职业技术学院	54	65.54
99	广州民航职业技术学院	29	65.36
100	广西职业技术学院	62	64.92
101	天津轻工职业技术学院	56	64.90
102	浙江旅游职业学院	38	64.79
103	江苏海事职业技术学院	50	64.77
104	长沙商贸旅游职业技术学院	62	64.72
105	浙江建设职业技术学院	44	64.67
106	山西机电职业技术学院	84	64.47
107	黑龙江职业学院	99	64.25
108	邢台职业技术学院	91	64.07
109	湖南铁道职业技术学院	67	63.98
110	柳州职业技术学院	95	63.96

续表

续表

序号	学校名称	奖项数量	总分
111	哈尔滨职业技术学院	67	63.85
112	湖南交通职业技术学院	69	63.65
113	四川建筑职业技术学院	46	63.37
114	浙江交通职业技术学院	62	63.14
115	青岛职业技术学院	61	62.84
116	常州工程职业技术学院	32	62.30
117	重庆航天职业技术学院	44	62.27
118	滨州职业学院	35	62.24
119	新疆农业职业技术学院	55	62.08
120	襄阳职业技术学院	40	61.77
121	江苏工程职业技术学院	38	61.56
122	黎明职业大学	104	61.09
123	兰州资源环境职业技术学院	55	60.89
124	宁夏工商职业技术学院	51	60.83
125	辽宁经济职业技术学院	81	60.73
126	天津渤海职业技术学院	39	60.06
127	苏州工业职业技术学院	52	59.99
128	天津交通职业学院	33	59.97

序号	学校名称	奖项数量	总分
129	石家庄职业技术学院	29	59.93
130	沈阳职业技术学院	83	59.67
131	咸阳职业技术学院	91	59.60
132	浙江金融职业学院	35	59.02
133	北京农业职业学院	61	58.43
134	北京交通运输职业学院	36	58.15
135	四川邮电职业技术学院	49	58.14
136	内蒙古机电职业技术学院	30	58.09
137	湖北职业技术学院	33	57.69
138	黑龙江农业经济职业学院	49	57.29
139	南通职业大学	27	57.22
140	四川工程职业技术学院	20	57.12
141	广东工贸职业技术学院	52	57.06
142	贵州轻工职业技术学院	48	57.01
143	湖南工艺美术职业学院	31	56.99
144	承德石油高等专科学校	23	56.80
145	河北工业职业技术学院	62	56.01
146	黄冈职业技术学院	60	55.58
147	岳阳职业技术学院	22	55.09

续表

序号	学校名称	奖项数量	总分
148	徐州工业职业技术学院	23	54.64
149	广西建设职业技术学院	67	54.61
150	重庆电力高等专科学校	30	54.49
151	江西交通职业技术学院	38	54.10
152	苏州农业职业技术学院	24	53.82
153	辽宁农业职业技术学院	37	53.69
154	江苏农牧科技职业学院	15	53.45
155	河北化工医药职业技术学院	42	52.69
156	宁夏职业技术学院	54	52.12
157	浙江警官职业学院	11	52.08
158	陕西能源职业技术学院	36	51.70
159	浙江艺术职业学院	16	51.66
160	中山火炬职业技术学院	37	51.52
161	重庆三峡医药高等专科学校	24	51.27
162	黑龙江建筑职业技术学院	27	50.95
163	广州铁路职业技术学院	18	50.94
164	唐山工业职业技术学院	26	50.64

续表

序号	学校名称	奖项数量	总分
165	广东水利电力职业技术学院	47	50.33
166	长沙航空职业技术学院	18	50.23
167	湖北交通职业技术学院	30	49.60
168	石家庄铁路职业技术学院	26	49.10
169	西安航空职业技术学院	47	48.77
170	铜仁职业技术学院	22	48.65
171	陕西职业技术学院	26	48.34
172	天津医学高等专科学校	17	47.33
173	成都农业科技职业学院	31	45.80
174	广东食品药品职业学院	17	45.51
175	吉林铁道职业技术学院	51	45.16
176	内蒙古化工职业学院	10	44.87
177	武汉铁路职业技术学院	19	43.65
178	石家庄邮电职业技术学院	11	42.72
179	武汉电力职业技术学院	9	42.26
180	安徽医学高等专科学校	11	42.22
181	秦皇岛职业技术学院	27	41.91

续表

续表

序号	学校名称	奖项数量	总分	序号	学校名称	奖项数量	总分
182	湖南生物机电职业技术学院	19	41.86	190	吉林交通职业技术学院	10	34.74
183	重庆医药高等专科学校	13	40.74	191	渤海船舶职业学院	10	32.16
184	南通航运职业技术学院	12	40.53	192	哈尔滨铁道职业技术学院	5	31.73
185	新疆轻工职业技术学院	22	40.16	193	苏州工艺美术职业技术学院	7	30.05
186	山东畜牧兽医职业学院	7	40.05	194	江苏食品药品职业技术学院	5	28.88
187	沧州医学高等专科学校	8	40.03	195	云南机电职业技术学院	6	26.49
188	河南农业职业学院	19	38.41	196	昆明工业职业技术学院	3	25.71
189	内蒙古建筑职业技术学院	16	38.31	197	酒泉职业技术学院	3	20.35

11.7 2015—2019年东北地区高职院校学科竞赛排行榜

续表

序号	学校名称	奖项数量	总分	序号	学校名称	奖项数量	总分
1	长春职业技术学院	226	83.61	18	辽宁轻工职业学院	34	53.34
2	长春汽车工业高等专科学校	49	69.75	19	辽宁政法职业学院	15	51.37
3	辽宁省交通高等专科学校	81	68.91	20	辽宁石化职业技术学院	30	51.22
4	辽宁机电职业技术学院	81	67.46	21	黑龙江建筑职业技术学院	27	50.95
5	大连职业技术学院	78	67.10	22	黑龙江商业职业学院	24	48.54
6	黑龙江农业工程职业学院	79	66.13	23	辽宁现代服务职业技术学院	26	48.19
7	黑龙江职业学院	99	64.25	24	辽宁建筑职业学院	29	46.22
8	辽宁生态工程职业学院	71	64.24	25	长春金融高等专科学校	24	46.20
9	哈尔滨职业技术学院	67	63.85	26	吉林铁道职业技术学院	51	45.16
10	吉林电子信息职业技术学院	79	62.11	27	大连汽车职业技术学院	20	41.00
11	辽宁经济职业技术学院	81	60.73	28	辽宁装备制造职业技术学院	11	40.51
12	吉林工业职业技术学院	58	59.81	29	黑龙江信息技术职业学院	12	40.24
13	沈阳职业技术学院	83	59.67	30	辽宁广告职业学院	13	40.12
14	辽宁城市建设职业技术学院	20	57.46	31	锦州师范高等专科学校	12	39.60
15	黑龙江农业经济职业学院	49	57.29	32	辽宁轨道交通职业学院	7	39.33
16	黑龙江林业职业技术学院	36	56.34	33	辽宁工程职业学院	4	39.08
17	辽宁农业职业技术学院	37	53.69	34	黑龙江交通职业技术学院	6	38.97
				35	黑龙江农垦职业学院	9	38.96

续表

序号	学校名称	奖项数量	总分
36	辽宁地质工程职业学院	9	38.74
37	盘锦职业技术学院	16	38.46
38	长春医学高等专科学校	15	38.41
39	辽宁职业学院	16	38.32
40	松原职业技术学院	8	37.41
41	黑龙江护理高等专科学校	11	37.17
42	黑龙江艺术职业学院	8	36.94
43	辽宁金融职业学院	21	36.79
44	黑龙江生物科技职业学院	14	36.49
45	黑龙江旅游职业技术学院	13	35.85
46	吉林交通职业技术学院	10	34.74
47	大连枫叶职业技术学院	13	34.05
48	辽源职业技术学院	9	33.84
49	大庆医学高等专科学校	9	33.44
50	铁岭卫生职业学院	9	33.25
51	黑龙江生态工程职业学院	3	32.57
52	辽宁医药职业学院	6	32.21
53	渤海船舶职业学院	10	32.16
54	哈尔滨铁道职业技术学院	5	31.73

续表

序号	学校名称	奖项数量	总分
55	辽宁铁道职业技术学院	10	30.85
56	抚顺职业技术学院	4	30.79
57	延边职业技术学院	6	30.57
57	大庆职业学院	8	30.57
59	黑龙江农垦科技职业学院	9	30.50
60	抚顺师范高等专科学校	2	27.63
61	黑龙江幼儿师范高等专科学校	7	27.42
61	长春师范高等专科学校	7	27.42
63	哈尔滨应用职业技术学院	1	26.46
64	辽阳职业技术学院	3	26.44
65	长白山职业技术学院	1	25.71
65	哈尔滨科学技术职业学院	3	25.71
67	长春信息技术职业学院	3	23.23
67	辽宁冶金职业技术学院	2	23.23
67	齐齐哈尔高等师范专科学校	2	23.23
70	辽宁理工职业学院	4	21.87
70	哈尔滨幼儿师范高等专科学校	4	21.87
72	铁岭师范高等专科学校	3	20.35
73	吉林工程职业学院	1	19.53

续表

序号	学校名称	奖项数量	总分
73	白城医学高等专科学校	1	19.53
75	吉林科技职业技术学院	2	17.02

续表

序号	学校名称	奖项数量	总分
76	辽宁民族师范高等专科学校	1	15.46
76	朝阳师范高等专科学校	1	15.46

11.8 2015—2019年东部地区高职院校学科竞赛排行榜

续表

序号	学校名称	奖项数量	总分	序号	学校名称	奖项数量	总分
1	金华职业技术学院	306	100.00	14	顺德职业技术学院	161	79.24
2	山东商业职业技术学院	135	91.93	15	南京信息职业技术学院	85	78.98
3	北京工业职业技术学院	209	91.92	16	上海电子信息职业技术学院	130	78.60
4	北京电子科技职业学院	157	90.78	17	山东交通职业学院	96	78.38
5	南京工业职业技术学院	136	89.69	18	无锡商业职业技术学院	111	77.58
6	广东轻工职业技术学院	331	88.70	19	烟台职业学院	109	77.37
7	福建船政交通职业学院	264	88.66	20	浙江机电职业技术学院	71	77.34
8	福建信息职业技术学院	233	88.07	21	淮安信息职业技术学院	80	76.43
9	深圳职业技术学院	219	87.99	22	浙江商业职业技术学院	101	76.14
10	北京信息职业技术学院	157	87.12	23	淄博职业学院	138	75.96
11	天津市职业大学	163	81.23	24	深圳信息职业技术学院	115	75.92
12	潍坊职业学院	128	79.53	25	常州信息职业技术学院	98	75.72
13	无锡职业技术学院	102	79.48	26	江苏联合职业技术学院	97	74.43

续表 续表

序号	学校名称	奖项数量	总分	序号	学校名称	奖项数量	总分
27	威海职业学院	129	74.29	45	北京劳动保障职业学院	64	69.27
28	山东电子职业技术学院	86	73.02	47	浙江工贸职业技术学院	48	69.26
29	漳州职业技术学院	125	72.68	48	江苏建筑职业技术学院	78	69.21
30	河源职业技术学院	84	72.62	49	南京旅游职业学院	43	69.04
31	宁波职业技术学院	72	72.48	50	东莞职业技术学院	81	68.96
31	常州机电职业技术学院	67	72.48	51	江苏农林职业技术学院	40	68.82
33	浙江工业职业技术学院	55	71.99	52	南京铁道职业技术学院	58	68.39
34	广东科学技术职业学院	112	71.71	53	东营职业学院	91	68.20
35	南京交通职业技术学院	76	71.25	54	济南职业学院	67	68.06
36	广州番禺职业技术学院	76	71.14	55	青岛酒店管理职业技术学院	44	67.89
37	山东科技职业学院	72	71.02	56	海南经贸职业技术学院	90	67.86
38	常州工业职业技术学院	81	71.01	57	山东职业学院	51	67.70
39	福州职业技术学院	113	70.43	58	浙江纺织服装职业技术学院	51	67.63
40	广东机电职业技术学院	94	70.42	59	杭州职业技术学院	66	67.55
41	浙江经贸职业技术学院	75	70.13	60	中山职业技术学院	84	67.37
42	日照职业技术学院	83	70.10	61	北京财贸职业学院	72	67.29
43	杭州科技职业技术学院	58	69.73	62	浙江经济职业技术学院	67	67.26
44	山东商务职业学院	71	69.35	63	海南软件职业技术学院	83	66.86
45	天津电子信息职业技术学院	88	69.27	64	闽西职业技术学院	77	66.85

续表

序号	学校名称	奖项数量	总分
65	江苏经贸职业技术学院	42	66.73
66	北京青年政治学院	73	66.61
67	苏州工业园区服务外包职业学院	52	66.58
68	绍兴职业技术学院	54	66.37
69	广州工程技术职业学院	70	66.26
70	上海工艺美术职业学院	87	66.11
71	山东水利职业学院	41	65.97
72	天津现代职业技术学院	45	65.95
72	江苏信息职业技术学院	56	65.95
74	丽水职业技术学院	43	65.93
75	温州职业技术学院	54	65.54
76	广州民航职业技术学院	29	65.36
77	天津轻工职业技术学院	56	64.90
78	浙江旅游职业学院	38	64.79
79	江苏海事职业技术学院	50	64.77
80	浙江建设职业技术学院	44	64.67
81	义乌工商职业技术学院	58	64.62
82	上海城建职业学院	80	64.49
83	邢台职业技术学院	91	64.07

续表

序号	学校名称	奖项数量	总分
84	佛山职业技术学院	70	64.03
85	烟台汽车工程职业学院	37	63.96
86	扬州工业职业技术学院	46	63.78
87	浙江交通职业技术学院	62	63.14
88	德州职业技术学院	46	62.96
89	青岛职业技术学院	61	62.84
90	常州工程职业技术学院	32	62.30
91	滨州职业学院	35	62.24
92	广东交通职业技术学院	50	62.09
93	嘉兴职业技术学院	44	62.01
94	南京科技职业学院	41	61.70
95	江苏工程职业技术学院	38	61.56
96	黎明职业大学	104	61.09
97	厦门城市职业学院	143	60.83
98	天津机电职业技术学院	51	60.73
99	广东农工商职业技术学院	59	60.60
100	宁波城市职业技术学院	53	60.54
101	天津渤海职业技术学院	39	60.06
102	苏州工业职业技术学院	52	59.99

续表

序号	学校名称	奖项数量	总分
103	天津交通职业学院	33	59.97
104	石家庄职业技术学院	29	59.93
105	福建林业职业技术学院	47	59.82
106	浙江工商职业技术学院	21	59.60
107	北京北大方正软件职业技术学院	36	59.41
108	山东劳动职业技术学院	31	59.02
108	浙江金融职业学院	35	59.02
110	北京戏曲艺术职业学院	21	58.60
111	江苏城乡建设职业学院	32	58.53
112	北京农业职业学院	61	58.43
113	江苏财经职业技术学院	36	58.27
114	北京交通运输职业学院	36	58.15
115	聊城职业技术学院	42	57.53
116	江苏商贸职业学院	30	57.47
117	珠海城市职业技术学院	41	57.39
118	上海交通职业技术学院	49	57.34
119	南通职业大学	27	57.22
120	广东工贸职业技术学院	52	57.06
121	承德石油高等专科学校	23	56.80

续表

序号	学校名称	奖项数量	总分
122	闽江师范高等专科学校	34	56.22
123	天津商务职业学院	48	56.10
124	海南职业技术学院	60	56.07
125	河北工业职业技术学院	62	56.01
126	上海工商职业技术学院	47	55.67
127	江苏医药职业学院	24	55.59
128	海南科技职业大学	27	55.30
129	常州纺织服装职业技术学院	28	55.14
130	天津国土资源和房屋职业学院	55	55.03
131	山东旅游职业学院	16	54.83
132	徐州工业职业技术学院	23	54.64
133	山东理工职业学院	38	54.62
134	山东工业职业学院	32	54.47
135	山东外贸职业学院	37	54.26
136	衢州职业技术学院	32	54.12
137	北京政法职业学院	28	54.04
138	上海农林职业技术学院	40	53.86
139	苏州农业职业技术学院	24	53.82
140	沙洲职业工学院	21	53.78
141	广州城建职业学院	46	53.64

续表

序号	学校名称	奖项数量	总分
142	厦门海洋职业技术学院	38	53.58
143	江苏农牧科技职业学院	15	53.45
144	烟台工程职业技术学院	29	53.18
145	扬州市职业大学	33	53.16
146	上海东海职业技术学院	50	53.14
147	浙江国际海运职业技术学院	23	53.00
148	湖州职业技术学院	25	52.86
149	北京京北职业技术学院	20	52.78
150	广东环境保护工程职业学院	41	52.72
151	河北化工医药职业技术学院	42	52.69
152	福建卫生职业技术学院	21	52.44
153	广东理工职业学院	49	52.36
154	上海思博职业技术学院	65	52.34
155	浙江警官职业学院	11	52.08
156	福建农业职业技术学院	30	52.06
157	福建对外经济贸易职业技术学院	12	51.96
158	苏州经贸职业技术学院	24	51.83
159	浙江艺术职业学院	16	51.66

续表

序号	学校名称	奖项数量	总分
160	中山火炬职业技术学院	37	51.52
161	潍坊工程职业学院	43	51.49
162	苏州职业大学	31	51.44
163	上海中侨职业技术学院	46	51.17
164	广州铁路职业技术学院	18	50.94
165	上海科学技术职业学院	18	50.77
166	唐山工业职业技术学院	26	50.64
167	广东水利电力职业技术学院	47	50.33
168	湄洲湾职业技术学院	19	50.14
169	江门职业技术学院	47	49.97
170	河北女子职业技术学院	36	49.95
171	广东岭南职业技术学院	38	49.91
172	福建水利电力职业技术学院	35	49.87
173	广东省外语艺术职业学院	28	49.56
174	北京经济管理职业学院	14	49.54
175	广东科贸职业学院	61	49.48
176	莱芜职业技术学院	29	49.27
177	石家庄铁路职业技术学院	26	49.10

续表

序号	学校名称	奖项数量	总分
178	广东职业技术学院	31	48.90
179	浙江育英职业技术学院	21	48.88
180	上海出版印刷高等专科学校	43	48.69
181	枣庄职业学院	15	48.56
182	枣庄科技职业学院	28	48.33
183	上海震旦职业学院	24	48.29
184	海南外国语职业学院	19	48.25
185	上海邦德职业技术学院	14	48.18
186	山东中医药高等专科学校	12	47.99
187	泉州医学高等专科学校	17	47.85
188	廊坊职业技术学院	26	47.71
189	天津石油职业技术学院	24	47.59
190	河北艺术职业学院	23	47.48
191	天津医学高等专科学校	17	47.33
191	漳州理工职业学院	7	47.33
193	无锡科技职业学院	18	47.16
194	天津滨海职业学院	24	46.46
195	福建生物工程职业技术学院	15	46.15
196	苏州健雄职业技术学院	16	46.13
197	江苏城市职业学院	20	45.90

续表

序号	学校名称	奖项数量	总分
198	河北软件职业技术学院	24	45.88
199	三明医学科技职业学院	14	45.69
200	广东食品药品职业学院	17	45.51
201	南通科技职业学院	19	45.47
202	苏州信息职业技术学院	22	45.46
203	三亚航空旅游职业学院	14	44.93
204	山东工程职业技术大学	4	44.75
205	上海行健职业学院	22	44.62
206	保定职业技术学院	24	44.56
206	福建电力职业技术学院	19	44.56
208	厦门南洋职业学院	9	44.54
209	温州科技职业学院	15	44.46
210	广州科技职业技术大学	6	44.30
211	广州科技贸易职业学院	13	43.85
212	江苏卫生健康职业学院	10	43.77
213	天津生物工程职业技术学院	10	43.56
214	上海工商外国语职业学院	11	43.46
215	上海济光职业技术学院	25	43.41

续表

序号	学校名称	奖项数量	总分
216	浙江横店影视职业学院	20	43.33
217	保定电力职业技术学院	2	43.26
218	台州职业技术学院	22	43.22
219	海南政法职业学院	15	42.96
220	漳州科技职业学院	12	42.88
221	山东城市建设职业学院	12	42.77
222	石家庄邮电职业技术学院	11	42.72
223	济宁职业技术学院	15	42.61
224	惠州城市职业学院	38	42.56
225	福州黎明职业技术学院	10	42.31
226	济南工程职业技术学院	10	42.29
227	秦皇岛职业技术学院	27	41.91
228	南京机电职业技术学院	17	41.84
229	广东创新科技职业学院	17	41.66
230	盐城幼儿师范高等专科学校	4	41.64
231	厦门软件职业技术学院	19	41.55
232	浙江广厦建设职业技术学院	18	41.30
233	邯郸职业技术学院	10	41.26
234	泉州轻工职业学院	12	41.20

续表

序号	学校名称	奖项数量	总分
235	山东信息职业技术学院	16	41.14
236	上海民航职业技术学院	11	40.87
237	天津工程职业技术学院	9	40.82
238	厦门华天涉外职业技术学院	7	40.79
238	天津城市建设管理职业技术学院	9	40.79
240	山东轻工职业学院	13	40.75
241	广东建设职业技术学院	22	40.57
242	天津铁道职业技术学院	10	40.56
243	南通航运职业技术学院	12	40.53
244	泰山职业技术学院	10	40.26
245	无锡工艺职业技术学院	21	40.21
246	上海电影艺术职业学院	7	40.12
247	山东畜牧兽医职业学院	7	40.05
248	沧州医学高等专科学校	8	40.03
249	漳州卫生职业学院	12	39.90
250	无锡城市职业技术学院	6	39.84
251	南京城市职业学院	14	39.81
252	广东文艺职业学院	15	39.74

序号	学校名称	奖项数量	总分
253	泰州职业技术学院	16	39.67
254	浙江同济科技职业学院	14	39.63
255	临沂职业学院	20	39.62
256	河北机电职业技术学院	18	39.41
257	天津城市职业学院	20	39.07
258	上海旅游高等专科学校	8	38.97
259	泉州职业技术大学	12	38.88
260	唐山职业技术学院	23	38.75
261	河北旅游职业学院	9	38.52
262	广东女子职业技术学院	15	38.39
263	北京汇佳职业学院	4	37.79
264	徐州幼儿师范高等专科学校	5	37.47
265	杭州万向职业技术学院	9	37.44
266	衡水职业技术学院	8	37.37
267	威海海洋职业学院	8	37.36
268	福建艺术职业学院	10	37.32
269	天津工业职业学院	8	37.29
270	南通师范高等专科学校	5	37.20
271	惠州卫生职业技术学院	6	36.91
272	苏州卫生职业技术学院	7	36.86

序号	学校名称	奖项数量	总分
273	泉州幼儿师范高等专科学校	8	36.84
274	广州城市职业学院	21	36.73
275	海南工商职业学院	8	36.30
276	广东南华工商职业学院	28	36.25
277	浙江医药高等专科学校	8	36.11
278	盐城工业职业技术学院	9	36.04
279	福建幼儿师范高等专科学校	7	35.81
280	广东工程职业技术学院	13	35.79
281	天津艺术职业学院	3	35.58
282	九州职业技术学院	1	35.31
283	台州科技职业学院	10	35.02
283	北京卫生职业学院	10	35.02
285	宁波卫生职业技术学院	8	34.82
285	惠州经济职业技术学院	12	34.82
287	石家庄理工职业学院	9	34.72
288	河北交通职业技术学院	13	34.57
289	肇庆医学高等专科学校	7	34.46
290	江苏安全技术职业学院	1	34.20
291	浙江舟山群岛新区旅游与健康职业学院	4	34.17

续表

序号	学校名称	奖项数量	总分
292	天津海运职业学院	8	33.94
293	山东司法警官职业学院	3	33.84
294	河北政法职业学院	8	33.66
295	浙江农业商贸职业学院	12	33.31
296	济南护理职业学院	6	32.91
297	山东传媒职业学院	32	32.88
298	广东舞蹈戏剧职业学院	2	32.86
299	石家庄幼儿师范高等专科学校	7	32.73
299	广东工商职业技术大学	7	32.73
301	广东松山职业技术学院	17	32.68
302	广东邮电职业技术学院	7	32.61
303	石家庄信息工程职业学院	27	32.32
304	广州南洋理工职业学院	6	31.95
305	江海职业技术学院	7	31.82
306	汕尾职业技术学院	24	31.68
307	广东碧桂园职业学院	9	31.63
308	厦门兴才职业技术学院	7	31.06
309	罗定职业技术学院	2	31.00
310	厦门演艺职业学院	2	30.77
311	广东文理职业学院	5	30.68

续表

序号	学校名称	奖项数量	总分
312	广东青年职业学院	15	30.65
313	泉州经贸职业技术学院	4	30.58
314	淄博师范高等专科学校	2	30.55
315	广东生态工程职业学院	9	30.41
316	漳州城市职业学院	4	30.39
317	广东南方职业学院	5	30.24
318	南京视觉艺术职业学院	15	30.18
319	苏州工艺美术职业技术学院	7	30.05
320	苏州高博软件技术职业学院	9	29.95
321	青岛港湾职业技术学院	3	29.86
322	山东电力高等专科学校	1	29.80
323	江苏护理职业学院	2	29.77
324	北京经济技术职业学院	12	29.72
325	正德职业技术学院	2	29.54
326	承德护理职业学院	1	29.44
327	潍坊护理职业学院	3	29.36
328	钟山职业技术学院	1	29.21
329	石家庄工商职业学院	8	28.95
330	江苏食品药品职业技术学院	5	28.88
331	清远职业技术学院	6	28.77

续表

续表

序号	学校名称	奖项数量	总分	序号	学校名称	奖项数量	总分
332	河北对外经贸职业学院	5	28.56	350	张家口职业技术学院	1	25.81
333	德州科技职业学院	4	28.37	351	上海海事职业技术学院	1	25.71
334	浙江安防职业技术学院	6	28.20	351	北京科技经营管理学院	1	25.71
335	广州卫生职业技术学院	3	28.16	351	宁德职业技术学院	3	25.71
336	广州华立科技职业学院	14	27.93	351	广东司法警官职业学院	3	25.71
337	山东经贸职业学院	2	27.65	351	广东行政职业学院	3	25.71
338	河北司法警官职业学院	4	27.63	356	私立华联学院	2	25.63
338	河北能源职业技术学院	4	27.63	357	天津滨海汽车工程职业学院	1	25.28
340	泉州海洋职业学院	2	27.41	357	湛江幼儿师范专科学校	1	25.28
341	嘉兴南洋职业技术学院	3	27.39	359	苏州工业园区职业技术学院	4	25.25
342	浙江东方职业技术学院	7	26.97	360	珠海艺术职业学院	7	24.77
343	河北建材职业技术学院	5	26.85	361	山东铝业职业学院	1	24.47
344	广东酒店管理职业技术学院	7	26.82	362	浙江邮电职业技术学院	4	24.34
345	江苏航空职业技术学院	5	26.66	363	苏州托普信息职业技术学院	2	23.89
346	江苏旅游职业学院	1	26.46	364	济南幼儿师范高等专科学校	2	23.73
347	山东服装职业学院	5	26.24	365	浙江特殊教育职业学院	5	23.69
348	山东外事职业大学	1	26.15	366	徐州生物工程职业技术学院	2	23.55
349	河北劳动关系职业学院	2	25.91	367	山东药品食品职业学院	2	23.23
				367	汕头职业技术学院	2	23.23

续表

序号	学校名称	奖项数量	总分
369	昆山登云科技职业学院	1	22.93
370	泉州华光职业学院	9	22.53
371	天津工艺美术职业学院	4	22.40
372	闽北职业技术学院	4	21.58
373	沧州职业技术学院	4	21.25
374	福建华南女子职业学院	2	21.22
375	邢台医学高等专科学校	2	21.06
376	揭阳职业技术学院	4	20.85
377	上海工会管理职业学院	2	20.82
378	广州华商职业学院	5	20.55
379	苏州幼儿师范高等专科学校	3	20.35
379	厦门东海职业技术学院	1	20.35
381	宿迁泽达职业技术学院	3	19.58
381	金肯职业技术学院	3	19.58
383	菏泽家政职业学院	1	19.53
383	泰山护理职业学院	1	19.53
385	阳江职业技术学院	3	18.54
386	江阴职业技术学院	2	18.39
387	茂名职业技术学院	2	17.89
387	北京社会管理职业学院	2	17.89

续表

序号	学校名称	奖项数量	总分
389	福州英华职业学院	2	17.02
389	连云港师范高等专科学校	2	17.02
391	苏州百年职业学院	1	16.32
391	石家庄科技工程职业学院	2	16.32
393	福州墨尔本理工职业学院	2	16.25
394	硅湖职业技术学院	1	15.84
395	广东江门中医药职业学院	1	15.46
396	镇江市高等专科学校	1	15.04
397	山东胜利职业学院	2	14.31
398	广州涉外经济职业技术学院	1	14.03
399	三亚理工职业学院	2	12.40
399	烟台黄金职业学院	1	12.40
401	山东外国语职业技术大学	1	10.44
402	无锡南洋职业技术学院	1	8.78
402	北京科技职业学院	1	8.78
404	广州华南商贸职业学院	1	8.52
405	潮汕职业技术学院	3	5.87
406	广州康大职业技术学院	1	4.46

11.9　2015—2019年中部地区高职院校学科竞赛排行榜

续表

序号	学校名称	奖项数量	总分	序号	学校名称	奖项数量	总分
1	长沙民政职业技术学院	203	90.64	19	河南职业技术学院	121	73.76
2	芜湖职业技术学院	146	90.27	20	安徽水利水电职业技术学院	95	73.55
3	安徽工商职业学院	204	87.79	21	安徽工业经济职业技术学院	115	73.15
4	江西应用技术职业学院	168	86.14	22	江西现代职业技术学院	145	72.64
5	安徽机电职业技术学院	141	83.71	23	安徽国际商务职业学院	89	71.87
6	安徽商贸职业技术学院	161	83.58	24	湖南汽车工程职业学院	76	71.31
7	郑州铁路职业技术学院	90	83.39	25	江西财经职业学院	77	70.93
8	安徽职业技术学院	167	82.76	26	武汉交通职业学院	78	70.15
9	江西环境工程职业学院	116	81.02	27	湖南化工职业技术学院	74	69.72
10	黄河水利职业技术学院	141	80.02	28	武汉职业技术学院	86	69.22
11	山西职业技术学院	171	77.84	29	湖南商务职业技术学院	81	68.78
12	湖南工业职业技术学院	129	77.11	30	山西省财政税务专科学校	94	68.70
13	江西外语外贸职业学院	89	76.68	31	安徽电子信息职业技术学院	102	68.38
14	武汉软件工程职业学院	141	76.40	32	许昌职业技术学院	108	68.10
15	河南经贸职业学院	135	75.73	33	山西工程职业学院	73	67.61
16	河南工业职业技术学院	182	75.36	34	武汉船舶职业技术学院	59	66.10
17	安徽财贸职业学院	99	74.99	35	江西旅游商贸职业学院	55	65.75
18	九江职业技术学院	120	74.24	36	武汉城市职业学院	71	65.64

续表

序号	学校名称	奖项数量	总分
37	咸宁职业技术学院	54	65.55
38	湖南工程职业技术学院	65	64.72
38	长沙商贸旅游职业技术学院	62	64.72
40	山西机电职业技术学院	84	64.47
41	湖南铁道职业技术学院	67	63.98
42	湖南交通职业技术学院	69	63.65
43	湖南财经工业职业技术学院	43	63.22
44	湖南机电职业技术学院	77	63.11
45	徽商职业学院	45	61.95
46	襄阳职业技术学院	40	61.77
47	湖北三峡职业技术学院	43	61.56
48	安徽国防科技职业学院	45	60.94
49	湖北科技职业学院	58	60.51
50	湖北生物科技职业学院	60	60.02
51	济源职业技术学院	68	59.69
52	淮南联合大学	36	59.64
53	湖南大众传媒职业技术学院	51	59.46
54	湖北生态工程职业技术学院	32	59.35
55	合肥职业技术学院	50	59.29

续表

序号	学校名称	奖项数量	总分
56	湖南科技职业学院	90	58.46
57	湖北水利水电职业技术学院	39	58.07
58	安徽城市管理职业学院	73	58.06
59	湖南理工职业技术学院	34	57.90
60	湖北职业技术学院	33	57.69
61	湖南工艺美术职业学院	31	56.99
62	湖北城市建设职业技术学院	44	56.97
63	湖南现代物流职业技术学院	29	56.80
64	河南水利与环境职业学院	29	56.25
65	湖南电气职业技术学院	26	55.90
66	湖南网络工程职业学院	48	55.87
67	黄冈职业技术学院	60	55.58
68	郑州旅游职业学院	27	55.56
69	江西机电职业技术学院	39	55.52
70	新乡职业技术学院	37	55.47
71	安徽交通职业技术学院	23	55.46
72	山西金融职业学院	41	55.09
72	岳阳职业技术学院	22	55.09
74	大同煤炭职业技术学院	15	54.47

续表

序号	学校名称	奖项数量	总分
75	安徽电气工程职业技术学院	20	54.31
76	马鞍山职业技术学院	32	54.28
77	河南应用技术职业学院	35	54.25
78	江西交通职业技术学院	38	54.10
79	安徽涉外经济职业学院	28	53.78
80	河南交通职业技术学院	33	53.67
81	长沙环境保护职业技术学院	36	53.39
82	晋城职业技术学院	55	53.33
83	太原旅游职业学院	30	52.77
84	山西水利职业技术学院	38	52.72
85	湖南城建职业技术学院	31	52.55
86	湖南铁路科技职业技术学院	23	52.37
87	安庆职业技术学院	25	52.36
88	郑州财税金融职业学院	25	51.57
89	马鞍山师范高等专科学校	28	51.56
90	长江职业学院	51	51.26
91	仙桃职业学院	41	51.07
92	湖南水利水电职业技术学院	25	50.72

续表

序号	学校名称	奖项数量	总分
93	江西司法警官职业学院	10	50.32
94	长沙航空职业技术学院	18	50.23
95	湖南民族职业学院	21	50.04
96	上饶职业技术学院	10	49.83
97	湖北交通职业技术学院	30	49.60
98	河南测绘职业学院	12	49.56
99	江西工业贸易职业技术学院	28	49.34
100	安徽中澳科技职业学院	19	49.29
101	黄山职业技术学院	3	49.22
102	郑州信息科技职业学院	42	49.10
103	河南建筑职业技术学院	35	49.06
104	鹤壁职业技术学院	22	48.77
105	亳州职业技术学院	20	48.64
106	江西新能源科技职业学院	23	48.30
107	山西交通职业技术学院	28	48.12
108	湖南艺术职业学院	41	47.34
109	铜陵职业技术学院	36	46.98
110	湖南信息职业技术学院	28	46.89
111	宜春职业技术学院	13	46.57
112	滁州职业技术学院	29	46.33

续表

序号	学校名称	奖项数量	总分
113	开封大学	28	46.15
114	湖南安全技术职业学院	17	45.86
115	长沙职业技术学院	45	45.80
116	山西旅游职业学院	21	45.70
117	山西戏剧职业学院	14	45.49
118	合肥通用职业技术学院	12	45.12
119	晋中师范高等专科学校	14	45.06
120	武汉警官职业学院	13	44.54
121	山西药科职业学院	12	44.38
122	永州职业技术学院	22	44.36
123	周口职业技术学院	10	44.30
124	山西林业职业技术学院	17	44.14
125	武汉铁路职业技术学院	19	43.65
126	湖南软件职业学院	22	43.58
127	安徽警官职业学院	10	43.32
128	湖北财税职业学院	13	43.29
129	江西卫生职业学院	12	43.23
130	太原城市职业技术学院	24	42.92
131	河南工业贸易职业学院	12	42.80
132	三峡旅游职业技术学院	16	42.77
133	荆州职业技术学院	31	42.74

续表

序号	学校名称	奖项数量	总分
134	常德职业技术学院	16	42.46
135	安徽邮电职业技术学院	10	42.31
136	武汉电力职业技术学院	9	42.26
137	安徽医学高等专科学校	11	42.22
138	晋中职业技术学院	40	42.19
139	安徽艺术职业学院	23	42.09
140	山西艺术职业学院	9	42.00
141	湖南生物机电职业技术学院	19	41.86
142	湖北艺术职业学院	8	41.84
143	湖南食品药品职业学院	9	41.66
144	池州职业技术学院	17	41.56
145	郑州职业技术学院	7	41.53
146	湖南高速铁路职业技术学院	14	41.30
147	武汉信息传播职业技术学院	17	41.28
148	河南机电职业学院	27	41.24
149	湖南环境生物职业技术学院	22	41.08
150	安徽审计职业学院	6	40.96
151	长沙卫生职业学院	7	40.79
152	商丘职业技术学院	10	40.59
153	合肥信息技术职业学院	7	40.54

续表

续表

序号	学校名称	奖项数量	总分	序号	学校名称	奖项数量	总分
154	江西信息应用职业技术学院	19	40.52	173	江西农业工程职业学院	13	38.23
155	江西建设职业技术学院	14	40.36	174	平顶山工业职业技术学院	13	37.77
156	民办合肥财经职业学院	4	40.34	175	张家界航空工业职业技术学院	11	37.71
157	吉安职业技术学院	18	40.20	176	安徽新闻出版职业技术学院	22	37.37
158	湖北轻工职业技术学院	21	39.82	177	淮南职业技术学院	5	37.30
159	长垣烹饪职业技术学院	15	39.67	178	运城职业技术学院	22	37.17
160	江西制造职业技术学院	15	39.64	179	郑州幼儿师范高等专科学校	7	37.13
161	山西建筑职业技术学院	11	39.62	180	湖北工程职业学院	6	36.76
162	湖南中医药高等专科学校	10	39.59	180	湖南有色金属职业技术学院	6	36.76
163	湖南邮电职业技术学院	6	39.55	182	鄂州职业大学	24	36.60
164	江西工程职业学院	6	39.29	183	荆州理工职业学院	4	36.44
165	湖南国防工业职业技术学院	4	39.28	184	江西泰豪动漫职业学院	9	36.34
166	漯河职业技术学院	15	39.11	185	长江工程职业技术学院	20	36.33
167	安徽中医药高等专科学校	8	38.89	186	皖西卫生职业学院	10	36.14
168	武昌职业学院	5	38.68	187	江西艺术职业学院	6	35.61
169	湖北工业职业技术学院	8	38.54	188	湖北国土资源职业学院	12	35.48
170	滁州城市职业学院	9	38.50	189	郴州职业技术学院	9	35.18
171	山西警官职业学院	7	38.45	190	九江职业大学	12	35.17
172	河南农业职业学院	19	38.41	191	阜阳职业技术学院	4	34.99
				192	湖北中医药高等专科学校	8	34.95

续表

序号	学校名称	奖项数量	总分
193	运城幼儿师范高等专科学校	7	34.94
194	武汉工程职业技术学院	12	34.91
195	郑州电力高等专科学校	7	34.76
196	江西师范高等专科学校	4	34.55
197	山西经贸职业学院	1	33.73
198	安徽粮食工程职业学院	2	33.47
199	合肥幼儿师范高等专科学校	8	33.32
200	淮北职业技术学院	10	33.16
201	江汉艺术职业学院	6	33.09
202	安徽工业职业技术学院	7	32.75
203	山西青年职业学院	4	32.68
204	朔州职业技术学院	6	32.41
205	河南艺术职业学院	4	32.17
206	邵阳职业技术学院	9	32.07
207	信阳职业技术学院	11	32.01
208	江西中医药高等专科学校	6	31.48
209	忻州职业技术学院	8	31.19
210	临汾职业技术学院	3	31.07
211	襄阳汽车职业技术学院	1	30.81
212	湖北幼儿师范高等专科学校	2	30.58

续表

序号	学校名称	奖项数量	总分
213	恩施职业技术学院	4	30.52
214	江西水利职业学院	15	30.46
215	安阳职业技术学院	6	30.18
216	共青科技职业学院	5	29.74
217	安徽冶金科技职业学院	4	29.44
217	湖南体育职业学院	1	29.44
219	湖南劳动人事职业学院	2	29.41
220	宣城职业技术学院	5	29.39
221	湖南外贸职业学院	6	29.19
222	六安职业技术学院	5	28.84
223	长沙南方职业学院	4	28.77
224	湖南石油化工职业技术学院	6	28.59
225	江西工业职业技术学院	7	28.29
226	漯河医学高等专科学校	3	28.01
227	三门峡职业技术学院	4	27.63
228	湖南三一工业职业技术学院	2	27.37
229	许昌电气职业学院	5	27.25
230	湘西民族职业技术学院	5	27.10
231	怀化职业技术学院	2	26.98
232	江西航空职业技术学院	3	26.78

<table>
<tr><td colspan="4">续表</td><td colspan="4">续表</td></tr>
<tr><td>序号</td><td>学校名称</td><td>奖项数量</td><td>总分</td><td>序号</td><td>学校名称</td><td>奖项数量</td><td>总分</td></tr>
</table>

序号	学校名称	奖项数量	总分	序号	学校名称	奖项数量	总分
233	河南信息统计职业学院	5	26.50	251	湘南幼儿师范高等专科学校	2	23.55
234	安徽林业职业技术学院	3	26.44	253	安徽黄梅戏艺术职业学院	1	23.48
235	江西医学高等专科学校	2	26.43	254	永城职业学院	6	23.45
236	南阳职业学院	2	26.32	255	郑州信息工程职业学院	1	23.41
237	武汉民政职业学院	3	26.19	256	山西老区职业技术学院	2	23.39
238	山西电力职业技术学院	1	26.07	257	开封文化艺术职业学院	2	23.23
239	保险职业学院	2	26.00	258	平顶山职业技术学院	1	23.12
240	娄底职业技术学院	13	25.77	259	濮阳职业技术学院	7	22.71
241	洛阳科技职业学院	1	25.71	260	运城师范高等专科学校	3	22.68
241	湖南司法警官职业学院	3	25.71	261	焦作师范高等专科学校	4	21.87
241	河南检察职业学院	3	25.71	262	益阳医学高等专科学校	2	21.86
244	山西体育职业学院	1	25.63	263	郑州理工职业学院	2	21.60
244	江西生物科技职业学院	1	25.63	264	安徽广播影视职业技术学院	6	21.21
246	江西工业工程职业技术学院	8	25.55	265	江西冶金职业技术学院	4	21.02
247	漯河食品职业学院	5	25.42	266	湖南幼儿师范高等专科学校	4	20.35
248	江西陶瓷工艺美术职业技术学院	10	25.02	266	益阳职业技术学院	3	20.35
249	上饶幼儿师范高等专科学校	4	24.20	266	河南护理职业学院	1	20.35
250	运城护理职业学院	2	23.73	269	南阳医学高等专科学校	1	19.80
251	湘潭医卫职业技术学院	2	23.55				

续表

序号	学校名称	奖项数量	总分
269	河南质量工程职业学院	3	19.80
271	江西软件职业技术大学	4	19.71
272	河南科技职业大学	1	19.53
273	武汉商贸职业学院	3	18.11
274	阜阳幼儿师范高等专科学校	2	17.89
274	山西运城农业职业技术学院	2	17.89
274	安阳幼儿师范高等专科学校	2	17.89
277	民办合肥经济技术职业学院	2	17.02
278	民办万博科技职业学院	2	15.81

续表

序号	学校名称	奖项数量	总分
279	赣南卫生健康职业学院	1	15.46
279	南阳农业职业学院	1	15.46
281	焦作大学	1	15.04
282	郑州电子信息职业技术学院	1	14.35
283	郑州电力职业技术学院	1	14.03
284	南昌职业大学	1	12.40
285	山西国际商务职业学院	1	12.03
285	江西传媒职业学院	1	12.03
287	山西管理职业学院	1	10.44
287	武汉外语外事职业学院	1	10.44

11.10 2015—2019年西部地区高职院校学科竞赛排行榜

续表

序号	学校名称	奖项数量	总分	序号	学校名称	奖项数量	总分
1	重庆电子工程职业学院	215	88.76	18	贵州电子信息职业技术学院	129	68.68
2	陕西工业职业技术学院	260	86.00	19	昆明冶金高等专科学校	69	68.11
3	重庆工业职业技术学院	203	85.91	20	广西交通职业技术学院	84	67.97
4	柳州铁道职业技术学院	206	82.49	21	成都职业技术学院	106	67.04
5	重庆工程职业技术学院	187	80.97	22	四川交通职业技术学院	103	66.80
6	重庆三峡职业学院	135	78.68	23	成都纺织高等专科学校	72	66.78
7	重庆城市管理职业学院	124	76.16	24	广西机电职业技术学院	65	65.51
8	兰州石化职业技术学院	125	76.04	25	兰州职业技术学院	73	65.46
9	贵州交通职业技术学院	132	74.12	26	广西理工职业技术学院	97	65.36
10	南宁职业技术学院	190	72.72	27	广西职业技术学院	62	64.92
11	成都航空职业技术学院	98	72.07	28	柳州职业技术学院	95	63.96
12	重庆工商职业学院	127	71.81	29	四川建筑职业技术学院	46	63.37
13	杨凌职业技术学院	89	71.09	30	重庆航天职业技术学院	44	62.27
14	西安铁路职业技术学院	74	70.90	31	新疆农业职业技术学院	55	62.08
15	陕西铁路工程职业技术学院	61	69.38	32	广西水利电力职业技术学院	46	61.37
16	重庆交通职业学院	86	68.98	33	兰州资源环境职业技术学院	55	60.89
17	陕西国防工业职业技术学院	97	68.95	34	宁夏工商职业技术学院	51	60.83

续表

序号	学校名称	奖项数量	总分
35	重庆工贸职业技术学院	57	60.66
36	广西电力职业技术学院	46	60.30
37	重庆财经职业学院	69	59.68
38	咸阳职业技术学院	91	59.60
39	陕西财经职业技术学院	52	59.38
40	四川信息职业技术学院	58	58.94
41	重庆化工职业学院	43	58.21
42	四川邮电职业技术学院	49	58.14
43	内蒙古机电职业技术学院	30	58.09
44	陕西交通职业技术学院	67	57.67
45	四川工程职业技术学院	20	57.12
46	西藏职业技术学院	31	57.09
47	贵州轻工职业技术学院	48	57.01
48	泸州职业技术学院	56	56.81
49	内蒙古商贸职业学院	49	55.85
50	广西工业职业技术学院	47	54.90
51	广西建设职业技术学院	67	54.61
52	广西农业职业技术学院	48	54.60

续表

序号	学校名称	奖项数量	总分
53	重庆电力高等专科学校	30	54.49
54	重庆商务职业学院	34	54.13
55	锡林郭勒职业学院	28	54.11
56	克拉玛依职业技术学院	22	53.93
57	重庆科创职业学院	40	53.91
58	遵义职业技术学院	38	53.38
59	玉溪农业职业技术学院	24	53.17
60	陕西旅游烹饪职业学院	15	52.72
61	内蒙古电子信息职业技术学院	54	52.18
62	宁夏职业技术学院	54	52.12
63	绵阳职业技术学院	38	51.89
64	四川财经职业学院	41	51.79
65	陕西能源职业技术学院	36	51.70
66	西安职业技术学院	35	51.62
67	重庆三峡医药高等专科学校	24	51.27
68	成都工贸职业技术学院	32	50.80
69	重庆旅游职业学院	28	50.78
70	广西工商职业技术学院	19	50.47
71	成都工业职业技术学院	42	49.87

续表

序号	学校名称	奖项数量	总分
72	四川水利职业技术学院	43	49.80
73	贵州职业技术学院	22	49.30
74	四川航天职业技术学院	33	49.22
75	陕西艺术职业学院	19	49.21
76	新疆生产建设兵团兴新职业技术学院	24	49.13
77	西安航空职业技术学院	47	48.77
78	铜仁职业技术学院	22	48.65
79	新疆石河子职业技术学院	28	48.54
80	陕西职业技术学院	26	48.34
81	广西国际商务职业技术学院	43	48.06
82	四川艺术职业学院	26	47.71
83	重庆建筑工程职业学院	31	47.23
84	宜宾职业技术学院	35	47.21
85	甘肃交通职业技术学院	30	46.94
86	四川化工职业技术学院	26	46.82
87	重庆水利电力职业技术学院	32	46.32
87	云南林业职业技术学院	26	46.32
89	陇南师范高等专科学校	15	46.26
90	乌鲁木齐职业大学	16	45.96

续表

序号	学校名称	奖项数量	总分
91	西安电力高等专科学校	12	45.82
92	成都农业科技职业学院	31	45.80
93	云南国防工业职业技术学院	15	45.52
94	西宁城市职业技术学院	22	45.26
95	广西经贸职业技术学院	41	45.21
96	甘肃建筑职业技术学院	20	45.08
97	四川现代职业学院	27	44.89
98	内蒙古化工职业学院	10	44.87
99	新疆职业大学	22	44.67
100	黔东南民族职业技术学院	25	44.40
101	陕西工商职业学院	23	43.86
101	重庆房地产职业学院	25	43.86
103	重庆能源职业学院	21	43.55
104	广西金融职业技术学院	8	43.34
105	黔南民族职业技术学院	13	43.33
106	毕节医学高等专科学校	7	43.31
107	重庆公共运输职业学院	12	43.28
108	广西现代职业技术学院	22	43.25
109	宁夏警官职业学院	9	43.19

续表

序号	学校名称	奖项数量	总分
110	贵阳职业技术学院	21	43.08
111	云南交通职业技术学院	23	42.93
112	新疆交通职业技术学院	14	42.90
113	贵州工业职业技术学院	19	42.82
114	宁夏财经职业技术学院	20	42.77
115	青海柴达木职业技术学院	9	42.71
116	四川商务职业学院	24	42.59
117	成都艺术职业大学	28	42.56
118	四川工商职业技术学院	15	42.29
119	重庆机电职业技术大学	13	42.17
120	青海建筑职业技术学院	10	41.54
121	四川职业技术学院	22	41.53
121	定西师范高等专科学校	6	41.53
123	广安职业技术学院	19	41.48
124	川北幼儿师范高等专科学校	13	41.30
125	四川托普信息技术职业学院	13	41.05
125	贵州航天职业技术学院	18	41.05
127	渭南职业技术学院	14	40.79

续表

序号	学校名称	奖项数量	总分
128	包头轻工职业技术学院	4	40.77
129	重庆医药高等专科学校	13	40.74
130	青海交通职业技术学院	11	40.36
130	四川城市职业学院	16	40.36
132	广西生态工程职业技术学院	19	40.29
133	新疆轻工职业技术学院	22	40.16
134	桂林师范高等专科学校	11	39.72
135	甘肃林业职业技术学院	20	39.46
136	四川华新现代职业学院	12	39.39
137	安顺职业技术学院	18	39.29
138	延安职业技术学院	14	39.22
139	陕西机电职业技术学院	13	39.13
140	四川国际标榜职业学院	7	39.02
141	广西卫生职业技术学院	8	38.88
142	乌海职业技术学院	10	38.81
143	贵州电力职业技术学院	4	38.32
144	内蒙古建筑职业技术学院	16	38.31
145	乐山职业技术学院	13	38.30

续表

续表

序号	学校名称	奖项数量	总分	序号	学校名称	奖项数量	总分
146	西安高新科技职业学院	9	38.16	167	云南城市建设职业学院	2	34.87
146	云南国土资源职业学院	22	38.16	167	甘肃有色冶金职业技术学院	5	34.87
148	重庆安全技术职业学院	21	37.68	169	贵阳幼儿师范高等专科学校	9	34.81
149	新疆天山职业技术学院	18	37.57	170	重庆幼儿师范高等专科学校	9	34.61
150	六盘水职业技术学院	10	37.50	171	甘肃机电职业技术学院	5	34.60
151	通辽职业学院	8	37.42	172	贵阳护理职业学院	9	34.57
152	阿克苏职业技术学院	10	37.37	172	北海职业学院	42	34.57
153	南充职业技术学院	9	37.02	174	贵州农业职业学院	8	34.39
154	宝鸡职业技术学院	12	36.94	175	重庆文化艺术职业学院	15	33.84
155	昌吉职业技术学院	16	36.78	176	重庆城市职业学院	10	33.81
156	包头职业技术学院	4	36.76	177	重庆青年职业技术学院	14	33.80
157	汉中职业技术学院	10	36.75	178	昆明卫生职业学院	7	33.71
158	西安信息职业大学	8	36.62	179	巴音郭楞职业技术学院	5	33.66
159	呼和浩特职业学院	8	36.50	180	内蒙古交通职业技术学院	8	33.28
160	四川电力职业技术学院	4	36.36	181	青海卫生职业技术学院	6	33.07
161	贵州盛华职业学院	2	36.24	182	云南文化艺术职业学院	6	33.04
162	昆明铁道职业技术学院	10	36.14	183	宁夏建设职业技术学院	7	33.03
163	贵州工商职业学院	16	36.05	184	榆林职业技术学院	12	33.01
164	重庆信息技术职业学院	7	36.03				
165	四川文化产业职业学院	34	35.75				
166	云南工程职业学院	4	35.06				

续表

序号	学校名称	奖项数量	总分
185	陕西航空职业技术学院	2	32.95
186	伊犁职业技术学院	8	32.85
186	甘肃工业职业技术学院	20	32.85
186	四川幼儿师范高等专科学校	5	32.85
189	甘肃卫生职业学院	8	32.40
190	兴安职业技术学院	7	32.24
191	柳州城市职业学院	17	32.09
192	铜仁幼儿师范高等专科学校	5	31.84
193	云南旅游职业学院	7	31.72
194	宁夏民族职业技术学院	7	31.68
195	甘肃能源化工职业学院	2	31.46
195	鄂尔多斯生态环境职业学院	2	31.46
195	庆阳职业技术学院	2	31.46
198	重庆电讯职业学院	22	31.26
199	包头铁道职业技术学院	6	31.20
200	广西幼儿师范高等专科学校	12	31.17
201	白银矿冶职业技术学院	4	31.03
201	鄂尔多斯职业学院	4	31.03
203	德宏师范高等专科学校	2	31.00

续表

序号	学校名称	奖项数量	总分
204	贵州水利水电职业技术学院	9	30.97
205	四川长江职业学院	11	30.86
206	达州职业技术学院	2	30.58
206	四川卫生康复职业学院	2	30.58
208	陕西邮电职业技术学院	6	30.57
209	兰州现代职业学院	2	30.07
210	青海畜牧兽医职业技术学院	3	29.99
211	贵州城市职业学院	9	29.79
212	甘肃畜牧工程职业技术学院	2	29.44
213	内江职业技术学院	9	29.32
214	甘肃农业职业技术学院	5	29.00
215	德宏职业学院	4	27.86
216	曲靖医学高等专科学校	2	27.63
216	新疆应用职业技术学院	4	27.63
218	科尔沁艺术职业学院	5	27.25
219	毕节职业技术学院	8	26.88
220	云南机电职业技术学院	6	26.49
221	新疆铁道职业技术学院	1	26.46
222	宁夏艺术职业学院	5	26.26

续表

序号	学校名称	奖项数量	总分
223	丽江师范高等专科学校	1	26.07
224	眉山职业技术学院	8	25.87
225	甘肃财贸职业学院	1	25.81
226	昆明工业职业技术学院	3	25.71
226	四川机电职业技术学院	3	25.71
226	四川西南航空职业学院	3	25.71
229	民办四川天一学院	8	25.70
230	四川三河职业学院	1	25.63
231	四川科技职业学院	3	25.12
232	西安汽车职业大学	1	24.79
233	云南农业职业技术学院	5	24.60
234	四川电子机械职业技术学院	9	24.06
235	内蒙古警察职业学院	6	23.88
236	哈密职业技术学院	1	23.79
237	广西工程职业学院	7	23.49
238	安康职业技术学院	2	23.23
238	大理护理职业学院	2	23.23
240	贵州电子商务职业技术学院	5	22.86
240	云南能源职业技术学院	7	22.86
242	广西英华国际职业学院	7	22.33

续表

序号	学校名称	奖项数量	总分
243	重庆电信职业学院	11	21.92
244	云南财经职业学院	4	21.87
244	神木职业技术学院	4	21.87
246	雅安职业技术学院	2	21.22
246	四川中医药高等专科学校	2	21.22
248	四川护理职业学院	2	21.06
249	扎兰屯职业学院	3	20.35
249	酒泉职业技术学院	3	20.35
249	四川汽车职业技术学院	3	20.35
252	云南新兴职业学院	3	20.17
253	陕西青年职业学院	1	19.53
253	云南外事外语职业学院	1	19.53
253	新疆建设职业技术学院	1	19.53
256	云南轻纺职业学院	2	17.02
256	云南经贸外事职业学院	2	17.02
258	陕西电子信息职业技术学院	1	16.32
259	黔西南民族职业技术学院	1	15.46
259	遵义医药高等专科学校	1	15.46
261	大理农林职业技术学院	1	15.04
261	新疆师范高等专科学校	2	15.04

续表

序号	学校名称	奖项数量	总分
261	呼伦贝尔职业技术学院	1	15.04
264	广西演艺职业学院	4	14.79
265	广西体育高等专科学校	1	14.35

续表

序号	学校名称	奖项数量	总分
266	百色职业学院	3	11.22
267	重庆艺术工程职业学院	2	10.44
267	贵州电子科技职业学院	1	10.44

11.11 2015—2019年全国民办高职院校学科竞赛排行榜

序号	学校名称	奖项数量	总分
1	重庆交通职业学院	86	68.98
2	绍兴职业技术学院	54	66.37
3	广西理工职业技术学院	97	65.36
4	北京北大方正软件职业技术学院	36	59.41
5	上海工商职业技术学院	47	55.67
6	海南科技职业大学	27	55.30
7	重庆科创职业学院	40	53.91
8	安徽涉外经济职业学院	28	53.78
9	广州城建职业学院	46	53.64
10	上海东海职业技术学院	50	53.14
11	陕西旅游烹饪职业学院	15	52.72
12	上海思博职业技术学院	65	52.34

续表

序号	学校名称	奖项数量	总分
13	上海中侨职业技术学院	46	51.17
14	广东岭南职业技术学院	38	49.91
15	浙江育英职业技术学院	21	48.88
16	江西新能源科技职业学院	23	48.30
17	上海震旦职业学院	24	48.29
18	上海邦德职业技术学院	14	48.18
19	漳州理工职业学院	7	47.33
20	三亚航空旅游职业学院	14	44.93
21	四川现代职业学院	27	44.89
22	山东工程职业技术大学	4	44.75
23	厦门南洋职业学院	9	44.54
24	广州科技职业技术大学	6	44.30

续表　　　　　　　　　　　　　　　续表

序号	学校名称	奖项数量	总分	序号	学校名称	奖项数量	总分
25	重庆房地产职业学院	25	43.86	43	厦门华天涉外职业技术学院	7	40.79
26	湖南软件职业学院	22	.43.58	44	合肥信息技术职业学院	7	40.54
27	重庆能源职业学院	21	43.55	45	四川城市职业学院	16	40.36
28	上海工商外国语职业学院	11	43.46	46	民办合肥财经职业学院	4	40.34
29	上海济光职业技术学院	25	43.41	47	上海电影艺术职业学院	7	40.12
30	浙江横店影视职业学院	20	43.33	47	辽宁广告职业学院	13	40.12
31	重庆公共运输职业学院	12	43.28	49	长垣烹饪职业技术学院	15	39.67
32	漳州科技职业学院	12	42.88	50	四川华新现代职业学院	12	39.39
33	成都艺术职业大学	28	42.56	51	四川国际标榜职业学院	7	39.02
34	福州黎明职业技术学院	10	42.31	52	泉州职业技术大学	12	38.88
35	重庆机电职业技术大学	13	42.17	53	武昌职业学院	5	38.68
36	广东创新科技职业学院	17	41.66	54	西安高新科技职业学院	9	38.16
37	厦门软件职业技术学院	19	41.55	55	北京汇佳职业学院	4	37.79
38	浙江广厦建设职业技术学院	18	41.30	56	新疆天山职业技术学院	18	37.57
39	武汉信息传播职业技术学院	17	41.28	57	杭州万向职业技术学院	9	37.44
40	泉州轻工职业学院	12	41.20	58	运城职业技术学院	22	37.17
41	四川托普信息技术职业学院	13	41.05	59	西安信息职业大学	8	36.62
42	大连汽车职业技术学院	20	41.00	60	江西泰豪动漫职业学院	9	36.34
				61	海南工商职业学院	8	36.30

续表

序号	学校名称	奖项数量	总分
62	贵州盛华职业学院	2	36.24
63	贵州工商职业学院	16	36.05
64	重庆信息技术职业学院	7	36.03
65	九州职业技术学院	1	35.31
66	云南工程职业学院	4	35.06
67	云南城市建设职业学院	2	34.87
68	惠州经济职业技术学院	12	34.82
69	石家庄理工职业学院	9	34.72
70	大连枫叶职业技术学院	13	34.05
71	昆明卫生职业学院	7	33.71
72	广东工商职业技术大学	7	32.73
73	广州南洋理工职业学院	6	31.95
74	江海职业技术学院	7	31.82
75	广东碧桂园职业学院	9	31.63
76	重庆电讯职业学院	22	31.26
77	厦门兴才职业技术学院	7	31.06
78	四川长江职业学院	11	30.86
79	厦门演艺职业学院	2	30.77
80	广东文理职业学院	5	30.68
81	广东南方职业学院	5	30.24
82	南京视觉艺术职业学院	15	30.18

续表

序号	学校名称	奖项数量	总分
83	苏州高博软件技术职业学院	9	29.95
84	贵州城市职业学院	9	29.79
85	共青科技职业学院	5	29.74
86	北京经济技术职业学院	12	29.72
87	正德职业技术学院	2	29.54
88	钟山职业技术学院	1	29.21
89	石家庄工商职业学院	8	28.95
90	长沙南方职业学院	4	28.77
91	德州科技职业学院	4	28.37
92	广州华立科技职业学院	14	27.93
93	泉州海洋职业学院	2	27.41
94	嘉兴南洋职业技术学院	3	27.39
95	湖南三一工业职业技术学院	2	27.37
96	浙江东方职业技术学院	7	26.97
97	广东酒店管理职业技术学院	7	26.82
98	哈尔滨应用职业技术学院	1	26.46
99	南阳职业学院	2	26.32
100	山东外事职业大学	1	26.15
101	洛阳科技职业学院	1	25.71
101	北京科技经营管理学院	1	25.71

续表

序号	学校名称	奖项数量	总分
101	四川西南航空职业学院	3	25.71
104	民办四川天一学院	8	25.70
105	私立华联学院	2	25.63
105	四川三河职业学院	1	25.63
107	漯河食品职业学院	5	25.42
108	天津滨海汽车工程职业学院	1	25.28
109	四川科技职业学院	3	25.12
110	西安汽车职业大学	1	24.79
111	珠海艺术职业学院	7	24.77
112	四川电子机械职业技术学院	9	24.06
113	苏州托普信息职业技术学院	2	23.89
114	广西工程职业学院	7	23.49
115	郑州信息工程职业学院	1	23.41
116	山西老区职业技术学院	2	23.39
117	长春信息技术职业学院	3	23.23
118	昆山登云科技职业学院	1	22.93
119	泉州华光职业学院	9	22.53
120	广西英华国际职业学院	7	22.33
121	重庆电信职业学院	11	21.92
122	辽宁理工职业学院	4	21.87

续表

序号	学校名称	奖项数量	总分
123	郑州理工职业学院	2	21.60
124	福建华南女子职业学院	2	21.22
125	广州华商职业学院	5	20.55
126	四川汽车职业技术学院	3	20.35
126	厦门东海职业技术学院	1	20.35
128	云南新兴职业学院	3	20.17
129	江西软件职业技术大学	4	19.71
130	宿迁泽达职业技术学院	3	19.58
130	金肯职业技术学院	3	19.58
132	河南科技职业大学	1	19.53
132	云南外事外语职业学院	1	19.53
134	武汉商贸职业学院	3	18.11
135	云南经贸外事职业学院	2	17.02
135	吉林科技职业技术学院	2	17.02
135	福州英华职业学院	2	17.02
135	民办合肥经济技术职业学院	2	17.02
139	陕西电子信息职业技术学院	1	16.32
140	硅湖职业技术学院	1	15.84
141	民办万博科技职业学院	2	15.81

续表

序号	学校名称	奖项数量	总分
142	广西演艺职业学院	4	14.79
143	郑州电子信息职业技术学院	1	14.35
144	郑州电力职业技术学院	1	14.03
144	广州涉外经济职业技术学院	1	14.03
146	三亚理工职业学院	2	12.40
146	南昌职业大学	1	12.40
146	烟台黄金职业学院	1	12.40
149	重庆艺术工程职业学院	2	10.44

续表

序号	学校名称	奖项数量	总分
149	山东外国语职业技术大学	1	10.44
149	武汉外语外事职业学院	1	10.44
152	无锡南洋职业技术学院	1	8.78
152	北京科技职业学院	1	8.78
154	广州华南商贸职业学院	1	8.52
155	潮汕职业技术学院	3	5.87
156	广州康大职业技术学院	1	4.46

12

全国普通高校大学生竞赛状态数据（省、区、市）

12.1　2015—2019年大学生竞赛状态数据（省、区、市）

总分序号	省份	奖项数量	总分	校均序号	省份	奖项数量	校均得分
1	江苏省	7872	100.00	1	北京市	93	100.00
2	北京市	6286	96.97	2	上海市	64	97.55
3	浙江省	6196	96.62	3	浙江省	108	95.98
4	山东省	6427	93.30	4	重庆市	65	89.41
5	湖北省	6580	92.13	5	江苏省	167	89.08
6	广东省	7004	91.28	6	陕西省	95	88.29
7	四川省	5217	86.80	7	湖北省	128	87.71
8	安徽省	5385	86.68	8	福建省	90	86.27
9	上海市	4023	86.16	9	山东省	146	85.95
10	陕西省	4604	86.07	10	天津市	56	85.13
11	湖南省	5054	85.34	11	安徽省	120	83.87
12	辽宁省	5302	84.36	12	吉林省	62	83.39
13	福建省	4061	82.98	13	广东省	154	82.97
14	河南省	5080	80.82	14	四川省	126	82.97
15	重庆市	4276	79.27	15	辽宁省	115	82.50
16	黑龙江省	2912	76.94	16	黑龙江省	81	82.12
17	江西省	3468	76.86	17	湖南省	125	81.73
18	河北省	2851	73.71	18	海南省	20	79.89
19	广西壮族自治区	4275	73.39	19	广西壮族自治区	78	79.08
20	吉林省	2851	73.07	20	江西省	103	77.26
21	天津市	2204	72.72	21	山西省	82	75.13
22	山西省	2595	70.60	22	河南省	141	75.10
23	甘肃省	1473	61.46	23	甘肃省	49	74.39
24	云南省	1386	61.14	24	西藏自治区	7	73.85

续表

总分序号	省份	奖项数量	总分
25	贵州省	1363	58.77
26	内蒙古自治区	862	55.84
27	新疆维吾尔自治区	902	55.43
28	海南省	708	52.76
29	宁夏回族自治区	502	48.08
30	青海省	221	41.82
31	西藏自治区	136	37.51

续表

校均序号	省份	奖项数量	校均得分
25	宁夏回族自治区	19	73.74
26	青海省	12	71.96
27	河北省	122	71.03
28	内蒙古自治区	53	66.27
29	新疆维吾尔自治区	54	65.48
30	云南省	81	65.26
31	贵州省	72	64.61

12.2 2019年大学生竞赛状态数据（省、区、市）

总分序号	省份	奖项数量	总分	校均序号	省份	奖项数量	校均得分
1	江苏省	3639	100.00	1	上海市	64	100.00
2	浙江省	2153	91.76	2	北京市	93	98.84
3	湖北省	3023	90.60	3	浙江省	108	97.89
4	广东省	2940	89.27	4	江苏省	167	95.66
5	北京市	2181	89.26	5	陕西省	95	93.51
6	山东省	2657	88.24	6	重庆市	65	93.07
7	安徽省	2121	86.71	7	湖北省	128	92.63
8	四川省	2628	85.99	8	安徽省	120	90.09
9	陕西省	1934	84.89	9	福建省	90	89.04
10	湖南省	1864	82.38	10	四川省	126	88.26
11	上海市	1613	82.24	11	天津市	56	88.03
12	河南省	2350	82.12	12	山东省	146	87.30
13	辽宁省	2110	81.69	13	广东省	154	87.15
14	福建省	1576	79.75	14	辽宁省	115	85.78
15	重庆市	1679	76.85	15	黑龙江省	81	85.32
16	江西省	1432	76.03	16	湖南省	125	84.73
17	河北省	1226	74.50	17	吉林省	62	84.24
18	黑龙江省	1166	74.43	18	广西壮族自治区	78	82.74
19	广西壮族自治区	1501	71.50	19	江西省	103	82.07
20	天津市	699	70.02	20	河南省	141	81.95
21	山西省	1026	69.76	21	甘肃省	49	80.24
22	吉林省	970	68.74	22	山西省	82	79.72
23	甘肃省	599	61.73	23	海南省	20	79.63
24	云南省	548	58.61	24	河北省	122	77.09
25	贵州省	474	56.53	25	宁夏回族自治区	19	76.13

续表

总分序号	省份	奖项数量	总分
26	新疆维吾尔自治区	287	54.58
27	内蒙古自治区	294	54.53
28	海南省	211	48.97
29	宁夏回族自治区	180	46.22
30	青海省	68	40.39
31	西藏自治区	43	35.68

续表

校均序号	省份	奖项数量	校均得分
26	西藏自治区	7	75.43
27	青海省	12	74.63
28	内蒙古自治区	53	69.50
29	新疆维吾尔自治区	54	69.24
30	云南省	81	67.18
31	贵州省	72	66.74

13

分省普通高校大学生竞赛状态数据

13.1　2015—2019年浙江省大学生竞赛状态数据（本科）

续表

序号	学校名称	奖项数量	总分	序号	学校名称	奖项数量	总分
1	浙江大学	1461	100	24	杭州电子科技大学信息工程学院	533	63.8
2	杭州电子科技大学	1870	97.73	25	湖州师范学院	758	63.57
3	浙江工业大学	1815	95.42	26	丽水学院	736	63.11
4	浙江师范大学	2224	91.07	27	浙江中医药大学	650	63.03
5	宁波大学	1987	89.53	28	宁波财经学院	864	61.83
6	中国计量大学	1677	86.49	29	衢州学院	549	60.95
7	杭州师范大学	1485	83.29	30	浙江大学宁波理工学院	589	60.46
8	浙江理工大学	1694	82.98	31	浙江树人学院	602	60.25
9	浙江工商大学	1415	81.1	32	浙江工业大学之江学院	670	59.62
10	温州大学	1257	77.58	33	绍兴文理学院元培学院	491	59.05
11	绍兴文理学院	1196	73.9	34	中国计量大学现代科技学院	503	58.16
12	浙江财经大学	1071	72.43	35	宁波大学科学技术学院	446	56.41
13	嘉兴学院	1118	72.34	36	浙江外国语学院	345	54.31
14	浙江农林大学	1188	70.9	37	温州大学瓯江学院	328	50.89
15	浙江科技学院	947	70.6	38	杭州师范大学钱江学院	285	50.62
16	宁波工程学院	857	70.11	39	浙江水利水电学院	365	50.46
17	温州医科大学	701	70.08	40	浙江工商大学杭州商学院	364	50.16
18	台州学院	972	69.53				
19	浙江万里学院	963	66.97				
20	浙江传媒学院	854	66.01				
21	浙江海洋大学	818	65.5				
22	浙江大学城市学院	678	64.86				
23	浙江师范大学行知学院	576	64.01				

续表

序号	学校名称	奖项数量	总分
41	嘉兴学院南湖学院	302	48.41
42	浙江理工大学科技与艺术学院	374	47.4
43	湖州师范学院求真学院	229	46.49
44	温州商学院	284	46.11
45	浙江农林大学暨阳学院	307	45.97
46	浙江财经大学东方学院	304	45.3
47	浙江中医药大学滨江学院	176	44.69
48	温州医科大学仁济学院	157	43.28
49	浙江警察学院	175	42.36

续表

序号	学校名称	奖项数量	总分
50	浙江越秀外国语学院	260	42.11
51	杭州医学院	136	40.25
52	中国美术学院	127	39.49
53	同济大学浙江学院	166	39.27
54	上海财经大学浙江学院	131	38.5
55	浙江海洋大学东海科学技术学院	114	34.9
56	浙江音乐学院	68	34.11
57	宁波诺丁汉大学	7	23.74
58	温州肯恩大学	8	17.15

13.2 2019年浙江省大学生竞赛状态数据（本科）

续表

序号	学校名称	奖项数量	总分	序号	学校名称	奖项数量	总分
1	浙江大学	394	100	26	丽水学院	180	67.35
2	浙江工业大学	495	96.33	27	浙江树人学院	165	65.63
3	杭州电子科技大学	483	95.92	28	宁波财经学院	233	65.34
4	浙江师范大学	588	95.25	29	浙江大学宁波理工学院	184	62.72
5	宁波大学	512	91.8	30	绍兴文理学院元培学院	121	62.4
6	中国计量大学	428	90.55	31	浙江师范大学行知学院	110	61.38
7	浙江工商大学	435	88.24	32	浙江工业大学之江学院	178	61.34
8	浙江理工大学	464	87.79	33	杭州电子科技大学信息工程学院	115	59.14
9	杭州师范大学	373	82.11	34	中国计量大学现代科技学院	122	58.34
10	温州大学	316	80.37	35	浙江水利水电学院	130	58.06
11	台州学院	316	79.63	36	浙江外国语学院	87	57.97
12	嘉兴学院	362	79.18	37	温州大学瓯江学院	100	57.43
13	绍兴文理学院	329	78.99	38	浙江工商大学杭州商学院	107	55.8
14	浙江农林大学	365	78.17	39	宁波大学科学技术学院	104	55.64
15	宁波工程学院	285	77.05	40	嘉兴学院南湖学院	107	53.05
16	浙江科技学院	303	76.6	41	杭州师范大学钱江学院	82	52.28
17	浙江财经大学	247	75.55	42	浙江农林大学暨阳学院	88	50.97
18	浙江万里学院	304	75.52	43	湖州师范学院求真学院	61	50
19	温州医科大学	167	71.71				
20	浙江中医药大学	186	71.5				
21	衢州学院	197	70.47				
22	湖州师范学院	221	68.19				
23	浙江传媒学院	200	67.63				
24	浙江大学城市学院	210	67.55				
25	浙江海洋大学	205	67.51				

续表

序号	学校名称	奖项数量	总分
44	浙江财经大学东方学院	67	49.04
45	浙江理工大学科技与艺术学院	69	48.04
46	中国美术学院	42	47.64
47	同济大学浙江学院	59	46.93
48	浙江越秀外国语学院	57	46.66
49	浙江中医药大学滨江学院	37	46.6
50	上海财经大学浙江学院	57	46.11

续表

序号	学校名称	奖项数量	总分
51	温州商学院	56	45.15
52	杭州医学院	43	43.21
53	浙江警察学院	42	41.83
54	温州医科大学仁济学院	23	41.74
55	浙江海洋大学东海科学技术学院	25	37.2
56	浙江音乐学院	19	35.35
57	宁波诺丁汉大学	3	29.75
58	温州肯恩大学	2	26.11

13.3 2015—2019年浙江省大学生竞赛状态数据（高职）

续表

序号	学校名称	奖项数量	总分
1	金华职业技术学院	340	100
2	浙江机电职业技术学院	142	94.99
3	义乌工商职业技术学院	198	94.22
4	浙江工业职业技术学院	142	90.65
5	温州职业技术学院	192	87.13
6	绍兴职业技术学院	118	83.93
7	杭州职业技术学院	129	82.98
8	浙江纺织服装职业技术学院	103	82.8
9	宁波职业技术学院	141	82.44
10	杭州科技职业技术学院	127	80.98
11	浙江经济职业技术学院	120	79.81
12	浙江商业职业技术学院	130	79.68
13	浙江经贸职业技术学院	110	77.84
14	宁波城市职业技术学院	127	74.69
15	衢州职业技术学院	82	71.86
16	浙江育英职业技术学院	51	71.07
17	浙江工贸职业技术学院	112	70.76
18	浙江工商职业技术学院	91	69.46
19	浙江金融职业学院	74	69.25
20	浙江农业商贸职业学院	96	68.22
21	温州科技职业学院	73	67.24
22	台州职业技术学院	87	67.21
23	台州科技职业学院	77	67.05
24	浙江交通职业技术学院	65	66.81
25	浙江艺术职业学院	36	65.96
26	浙江同济科技职业学院	66	64.05
27	浙江广厦建设职业技术学院	77	63.69
28	嘉兴职业技术学院	120	63.57
29	浙江横店影视职业学院	51	62.32
30	湖州职业技术学院	79	60.55
31	浙江建设职业技术学院	39	59.26
32	丽水职业技术学院	76	58.59
33	浙江邮电职业技术学院	23	53.73
34	浙江旅游职业学院	60	53.28
35	浙江国际海运职业技术学院	40	52.67
36	浙江医药高等专科学校	42	52.55
37	浙江东方职业技术学院	26	51.19

续表

序号	学校名称	奖项数量	总分
38	杭州万向职业技术学院	43	48.67
39	浙江警官职业学院	19	48.63
40	嘉兴南洋职业技术学院	25	47.54
41	浙江安防职业技术学院	16	45.94
42	浙江特殊教育职业学院	15	45.75
43	宁波幼儿师范高等专科学校	11	42.85

续表

序号	学校名称	奖项数量	总分
44	宁波卫生职业技术学院	28	41.09
45	浙江舟山群岛新区旅游与健康职业学院	15	37.45
46	浙江长征职业技术学院	8	30.42
47	浙江汽车职业技术学院	6	21.1

13.4 2019年浙江省大学生竞赛状态数据（高职）

续表

序号	学校名称	奖项数量	总分	序号	学校名称	奖项数量	总分
16	浙江机电职业技术学院	20	80.72	344	温州科技职业学院	5	47.17
17	金华职业技术学院	75	80.36	373	浙江金融职业学院	2	46.05
28	义乌工商职业技术学院	28	75.54	383	衢州职业技术学院	7	45.50
34	浙江工业职业技术学院	7	74.28	399	浙江国际海运职业技术学院	10	44.36
40	宁波职业技术学院	25	71.72	404	台州职业技术学院	11	44.06
43	杭州职业技术学院	22	71.54	444	浙江同济科技职业学院	6	42.40
56	浙江纺织服装职业技术学院	16	69.52	517	浙江工商职业技术学院	4	39.30
72	浙江育英职业技术学院	19	67.54	518	浙江旅游职业学院	5	39.28
83	浙江商业职业技术学院	23	66.50	525	浙江横店影视职业学院	8	38.76
88	绍兴职业技术学院	21	66.06	540	浙江东方职业技术学院	7	37.85
121	浙江经贸职业技术学院	24	63.03	612	丽水职业技术学院	7	35.29
135	浙江经济职业技术学院	15	62.23	623	浙江邮电职业技术学院	4	34.16
136	温州职业技术学院	14	62.04	624	浙江农业商贸职业学院	6	34.10
148	杭州科技职业技术学院	17	60.97	637	浙江特殊教育职业学院	5	33.24
182	宁波城市职业技术学院	17	58.43	654	浙江医药高等专科学校	1	32.44
201	浙江交通职业技术学院	13	56.92	712	湖州职业技术学院	4	28.81
225	浙江工贸职业技术学院	11	54.98	715	浙江安防职业技术学院	3	28.56
249	浙江艺术职业学院	5	52.91	763	嘉兴南洋职业技术学院	2	26.43
255	浙江广厦建设职业技术学院	16	52.68	766	杭州万向职业技术学院	2	25.80
257	浙江建设职业技术学院	8	52.45	800	浙江警官职业学院	1	22.91
342	嘉兴职业技术学院	12	47.24	809	宁波卫生职业技术学院	1	21.70

13.5　2019年吉林省大学生竞赛状态数据（本科）

续表

序号	学校名称	奖项数量	总分	序号	学校名称	奖项数量	总分
1	吉林大学	885	100	22	吉林医药学院	109	60.47
2	长春理工大学	514	91.8	23	长春光华学院	131	57.57
3	北华大学	722	85.62	24	长春财经学院	92	57.51
4	长春工业大学	477	85.46	25	吉林动画学院	354	57.09
5	东北电力大学	292	79.55	26	吉林艺术学院	183	56.63
6	长春大学	407	77.5	27	东北师范大学人文学院	101	56.13
7	长春工程学院	281	75.82	28	吉林财经大学	91	55.46
8	吉林建筑大学	336	75.62	29	长春中医药大学	70	53.84
9	延边大学	174	74.58	30	长春科技学院	66	53.75
10	吉林工程技术师范学院	272	69.89	31	长春工业大学人文信息学院	61	53.66
11	长春师范大学	250	69.7	32	吉林外国语大学	49	52.59
12	吉林农业科技学院	186	68.45	33	吉林工商学院	66	52.07
13	吉林建筑科技学院	326	68.03	34	长春理工大学光电信息学院	81	49.76
14	吉林化工学院	223	67.59	35	吉林师范大学博达学院	45	39:45
15	东北师范大学	139	67.55				
16	吉林农业大学	153	66.44	36	吉林警察学院	65	37.86
17	通化师范学院	151	66.05	37	河北美术学院	6	30.81
18	白城师范学院	140	65.04	38	哈尔滨工业大学	1	25.93
19	长春大学旅游学院	205	64.42	38	东北大学	1	25.93
20	长春建筑学院	210	63.82	40	吉林体育学院	3	21.16
21	吉林师范大学	337	62.72				

13.6 2019年吉林省大学生竞赛状态数据（高职）

续表

序号	学校名称	奖项数量	总分	序号	学校名称	奖项数量	总分
1	长春职业技术学院	138	100	11	四平职业大学	3	46.44
2	吉林电子信息职业技术学院	83	94.08	12	长春师范高等专科学校	7	44.21
3	吉林铁道职业技术学院	74	85.49	13	长春信息技术职业学院	9	43.48
4	吉林工业职业技术学院	59	85.1	14	吉林职业技术学院	3	40.32
5	长春汽车工业高等专科学校	33	84.82	15	辽源职业技术学院	1	40.23
6	吉林交通职业技术学院	17	70.08	16	吉林科技职业技术学院	6	37.74
7	长春金融高等专科学校	19	69.83	17	吉林水利电力职业学院	2	35.5
8	白城医学高等专科学校	7	54.48	18	长白山职业技术学院	1	32.06
9	长春医学高等专科学校	9	50.87	19	松原职业技术学院	1	26.31
10	吉林司法警官职业学院	10	46.72	20	白城职业技术学院	1	25.1
				20	吉林工程职业学院	1	25.1

13.7 2019年广西壮族自治区大学生竞赛状态数据（本科）

续表

序号	学校名称	奖项数量	总分	序号	学校名称	奖项数量	总分
1	桂林电子科技大学	812	100	10	河池学院	180	65.53
2	广西大学	329	84.21	11	南宁师范大学	193	65.21
3	桂林理工大学	476	82.35	12	北部湾大学	116	63.69
4	广西师范大学	514	81.44	13	桂林航天工业学院	163	63.38
5	广西民族大学	285	79.91	14	梧州学院	134	62.94
6	玉林师范学院	362	77.14	15	广西艺术学院	387	61.9
7	广西财经学院	116	70.85	16	桂林电子科技大学信息科技学院	215	61.05
8	广西科技大学	144	67.34	17	百色学院	143	60.25
9	贺州学院	246	66.78				

续表

序号	学校名称	奖项数量	总分
18	南宁学院	144	60.15
19	广西师范大学漓江学院	178	57.51
20	广西医科大学	50	56.82
21	广西科技大学鹿山学院	157	56.6
22	广西大学行健文理学院	144	53.22
23	广西民族师范学院	70	52.72
24	广西中医药大学	36	49.09
25	桂林医学院	26	48.1
26	桂林旅游学院	50	47.26
27	桂林理工大学博文管理学院	31	47.24

续表

序号	学校名称	奖项数量	总分
28	广西科技师范学院	38	46.7
29	广西外国语学院	61	44.46
30	北海艺术设计学院	122	44.04
31	南宁师范大学师园学院	64	43.99
32	广西民族大学相思湖学院	63	38.7
33	广西职业师范学院	5	31.34
34	右江民族医学院	8	31.16
35	广西警察学院	7	25.18
36	广西中医药大学赛恩斯新医药学院	2	18.23

13.8　2019年广西壮族自治区大学生竞赛状态数据（高职）

续表

序号	学校名称	奖项数量	总分
1	广西水利电力职业技术学院	88	100
2	柳州职业技术学院	97	99.81
3	广西职业技术学院	124	99
4	南宁职业技术学院	165	97.22
5	广西交通职业技术学院	74	96.69
6	柳州铁道职业技术学院	79	95.11
7	广西电力职业技术学院	65	91.53
8	广西理工职业技术学院	88	89.63
9	广西机电职业技术学院	81	86.86
10	桂林师范高等专科学校	51	81.83

序号	学校名称	奖项数量	总分
11	广西农业职业技术学院	76	80.19
12	广西工商职业技术学院	35	78.62
13	北海职业学院	63	78.31
14	广西现代职业技术学院	51	77.1
15	广西生态工程职业技术学院	49	75.66
16	柳州城市职业学院	72	74.8
17	广西建设职业技术学院	92	72.31
18	广西国际商务职业技术学院	24	62.93
19	广西工业职业技术学院	42	60.93

续表

序号	学校名称	奖项数量	总分
20	广西幼儿师范高等专科学校	28	59.68
21	广西经贸职业技术学院	28	59.64
22	广西安全工程职业技术学院	31	56.5
23	广西金融职业技术学院	9	53.33
24	广西英华国际职业学院	10	53.25
25	百色职业学院	5	45.61
26	广西工程职业学院	8	41
27	广西演艺职业学院	11	40.84

续表

序号	学校名称	奖项数量	总分
28	广西城市职业大学	11	39.15
29	广西培贤国际职业学院	8	38.98
30	广西体育高等专科学校	2	38.86
31	广西卫生职业技术学院	4	38.17
32	梧州职业学院	8	37.06
32	桂林山水职业学院	1	37.06
34	广西蓝天航空职业学院	7	34.88
35	广西经济职业学院	2	31.47